Horst Schreiber
Die Machtübernahme

Innsbrucker Forschungen zur Zeitgeschichte

Herausgegeben von Rolf Steininger/Institut für Zeitgeschichte
der Universität Innsbruck

Band 10

Horst Schreiber

Die Machtübernahme

Die Nationalsozialisten in Tirol 1938/39

StudienVerlag

Innsbruck
Wien
Bozen

Die Drucklegung der ersten Auflage dieses Werks haben gefördert:

Land Tirol
Bundesministerium für Wissenschaft und Forschung
Verein zur Förderung von Lehre, Forschung und Wissenschaft an der
Leopold Franzens-Universität Innsbruck
Dr. Otto Seibert-Preis zur Förderung wissenschaftlicher
Publikationen an der Universität Innsbruck
Universitätsbund
Vorarlberger Landesregierung
Stadt Innsbruck

Unveränderter Nachdruck der 1994 im Haymon Verlag Innsbruck erschienenen Ausgabe.

© 2013 by Studienverlag Ges.m.b.H., Erlerstraße 10, A-6020 Innsbruck
E-Mail: order@studienverlag.at
Internet: www.studienverlag.at

Umschlag: Studienverlag/Maria Strobl auf Basis der Umschlaggestaltung von Helmut Benko, unter Verwendung eines Fotos aus dem Stadtarchiv Innsbruck: Empfang für Adolf Hitler am 5. April 1938 in Innsbruck.

Gedruckt auf umweltfreundlichem, chlor- und säurefrei gebleichtem Papier.

Bibliografische Information Der Deutschen Bibliothek
Die Deutsche Bibliothek verzeichnet diese Publikation in der Deutschen Nationalbibliografie; detaillierte bibliografische Daten sind im Internet über <http://dnb.ddb.de> abrufbar.

ISBN 978-3-7065-5306-3

Alle Rechte vorbehalten. Kein Teil des Werkes darf in irgendeiner Form (Druck, Fotokopie, Mikrofilm oder in einem anderen Verfahren) ohne schriftliche Genehmigung des Verlages reproduziert oder unter Verwendung elektronischer Systeme verarbeitet, vervielfältigt oder verbreitet werden.

Inhalt

Vorwort 7

Einleitung 11

**I. Die braunen Kolonnen marschieren – Die national-
sozialistische Machtübernahme in Stadt und Land** 15

    1. Die Entwicklung der NSDAP bis 1938 15
    2. Die Machtübernahme durch die NSDAP – Verhaftungen
       und Terror 36
    3. Exkurs: »Der Gau ist judenrein!« – NS-Judenpolitik
       in Tirol 63

**II. »Das ganze Volk sagt: JA!« – Die Volksabstimmung am
10. April 1938** 69

    1. Die Wahlorganisation 69
    2. Die Propagandaschlacht 73
    3. Das Wahlresultat 88

**III. Los von Wien – Die Entstehung des Reichsgaues Tirol-
Vorarlberg** 95

    1. Die Einteilung Österreichs in sieben Gaue 95
    2. Die Angliederung Osttirols an Kärnten 100
    3. Die Angliederung Vorarlbergs an Tirol 103
    4. Das »Ostmarkgesetz« 111

IV. »Über Gräber vorwärts« – Die NSDAP im Aufbau 115

    1. Die Gauleitung 115
    2. Die Kreisleitungen 138
    3. Parteiorganisation und Parteistruktur 152

V. Adolf Hitler treu und gehorsam – Die staatliche und kommunale Verwaltung 169
1. Die Landeshauptmannschaft 169
2. Die Bezirkshauptmannschaften 180
3. Die personelle Besetzung des Reichsstatthalters in Tirol und Vorarlberg 199
4. Exekutive und Justiz 208
5. Die kommunale Verwaltung 213
6. Das Verhalten der Beamtenschaft 220

VI. Für Gott und Führer? – Die katholische Kirche zwischen Anpassung und Verfolgung 227
1. Der Kulturkampf 229
2. Die Haltung der katholischen Kirche zum Nationalsozialismus 237

VII. »Sie müssen auch froh und freudig sein!« – Aspekte nationalsozialistischer Kulturpolitik 247
1. Brauchtum und Geschichte 247
2. Der Standschützenverband des Gaues Tirol-Vorarlberg 255
3. Film, Rundfunk und Theater 261

Zusammenfassende Bemerkungen 277

Anmerkungen 285

Verzeichnis der Archivalien 335

Verzeichnis der Literatur 339

Verzeichnis der Tabellen 350

Verzeichnis der Abkürzungen 352

Personenregister 354

Ortsregister 363

Bildnachweis 366

Vorwort

Thema der vorliegenden Arbeit ist die Machtübernahme und die Herrschaftssicherung des Nationalsozialismus in Tirol 1938/39.

Der gewählte Untersuchungszeitraum ergibt insofern Sinn, als bis Kriegsbeginn die politische, wirtschaftliche, soziale und kulturelle Gleichschaltung in den wesentlichen Grundzügen vollzogen war. Darüber hinaus ist nicht zu übersehen, daß die Erringung der Macht durch die NSDAP und die Etablierung des NS-Regimes für die Tiroler Geschichte einen markanten Einschnitt darstellt, der, von einigen wenigen Einzeluntersuchungen[1] abgesehen, bis jetzt erst in sehr groben Umrissen erforscht worden ist. Das vorliegende Buch geht detailliert den Veränderungsprozessen, Brüchen und Kontinuitäten in Staat, Partei, Kirche und Kultur nach und sprengt den Rahmen einer rein politikgeschichtlichen Abhandlung bei weitem.[2] Es muß ausdrücklich betont werden, daß der Nationalsozialismus 1938/39 noch sein »menschlichstes« Gesicht an den Tag legte und – von der äußeren Expansion einmal abgesehen – seine erfolgreichste Zeit hatte. Wir lernen das Regime also von seiner »besten« Seite kennen. Sein offen terroristischer Charakter trat aber bereits im November 1938 überaus deutlich bei den Ereignissen rund um das blutige Judenpogrom zutage.[3] Festgehalten werden muß auch, daß die Darstellung und Analyse zum Teil hochbürokratisierter Abläufe nicht imstande sein können, das Elend der Menschen, die unter der Gewaltherrschaft zu leiden hatten, in seiner ganzen Intensität und wahren Dimension auch nur einigermaßen adäquat wiederzugeben.

Zur Quellenlage ist zu bemerken, daß erstmals die in Frage kommenden Bestände des Tiroler Landesarchivs zugänglich waren. Es handelt sich vor allem um die Präsidialakten der Landeshauptmannschaft bzw. Reichsstatthalterei Tirol-Vorarlberg sowie um die Akten der Bezirkshauptmannschaften und Landräte der Jahre 1938 und 1939. Mit diesem Material war es möglich, die Umbrüche in der Verwaltung erstmals akzentuiert darzustellen. Im erwähnten Quellenbestand fanden sich auch zahlreiche Unterlagen zur Verhaftungswelle im Zuge des »Anschlusses«. Ferner wurde im Tiroler Landesarchiv das lagernde Schrifttum der NSDAP eingesehen, das für bestimmte Teilbereiche wie Tätigkeit der

Deutschen Arbeitsfront (mit Einsicht in die wirtschaftlich-soziale Situation im Gau), Volksabstimmung oder einzelne Aspekte der Frühzeit der Partei sehr aufschlußreich war. Allerdings entpuppte sich das Material gerade in bezug auf die Reorganisation der Partei als vollkommen unzulänglich, wie überhaupt das im Tiroler Landesarchiv eingelagerte Schriftgut der Gauleitung Tirol-Vorarlberg äußerst lückenhaft ist und von kleineren Teilbereichen einmal abgesehen keine ausreichende Quellenbasis für die NS-Herrschaft in Tirol darstellt. Es erwies sich daher als unabdingbar, weitere Quellen zu erschließen, wobei ein ungeheurer Suchaufwand in den Archiven notwendig war, um das verstreute, tirolrelevante Material zu sichten und zu einem kohärenten Ganzen zusammenzufügen. Neben Zeitungen dienten die umfangreichen Bestände des Archivs der Republik, vornehmlich die Akten des Reichskommissars für die Wiedervereinigung Österreichs mit dem Deutschen Reich (Bürckelakten) und Akten des Bundesarchivs Koblenz als weitere wichtige Grundlagen dieser Studie. Die sehr ergiebigen Bürckelakten bilden den Grundstock der meisten Kapitel, speziell für jenes der Partei. Akten der verschiedenen Reichsministerien im Bundesarchiv Koblenz enthielten Grundlegendes für die Bereiche territoriale Gliederung (Gaueinteilungsdiskussion, Planungsstadien) und Partei (Frühgeschichte, Gauleiterbesetzung, Mitgliederbewegung). Des weiteren wurden noch das Vorarlberger Landesarchiv, das Dokumentationsarchiv des Österreichischen Widerstandes (DÖW), Mikrofilme im Wiener Institut für Zeitgeschichte und eine größere Anzahl von Volksgerichtsakten im Tiroler Landesarchiv, deren Einsichtnahme mir dankenswerterweise vom Landesgericht Innsbruck gewährt wurde, herangezogen. Im Vorarlberger Landesarchiv fanden sich wichtige Unterlagen zur Eingliederung Vorarlbergs und zum Machtkampf der Tiroler und Vorarlberger Nationalsozialisten. Außerdem konnte das Landesarchiv zur sporadischen Ergänzung bei Lücken in Tiroler Beständen genutzt werden, dabei waren v.a. die Berichte der Vorarlberger Bezirkshauptmannschaften von Bedeutung. Besonders für die Machtübernahme am Land bzw. die Terrorphase der ersten Wochen nach dem »Anschluß« war das im DÖW vorgefundene Quellenmaterial sehr nützlich. In den Aktenbeständen der deutschen Wehrmacht, die von den Amerikanern mikroverfilmt wurden und im Institut für Zeitgeschichte Wien zugänglich sind, fanden sich einige wichtige SD-Berichte. Darüber hinaus wurden mir Lebensläufe hoher Parteifunktionäre, die sich in der Tiroler Landesbildstelle fanden, sowie Akten des Militärarchivs Freiburg zur Verfügung gestellt. Als sehr erschwerend und beeinträchtigend erwies sich nicht nur das Fehlen wichtiger Untersuchungen zum »Anschluß« selbst, sondern ganz besonders der Umstand, daß grundlegende Studien vielfach auch für die Jahre zwischen 1933 und 1938 nicht vorhanden sind und eine kritische Beschäftigung mit der Zeit des »Ständestaates« und dem Austrofaschismus in Tirol noch weitgehend aussteht. Dieses Thema scheint ebenso tabuisiert zu sein wie die NS-Vergangenheit. Für die Aufarbeitung und das bessere Verständnis des Nationalsozialismus, aber bei weitem nicht nur dafür, ist die Auseinandersetzung gerade mit diesem Abschnitt Tiroler Zeitgeschichte dringend notwendig.

Allen, die zum Zustandekommen dieser Arbeit beigetragen haben, möchte ich meinen herzlichen Dank aussprechen. Für die Unterstützung bei der Bearbeitung dieses Themas danke ich meinem Betreuer Herrn Univ.-Prof. Dr. Rolf Steininger, der den Fortschritt der Arbeit stets gefördert und interessiert verfolgt hat. Erst durch seine mannigfaltigen Bemühungen, die für die Drucklegung notwendigen Subventionen aufzutreiben, konnte das vorliegende Buch schließlich erscheinen. Ganz besonderen Dank schulde ich Dr. Thomas Albrich, der mir jede nur erdenkliche Hilfe angedeihen ließ, trotz vielfacher Überlastung meinen Anliegen gegenüber immer aufgeschlossen war, sich durch Hunderte Manuskriptseiten durchackerte und in einem regen Diskussions- und Gedankenaustausch die Arbeit wesentlich beeinflußte. Weiters haben Dr. Helmut Alexander und Dr. Michael Gehler diese Untersuchung gefördert, indem sie mir liebenswürdigerweise Unterlagen und eigene Forschungsergebnisse zukommen haben lassen. Besonderen Dank sagen möchte ich auch Herrn Landesarchivdirektor Univ.-Doz. Dr. Werner Köfler, der mir den Zugang zu den NS-Beständen ermöglichte und somit die Grundvoraussetzung für die Behandlung dieses Themas schuf. Seine aufgeschlossene Haltung zu meinem zeitgeschichtlichen Forschen und sein unbürokratisches Entgegenkommen bezüglich meiner Wünsche nach Akteneinsicht ersparten mir zeitliche Verzögerungen. Auch der Direktor des Vorarlberger Landesarchivs, Dr. Karl-Heinz Burmeister, erteilte mir ohne größere Formalitäten die Erlaubnis, die für mich relevanten Aktenstücke einzusehen, wofür ich mich sehr bedanke. Für die rasche und reibungslose Erlaubnis zur Einsichtnahme in die Volksgerichtsakten möchte ich Herrn Präsidialsekretär Lorenzi meinen aufrichtigen Dank ausdrücken. Bei der weiteren Erschließung und Auswertung von Quellen widerfuhr mir wertvolle Unterstützung durch Christoph Thanei und Stefan Geretschleger. Meinem Freund Burkhard Wolf gebührt mein aufrichtiger Dank für seine ideell-materielle Unterstützung in schweren Zeiten. Ein herzliches Dankeschön den Archivbeamten und da ganz besonders den Mitarbeitern des Tiroler Landesarchivs, die ich mit Arbeit geradezu überschüttet habe.

Allen, die mit Druckkostenzuschüssen geholfen haben, diesen Band zu realisieren, sei besonders herzlich gedankt, ebenso allen Leihgebern von Bildaufnahmen, speziell Dr. Michael Gehler und Dr. Heinz Moser.

Innsbruck, im Sommer 1994 Horst Schreiber

Einleitung

Der vorliegende Beitrag zur Regionalgeschichte Tirols versucht die gesamtstaatliche und allgemeingesellschaftliche Entwicklung während der NS-Zeit zu berücksichtigen und bleibt folglich nicht auf die Landespolitik beschränkt. Die Einordnung der nationalsozialistischen Tirol-Politik in den Rahmen der Geschichte des Dritten Reiches erfolgt unter Herausstellung der Tiroler Besonderheiten. Dabei wird die Periode der NS-Herrschaft als etwas zur Tiroler Geschichte Gehörendes und nicht als etwas Fremdes, von außen Hereingebrochenes verstanden. Die NSDAP entpuppt sich als eine bodenständige, fest in der politischen Kultur und Tradition Tirols verankerte Kraft. Damit wird eine erst in den letzten Jahren intensiv eingesetzte Erforschung des Nationalsozialismus und seiner Vorgeschichte in Tirol mit dem Bestreben fortgeführt, langlebige Geschichtslegenden, die bis jetzt sowohl in der breiten Öffentlichkeit als auch innerhalb der politischen und wirtschaftlichen Eliten auf Zustimmung stießen, aufzubrechen. Die vorliegende Arbeit bemüht sich in einer mehrschichtigen Mikroanalyse um eine kritische Durchleuchtung nationalsozialistischer Politik und Gesellschaft. Die Darstellung der Geschichte des Nationalsozialismus in Tirol muß deshalb auch unbedingt die wirtschaftlichen und sozialen Zusammenhänge erfassen. Eine solche Vorgangsweise soll einer schon seit langem reklamierten Verbindung von Wirtschafts- und Sozialgeschichte mit Regional- und Zeitgeschichte Rechnung tragen. Aus Platzgründen konnte diese Forderung nicht ganz eingelöst werden, die entsprechende Studie, die als Ergänzung und Fortsetzung dieses Buches angesehen werden kann, ist aber bereits abgeschlossen und vor kurzem erschienen.[1] Der vorliegende Band 10 der »Innsbrucker Forschungen zur Zeitgeschichte« versucht die Machtübernahme, die Funktionsweise, die Unterdrückungs- und Kontrollmechanismen sowie das Ausmaß der Anziehungskraft des NS-Regimes darzustellen.[2] Durch die Hinzunahme alltagsgeschichtlicher Sichtweisen richtet sich das Forschungsinteresse auch nach »unten«, fragt nach den Auswirkungen der NS-Politik für die Mehrheit der Bevölkerung, nach ihren Sorgen, Hoffnungen sowie Erwartungshaltungen und versucht wenigstens ansatzweise auf die Wechselwirkung zwischen anonymen

Strukturen und den Handlungen »großer« Männer und einfacher Menschen, die gleichzeitig Geschichte machen und erleiden, einzugehen.

Die Arbeit ist in sieben Kapitel unterteilt, wobei nur Kapitel I bis IV in der Reihenfolge der Ereignisse stehen, Kapitel V bis VII hingegen einzelne Sachthemen behandeln. In sich wiederum sind die Kapitel soweit als möglich chronologisch abgefaßt, einzelne Themenbereiche kehren in mehreren Kapiteln wieder. Jedes Kapitel bzw. jeder größere Abschnitt enthält eine Zusammenfassung.

Im ersten Kapitel wird die Entwicklung der NSDAP in Tirol als eigenständige Kraft bis zum März '38 und die politische Machtübernahme in Stadt und Land geschildert. Dabei werden in einem kurzen Exkurs auch die Leitlinien der NS-Judenpolitik in Tirol aufgezeigt. Das zweite Kapitel untersucht die Anstrengungen des NS-Regimes, via plebiszitärer Zustimmung Legitimität nach innen und außen zu demonstrieren und stellt anhand des »Wahlkampfes« wesentliche Methoden des Nationalsozialismus zur Lenkung der Stimmung der Bevölkerung vor. Ferner werden die ersten Schritte des Regimes zu seiner raschen Etablierung sichtbar. Kapitel III zeichnet die Diskussion um die territoriale Planung rund um Tirol im gesamtösterreichischen Kontext nach. Bei der Entstehungsgeschichte des Gaues Tirol-Vorarlberg steht die Abtretung Osttirols an Kärnten sowie die Angliederung Vorarlbergs an Tirol im Mittelpunkt. Sie gibt gleichzeitig ein anschauliches Beispiel für die Zerrissenheit der österreichischen NSDAP und ihre heftigen Machtkämpfe. Dem vierten Kapitel ist die Reorganisation der Partei gewidmet. Im Zentrum stehen die Auseinandersetzungen innerhalb der Tiroler NSDAP und das Ringen um die Vorherrschaft im Gau zwischen »Illegalen« und »Emigranten«, personalisiert durch die Gauleiter Christoph und Hofer. Zumindest in Umrissen wird das Verhältnis zwischen der Partei und den anderen Herrschaftsträgern im Sinne des Polykratiemodells von Hüttenberger[3] untersucht und in den Kapiteln V und VII weitergeführt.[4] Kapitel V ist der Frage gewidmet, inwiefern und auf welche Weise die NSDAP wichtige Gesellschaftsbereiche wie Verwaltung, Kirche und Kultur »gleichgeschaltet« und ihre Herrschaft abgesichert hat. Neben dem Umbau der staatlichen und kommunalen Verwaltung werden auch die personellen Brüche und Kontinuitäten aufgezeigt, zu denen die Maßnahmen der Nationalsozialisten geführt haben. Die Tiroler Bürokratie tritt dabei als beharrlicher, ungemein herrschaftsstabilisierender Faktor augenscheinlich hervor. Am Beispiel der durchaus ambivalenten Haltung der katholischen Kirche werden die Grenzen nationalsozialistischer Gleichschaltungspolitik deutlich. Mit der Darstellung

Einleitung 13

einiger wichtiger Aspekte der Gleichschaltungsprozesse im kulturellen Bereich wird der Frage nachgegangen, worin das spezifisch Tirolerische der NS-Kulturpolitik im Gau lag und welchen Zwecken sie diente. Eine kurze Zusammenfassung der in dieser Studie gewonnenen Erkenntnisse bildet schließlich den Abschluß. Als wichtigste forschungsleitende Fragen liegen der vorliegenden Arbeit zugrunde:

* nach welchem Muster lief die Machtübernahme des Nationalsozialismus in Tirol in Stadt und Land ab? Wie verhielten sich die neuen Machthaber gegenüber dem besiegten politischen Gegner?
* wie gelang die pseudomäßige Legitimierung der Machtübernahme durch die »Volksabstimmung«?
* wie entstand der Gau Tirol-Vorarlberg?
* wie reorganisierte sich der Parteiapparat nach dem März '38? Welche Gruppen setzten sich innerhalb der Tiroler NSDAP durch? Welchen Grad an Zustimmung erhielten die Nationalsozialisten? Welches waren die wichtigsten Herrschaftsträger auf der Ebene des Gaus?
* wie verfuhren die Nationalsozialisten mit den Beamten der politischen Verwaltung? Welches Verhalten legte die Beamtenschaft gegenüber dem Regime an den Tag? Gab es personelle Kontinuitäten? Wurde die Verwaltung von »Reichsdeutschen« überschwemmt?
* in welchem Verhältnis standen Nationalsozialismus und katholische Kirche zueinander?
* welche Rolle spielte die Kulturpolitik innerhalb des NS-Herrschaftssystems und welches waren ihre hervorstechendsten Merkmale?

I. Die braunen Kolonnen marschieren – Die nationalsozialistische Machtübernahme in Stadt und Land

1. Die Entwicklung der NSDAP bis 1938

Die Anfänge der NSDAP in Tirol

Bis zu Beginn der dreißiger Jahre spielte die nationalsozialistische Partei eine untergeordnete Rolle im öffentlichen politischen Leben. Die österreichische NSDAP hatte ihre Wurzeln in der österreichisch-ungarischen Monarchie und wurde in Aussig als »Deutsche Arbeiterpartei« gegründet, die sich 1918 in »Deutsche Nationalsozialistische Arbeiterpartei« (DNSAP) umbenannte.[1] Die ersten Ortsgruppen der DNSAP in Tirol wurden 1919 in Innsbruck und 1922 in Kufstein gegründet. Trotz eines Redeeinsatzes des damals aber noch wenig bekannten Adolf Hitler in Innsbruck, konnte die Partei bei den Innsbrucker Gemeinderatswahlen 1921 lediglich 646 Stimmen auf sich vereinigen und geriet in der Folge in Abhängigkeit der Tiroler Heimatwehr.[2] Zur Wahlveranstaltung Hitlers, an der im Großen Stadtsaal etwa 50 Zuhörer teilnahmen, das »unwiderstehliche Charisma« des »Führers« war damals noch nicht durchgebrochen, bemerkte die sozialdemokratisch ausgerichtete *»Volkszeitung«*:

»Also, das war gestern wirklich eine Massenversammlung. Der große Stadtsaal war voll - von leeren Sesseln. [...] Als Erster sprach ein gewisser *Hittler* (sic!) aus München, der so etwas wie ein Führer der Gelben[3] sein soll. Er scheint die löbliche Absicht gehabt zu haben, sachlich zu sprechen, scheint sich aber auch an den ›hochverehrten Volksgenossen‹ etwas verrechnet zu haben. Es war für die Nationalsozialisten bezeichnend: Solange der Redner sachlich sprach, herrschte unheimlich eisiges Schweigen, nur hie und da gab jemand durch ein lautes und vernehmliches Gähnen zu verstehen, der ›hochgeehrte Gast‹ möge endlich mit dem faden Gesumse aufhören. Der Redner schien dies aber nicht zu verstehen, erst als ein Klaqueur in Intervallen von je zwei Minuten immer wieder ›Pfui Juden‹ schrie, begriff er den Stupfer und legte eine neue, mehr hetzige Walze ein [...], so daß auch die glücklich Schlummernden erschrocken erwachten und ›Hepp, hepp, Jud, Jud!‹ brüllten. So sachlich der Redner begann, so unheimlich geistlos endete er. Aber das eine muß ihm auch der Neid lassen: Lungenkrank und asthmaleidend ist der gute Mann nicht. Der Überfluß an Lungenkraft kann aber trotzdem das Minus an geistiger Kraft nicht ersetzen. Nach beiläufig zwei Stunden schloß der Redner und auf den Plan trat Herr Heinrich Suske, vormals Indrich Tschutschke. Das war das Signal zur Massenflucht aus dem Saale [...].«[4]

1923 war noch ein zweiter führender Nationalsozialist aus Deutschland zu »Gast« in Tirol. Nach dem gescheiterten »Hitler-Putsch« im November 1923, an dem auch Teile des Tiroler Freikorps »Bund Oberland«, der ein dem Nationalsozialismus verwandtes Programm vertrat, teilgenommen hatten, verhalfen »Oberländer« dem behördlich gesuchten Hermann Göring zur Flucht über die Grenze nach Innsbruck, von wo aus er nach Venedig weiterreiste.[5] Was die öffentliche Wirksamkeit der NSDAP betrifft, so erwies sich auch die Erringung eines Mandats 1923 in Innsbruck mit 2.039 Stimmen, bzw. eines zweiten 1925 mit lediglich 1.683 Wählern nur als kurzfristiger Erfolg. Der Stimmenanteil der Nationalsozialisten reduzierte sich bis zu den Gemeinderatswahlen von 1929 wieder auf 479 Stimmen.[6] Sehr bald versuchte die reichsdeutsche NSDAP, die seit 1921 unter Hitlers Führung stand, Einfluß und Dominanz über die österreichische Bruderpartei zu gewinnen. Als 1926 die »Landesgruppe Österreich« in die deutsche NSDAP eingegliedert wurde und sich ihr Obmann Karl Schulz weigerte, die Unterordnung unter die Schwesterpartei mit Hitler an der Spitze zu akzeptieren, spaltete sich die nationalsozialistische Bewegung in zwei Lager: in die Schulz-Partei und in die »NSDAP-Hitlerbewegung«.[7] So wurde es nötig, neue hitlertreue Stützpunkte in Tirol zu errichten. Am 9. Oktober 1926 gründeten 11 Männer im Gasthof »Weißes Kreuz« in der Innsbrucker Altstadt die Ortsgruppe Innsbruck, im November 1927 folgte Kufstein. Die ersten öffentlichen Versammlungen der neuen Hitlerpartei endeten jedoch kläglich und stießen auf völliges Desinteresse.[8] Die extrem kirchenstürmerische Einstellung der Nationalsozialisten und ihre widersprüchliche Haltung in der Südtirolfrage erschwerten ihr in Tirol den Zugang zu katholischen und sogar nationalen Schichten. Eine Aufwertung erfuhr die kleine Schar Tiroler Nazis aber durch die Vereidigung ihrer 20 Mann starken SA-Truppe als Hilfspolizei durch die Tiroler Landesregierung, um den von den Sozialdemokraten nach den blu-

1. Die Entwicklung der NSDAP bis 1938

tigen Ereignissen rund um den Justizpalastbrand ausgerufenen Innsbrucker Verkehrsstreik im Juli 1927 gemeinsam mit der Tiroler Heimatwehr niederzuschlagen.[9] Wegen zu geringer Mitgliederzahl, Tirol hatte nur 112 Parteigenossen, wurden im Juni 1928 Salzburg, Tirol und Vorarlberg zum »Westgau der NSDAP Österreich (Hitlerbewegung)« zusammengeschlossen und der Bundesbeamte Ing. Heinrich Suske aus Innsbruck zum Gauleiter bestellt. Die organisatorische Selbständigkeit wurde diesen »Gauen« erst wieder bei Erreichen entsprechender Mitgliederstärke in Aussicht gestellt.[10] Die Ernennung Suskes erwies sich aber als schwerer Fehlgriff. Sein Wirken verschlimmerte die Desorganisation der Partei nur noch mehr und trug zu ihrer weiteren Aufsplitterung in rivalisierende Cliquen und Gruppen bei. So ist es denn auch nicht verwunderlich, daß sich ein Jahr nach Suskes Amtsantritt die Anzahl der Ortsgruppen und ihre Mitgliederstärke nicht in dem erhofften Ausmaß erhöht hatten. Im Mai 1929 (Tabelle 1) konnte die österreichische Landesleitung für Tirol nur vier Ortsgruppen und fünf Zellenstützpunkte mit insgesamt 180 eingeschriebenen Parteimitgliedern melden. Die Partei blieb weiterhin auf ihre zwei Gründungsstützpunkte Innsbruck und Kufstein isoliert, auf die sich über 80% der Mitglieder verteilten. Es war ihr immer noch nicht gelungen, am Land Fuß zu fassen.

Tabelle 1[11]
Ortsgruppen und Zellen der NSDAP-Tirol im Mai 1929

		Parteimitglieder			*Parteimitglieder*
OG	INNSBRUCK	87	Z	KITZBÜHEL	8
OG	KUFSTEIN	59	Z	MAYRHOFEN	3
OG	STRASS	11	Z	HOPFGARTEN	2
OG	HALL	8	Z	TELFS	1
Z	HOLZGAU	1			

Suske boykottierte wiederholt Gauleiterbesprechungen und beging grobe organisatorische Fehler. So vergaß er bei den Nationalratswahlen im November 1930 die Reststimmen für den »NSDAP-Wahlverband-West« geltend zu machen. Die Unterstellung der österreichischen Gauleitungen unter eine österreichische Landesleitung statt direkt unter die Reichsleitung in München wollte Suske nicht akzeptieren und polemisierte gegen die Ernennung von Alfred Proksch zum Landesleiter. Er untergrub von Proksch angeordnete landesweit verbindliche Maßnahmen und beschimpfte diesen sogar.[12] Der Landesleiter und die anderen Gauleiter waren nicht länger gewillt, Suskes Eskapaden zu tolerieren und forderten bei der Reichsparteileitung dessen Ablösung und Ersetzung durch Ing. Riedl.[13] Anfangs 1931 wurde Suske, der aus dem Westgau einen »Sauhaufen« gemacht hatte, wegen mangelnden Führungs- und Organisationstalents abgesetzt. Ing. Riedl, ebenfalls ein Bundesbahnbeamter, der sich »für den einzigen germanisch aussehenden österreichischen Parteiführer« gehalten haben soll[14], folgte Suske im August 1931 nach. Dieser gab sich jedoch nicht geschlagen und intrigierte, nun gegen Riedl, weiter, indem er ein »chaotisches Wirrwarr gegenseitiger Anschuldigungen, Verdächtigungen und unbeweisbarer Behauptungen« heraufbeschwor.[15] Einer seiner Verbündeten war SS-Truppführer Klimesch, der als Querulant »von unglaublicher Qualität«[16] galt. Er ließ durch seine SS alle politischen Funktionäre einschließlich des Gauleiters überwachen und machte auch nicht vor deren Privatleben halt. Ein anderer Gehilfe Suskes, Otto Storch, Referent des Tiroler Studentenbundes, der der Münchner Kreisleitung 7 des NSDStB unterstand, berichtete dem Münchner Kreisleiter regelmäßig über die Verhältnisse in Tirol, so daß dieser »als Amtswalter der Partei es nicht länger ansehen konnte, daß ein Teil der Bewegung durch die Unfähigkeit und persönliche Würdelosigkeit seiner Verwalter dem Nationalsozialismus ohne Unterlaß größten Abbruch tue.«[17] Der Münchner Kreisleiter schlug dem Reichsorganisationsleiter Strasser deshalb Karl Lapper als neuen Gauleiter vor. Theo Habicht, der im Juli 1931 von der Reichsparteileitung nach Österreich geschickt worden war, um die zerstrittene Partei zu reorganisieren, hatte als Vertrauensmann Strassers in der österreichischen Landesleitung den Auftrag bekommen, in Innsbruck, das »immer schon ein ganz übles Stänkernest [war], nach reichsdeutscher Gepflogenheit Ordnung zu schaffen.«[18] Habicht führte zunächst den offiziellen Titel eines Landesgeschäftsführers und wurde 1932 zum Landesinspekteur ernannt, während Proksch der fachliche Landesleiter war. Habicht übte die Oberaufsicht aus und war de facto Führer der österreichischen Nationalsozialisten. In den drei Jahren seiner Tätigkeit sorgte er für eine straffe Führung und Organisation der Partei.[19] Er setzte auch den Streitigkeiten in Innsbruck ein Ende, indem er drohte, »daß jeder aus der Partei hinausflöge ohne Ansehen der Person, der künftighin auf eigene Faust Krieg führe und die Parteibestimmungen durchbreche.«[20] Suske wurde aus der Partei ausgeschlossen, der Zwist noch öffentlich im *Tiroler Anzeiger* und den *Innsbrucker Nachrichten* ausgetragen.[21] Ein letztes Mal verschaffte der ehemalige Gauleiter durch einen Brief an die Landesleitung seinem Ärger Luft:

1. Die Entwicklung der NSDAP bis 1938

»Am 23. Jänner 1932 hat die Ortsgruppe Innsbruck mich durch ihre TSCHEKA ausgeschlossen und den Ausschluß am 29. Jänner 1932 öffentlich verkündet. Am 2. Februar 1932 hat die Landesleitung Herrn Riedl aufgefordert, diese Verkündigung rückgängig zu machen, weil sie noch nicht rechtskräftig ist. Am 2. März 1932 hat die Landesleitung den Tschekabeschluß sogar aufgehoben, obwohl ich den Riedl als Ehrabschneider bezeichnet habe. Seit dem 2. Februar warte ich nun vergebens auf die Zurücknahme der Ausschlußverkündigung. Diese lange Zeit genügt mir, um festzustellen, daß in Innsbruck nicht mehr Hitlerleute regieren, sondern Rufmörder und Tschekisten übelster Sorte. Da auch Herr Proksch, der schrieb, daß er sehr darüber wache, daß niemand Unrecht tut und niemandem Unrecht geschieht, wortbrüchig geworden ist, trete ich mit heutigem Tage freiwillig aus der Partei des Herrn Proksch aus, weil es für einen Menschen, der noch Charakter und Ehrgefühl besitzt, keine Ehre mehr sein kann, unter solchen Verhältnissen in Österreich noch Mitglied der Partei zu bleiben. Ich bleibe weiterhin dem Führer Adolf Hitler und seinen Lehren treu und warte geduldig, bis er Zeit hat, sich wieder um Österreich zu kümmern [...].«[22]

Die Gauleitung hatte unter Suske und unter Riedl ungefähr folgendes Aussehen:

Tabelle 2[23]
Die Gauleitungen Suske und Riedl

GL SUSKE	GL RIEDL
Kassier NOREK	? (WIDMANN bis zu seinem Ausschluß)
Uschla DORÉ	ULLMANN
Propaganda QUIRSFELD	QUIRSFELD
SA Führer REINL	REINL[24]
SS Führer KLIMESCH	POLLETIN (ab Sept. 1932 QUIRSFELD)
HJ Führer HANAK	HANAK (ab Juli 1932 STADLER)
Pressewart PATTIS	PISECKY[25] (ab Nov. 1932 LANTSCHNER)
Schriftführer KILGA	GRAF
Studentenbund STORCH	LEOPOLDSBERGER

Weitere wichtige Stellungen in der Gauleitung hatten Klaus Mahnert, Dr. Karl Gelb (Gaurichter), Johann Priesner (ab Herbst 1931 Gaubetriebszellenobmann) und Vincenz Giselbrecht (Gaubetriebszellenleiter ab Juli 1932) inne. Dr. Ostheimer war als Gauobmann des Ärztebundes vorgesehen, wollte aber zuerst seine Wahl zum Ärztekammerpräsidenten abwarten.

Bei den bedeutenden personellen Umbesetzungen in der Tiroler Gauleitung spielte Landesinspekteur Habicht eine tragende Rolle. Er hatte mehrere Parteiausschlüsse veranlaßt, die neben Suske selbst u. a. Klimesch, Storch, Doré und Widmann betrafen. Storch und Klimesch, die Bezirksleiter Hofer auf offener Straße nach Waffen untersucht und angezeigt hatten, wurden mittels Schnellverfahren aus der Partei eliminiert.[26] Die Ablöse an der Spitze der Gauleitung zeitigte sehr bald Erfolge. Im Oktober und November 1931 hatte die Partei starken Zulauf zu verzeichnen, neue Ortsgruppen wurden gegründet, nun auch schon in Landgemeinden. Die NSDAP führte österreichweit einen Zweimonatsplan durch, der eine große Anzahl von Veranstaltungen, Umzügen und Versammlungen zwecks intensiver Mitgliederwerbung vorsah. In allen Bezirken Tirols hielt die Partei Propagandaversammlungen ab, in Innsbruck besonders gehäuft und mit prominenter Besetzung. Allein im November sprachen im Stadtsaal der Gauleiter von Wien Eduard Frauenfeld, Reichsjugendführer Baldur von Schirach und der reichsdeutsche Abgeordnete und Führer des Nationalsozialistischen Lehrerbundes Hans Schemm. Die Erfolge der NSDAP fielen jedoch in Tirol deutlich schwächer aus als in anderen Bundesländern. Heimattreue Kreise standen wegen der Südtirolfrage immer noch teilweise abseits.[27] Ende 1931 schätzte die Sicherheitsdirektion den Mitgliederstand der Partei auf ca. 800 Mann, Innsbruck soll dabei rund 450 Parteigenossen gezählt haben.[28]

Die Erfolge der NSDAP 1932/33

1932/33 gelang der NSDAP in Tirol der Durchbruch. Ausschlaggebend für den enormen Aufschwung der Nationalsozialisten war der steile Aufstieg und die Machtübernahme Hitlers in Deutschland, während im Land die wirtschaftliche Depression ihren Höhepunkt erreichte. Im Februar 1932 waren 15.389 unterstützte Arbeitslose in Tirol gemeldet, genau ein Jahr darauf 17.573.[29] Die Anzahl der am Arbeitsamt gemeldeten Arbeitslosen stieg zwischen 1930 und 1933 um über 220%. Im Jänner 1933 betrug der Anteil der vorgemerkten Arbeitslosen an den Arbeitnehmern 30%. Dabei ist zu berücksichtigen, daß all diese Zahlen Untergrenzen darstellen.[30] Gleichzeitig nahm die politische Radikalisierung immer schärfere Ausmaße an. Die Auseinandersetzung der Nationalsozialisten mit der Heimwehr wurde zunehmend militanter. Die Dif-

1. Die Entwicklung der NSDAP bis 1938

ferenzen der beiden faschistischen Bewegungen waren weniger weltanschaulicher als machtpolitischer Art.[31] Ganze Heimwehrortsgruppen liefen, nicht selten sogar samt Ausrüstung und Waffen[32], geschlossen zur SA über oder wurden so empfindlich geschwächt, daß in den Tiroler Städten die Nazis bereits die Oberhand hatten.[33] Die Kämpfe der Sozialdemokraten und Kommunisten mit den Nazis wurden mit äußerster Erbitterung geführt. Sie erreichten in der »Höttinger Saalschlacht« am 27. Mai 1932 ihren ersten blutigen Höhepunkt.[34] Dabei kam in Österreich der erste Nationalsozialist in der politischen Auseinandersetzung ums Leben. Insgesamt wurden nach der »Höttinger Saalschlacht« 38 Verletzte gezählt, darunter 16 Sozialdemokraten und Kommunisten.[35] Mit welch schonungsloser Härte sich diese beiden Lager gegenüberstanden, ist an der folgenden Verletztenliste der Nationalsozialisten abzulesen:

Tabelle 3[36]
Liste der bei der »Höttinger Saalschlacht« verletzten Nationalsozialisten

SA-Mann FINK Sylvester	tot, Stich durch rechten Oberarm, in die Brust, durch die Lunge
SA-Mann HÖRHAGER August	Durchtrennung der Beugesehne
SA-Mann CORA Helmuth	Lebensgefahr, Lungen-, Leber-, Magenstich
SA-Mann KOHL Vincenz	Hinterkopf- und Oberschenkelverletzung
SA-Mann PRIESZNER Franz	Schnittwunden Ohr und Oberarm
SA-Mann SCHMIDL Josef	3 Zähne eingeschlagen, Durchtrennung der Bindehaut des rechten Auges
SA-Mann BAUMANN Fritz	Sehnendurchschneidung Knie
SA-Mann KLEMENT Fritz	Quetschwunde Schläfe, Aderriß
SA-Mann MÜLLER Josef	Stichwunde Oberarm
SA-Mann UNTERKREUTER Fritz	Hinterkopf- und Stirnverletzung
SA-Mann WAIDACHER Vincenz	Schlagverletzung Stirn u. Schädel
SS-Mann SPORN Hans	Lebensgefahr, Lungensteckschuß
SS-Mann KERBL Erich	Rißquetschwunde Auge
SS-Mann LAUBACHER Ludwig	Rißquetschwunde Hinterkopf, Schulterblattverletzung
SS-Mann FARROGA Arthur	Rißquetschwunde Hinterkopf, Verletzung Auge

Das Netz der NS-Stützpunkte wurde immer dichter. Im April 1932 gab es in Tirol 24 Ortsgruppen, im Juni angeblich bereits in fast jedem Dorf. Jedenfalls zeigte es sich immer deutlicher, daß die Partei nun auch stärker in Landgemeinden Fuß fassen konnte.[37] Allein zwischen Jänner und März 1933 wurden 89 neue Ortsgruppen im Gau Tirol-Vorarlberg gegründet.[38] Im Verlauf des Jahres 1932 entwickelten die Nationalsozialisten eine sehr rege und erfolgreiche Versammlungstätigkeit. Neugründungen erfolgten in der Regel in Anschluß an solche Versammlungen, bei denen Pisecky, Pattis, Reinl und Leopoldsberger als Redner auftraten. Im Bezirk Kufstein-Kitzbühel konnten die Nationalsozialisten auch bei den Bauern eine für sie günstige Stimmung bemerken. In Kössen, wo die Umtriebe der Nationalsozialisten von der Gendarmerie geduldet wurden, fanden sich im Mai/Juni 1932 unter den 72 Mitgliedern 52 Bauern.[39] Bei einer Parteiversammlung in Reutte traten am 1. Mai 1933 40 Personen der Partei bei, darunter auch der Bürgermeister von Reutte, der Hotelier Emanuel Turri.[40] Anläßlich der Ortsgruppengründug von Amras im November 1932 wurde ein ehemaliger Heimwehrmann zum Ortsgruppenleiter ernannt, um möglichst viele seiner Kameraden auf die Seite der Nazis zu ziehen. Auch bei der Errichtung der Ortsgruppe Walchsee Ende März 1933 wechselten zwei Heimwehrführer zur NSDAP über und warben viele ihrer Heimwehruntergebenen ab. In kürzester Zeit schmolz die lokale Heimwehr von 130 auf 80 Mitglieder.[41] Die Nationalsozialisten waren bestrebt, ihre Anziehungskraft durch die Gewinnung bekannter Persönlichkeiten aus der Gemeindebourgeoisie zu erhöhen. Nicht selten übten Ortsgruppenleiter zivile Berufe wie Rechtsanwalt, Gemeindearzt, Kaufmann, Unternehmer etc. aus.[42] Eine ganze Reihe von Ortsgruppenleitern stammte aus dem Kreis der Bundes- und Landesangestellten oder waren Lehrer. Auf diese Tatsache führte die Bezirkshauptmannschaft Kufstein auch den starken Rückhalt der Partei in der Bevölkerung des Bezirks zurück. Die Mitgliederzahl folgender Ortsgruppen mit Stand Mai/Juni 1932 weist deutlich auf den enormen Aufwärtstrend der Partei hin:

1. Die Entwicklung der NSDAP bis 1938

Tabelle 4[43]
Mitgliederstand Tiroler NSDAP-Ortsgruppen Mai/Juni 1932

	Parteimitglieder		Parteimitglieder
OG Kufstein	94	OG Kitzbühel	24
OG Landeck	93	OG Wörgl	22
OG Schwaz	40	OG Mayrhofen	21
OG Imst	25	OG Kirchbichl	17
OG Jenbach	24	OG Pillersee	5
OG St. Johann	24	OG Reutte	8

Im Verlauf der nächsten Monate, besonders im Frühjahr 1933, nahm die Zahl der Ortsgruppen und Mitglieder eine geradezu stürmische Entwicklung. Nach Schätzungen der Gendarmerieposten, die natürlich Ungenauigkeiten beinhalten, zeigte sich dies gerade in kleinen Ortschaften am Land und in Gebieten, wo der Nationalsozialismus bis dahin überhaupt nicht Fuß fassen hatte können.

Tabelle 5[44]
Aufwärtstrend Tiroler NSDAP-Ortsgruppen im Frühjahr 1933

	Parteimitglieder		Parteimitglieder
OG Lienz	150	OG Görtschach-Gödnach	20
OG St. Johann	101	OG Lavant	18–20
OG St. Jakob i.D.	50	OG Ainet	16–25
OG Walchsee	45	OG Kals	15–20
OG Obsteig	45	OG Frohnhausen	15
OG Pfunds	40	OG Holzgau	15
OG Ellmau	40	OG Pinswang	14
OG Häring	38	OG Häselgehr	13
OG Dölsach	30	OG Stanzach	13
OG Bichlbach	26	OG Mitterdorf	10
OG Sillian	25–30	OG Sautens	9
OG Nörsach	20	OG Ötz	9
OG Unternußdorf	20	OG Oberlienz	8
OG Iselsberg-Strossach	20		

Im Oktober 1932 wurde in Kitzbühel ein propagandistisch groß angelegter »Deutscher Tag« abgehalten, um nach außen hin das neue Gefühl der Stärke in aller Öffentlichkeit zu demonstrieren. Denn, so Bezirksleiter Hanak,

»Kitzbühel ist heute außer Kufstein die beste Ortsgruppe des Bezirksverbandes. Sie hat in kurzer Zeit einen sehr guten Aufstieg zu verzeichnen. Der Turnverein ist heute bereits vollständig in unserer Hand. Wir müssen nur die Gelegenheit und Stimmung für uns ausnützen, um aus Kitzbühel eine Nazihochburg zu machen. Mit Rücksicht auf den Weltruf, den Kitzbühel genießt, wäre ein Nazierfolg in Kitzbühel von großer propagandistischer Bedeutung.«[45]

Anfang März 1933 trat Franz Reisch, Hotelier und Bürgermeister von Kitzbühel, der NSDAP bei. Die Erfolge des Nationalsozialismus in Kitzbühel waren so durchschlagend, daß die Stellung des Bezirkshauptmanns Fuchs für Landeshauptmann Schumacher unhaltbar wurde. Er befürwortete Fuchs´ Beurlaubung, da sich dieser der Bekämpfung der Nationalsozialisten als nicht gewachsen erwies,

»so daß die nationalsozialistische Bewegung im Bezirke Kitzbühel in einer Weise erstarken konnte, wie in keinem anderen Verwaltungsgebiet und ein höherer Beamter des Amtes der Landesregierung als außerordentlicher Kommissär mit der Wahrnehmung des Sicherheitsdienstes betraut werden mußte.«[46]

Die gewaltig gestiegene Attraktivität der NSDAP wird auch am Beispiel der Verleihung der Ehrenbürgerschaft an Adolf Hitler durch die Gemeinden Imst, Kramsach und Fügen im Frühjahr 1933 sichtbar.[47] Gemessen am Verhältnis der Parteimitgliederzahl zur Einwohnerzahl stand der Westgau bis Mitte 1931 an der letzten Stelle. Bis April 1932 rückte er jedoch auf den zweiten Platz vor.[48] Die folgenden Zahlen geben den beträchtlichen Mitgliederzuwachs des NSDAP Westgaus wieder.

Tabelle 6[49]
Mitgliedsmeldung der Gauleitung Westgau vom 6. 6. 1932

		Tirol	*Vorarlberg*	*Salzburg*
Jänner	1931	348	183	841
März	1932	1.099 (+316%)	389 (+207%)	2.337 (+278%)

Im angegebenen Zeitraum stieg die Anzahl der eingeschriebenen Nationalsozialisten in Tirol und Salzburg um das Dreifache, in Vorarlberg um das Doppelte. Mit Wirkung vom 1. Mai 1932 verfügte die Landesleitung daher die Verselbständigung des Gaues Salzburg unter dem neuen GL SS-Oberführer Karl Scharizer. Der bisherige Westgau hieß nun »Gau Tirol-Vorarlberg der NSDAP Hitlerbewegung«.[50]

1. Die Entwicklung der NSDAP bis 1938

Tabelle 7[51]
Altersgliederung der Tiroler NSDAP-Mitglieder 1932

Altersgruppe	NSDAP Tirol 1932* in %	NSDAP Österreich 1926–1933 in %	SA Innsbruck 1933** in %
über 50 Jahre	6,6	6,1	1,8
41–50 Jahre	10,1	14,6	7,3
31–40 Jahre	26,9	27,2	18,2
21–30 Jahre	46,0	42,6	60,9
18–20 Jahre	10,4	9,5	11,8

* n = 335 **n = 110
N = 1099 N (ganz Tirol) = 1370

Der Mitgliederstand der Tiroler NSDAP 1932 weist einen äußerst geringen Anteil an Parteigenossen auf, die bereits während der 20er Jahre beigetreten waren. Dies verdeutlicht, daß es innerhalb der Partei eine starke Fluktuation der Mitglieder gegeben hat. Tabelle 7 legt daher das Alter jener Parteigenossen offen, die zwischen 1930 und 1932 in die NSDAP eintraten. Die Altersverteilung dieser »alten Kämpfer« zeigt eindrucksvoll die Jugendlichkeit der NSDAP Anfang der 30er Jahre auf. Sie deckt sich weitgehend mit den von Gerhard Botz im BDC erhobenen Daten für die zwischen 1926 und 1933 zur NSDAP stoßenden Mitglieder der Gesamtpartei in Österreich. Über 56% aller Tiroler NSDAP-Mitglieder (außerhalb der Stadt Innsbruck, für die keine Daten zur Verfügung standen) waren zum Zeitpunkt ihres Beitritts höchstens 30 Jahre alt, über 83% nicht älter als 40 Jahre. In der Innsbrucker SA, der Kampfformation der NSDAP, machten die Untervierzigjährigen gar über 90% aus. Mehr als 70% der SA-Männer überschritten das 30. Lebensjahr nicht. Mit der Machtübernahme, dem daraufhin einsetzenden Sturm auf die Partei und dem Übergang von der »Bewegung« zur Staatspartei stieg auch das Alter der NSDAP-Mitglieder. Ob diese strukturelle Erstarrung der Tiroler Partei bereits in der Zeit der Illegalität einsetzte, wie Botz für die Wiener und gesamtösterreichische NSDAP nachweist, muß bis zur Erfassung und Verarbeitung entsprechender Daten noch offen bleiben.[52] Festgehalten werden kann, daß die Jahrgänge, die bis 1932/33 zur NSDAP stießen, persönlich und politisch in der unmittelbaren Vor- oder Nachkriegszeit sozialisiert worden waren. Schlüsselerlebnisse dieser Menschen stellten der überschäumende Patriotismus, die Fronterfahrungen mit der daraus erwachsenden Empfänglichkeit für eine »Volksgemeinschafts«-Ideologie, die Verherrlichung der Gewalt und das Eindringen militaristischer Lebensformen in die Jugendkultur der zwanziger Jahre dar. Jedenfalls handelt es sich auch in Tirol beim Aufstieg des Nationalsozialismus um ein »generationsbedingtes und auf wenige Altersgruppen beschränktes Phänomen, in dem die gesellschaftlichen Erschütterungen traditionaler Werthaltungen in der Kriegs- und Nachkriegszeit politisch wirksam geworden sein dürften«.[53]

Über die Sozialstruktur der Tiroler NSDAP liegen noch keine Untersuchungen vor. Mit Hilfe der Daten zu knapp 380 Tiroler Nationalsozialisten (ohne Innsbruck), die noch eingehend analysiert werden müssen, lassen sich für den Beginn des Massendurchbruchs der NSDAP 1932 einige Tendenzaussagen vornehmen.[54] Der »neue Mittelstand«, also Angestellte und Beamte, sind überproportional stark vertreten. Während sie nur ein Siebtel der Beschäftigten Tirols stellten[55], kam deutlich mehr als ein Viertel der Parteimitglieder aus ihren Reihen. Die freien Berufe und Studenten sind ebenfalls überrepräsentiert, wobei davon ausgegangen werden kann, daß dieser Befund bei Berücksichtigung der Landeshauptstadt noch unterstrichen werden würde. Der »alte Mittelstand« zeigt ein widersprüchliches Bild. Während die Nazifizierung der Selbständigen bereits bemerkenswert vorangeschritten war (v. a. Kaufleute, Kleingewerbetreibende, Handwerksmeister und eine große Anzahl von Handwerkern, die bezüglich ihrer (Un)Selbständigkeit nur schwer einzuordnen sind), war der Anteil der Bauern innerhalb der NSDAP immer noch verschwindend gering. Auch wenn anzunehmen ist, daß sich ihr Anteil im ersten Halbjahr 1933 nicht unwesentlich erhöht haben dürfte, so sind sie mit Sicherheit auch weiterhin im Vergleich zu ihrem Anteil in der Gesamtgesellschaft stark unterrepräsentiert geblieben. Dasselbe gilt auch für die Arbeiterschaft, die 40% der Berufstätigen stellte[56], aber nur 20% der Parteimitglieder. Der Arbeiteranteil erhöht sich allerdings noch um einige Prozentpunkte, wenn ein Teil der Handwerker unsicherer Zuordnung, die zu den Selbständigen in Handel und Gewerbe gezählt wurden, den Arbeitern zugeschlagen wird. Neben der zu konstatierenden beachtlichen Resistenz zeichnen sich aber bereits 1932 auch Einbrüche in die Arbeiterschaft ab. Dies hängt sehr wesentlich damit zusammen, daß es in Tirol eben keine zahlenmäßig starke, klassenbewußte Industriearbeiterschaft gab. Die heimische Arbeiterschaft war, abgesehen von den Kernschichten in den wenigen industriellen Zentren, noch immer entscheidend vom katholisch-konservativen, ländlichen

Milieu und dessen kultureller Hegemonie geprägt. Die Tiroler Arbeiter, die zur NSDAP überliefen, kamen überwiegend aus den sogenannten Randschichten der Arbeiterschaft. Aufgrund der heimischen Wirtschaftsstruktur war allerdings dieser Typus des Arbeiters weit verbreitet, sodaß die Nationalsozialisten in Tirol eine wesentlich günstigere Ausgangsposition vorfanden als in anderen Bundesländern. Daher hatte die Partei vor allem bei kleinbetrieblichen und jungen Arbeitern sowie bei Arbeitslosen Erfolge aufzuweisen. Diese Entwicklung verstärkte sich noch nach der Niederlage und der Zerschlagung der Sozialdemokratie, als es der NSDAP gelang, eine beträchtliche Anzahl ideologisch noch ungefestigter junger Arbeiter, aber auch Mitglieder der sozialdemokratischen Jugendbewegung für sich zu gewinnen. Gerhard Botz schätzt, daß in österreichischen Bundesländern wie Tirol ungefähr ein Drittel des verbotenen und aufgelösten Republikanischen Schutzbundes zu paramilitärischen Bewegungen der NSDAP überwechselte.[57] Abschließend kann gesagt werden, daß die Tiroler Partei 1932 durch ein städtisch-mittelständisches Sozialprofil geprägt war, wobei der untere Mittelstand der »Bewegung« ihren Stempel aufdrückte. Die Tiroler NSDAP präsentiert sich in der Phase ihrer Expansion zur Massenbewegung als generationenspezifische ('Jugendprotest')[58], völlig männerdominierte Partei von Handwerkern, Kleingewerbetreibenden, Beamten, Angestellten, Akademikern und Studenten mit einem deutlich unterrepräsentierten, wenn auch bereits beachtlichen Arbeiteranteil mit nichtagrarischem, stark untermittelständischem Charakter. Trotz ihrer Erfolge war die NSDAP von einer Mobilisierung der Landbevölkerung noch weit entfernt.[59]

Im November 1932 wurde GL Riedl dienstlich nach Wien versetzt, worauf die Landesleitung den Kaufmann Franz Hofer zum kommissarischen Gauleiter von Tirol-Vorarlberg berief und ihn im Mai 1933 definitiv stellte.[60] Ein Bericht der Tiroler Landesregierung vom 30. Jänner 1932 bezeugt die emsige Tätigkeit und den raschen Aufstieg Hofers innerhalb der NSDAP:

»Der Inhaber des Radiogeschäftes Franz Hofer, 1902 in Hofgastein geboren, nach Hall zuständig, in Innsbruck, Adamgasse 9 wohnhaft, der sich als eifriges und radikales Parteimitglied betätigt, hat der Partei im Gasthaus ›Bierwastl‹ kostenlos ein Grammophon mit Lautsprecheranlage zur Verfügung gestellt. Außerdem stellt er der Partei sein Geschäftsauto zu Propagandazwecken und zur Verteilung von Flugzetteln zur Verfügung. Wegen dieser Verdienste wurde er von der Gauleitung zum Ortsgruppenpropagandaleiter ernannt.«[61]

Unter Hofers Führung errangen die Tiroler Nazis beachtliche Erfolge. In Tirol feierte die NSDAP nämlich die größten Wahltriumphe, die sie jemals bei demokratischen Wahlen in Österreich erzielen konnte. Bei den Innsbrucker Gemeinderatsergänzungswahlen im April 1933 erreichte sie 41% der abgegebenen Stimmen. Rund 15.000 Wählerinnen und Wähler machten die Partei zur stärksten Fraktion in Innsbruck. Eine Woche später entschieden sich in Landeck knapp 38% der Stimmberechtigten für die NSDAP. Sowohl in Innsbruck als auch in Landeck gelangen den Nazis schwere Einbrüche ins Lager der Tiroler Volkspartei und der Sozialdemokraten. Das national-liberale Lager (Großdeutsche, Heimatblock, Landbund) wurde völlig aufgerieben und war fast zur Gänze zu den Nationalsozialisten übergewechselt.[62]

Parteiverbot, Juliputsch und Illegalität

Nachdem jedoch die Regierung Dollfuß das Parlament ausgeschaltet und die österreichische Variante eines Faschismus zu entwickeln begonnen hatte, verlängerte der Tiroler Landtag am 9. Mai 1933 seine Legislaturperiode, um angesichts der Nazierfolge und des alarmierenden Wählerschwundes der Tiroler Volkspartei Neuwahlen zu verhindern. Die Möglichkeit, die Macht auf legalem Wege zu erringen, blieb der NSDAP somit verschlossen und die Partei radikalisierte sich noch stärker. Die rapide Verschlechterung der Beziehungen zwischen Deutschland und Österreich, die Einführung der Tausend-Mark-Sperre durch die Reichsregierung[63], NS-Terroraktionen, Großdemonstrationen und blutige Zusammenstöße mit der Heimwehr erschütterten in den nächsten Wochen Tirol und ganz Österreich.[64] Auf Versammlungen im Außerfern kündigte Organisationsleiter Pisecky an, alle »großen Lumpen« hängen zu lassen und die kleinen ins KZ zu transportieren, sobald die Nazis an der Macht wären. Auf der Fahrt nach Höfen hätte er bereits einen geeigneten Platz zur Errichtung des KZ Nummer 1 gesehen.[65] Nach dem Attentat auf den Tiroler Heimwehrführer Richard Steidle am 11. Juni 1933 besetzte die Heimwehr das Braune Haus, Hauptquartier der NSDAP in der Müllerstraße[66], am nächsten Tag begann die vom Bundeskanzleramt befohlene Verhaftung aller höheren nationalsozialistischen Führer Österreichs. Auch GL Hofer und Stadtrat Denz befanden sich unter den Festgenommenen, allerdings gelang Hofer die Flucht nach Italien. Von München aus versuchte er weiterhin, auf die Geschicke des Landes und der Partei Einfluß zu nehmen. Die Massenfestnahmen betrafen aber nicht nur führende Parteigenossen in der Gauleitung und in den Be-

1. Die Entwicklung der NSDAP bis 1938

zirksleitungen, sondern neben SS- und SA-Führern auch Ortsgruppenleiter und ein-fache ortsbekannte Mitglieder. Die Fortsetzung brutaler terroristischer Anschläge in ganz Österreich, darunter der blutige Handgranatenüberfall von SA-Männern auf christlich-deutsche Turner in Krems, das über ein Dutzend Schwerverletzte forderte, führte schließlich zum Verbot der NSDAP am 19. Juni 1933 und zur Auflösung ihrer Organisationen. Eine intensive Fluchtwelle nach Deutschland setzte daraufhin ein. Bis Oktober 1933 waren rund 600 Tiroler Nationalsozialisten ins Reich geflohen. Die Tiroler »Flüchtlinge« wurden mit den anderen österreichischen Exilanten an der österreichisch-bayrischen Grenze zu einer »Österreichischen Legion« zusammengezogen und militärisch ausgebildet. Immer wieder verbreitete sich das Gerücht, daß der Einmarsch der österreichischen Legionäre unmittelbar bevorstünde. Die im Lager Lechfeld untergebrachten Legionäre rechneten mit einer baldigen Rückkehr und wollten so schnell als möglich losschlagen. Durch die erzwungene Passivität und die wachsende Ungewißheit machte sich unter ihnen sehr rasch eine gedrückte Stimmung breit. Da das Lager Lechfeld zum Überwintern ungeeignet war, wurden viele Legionäre ins Lager Kempten und nach Bad Aibling, wo auch die Tiroler Gauleitung amtierte, verlegt. Das Gros der Tiroler »Flüchtlinge« rekrutierte sich aus untermittelständischen Schichten, darunter auch viele Arbeitslose. Einige von ihnen waren wie der ehemalige Bezirksleiter von Reutte, Franz Hofer II, für einige Zeit im KZ Dachau als Wächter eingeteilt worden. Folgender Brief eines Scharnitzer Legionärs zeugt von der Stimmung, den Problemen und der Enttäuschung eines nicht unbeträchtlichen Teils Tiroler »Flüchtlinge«:

»Liebe Eltern, ich kann Euch mitteilen, daß ich nimmer in Dachau bei der SS bin, da mich der Arzt als untauglich erklärt hat [...]. Das ist wohl traurig, jetzt wo wir solange in Deutschland sind und gearbeitet haben, daß wir dann was können, und jetzt schicken sie einen fort wie einen Hund. Ich weiß nicht, was mit uns noch alles geschehen wird. Denn heuer kommen wir nicht mehr nach Österreich zurück, wie uns immer gesagt wird. Was fange ich an, bin jetzt in München, habe kein Gewand und gar nichts [...]. Jetzt habe ich nicht einmal etwas zum Fortgehen, kann den ganzen Tag zu Hause bleiben. Ich bin schon ganz aus dem Häusl, es ist nicht alles Gold, was glänzt, das dürft mir glauben. Ich bin ganz krank geworden und kein Mensch scheißt sich um einen. Es sind schon 15 Wochen, was ich in Deutschland rumkugle und wird immer schlechter. 200 Mann sind nach Österreich zurückgekehrt und haben sich lieber einsperren lassen. Und das werde auch ich machen und lasse mich lieber 2–4 Wochen einsperren [...]. Wenn es so bis Weihnachten so weiter geht, laufen alle noch davon, da schon alle lamentieren [...]. Bitte liebe Eltern schreibt mir bald, ob ich heim kann oder nicht. Sobald als möglich.«[67]

Trotz Massenflucht, Serienverhaftungen und Verhängung vieler Geldstrafen mußte die Tiroler Sicherheitsdirektion feststellen, daß die NSDAP weiterhin »ansehnlichen Zulauf« verzeichnen konnte, während die Stimmung unter den österreichtreuen Exekutivbeamten schlecht war. Die SA und die SS sollen sogar mitgliedsstärker als vor ihrem Verbot gewesen sein. Zwischen den im Lande verbliebenen Führern und der provisorisch in München installierten Gauleitung unter GL Hofer waren aber bereits starke Spannungen aufgetreten.[68]

Nach dem Parteiverbot setzte die NSDAP ihre im Frühjahr 1933 begonnenen Terroraktivitäten, verbunden mit einer intensiven Propagandatätigkeit, verstärkt fort. An Eisenbahnstrecken, Brücken, Elektromasten, in Bezirkshauptmannschaften u. ä. wurden Bomben oder Handgranaten gelegt. Attentate, Mord- und Sprengstoffanschläge, »Papierbölleraktionen«, Hakenkreuzschmierereien, Flugblattaktionen und das Abbrennen von Hakenkreuzfahnen beherrschten bis zum Juli 1934 das äußere Erscheinungsbild Tirols.[69] Kurzfristige Ruhe trat nur durch den von Theo Habicht verkündeten »Friedensschluß« während der Niederwerfung der Arbeiterbewegung durch die Regierung Dollfuß im Februar 1934 ein. Bei der Organisierung des Terrors in Tirol spielte SA-Brigadeinspekteur Klaus Mahnert eine wichtige Rolle im Hintergrund. Er hatte dem Pg. Fritz Kühter den Auftrag erteilt, Terror- und Sprengtrupps unter der Leitung von SS- und SA-Truppführern zu je 3–4 Mann aufzustellen und ihnen je nach Bedarf BDM-Mädchen zur Seite zu geben. Die SS-Trupps wurden auf Befehl von SS-Sturmführer Pfefferkorn der Terroreinheit angegliedert.[70] An der Spitze der SS-Terrorgruppe stand SS-Scharführer Friedrich Wurnig.[71] Die Ausbildung der Truppführer erfolgte durch Kühter für das Unterinntal in Kufstein und in Innsbruck im Atelier Adolf-Pichlerplatz 4, das unter Kühters Führung auch Standort der Geheimdruckerei sowie des Böller-, Fahnen- und Propagandalagers der illegalen NSDAP war. Die Durchführung aller Befehle zu Terroraktionen ging über Kühter. Auftraggeber der Aktionen war GLstv. Fritz Lantschner, der für die wirtschaftliche Unterstützung bzw. die Erschließung finanzieller Mittel sorgte. Alle terminmäßig gebundenen Befehle liefen über Klaus Mahnert. Mitte 1933 hatte die Partei die erste fliegende Druckerei in Betrieb genommen, nach der Anschaffung geschäftseigener Druckmaschinen übersiedelte sie für einheinhalb Jahre ins Atelier am Pichlerplatz. Bei drohenden Hausdurchsuchungen wurde die Produktion

1. Die Entwicklung der NSDAP bis 1938

vorübergehend in die Werkstätte zweier Nationalsozialisten in die Andreas-Hofer-Straße verlegt. Vom Parteiverbot bis zum Juliputsch 1934 wurden über 800.000 Druckschriften hergestellt, die Unternehmen Tschoner und Vieider lieferten das nötige Papier.[72]

Tabelle 8[73]
Bedeutende Terroranschläge der SA und SS in Tirol

Eisenbahngleis Ibk-Völs	Sprengtrupp SCHWAIGER	SA
Mittenwaldbahn bei Kranebitten	Sprengtrupp BAUMANN	SA
Eisenbahngleis Ibk-Hall	Sprengtrupp ACHAMMER	SA
Eisenbahngleis Ibk-Brenner	Sprengtrupp MARTINI	SA
E-Werk Mühlauer-Klamm	Sprengtrupp TUSCH	SA
E-Werk Hall	Sprengtrupp MÖSLEIN	SA
Elektromast Sillwerk	Sprengtrupp ANDERLAN	SS
Elektromast Ruetzwerk	Sprengtrupp ANDERLAN	SS
Elektromast Oberinntal bei Völs	Sprengtrupp ANDERLAN	SS
Elektromast Unterinntal vor Hall	Sprengtrupp ANDERLAN	SS
Buchdruckerei Tyrolia	Sprengtrupp WURNIG	SS
Bahnuntergang Leopoldstraße	Sprengtrupp MARTINI	SA
Eisenbahnviadukt vor Innsbruck	Sprengtrupp ACHAMMER	SA
Staatsanwalt Ziegler[83]	Sprengtrupp ANDERLAN	SS
Eisenbahngleis Hall-Volders	SCHÖSSER	SA
Wasser- und E-Werk Kufstein	Instruktion KÜHTER	SS

Besondere Bölleraktionen in Wohnungen politischer Gegner:

Kriminalbeamter Rofner	Ausführender KLUG	SA
Ing. Hradetzky	Ausführender PFUND	SA
Turnhalle Fallmerayerstraße anläßlich der Heimwehrbesetzung täglich zwei Böller	Ausführender PFUND	SA

Bisweilen in der Nachbarschaft 20 Böller ausgeteilt, zum Teil von OPPITZ und FAULHABER durchgeführt.

Ein bedeutendes Zentrum des illegalen Nationalsozialismus in Innsbruck war die Universität.[75] Die NS-Aktivitäten beschränkten sich jedoch nicht nur auf die Universität selbst. Speziell Burschenschaften und Corpsstudenten gehörten zur überzeugten Basis der illegalen Bewegung und stellten nicht nur viele SS- und SA- Männer, sie führten auch einen beträchtlichen Teil der terroristischen Handlungen aus.[76] Mit ihren Aktionen versuchte die NSDAP den Fremdenverkehr zu schädigen und ein Klima der Angst und Gewalt zu schaffen, in dem sich die Menschen nach einer starken Hand, die Anarchie und Chaos beseitigt, sehnen sollten. Von allen Aktivitäten der illegalen Partei fand die spektakuläre Befreiung von GL Hofer in der Nacht vom 29. auf den 30. August 1933 aus dem Gefangenenhaus des Innsbrucker Landesgerichts die wohl größte Beachtung. Hofer, der über die italienische Grenze nach München fliehen konnte und dabei eine Schußverletzung am Knie erlitt, wurde beim Nürnberger Parteitag demonstrativ als Held gefeiert und vom Führer persönlich für seine Treue geehrt.[77] Hitler war vom Ausbruch in Kenntnis gesetzt worden und hatte sein persönliches Flugzeug zur Verfügung gestellt, um Hofer samt Eltern und Tochter aus Bozen abzuholen.[78] Unter Beibehaltung seines Gauleitertitels wirkte Hofer in München weiter und versuchte seinen Einfluß auf den Gau aufrechtzuerhalten. Er gab weiterhin Befehle für den illegalen Kampf aus, wobei ihm enge Vertraute wie Lantschner als Kuriere dienten. In der illegalen Gauleitung saßen zu diesem Zeitpunkt Fritz Lantschner, Friedrich Plattner, Vincenz Giselbrecht, Otto Reisch, Erwin Fleiss, Hans Bernard, Hans Lardschneider und Franz Sterzinger.[79]

Am 25. Juli 1934 versuchten die Nationalsozialisten in Österreich gewaltsam die Macht zu ergreifen. Neben der SS waren in Tirol GLstv. Lantschner und der Vorstand des Stadtpolizeiamtes, Polizeioberrat Franzelin, die Drahtzieher des schlecht vorbereiteten und dilettantisch durchgeführten Putschversuchs. Die durchschlagkräftigste Gliederung der Partei, die SA, war vom Vorhaben kaum unterrichtet, sodaß ihre Einheiten auch nicht einsatzbereit waren.[80] Durch die Entmachtung der SA im »Altreich« und die Ermordung ihrer Führer unter maßgeblicher Beteiligung der SS am 30. Juni 1934 waren in Österreich zwischen SS und SA schwere Konflikte ausgebrochen, die so weit gingen, daß der oberste SA-Führer Österreichs den Putschplan verriet. Die Aktion verlief deshalb auch in Tirol völlig unkoordiniert und ohne Beteiligung der SA. Trotzdem gab es zwei Todesopfer. Der Kommandant der städtischen Sicherheitswache von Innsbruck, Franz Hickl, wurde auf offener Straße von SS-Scharführer Wurnig[81] brutal ermordet, ein Nationalsozialist von der Heimwehr als Geisel erschossen.[82] Der mißglückte Versuch der gewaltsamen Machtergreifung wirkte sich für die Partei verheerend aus. Die einsetzende Flucht- und Verhaftungswelle führte zu einem argen Aderlaß innerhalb der NSDAP, die, ihrer wichtigsten Kader beraubt, führungslos dastand. Für einige Zeit verschwand die NS-Bewegung aus dem öffentlichen Leben, eine Reihe ihrer Angehörigen schwenkte vorübergehend ins Regierungslager ab.[83] Erst ab dem Winter 1935/36 sollte die Partei wieder nach außen hin in Erscheinung treten.

1. Die Entwicklung der NSDAP bis 1938

Die österreichische Landesleitung wurde aufgelöst, Habicht abberufen und allen österrreichischen Parteiführern im Reich strikt untersagt, mit ihren ehemaligen Gauen politisch Kontakt zu halten. Auch Hofer hatte deshalb seinen Gauleiterposten zur Verfügung zu stellen. Zeitweilig wirkte er in der Führung der österreichischen Legion mit, bis er seine Tätigkeit im österreichischen Flüchtlingshilfswerk in Berlin, wo er in führenden Positionen tätig war, antrat. Die verwaiste Gauleitung übernahm vorerst der Innsbrucker Universitätsprofessor, SS-Standartenführer Friedrich Plattner, der nach dem »Anschluß« zum Staatskommissar für Erziehung, Kultur und Volksbildung avancierte. Auch Professor Dr. Otto Reisch führte kurzfristig den Gau, wobei Plattner und Reisch eher als Geschäftsführer während einer Übergangszeit fungierten. Plattner, der 1936 ins Reich ging, sollte im Rahmen des volkspolitischen Referats die »Befriedungsaktion Reinthaller« durchführen. Edmund Christoph, ein wegen seiner NS-Betätigung entlassener Lehrer, wirkte seit der ersten Hälfte des Jahres 1934 als Bezirksleiter von Landeck und Imst und ging Anfang 1935 als Gauorganisationsleiter an den Neuaufbau des Gaus heran. Christoph bezeichnete sich nach dem »Anschluß« als »illegaler Gauleiter« seit 15. August 1935. Unter den illegalen Nationalsozialisten wurde er allerdings erst im Winter 1936/37 als Gauleiter bekannt und akzeptiert. Bereits in dieser Zeit traten offene Differenzen zwischen dem abgelösten GL Hofer und Christoph auf. Für Christoph, der sich ein nationalsozialistisches, aber selbständiges Österreich wünschte, war Hofer der »Exponent des Berliner Zentralismus«[84]. Nach Beschwerden eines illegalen Mitglieds der Gauleitung war Hofer immer wieder bestrebt gewesen, sich durch finanzielle Zuwendungen an bestimmte Gruppen

»abhängige Stützpunkte im Gaugebiet zu schaffen, welche er ständig gegen die, von der Landesleitung Österreichs eingesetzten autoritären Gauführer in oppositionelle Stellung brachte, wenn diese es verabsäumten, sich mit ihm durch persönlichen Besuch von vorneherein auf einen guten Fuß zu stellen. Er brachte dadurch eine fortwährende Unruhe in das Gaugebiet und erschwerte beträchtlich die einheitliche Führung der Bewegung in unserem Gau«[85].

Gauleitung und Politische Organisation konnten sich erst 1936 konsolidieren, nachdem die Reorganisation der NS-Formationen schon 1935 begonnen hatte. Für den Bezirk Innsbruck-Land stellte das Gendarmeriebezirkskommando Innsbruck eine intensiv im geheimen betriebene Propaganda der NSDAP fest. Im Februar 1936 war bereits die NS-

Druckerei in Rum ausgehoben worden, in der u. a. der *»Rote Adler«* hergestellt wurde.[86] 1937 verstärkte die NSDAP ihre Aktivitäten und trat immer öfter in der Öffentlichkeit in Erscheinung.[87] Einen wichtigen Anteil an der illegalen Tätigkeit, insbesonders auf dem Gebiet der Propaganda übernahm die HJ, welche ihre Bastionen in den Jugendsektionen des Alpenvereins und der deutsch-völkischen Turnvereine hatte.[88] Im Mai 1937 soll es nach Schätzungen der Oberstaatsanwaltschaft Innsbruck 1.200 Hitlerjungen und 900 BDM-Mädchen gegeben haben.[89] Die illegale Führerin des österreichischen BDM gab für den Jänner 1938 für Tirol eine Mitgliederstärke von 600 Mädchen, davon 150 »Jungmädel«, an.[90]

Die SA konnte sich nach dem mißglückten Umsturzversuch und der Verhaftung ihrer Führer[91] nach einer gewissen Durststrecke recht gut erholen. Zum Zeitpunkt des Juliputsches hatte sie nach regierungsamtlichen Erhebungen eine Stärke von 3.500 Mann gehabt[92], 1937 soll sie bereits wieder über 4.400 Mann in drei Standarten verfügt haben. Die in den *»Innsbrucker Nachrichten«* für den Zeitpunkt der Machtübernahme angegebenen 3.000 SA-Männer für den ganzen Gau Tirol-Vorarlberg, von denen ein Drittel (sic!) arbeitslos war, dürften jedoch eher der Realität entsprochen haben.[93] Ein Jahr später betrug die Gesamtstärke der SA-Gebirgsjägerbrigade 99 mit vier Standarten und 76 Stürmen bereits 10.000 Mann.[94] Das Verhältnis der SA zur Partei war jedoch gespannt. Die SA-Führung anerkannte zwar die Führungsrolle der NSDAP, die den politischen Kurs bestimmte, sie forderte aber die Beibehaltung der völligen Selbständigkeit in allen die SA selbst betreffenden Angelegenheiten.

Der Wiederaufbau der SS, die auch im Juli 1934 nicht mehr als 200–300 Mann gehabt hatte[95], klappte weniger gut. Der neuen Führung gelang es nach dem Julidesaster nicht ausreichend, das Vertrauen der Basis wiederzuerlangen, sodaß die SS im April 1937 von der Bundes-polizeidirektion Innsbruck für »äußerst schwach« gehalten wurde[96] und im März 1938 über nicht viel mehr als 300 Mann Stärke hinauskam. SA und SS blieben während der gesamten Periode der Illegalität weiterhin verfeindet und heillos zerstritten.[97] Entsprechend einem Bericht der Oberstaatsanwaltschaft Innsbruck soll es im September 1934 14.000 Parteigenossen und im Mai 1937 18.000 Mitglieder gegeben haben.[98] Diese Zahlen sind viel zu hoch gegriffen und überschätzen die tatsächliche Stärke der illegalen Partei enorm. Andererseits sind sie ein Indikator dafür, daß die Partei wieder an Terrain gewonnen hatte und eine pronazistische Einstellung tief in die Tiroler Bevölkerung

1. Die Entwicklung der NSDAP bis 1938

gedrungen war. Die staatlichen Behörden sahen die NSDAP jedenfalls wieder als ernst zu nehmende Gefahr an. Rund 40.000 Tiroler und Vorarlberger sollen auf irgendeine Art und Weise mit der illegalen NSDAP zu tun gehabt haben. Das Gaupresseamt errechnete, daß jeder 12. Bewohner des Gaues für seinen Einsatz für die Partei verhaftet, gemaß-regelt oder sonst irgendwie verfolgt worden wäre.[99] Einem Bericht des »Amtes für alte Kämpfer« zufolge, an das sich Tiroler Nazis zwecks Wiedergutmachung wenden konnten, waren bis 17. Juni 1938 2.045 Anträge eingegangen. 2.040 Personen waren zu Haftstrafen, 89 zu Anhaltelagern und 479 zu Geldstrafen verurteilt worden. Viele der »Illegalen« meldeten sich erst gar nicht, da sie andere Kanäle zu nutzen wußten. Das Gaupresseamt lehnte jedenfalls diesen »unzulänglichen« Bericht ab, da noch sehr viele Meldungen ausständig waren.[100]

GL Christoph intensivierte mit Erfolg den Wiederaufbau der Partei in der Illegalität, wenngleich diese ihre organisatorische Dichte und Durchschlagskraft der Zeit vor dem Juli 1934 nicht wieder erlangte. Er versuchte als Vertreter der Machtübernahme auf evolutionärem Wege die staatlichen Institutionen und Organisationen des Schuschnigg-Regimes zu unterwandern. War die NS-Infiltration des austrofaschistischen Staatsapparats bereits während der Julierignisse markant hervorgetreten[101], so schritt sie in der Folge bei den Beamten, v. a. in Justiz und Exekutive, rasch voran.[102] Zum Zeitpunkt der Machtübernahme wurde offenbar, daß auch in den Bezirken Tirols die Unterwanderung staatlicher Apparate, Ämter und Behörden erstaunlich weit fortgeschritten war. Über die Zustände im Bezirk Landeck wußte das Gendarmeriekommando nach dem Krieg zu berichten:

»Beim Umbruch hat sich gezeigt, daß auch dazumal in fast allen Ämtern und Dienststellen Illegale saßen und die Tätigkeit der Exekutive bespitzelten und nicht nur Arbeitslose, sondern auch gut situierte Geschäftsleute, Akademiker und hochgestellte Personen dieser illegalen Bewegung angehörten.«[103]

2. Die Machtübernahme – Verhaftungen und Terror

Durch die endgültige Liquidierung der parlamentarischen Demokratie im Jahre 1934 wurde mit der Arbeiterschaft ein großer Teil der Bevölkerung, der zur Verteidigung Österreichs gegen den Nationalsozialismus bereit gewesen wäre, entrechtet. Damit war die Unabhängigkeit Österreichs innenpolitisch nicht mehr abgesichert. Die Anlehnung an Italien als Garant der österreichischen Selbständigkeit schuf nicht nur einseitige Abhängigkeiten, sondern führte auch zunehmend zur außenpolitischen Isolation Österreichs. Schuschnigg schlug den »deutschen Weg« mit Österreich als zweitem »besseren« deutschen Staat ein, anstatt das politisch zerrissene Land zu versöhnen und arbeitete so der Absicht Hitlers, Österreich auf »evolutionäre« Weise durch wirtschaftliche, kulturelle und geistige Penetration zu unterwandern, entgegen. Das deutsch-österreichische Abkommen vom 11. Juli 1936 war der Ausgangspunkt dieses »kalten Anschlusses«. Die österreichische Außenpolitik hatte sich der deutschen anzupassen, die Nationalsozialisten waren zu amnestieren und zu politischer Mitarbeit heranzuziehen. Deutsche Zeitungen wurden wieder zugelassen und jede Pressepolemik gegen Deutschland sollte eingestellt werden.[104] Die politisch amnestierten Nationalsozialisten stärkten die Reihen der illegalen Bewegung, während der Einbau von »Nationalen« in das politische System begann. Die Integration dieser Nationalen sollte durch die Errichtung der volkspolitischen Referate im Rahmen der Vaterländischen Front vorwärts getrieben werden. In Wirklichkeit entwickelten sich die im Oktober 1937 eingesetzten Landesreferenten, in Tirol war dies der Bankbeamte Gustav Linert, zu »Kristallisationskernen der illegalen Nationalsozialisten«.[105] Zwischen der SA und der illegalen Gauleitung gab es nicht nur wegen des Selbständigkeitsstrebens der SA beträchtliche Differenzen. Der größte Streitpunkt war Christophs Befriedungspolitik, die die SA unter ihrem Stabsführer Vincenz Waidacher vehement bekämpfte. Die Aufzeichnungen der Bundespolizeidirektion Innsbruck über die Vernehmung Christophs nach dessen Verhaftung am 13. Jänner 1938 vermitteln einen Eindruck der Widerstände an der Parteibasis und in den Parteiformationen gegen Christophs »evolutionären« Weg:

»Er (Christoph, H.S.) bemühe sich seit dem 11. Juli 1936, im Sinne der Befriedung zu arbeiten. Seiner Tätigkeit sei es zu verdanken, daß in Tirol keinerlei größere Aktionen, wie Beschädigung von Wandkästen der VF., Einschlagen der Auslagenfenster jüdischer Geschäfte, Störungen der Versammlungen der

2. Die Machtübernahme – Verhaftungen und Terror

Legitimisten usw. durchgeführt würden. So lange er die Überzeugung habe, daß es die österr. Regierung mit der Befriedung ernst meine – und die Überzeugung habe er derzeit (15. 1. 1938) – werde sein Streben und Trachten dahingehen, alles zu verhindern, was als Störung der Befriedung auftreten könne. Er sei entschlossen, Terrorakte zu verhindern und scheue sich nicht, wenn seine Macht hiezu nicht ausreiche, Personen, die Terrorakte planen, den Sicherheitsbehörden bekanntzugeben. Auf die Herstellung und Verbreitung von Flugzetteln nehme er keinen Einfluß. Die Flugzettel würden von verschiedenenen Gruppen der NSDAP, in der Hauptsache von der ›Exekutive‹ der SA, hergestellt. So habe er wohl von einem Flugblatt ›Befriedung, nein Vergewaltigung‹ gehört, habe aber dieses Flugblatt nie gesehen. [...] Er habe ein einzigesmal seinen Einfluß durch Mittelsmänner geltend gemacht, als ein nat.soz. Flugblatt herauskommen sollte, das zu Aktionen gegen die Legitimisten aufforderte. Damals habe er den Text so abgeändert, daß alle Aktionen unterblieben. Dieses Flugblatt mußte er allerdings erscheinen lassen, damit ›sich die Leute abreagieren konnten‹.«[106]

Die Bundespolizeidirektion bestätigte, daß sich Christophs Aussagen zum Großteil mit den ihr vorliegenden vertraulichen Nachrichten über seine Tätigkeiten deckten und meinten zu seiner Freilassung am 18. Jänner 1938:

»Bei dieser Sachlage hätte eine längere Haft bezw. Anhaltung des Christoph wahrscheinlich zur Folge gehabt, daß die Gegner des Christoph in den Reihen der Nationalsozialisten, die radikale Gruppe, die Führung an sich gerissen hätten, weshalb die Enthaftung Christophs dzt. zweckmäßig erschien.«[107]

Ende 1937 befand sich Österreich in einer schier aussichtslosen Lage. Die außenpolitische Isolation wurde immer offenkundiger, der Spielraum des austrofaschistischen Regimes durch die Annäherung Deutschlands und des faschistischen Italien, Österreichs Protektor, zunehmend eingeengt. In wirtschaftlicher und sozialer Hinsicht war die Lage nach wie vor trostlos, die Arbeitslosigkeit im internationalen Vergleich immer noch überdurchschnittlich hoch. Die Befriedungspolitik der Regierung Schuschnigg hatte nur zur wachsenden Bedeutung und Zunahme der illegalen Nationalsozialisten geführt, während die Organisationen des Staates ausgehöhlt wurden. Gleichzeitig drängten deutsche Großindustrie, Banken und Hermann Göring als Verantwortlicher des Vierjahresplans immer stärker auf eine Einbeziehung des österreichischen Wirtschaftspotentials für die deutschen Rüstungsanstrengungen.[108] Hitler hielt sich nun, seinen evolutionären Weg beibehaltend, auch die Möglichkeit einer militärischen Lösung offen.[109]

Die Machtübernahme der Nationalsozialisten, die als dreifacher Prozeß zu verstehen ist, erfolgte von »oben« als scheinlegale Machtübernahme, von »unten« als pseudorevolutionäre Machtergreifung und von »außen« als imperialistische Intervention.[110] Mit der Kapitulation Schuschniggs beim Treffen mit Hitler am 12. Februar 1938 auf dem Obersalzberg bei Berchtesgaden leitete der »Anschluß« von »oben« die Phase der pseudorevolutionären Machtergreifung ein. Nach dem Diktat Hitlers in Berchtesgaden sank Österreich, das seine Außen-, Wirtschafts-, Militär- und Pressepolitik mit Deutschland abzustimmen hatte, endgültig zu einem deutschen Satelliten herab. Die »gemäßigten« Nationalsozialisten Seyß-Inquart und Guido Schmidt wurden Innenminister bzw. Außenminister. Die illegalen Nazis durften sich weitgehender Amnestie und freier Betätigung erfreuen.[111] Dazu kam als offensichtliches Zeichen dafür, daß das Schuschnigg-Regime nicht bereit war, die österreichische Souveränität militärisch zu verteidigen, die Entlassung des Chefs des österreichischen Generalstabs Feldmarschall Jansa und seine Ersetzung durch den als betont national geltenden Generalmajor Eugen Beyer aus Innsbruck.[112] Das Abkommen von Berchtesgaden wirkte sich entsprechend demoralisierend auf die Anhänger des Schuschnigg-Regimes aus. Das Gendarmeriekommando Landeck hielt fest, daß die immer reger werdende Propagandatätigkeit der Nationalsozialisten seit Anfang 1938 durch diese Vereinbarung begünstigt wurde.[113] Der Posten Kaltenbach wußte zu berichten, daß die »unterdrückten Nationalsozialisten« lebendiger würden, während die bisher regierungsloyale Bevölkerung aufzuhorchen beginne.[114] Die bereits Ende Jänner erfolgte Anordnung, etwa an den Gendarmerieposten Steinach, den Wortgruß »Sieg Heil« oder »Heil Hitler« ebenso stillschweigend zu dulden wie das Tragen von Hakenkreuzen[115], führte bei der Gendarmerie zu »Konfusionen«, da die Beamten nicht mehr zu unterscheiden wußten, was verboten und was erlaubt war. Im Zweifelsfall tolerierten sie das Treiben oder mahnten in krassen Fällen ab.[116] Allgemein war die Reaktion der Tiroler Bevölkerung gegenüber dem Hitler-Schuschnigg Abkommen von Unsicherheit und Beunruhigung gekennzeichnet. Bauern, Gewerbetreibende und Fremdenverkehrswirtschaft hofften jetzt auf eine Verbesserung der wirtschaftlichen Situation. Im Bezirk Imst hielten die Nazis vereinzelt kleine Feiern ab, aber ansonsten blieb es noch recht ruhig.[117] Den 3.000 TeilnehmerInnen zählenden Festumzug zu Ehren des neuen Innenministers am 20. Februar 1938 in Innsbruck gestalteten die Nationalsozialisten, die teilweise bereits uniformiert auftraten, zu einer eindrucksvollen Demonstration ihrer Stärke

2. Die Machtübernahme – Verhaftungen und Terror

und ihres Selbstbewußtseins.[118] Die am selben Tag im österreichischen Rundfunk übertragene Rede Hitlers heizte die Emotionen der Nazis nur noch weiter auf. Der Posten Telfs notierte, daß sich die Nationalsozialisten als Sieger betrachteten, während sich die »Vaterländischen« benachteiligt fühlten. Nationalsozialistische Vertrauensmänner meldeten sich bei der Gendarmerie und sicherten ihr die Disziplin der nationalsozialistischen Gefolgsleute zu.[119] In Wattens hielten 500 »Nationale« unter maßgeblicher Beteiligung des Unternehmens Swarovski am nächsten Tag einen Fackelzug ab.[120] In dieser äußerst bedrohlichen Lage zögerte Schuschnigg immer noch, sich mit der in den Untergrund gedrängten Arbeiterbewegung zu verständigen.[121] In Innsbruck hielten Vertrauensleute des Gewerkschaftsbundes und der »Sozialen Arbeitsgemeinschaft« am 21. Februar 1938 eine Konferenz mit der Losung: »Arbeiterschaft für ein freies und unabhängiges Österreich« ab, an anderen Orten Tirols kam es ebenfalls zu ähnlichen Kundgebungen.[122] Das autoritäre Regime zeigte von sich aus aber wenig Initiative zur Herstellung eines breiten Bündnisses unter Einbeziehung der Arbeiterbewegung, was in der Folge natürlich den Status quo des »Ständestaates« in Frage gestellt hätte, sondern flüchtete sich in einen Scheinrausch falschen Heldenpathos. Schuschniggs programmatische Rede vom 24. Februar (»Rot weiß Rot bis in den Tod!«) ließ den resignierten Teil der Regierungsanhänger wieder etwas Mut fassen.[123] Der Tiroler Landtag legte in einer außerordentlichen Sitzung ein feierliches Bekenntnis zu einem freien und selbständigen Österreich ab und schließlich kündigte Schuschnigg am 9. März im Innsbrucker Stadtsaal eine Volksbefragung für den 13. März an. Den ÖsterreicherInnen sollte folgender Text zur Abstimmung vorgelegt werden:

»Für ein freies und deutsches, unabhängiges und soziales, für ein christliches und einiges Österreich. Für Friede und Arbeit und die Gleichberechtigung aller, die sich zu Volk und Vaterland bekennen.«[124]

Ein letztes Mal hielten die Anhänger des »Ständestaates« in Tirol eine Großkundgebung mit Schützenaufmarsch usw. ab, die Begeisterung und der große Jubel um Schuschnigg dauerten noch bis in die Abendstunden an.[125] Doch auch die Nationalsozialisten waren nicht untätig geblieben. Seit den ersten Märztagen befanden sie sich im Aufwind und hielten verstärkt Demonstrationen in den Bezirksstädten und Gemeinden Tirols ab, in Innsbruck wußte dies ein starkes Aufgebot der Exekutive zu vereiteln.[126] Im Anschluß an eine Rede Seyß-Inquarts hielten am 6. März

Nationalsozialisten u. a. in Axams, Götzens, Birgitz, Rinn, Leutasch und Zirl öffentliche Versammlungen ab, um so ihrer Stärke als politischer Bewegung Ausdruck zu verleihen. Ein Marsch nach Telfs konnte gerade noch angehalten werden.[127] Immer unverhohlener und ungenierter traten die Nazis jetzt in der Öffentlichkeit auf und trugen ihr Selbstbewußtsein demonstrativ zur Schau. In Axams marschierten 100 Nazis mit der Hakenkreuzfahne ein, exerzierten und versammelten sich im Gasthof »Weiß«. Nazigruppen zogen durch das Dorf und sangen, »Heil Hitler« rufend, lauthals ihre Lieder, wobei sie auch vor dem Gendarmerieposten nicht haltmachten. Der Anführer der Nazis erläuterte dem Bürgermeister, daß sich die Leute jetzt daran gewöhnen müßten.[128] Am selben Tag unternahmen Nationalsozialisten in Seefeld mit ihren Autos »Freudenfahrten« und grüßten offen mit dem »deutschen Gruß«. Am 7. März marschierten 120 Nazis in Dreierreihen von Arzl nach Thaur. Sicherheitsdirektor Mörl mußte angesichts dieser Entwicklungen feststellen, daß an mehreren Orten in der Umgebung Innsbrucks »kleinere und größere Gruppen von radikalen Elementen von einem Ort zum anderen ziehen und die öffentliche Ordnung, Ruhe und Sicherheit stören«. Er gehörte zu den wenigen, die fest entschlossen waren, dem Nazitreiben entgegenzuarbeiten.[129] Die Moral der regierungstreuen Bevölkerung litt natürlich unter den Aktivitäten der immer dreister auftretenden Nationalsozialisten. Vor allem die legale Unterwanderung der Vaterländischen Front, die es den Nationalsozialisten erlaubte, das Hakenkreuz »in Ehren« zu tragen, erbitterte viele. Bei einer Versammlung von 150 Nazis in Telfs forderte der Vertrauensmann der NSDAP für die Gerichtsbezirke Telfs und Silz alle Nationalsozialisten, die noch nicht in der Vaterländischen Front waren, auf, dieser beizutreten.[130] In Inzing war in Anbetracht dieser Entwicklung die Stimmung der Schuschnigg-Anhänger, die sich zu Recht im Stich gelassen fühlten, bereits sehr gereizt. Der Gendarmerieposten vermerkte dazu:

»Einem Teil der vaterländischen Bevölkerung bemächtigt sich ob der allzu großen Freiheit und Aktivität der Nat. Soz. eine immer mehr um sich greifende Bedrücktheit, während der andere Teil streng vaterländischer Leute sich dagegen auflehnt und zu murren beginnt. Insbesondere solche Burschen und Männer, die sich in schwerster Zeit der vaterländischen Bewegung zur Verfügung gestellt haben, beginnen offen gegen die n. s. Welle bzw. die politische Lage zu murren.«[131]

Der Bezirkshauptmann von Innsbruck beklagte,

2. Die Machtübernahme – Verhaftungen und Terror

»daß die militanten Formationen des NS sich um keinen Deuter um die Weisungen der Regierung kümmern. Die Einleitung der nat.soz. Taktik zur Durchdringung der Masse mit ihren Zielen ist haargenau die gleiche wie 1932. Die Durchsetzung des Autoritätsgedankens [...] zeigt in der gegenwärtigen Situation ein wahrhaft jämmerliches Bild«.[141]

Durch die Ankündigung zur Volksbefragung, bei der Schuschnigg auch auf die Stimmen der Arbeiter und somit doch auf eine überzeugende Mehrheit hoffen durfte[133], war für Hitler eine neue Situation entstanden, die die Abänderung seiner Taktik der evolutionären Machtübernahme geboten erscheinen ließ. Bereits am 10. März 1938 wurde auf diplomatischem Weg die Absetzung der Volksbefragung gefordert und der Generalstabschef des deutschen Heeres veranlaßt, Einmarschpläne für den 12. März auszuarbeiten.[134] Ohne wirklich zum Widerstand oder notfalls zur militärischen Verteidigung bereit zu sein[135], hatte sich Schuschnigg auf ein Unternehmen eingelassen, das ihm jetzt völlig entglitt. Die Mehrheit der Bevölkerung war noch unentschlossen und bereit, in die Richtung zu schwenken, von der anzunehmen war, daß sie die Oberhand behalten würde.[136] Da das Schuschnigg-Regime aber jegliche Entschlossenheit und Dynamik vermissen ließ und auch die regionalen Führer des »Ständestaates« zu entschiedenem Handeln nicht willens oder fähig waren, blieb die patriotische Hochstimmung des 9. März Episode. Als die Nationalsozialisten am 10. und 11. März auf die Straßen strömten, rissen sie das Gesetz des Handelns an sich und es stellte sich heraus, wie wenig die Repräsentanten des austrofaschistischen Regimes und seine Institutionen im Ernstfall den einheimischen und ausländischen Aggressoren entgegenzusetzen hatten. Das System zeigte sich wie paralysiert, spätestens seit den frühen Morgenstunden des 11. März kann man in Tirol infolge dieses Machtvakuums von einer Art Doppelherrschaft sprechen. Während am Abend des 10. März die Nationalsozialisten in Innsbruck mit ihrer Parole zur Wahlenthaltung bereits derart massiv auftraten, daß die Exekutive die Maria-Theresienstraße absperren mußte, fand in Wien eine Besprechung der Landesleitung der NSDAP mit allen Gauleitern und SA-Brigadeführern statt, in der die Landesleitung zwar Stillhalten anordnete, was die Ländervertreter, allen voran die SA, energisch ablehnten und zum Losschlagen drängten. Kurz nach Mitternacht erging die Weisung an die Gauleitungen, bei einer Absage der Volksbefragung große Siegesfeiern zu veranstalten. Bei Nicht-Absetzung der Volksbefragung sollten Gauleiter und Parteiformationen die Machtübernahme erzwingen.[137]

Wie zu erwarten war, fanden am nächsten Tag in vielen Orten Tirols, v. a. in den Bezirksstädten, NS-Demonstrationen gegen die Volksbefragung statt. Das Zentrum lag natürlich in Innsbruck, wo die Proteste bereits um 9 Uhr früh in Form »lebhafter Bummel« starteten.[138] In diversen Lokalen sammelten sich die Parteiformationen und hielten sich in Bereitschaft. Als die NS-Umtriebe immer augenscheinlicher wurden, riegelte die Exekutive die Zugänge und die Umgebung des Landhauses ab und sperrte die Maria-Theresienstraße, wobei sie zwei Maschinengewehre vor der Annasäule und der Herzog-Friedrichstraße aufbaute.[139] Kurz vor 12 Uhr begannen SS- und SA- Formationen die Straßensperren zu durchbrechen. Die Weisung, gegen Mittag die Straßen zu besetzen, soll von der Landesleitung ausgegeben und noch am Abend des 11. März von Denz, der den in Wien weilenden Christoph bis zu seiner Ankunft, die nicht vor 14 Uhr zu erwarten war, vertrat, weitergeleitet worden sein. Der SA-Sturm 6 marschierte singend unter der Führung von Sturmführer Zauner von der Meranerstraße in die Maria-Theresienstraße gegen die Annasäule, der SA-Sturm 3 (Oberland) sprengte die Absperrung beim Burggraben und der SS-Studentensturm unter Gerhard Lausegger zog in Halbuniform vom Einfahrtstor des Gasthauses Breinössl los. Als die NS-Kampfformationen die spanischen Reiter und Polizeiketten durchbrachen, gab es auch Verletzte, ein SS-Mann wurde durch einen Säbelhieb verwundet. Die Polizei zog sich aber sehr bald zurück, ohne von ihren vorhandenen Machtmitteln Gebrauch zu machen. Im Gegensatz zu den Nazis fehlte dem »Ständestaat« der Wille durchzugreifen. Der Rückzug der Exekutivbeamten führte der Innsbrucker Bevölkerung und den Nationalsozialisten die Schwäche des Regimes offen vor Augen. Die Nazis, die nun die Hauptstraße Innsbrucks unter Kontrolle hatten, durften jetzt allmählich damit rechnen, daß die Mehrheit der Bevölkerung in ihr Lager, nämlich in das des offenbar Stärkeren, überwechseln würde. Den durchbrechenden NS-Formationen strömten nun auch immer mehr Menschen aus der Bevölkerung nach.[140] Rückblickend stellte die Parteizeitung fest, daß von den herbeieilenden Massen nicht alle »aus vernunftgemäßer Erkenntnis, wohl aber aus dem Gefühl ihres Herzens heraus die Gewißheit hatten, daß nun der Bann gebrochen und unser Durchbruch zur Macht nicht mehr aufzuhalten war«.[141] Gemeinsam wurde nun die Absetzung des »Volksverräters« verlangt und Kampfparolen, die auch auf mitgebrachten Transparenten zu sehen waren, gerufen: »Alles für Österreich – Ohne Schuschnigg«, »Ein Volk – Ein Reich – Ein Führer« oder »Diese Wahl – ein Skandal«.[142] Zur Sicherung des Landhauses forderte Landeshauptmann Schumacher ge-

2. Die Machtübernahme – Verhaftungen und Terror

gen 12 Uhr das Militär an. Die anrückende Einheit des Jägerregiments erwies sich aber bereits nicht mehr als 100%ig zuverlässig und soll zum Teil nur noch widerwillig dem Ansuchen der Landesregierung nachgekommen sein.[143] Die politische Führung in Tirol zeigte sich angesichts der Beherrschung der Straße durch die Nationalsozialisten und den Meldungen über die politischen Entwicklungen in Wien vollkommen handlungsunfähig. Der zunehmende militärische Druck Deutschlands wirkte sichtlich einschüchternd. In den Morgenstunden des 11. März wurden die deutschen Vorbereitungen bekannt, am Vormittag informierten Seyß-Inquart und Glase-Horstenau Schuschnigg von der Forderung Hitlers nach Absetzung der Befragung, widrigenfalls sie genötigt wären, deutsche Truppen zu Hilfe zu rufen.[144] Gegen Mittag wurden Grenzbeobachtungen durchgeführt, in Tirol rückten Sperrkommandos des Bundesheers aus, um wichtige Positionen in Grenznähe zu besetzen.[145] An der Tiroler Grenze wurden schließlich bis am späten Nachmittag mehrere deutsche Regimenter zusammengezogen, deutsche Waffen und Munitionstransporte erreichten Garmisch, Kiefersfelden und Mittenwald.[146] In der Zwischenzeit erhielten die NS-Demonstrationen, die als inszenierte Aktionen begonnen hatten, durch ihren Durchbruch in die Maria-Theresienstraße immer mehr Eigendynamik. Weitere SA- und SS-Stürme, wie etwa die SA-Standarte 1 unter Walter Koban[147], strömten in die Innenstadt. Aus einem Fenster des Gasthofs Alt-Innsprugg, wo im ersten Stock die Gauleitung provisorisch untergebracht war und die Demonstranten via Lautsprecher über die Ereignisse in Wien informiert wurden, wehte bereits eine Hakenkreuzfahne. GLstv. Denz schickte vom Fenster aus die NS-Formationen auf Propagandamärsche durch die ganze Stadt, nirgendwo stießen die Nazikolonnen auf Widerstand. Eine Anordnung der Polizei, die bereits überfüllte Maria-Theresienstraße zu räumen, wurde nach einem Protest von Denz wieder zurückgenommen. Gegen 14 Uhr traf schließlich GL Christoph von Wien kommend ein. Für die Situation, die sich ihm nun in Innsbruck bot, brachte er keine Befehle oder Pläne aus Wien mit, die Geschehnisse in Innsbruck und die Entwicklung in Wien zeigten den Weg auf. Die Machtübernahme in Tirol lief nach keinem detaillierten Plan ab, die Gauleitung improvisierte. Christoph mahnte die Demonstranten, Disziplin zu halten, bald darauf konnten NS-Formationen als Hilfspolizisten agieren. SA und SS sollten mit weißen Binden als eine Art Ortswehr für »Ruhe und Ordnung« sorgen. Staatssekretär Dr. Skubl hatte die Tiroler Behörden bereits diesbezüglich informiert.[148] Immer mehr Hakenkreuzfahnen schmückten die Häuser und Fenster der Maria-Theresienstraße, die Innenstadt erscholl von »Heil Hitler« Rufen, während die gewaltige Menschenmenge das Deutschlandlied oder das Horst-Wessellied anstimmte, wenn der Lautsprecher im Fenster des Gasthauses Alt-Innsprugg nicht gerade deutsche Marschlieder spielte. Gegen 16 Uhr marschierte eine riesige Menschenmenge, in der die NS-Formationen unschwer zu erkennen waren, vom Innrain über den Marktgraben, Museumstraße zur Salurnerstraße. Zum abgeriegelten Landhaus gelangte sie aber indes noch nicht.[149] Angesichts dieser Lage war schon gegen 16 Uhr nach Berlin gemeldet worden, daß sich Innsbruck »in der Hand der Nationalsozialisten« befände.[150] In welch aufgelöstem und unkoordiniertem Zustand sich die Sicherheitskräfte befanden, geht auch daraus hervor, daß der Polizeipräsident und der Kommandant der Polizeitruppe bei Denz erschienen, um den Stand der Dinge zu erfragen, da sie selbst keine Weisungen aus Wien hatten, wo sich die Ereignisse überstürzten.[151] Bereits um 14^{45} Uhr hatte Seyß-Inquart Göring die Absetzung der Volksbefragung durch Bundeskanzler Schuschnigg, der auch zum Rücktritt bereit war, vermelden können. Nun verlangte Göring mit Einverständnis Hitlers die Demission Schuschniggs als Bundeskanzler und die Einsetzung von Seyß-Inquart, der die deutschen Truppen um Hilfe bitten sollte. Um 18 Uhr akzeptierte der Bundespräsident den Rücktritt Schuschniggs, verweigerte aber noch die Ernennung Seyß-Inquarts.[152]

Entsprechend einer Anordnung der Österreichischen Landesleitung der NSDAP wollte die Tiroler Gauleitung einen abendlichen Fackelzug abhalten, weshalb Christoph den Befehl an die Formationen ausgab, sich am Innrain zu sammeln. Als das Radio um 19 Uhr die Absage der Volksbefragung und den Rücktritt des Kabinett Schuschnigg bekanntgab, kannte der Jubel kein Ende und die eigentliche Machtübernahme begann. Zur selben Zeit verließ Landeshauptmann Schumacher das Landhaus. Teile der Polizei waren bereits übergelaufen und versahen ihren Dienst schon mit der NS-Binde. Als um 20^{30} Uhr der Befehl Seyß-Inquarts aus Wien zur Machtübernahme eintraf, hielten sich GL Christoph und Stellvertreter Denz am Innrain auf. Sogleich versuchten sie sich durch die Menschenmassen zum Landhaus durchzuschlagen, doch als sie gegen 21 Uhr dort ankamen, war die Besetzung des Landhauses durch den Führer der 8. SS-Standarte, Erwin Fleiss, bereits erfolgt.[153] Nach der Rundfunkansprache Schuschniggs um 20 Uhr, in der dieser jeden Widerstand des österreichischen Heeres bei einem eventuellen Einmarsch deutscher Truppen untersagte, um kein »deutsches Blut« zu vergießen, hatte Fleiss, ohne weitere Befehle aus Wien abzuwarten, die Machtübernahme in Form der Besetzung des Landhau-

2. Die Machtübernahme – Verhaftungen und Terror

ses durchgeführt.[154] Nachdem er mit dem Innsbrucker Rechtsanwalt, Dr. Richard Knöpfler, eine große Hakenkreuzfahne aus dem Alt-Innsprugg geholt hatte, marschierte sein SS-Sturm in militärischer Ordnung zum Landhaus. Nach kurzer Verhandlung mit dem diensthabenden Offizier, dessen Leute sich mit schußbereiten Gewehren und einem Maschinengewehr bereithielten, wurde eine Abordnung unter Fleiss zu Landesstatthalter Gerber vorgelassen, der als einziger Repräsentant der alten Machthaber geblieben war und sich standhaft weigerte, die Hakenkreuzfahne hissen zu lassen. Er wurde in »ritterliche Schutzhaft« genommen, die zu insgesamt 27 Monaten Konzentrationslager und Untersuchungshaft führten.[155] Während Gerber letztendlich der Einheit des Jägerregiments den Befehl gab, in die Kaserne abzuziehen, rückte der SS-Sturm nach und besetzte das Landhaus. Als GL Christoph gegen 21 Uhr am Landhaus ankam, war bereits die Hakenkreuzfahne von einer Dachluke aus entrollt worden. Eine Stunde bevor Bundespräsident Miklas den Nationalsozialisten Seyß-Inquart zum neuen Bundeskanzler ernannte und ungefähr zur gleichen Zeit, als Hitler den Einmarschbefehl gab, hatten die Tiroler Nationalsozialisten bereits die Macht im Land an sich gerissen. Christoph übertrug nun Fleiss die weitere Durchführung der Machtübernahme. Die SS besetzte daraufhin die strategisch wichtigsten Punkte: Die Polizeidirektion, die Landesregierung in der Herrengasse, die Hofburg, das Sill- und Ruetzwerk usw. Eine schnell zusammengestellte Bahnpolizei sicherte die Verkehrsabwicklung und suchte Flüchtlinge zurückzuhalten. Der Gauleiter setzte nun Denz als Bürgermeister von Innsbruck ein und verständigte fernmündlich die illegalen Kreisleiter, die Bezirkshauptmannschaften kommissarisch zu übernehmen. Die Exekutive unterstellte sich »widerspruchslos und willig«.[156] In seiner Antrittsrede vom Landhaus aus, verkündete Christoph gegen 23 Uhr, daß er über Anordnung von Bundeskanzler Seyß-Inquart als Gauleiter von Tirol kommissarisch die Funktion des Landeshauptmanns übertragen bekommen habe. Sodann ernannte er:

»Zum Landesstatthalter Dr. Richard Knöpfler, Rechtsanwalt in Innsbruck; zu Landesräten Georg Wurm, Landesbauernführer von Tirol, [SS-Obersturmführer] Robert Hartwig, Baumeister, Innsbruck; zum Bürgermeister der Stadt Innsbruck Dr. Egon Denz, Rechtsanwalt, Innsbruck; ferner zur kommissarischen Führung der Bezirkshauptmannschaften die bezüglichen Kreisleiter; als obersten Führer der Sicherheitsexekutive [SS-Standartenführer] Erwin Fleiß und zu seinem Stellvertreter Oberpolizeirat Dr. Franzelin; zur kommissarischen Führung des Landesgendarmeriekommandos SS-Sturmbannführer Wilhelm Metzner, mit Vertretung durch Oberstleutnant Reinisch.«[157]

Seine Rede schloß er mit den Worten:

»Wir sind stolz und glücklich darüber, unserem geliebten Führer unser Heimatland Tirol als die schönste Perle, den Garten Deutschlands, zu Füßen legen zu können.[158]

Die Tiroler Nationalsozialisten reklamierten für sich, daß Tirol der erste Gau gewesen wäre, von dem die vollzogene Machtübernahme nach Wien und Berlin hatte gemeldet werden können.[159] Ein Jahr nach dem »Anschluß« stellten die »Innsbrucker Nachrichten« fest,

»daß diese faktische Machtübernahme in Innsbruck (gemeint ist die Erstürmung der Maria-Theresienstraße, H. S.) und damit im damaligen Gau Tirol allen anderen Landeshauptstädten vorausgeeilt war. Es steht heute fest, daß nirgends sonst der Durchgriff gegen die staatlichen Machtmittel mit solch entscheidender Durchschlagskraft gelungen war, wie in Innsbruck [...]. Mochte auch bis dahin der Schwerpunkt im Kampf um die Erringung der Macht in anderen Teilen der Ostmark gelegen sein, am entscheidenden Tage stand Innsbruck zeitlich an der Spitze und trieb die Entwicklung vorwärts«.[160]

Es muß jedoch betont werden, daß die NS-Bewegung in Tirol bei der Machtübernahme zwar als eigenständiger Faktor in Erscheinung trat, doch ohne die innere Aushöhlung des Systems und die Kapitulation in Wien sowie die militärische Bedrohung von außen wäre sie wohl kaum erfolgreich geblieben.

Auch am Land entwickelte die NS-Bewegung beachtliche Dynamik. Sowohl in den Bezirksstädten als auch in vielen Gemeinden führten die Nationalsozialisten zahlreiche Protestkundgebungen gegen die für 13. März anberaumte Volksbefragung durch. Wie in Innsbruck, so hielt sich auch am Land die Exekutive sehr zurück. Als ca. 40 SA-Männer die Hakenkreuzfahne schwingend durch Kaltenbach marschierten, bestand die Aktivität des Postens darin, den illegalen Ortsgruppenleiter darauf hinzuweisen, daß die Protestaktion das erlaubte Maß überschritten habe und dieser deshalb mäßigend auf die Demonstranten einwirken solle.[161] Der Posten in Reutte sah die »Nutzlosigkeit« eines Eingreifens angesichts einer 800köpfigen Menschenmenge ein.[162] Der Reuttener Bezirkshauptmann Mangutsch hatte noch eine Verstärkung für den Posten Reutte angefordert und der Gendarmerie am Nachmittag des 11. März den Befehl gegeben, mit Waffengewalt gegen Nationalsozialisten vorzugehen. Der verantwortliche Kommandant lehnte dies jedoch ab, sodaß der Posten beim Aufmarsch der Parteiformation mit »Vorsicht und

2. Die Machtübernahme – Verhaftungen und Terror

Mäßigung« vorging.[163] Auch in Kramsach, wo sich in den Nachmittagsstunden des 11. März 800 Nazis aus der Umgebung gesammelt hatten und dann geschlossen über Brixlegg nach Rattenberg marschierten, schritt die Gendarmerie trotz Ersuchens von Regierungsanhängern nicht ein, da die Kundgebung geordnet verlief.[164] In Landeck lösten die Gendarmeriebeamten immer wieder NS-Umzüge auf, in Schwaz wurden 50 Nazis vorübergehend an ihrem Sammelort festgehalten. Mit dem Anmarsch von 600 Nationalsozialisten, die von Mayrhofen aus aufgebrochen waren, hätte sich schon in der Früh des 11. März in Zell am Ziller eine brenzlige Situation entwickeln können. Die BH Schwaz gab Befehl, die Kundgebung nötigenfalls auch mit Militäreinsatz zu zerstreuen. Die Zeller Frontmiliz hielt mit zwei feuerbereit aufgestellten Maschinengewehren im Turnsaal Bereitschaft. Doch der um 11 Uhr eintreffende Zug der Demonstranten unter der Führung von Ing. Kunsek, der Slogans wie »Wir gehen nicht zur Wahl« und »Sieg Heil« skandierte, verhielt sich äußerst diszipliniert. Nachdem sich dem Zug noch weitere 80–100 Nazis aus Zell, Kaltenbach, Stumm und Fügen angeschlossen und diese ihre Stärke öffentlich zur Schau gestellt hatten, löste sich die Kundgebung wieder auf.[165] Generell gesehen verliefen die Aufmärsche der Nationalsozialisten in bemerkenswerter Ordnung. Mit ihrem Auftreten hofften sie, den Gegner einzuschüchtern und die Absetzung der Volksbefragung zu erzwingen, an Zusammenstößen waren sie noch nicht interessiert. Als 120 Nazis aus dem Ötztal, aus Haiming, Silz, Stams und Rietz gegen Telfs zogen und vom Telfer Postenkommandanten aufgefordert wurden, sich aufzulösen, wartete ihr Anführer erst seine Befehle ab und marschierte schließlich wieder innaufwärts. Die Nazis aus Telfs und Umgebung sammelten sich um die Mittagszeit am Fabriksplatz der Firma Jenny und Schindler, um einen Propagandamarsch, den sie um 15 Uhr wiederholten, abzuhalten.[166] Erst nach den sich überstürzenden Ereignissen in den späten Nachmittags- und Abendstunden erhielten die Aktionen in den Gemeinden auch Eigendynamik. Bis dahin beachteten die lokalen NS-Führer ziemlich genau ihre Anweisungen. Die Machtübernahme am Land erfolgte nach dem Bekanntwerden von Schuschniggs Rücktritt. Ohne auf Widerstand zu stoßen, besetzten SA und SS die Gendarmerieposten und nahmen gemeinsam mit den Gendarmen Waffenbeschlagnahmungen und die ersten Verhaftungen vor, die meist Heimwehr- und Frontmilizführer sowie einige Bürgermeister, aber auch Gendarmen selbst betrafen. In den Bezirksstädten wurden die Bezirkshauptmannschaften[167] und sonstige Ämter und Behörden ebenfalls noch in der Nacht vom 11. auf den 12. März übernommen.

Die ländliche Bevölkerung verhielt sich teils abwartend, teils begeistert, in manchen Ortschaften blieb es aber auch völlig ruhig. Die Gendarmerie war entweder bereits von vorneherein unterwandert oder lief mit fliegenden Fahnen über. Gendarmen, die in der Vergangenheit nicht davor zurückgeschreckt waren, energisch gegen nazistische Umtriebe vorzugehen, wurden von den lokalen NS-Führern sofort festgenommen. Im allgemeinen gestaltete sich das Verhältnis zwischen der Gendarmerie und den neuen Machthabern problemlos. So wie in Schwaz verlief die Machtübernahme in ganz Tirol »ohne Störung der Gegenseite«.[168] Zur fehlenden Gegenwehr der Tiroler Gendarmerieposten muß aber auch bemerkt werden, daß diese ziemlich alleine auf sich gestellt geblieben waren und eine energische, tatkräftige Führung fehlte. So gestaltete sich das Ende des Austrofaschismus auch am Land beschämend. Sang- und klanglos brach das System binnen weniger Stunden wie ein Kartenhaus in sich zusammen. Das Gendarmeriepostenkommando Tannheim notierte:

»Noch in derselben Nacht – 11. auf den 12. März – hißte der Postenkommandant, Revierinspektor A. P., am Gendarmerieposten in Weißenbach Haus Nr. 14 eine mächtige Hakenkreuzfahne, die als erste im Orte, das Ende der eines deutschen Volkes unwürdigen Knechtschaft verkündend, jungfräulich im Frühlingslüftchen wehte.«[169]

Nach der Besetzung des Gendarmeriepostens Gries a. Br. durch den SS-Hauptscharführer Jakob Strickner und zehn SS-Leuten um 22 Uhr, wurden gemeinsam mit der Gendarmerie alle von der Frontmiliz ausgegebenen Waffen beschlagnahmt. Der Chronist des Postens bemerkte dazu: »Die Postenmannschaft arbeitete mit der SS dienstfördernd zusammen und es ergaben sich keine Schwierigkeiten. Sämtliche Beamte des Postens verblieben [...] im Dienste.«[170] Die Bevölkerung soll »erleichtert« aufgeatmet haben, endlich von der »Systemregierung« befreit zu sein: »Ein neues freies Leben begann.«[171] Im selben Sinn äußerte sich auch der Posten in Zell am Ziller, welcher der SA, die den Posten um 22³⁰ Uhr besetzte, bei der Entwaffnung der Frontmiliz zur Seite stand:

»Damit hatte sich der Umbruch in vollster Ruhe vollzogen. [...] Die Gendarmen, die in den letzten Jahren gegen die eigenen Leute gehetzt wurden, atmeten froh auf, weil sie nun wieder mit dem Volke mitleben dürfen und kein Mißbrauch dieser Institutionen gegen das Volk mehr zu befürchten ist. Dem Posten wurde von seiten der Partei sofort Armbinden mit dem Hakenkreuz als Dienstzeichen zur Verfügung gestellt.«[172]

2. Die Machtübernahme – Verhaftungen und Terror

So wie in Weißenbach waren viele Gendarmen über diesen reibungslosen Übergang erstaunt: »Am 12. März machte die Gendarmerie schon gemeinsam mit der SA Dienst und trugen die Gendarmen Armbinden mit dem Hakenkreuz. Welch ein Wandel.«[173]
Als das Tiroler Landesgendarmeriekommando den Bezirksgendarmerieposten in Imst gegen 23^{30} Uhr dahingehend verständigte, daß sich sämtliche Posten der örtlichen SS zu unterstellen hätten[174], war dies in den meisten Fällen bereits geschehen. Ein anschauliches Beispiel für das Verhältnis zwischen Nationalsozialisten, Gendarmerie und Bevölkerung liefert uns die Chronik des Postens Kaltenbach:

»Am Morgen des 12. März trat der Ortsleiter der NSDAP Kaltenbach, S. St., als erster mit einem kräftigen Heil Hitler in die Postenkanzlei. Der SA-Truppführer Kaminkehrer F. W., Ried, bot dem Postenkommando seine Dienste für den Bedarfsfall an, was sehr wohltuend empfunden wurde. Mangels eines Gegners brauchte die SA nicht herangezogen werden. Die bisher staatstreue Bevölkerung hat in der kritischen Zeit der Machtübernahme bewiesen, daß sie die jeweilige Obrigkeit anerkennt.«[175]

Doch es gab auch vereinzelt Gemeinden, in denen keine NS-Aktivitäten zu verzeichnen waren. Ein Beispiel hiefür ist Neustift, wo sich die Bevölkerung sehr reserviert gegenüber der »neuen Zeit« verhielt. Nur die Gendarmerie selbst schien von der Machtübernahme des Nationalsozialismus, von der im Dorf am 11. März nichts zu bemerken war, angenehm berührt gewesen zu sein. Auch am Morgen des 12. März war in Neustift alles ruhig geblieben, die Gendarmen, die noch am Vortag von der alten Führung angefordert worden waren und sich nun anschickten, mit dem Bus nach Innsbruck zu fahren, vernahmen nur ein einziges »Heil Hitler«. Erst auf der Fahrt nach Innsbruck und in Innsbruck selbst sahen sie freudig erregte Gesichter und Gendarmen mit Hakenkreuzbinden, die den deutschen Gruß auch erwiderten, »für uns ein ungewohntes Bild«, so der Posten und weiter:

»In Neustift erregten wir nicht wenig Aufsehen als wir mit den Hakenkreuzbinden ankamen. [...] Endlich war unser Traum vom großdeutschen Vaterland, der 1920 schon bald verwirklicht worden wäre, in Erfüllung gegangen!«[176]

Obwohl die NSDAP in der Nacht vom 11. auf den 12. März die Macht in ganz Österreich übernommen hatte, marschierte die deutsche Wehrmacht dennoch in Österreich ein. Das Vordringen der deutschen Truppen verlief in Tirol völlig problemlos und ohne Gegenwehr, nur am

Fernpaß wäre es beinahe zu einem Zwischenfall gekommen.[177] Um 5³⁰ Uhr besetzten Soldaten der beiden deutschen Regimentskampfgruppen Gebirgsjäger-Regiment 98 (Raum Mittenwald) und Infanterie-Regiment 61 (Raum Kiefersfelden), gefolgt von der SS-Standarte »Deutschland«, planmäßig die Grenzübergänge bei Scharnitz und Kufstein, eine deutsche Vorhut traf um 11 Uhr mittags in Innsbruck ein, während die Masse des Gebirgsjäger-Regiments 98 Innsbruck erst am Abend des 12. März erreichte. Das I. Bataillon der Gruppe Infanterie-Regiment 61 rückte um 9 Uhr in Kufstein und um 17⁴⁵ Uhr in Wörgl ein. Als Freundschaftsgeste gegenüber Mussolini durften sich die deutschen Truppen nicht der italienischen Grenze nähern. Erst ab dem 22. März war es ihnen erlaubt, ins Ötztal und ins Zillertal vorzustoßen.[178] Heeresverbände und Luftwaffe führten in der Folge Propagandamärsche und Propagandaflüge in und über Tirol durch. Bereits am 14. März 1938 erfolgte die Vereidigung des österreichischen Bundesheeres auf Adolf Hitler, die Eingliederung des Heeres in die deutsche Wehrmacht setzte sich mit Säuberungen, die am 15. März begannen, fort. Der Kommandant der 6. Division, Generalmajor Adalbert Szente, und die Kommandanten des Tiroler Landesschützenregiments bzw. des Leichten Artillerieregiments 6, Oberstleutnant Johann Schwabl und Oberst Adalbert Reichel, wurden in den Ruhestand versetzt.[179] Die Wehrmacht wurde größtenteils »unter grenzenlosem Jubel« seitens der Tiroler Bevölkerung begrüßt. Tiroler Soldaten und Offiziere, die bereit gewesen wären, für Österreich zu kämpfen, fühlten sich wie vor den Kopf gestoßen.[180] Doch nicht überall war die Freude so groß. In Wörgl zeigte sich die Bevölkerung schon reservierter[181], während sich Menschen in entlegeneren Ortschaften eher eingeschüchtert fühlten und die deutschen Truppen als Besatzungsmacht ansahen.[182] Wer sich öffentlich gegen die »Befreier« aussprach, hatte mit entsprechenden Konsequenzen zu rechnen. Der Mineur Wilhelm Zauner aus Pians wurde von der Landecker SS verhaftet, weil er das deutsche Militär beschimpft hatte.[183] Dennoch muß festgehalten werden, daß die Bevölkerung dem »Anschluß« an das Deutsche Reich mehrheitlich positiv gegenüberstand, was weniger auf eine prinzipielle Übereinstimmung mit der NS-Ideologie als vielmehr auf die großen Hoffnungen, die in den dynamisch und durchschlagskräftig erscheinenden Nationalsozialismus gesetzt wurden, zurückzuführen ist. Dem NS-Regime wurde zugetraut, die wirtschaftliche Misere zu beseitigen, nachdem ein nachhaltiger und spürbarer Wirtschaftsaufschwung im »Ständestaat« ausgeblieben war.

2. Die Machtübernahme – Verhaftungen und Terror

Verhaftungen und Terror

Es wäre ein grundlegender Irrtum anzunehmen, daß es sich bei der Machtübernahme der NSDAP in Tirol um eine »sanfte Revolution« gehandelt hätte. Laut Gendarmerieposten Landeck ging der Machtwechsel »wohl ohne Blutvergießen, nicht aber ohne seelische Leiden vor sich«.[184] Wenn der Wandel scheinbar problemlos und widerstandslos abgewickelt werden konnte, so bedeutete dies keineswegs, daß es »in den friedlichen Stunden des Umbruchs«[185] nicht auch zu Ausschreitungen gekommen wäre. »Vaterländische« wurden verspottet und verhöhnt[186], Gegner des Nationalsozialismus verprügelt. Ein Gendarmeriebeamter konnte die ihm zugefügten Demütigungen und Schläge nicht verkraften und erhängte sich nach seiner Enthaftung.[187] Besonders schlimm ging es in Imst zu, wo der Gendarmerieposten verwüstet wurde und die Gendarmen in der Folge bei den Siegesfeiern als »System- und Spottfiguren« mitmarschieren mußten.[188] Noch in der Nacht auf den 12. März wurde das Tiroler Brigademilizkommando von einer SA-Einheit besetzt, demoliert, die Waffen beschlagnahmt und führende Offiziere verhaftet.[189] Bereits in der ersten Zeit des »Umbruchs« nahmen Nationalsozialisten Beschlagnahmungen von Sachwerten und Bargeld politischer Gegner und Juden vor. Zunächst stand die Requirierung von Vermögen und Waffen der Vaterländischen Front und der Milizen im Vordergrund. Hatte sich das austrofaschistische Regime nach den Februarkämpfen noch in den Besitz von Vermögen und Eigentum der Sozialistischen Partei gebracht, so ereilte sie jetzt dasselbe Schicksal. Der sofort einsetzende Terror war die Kehrseite des »friedlichen Übergangs«, der nur deshalb relativ unblutig verlief, weil das gestürzte Regime keine Gegenwehr leistete.

Mit der Machtübernahme begannen die Nationalsozialisten im Schatten des Jubels, mit ihren Gegnern aufzuräumen. In vielen Fällen besetzten SS oder SA die Posten, um dann, wie bereits erwähnt, gemeinsam mit den Exekutivbeamten die örtlichen Heimwehr- und VF-Funktionäre zu verhaften. So wurden etwa in Leutasch der Bürgermeister und der Heimwehrführer arretiert, in Stams fanden lediglich Hausdurchsuchungen beim Heimwehrführer statt.[190] In Zirl nahm die SS elf Funktionäre fest, der Postenkommandant wurde ins Landesgericht Innsbruck überstellt. Die SS hielt den Posten acht Tage besetzt, doch schließlich konnten alle Gendarmen mit Ausnahme des Inspektors auf den Führer vereidigt werden.[191] In der Gemeinde Ischgl herrschte ein für diese Tage häufig anzutreffendes Klima des Hasses und des Rachebedürfnisses. Die öffentliche Demütigung der Anhänger des »Ständestaates« vergiftete das Dorfleben so sehr, daß die Gehässigkeiten zwischen den politischen Gegnern auch nach den turbulenten Tagen des »Umbruchs« besonders ausgeprägt blieben und Denunziationen an der Tagesordnung waren. Der Bürgermeister und der Führer der Vaterländischen Front wurden in Schutzhaft genommen und ins Bezirksgefängnis nach Landeck überstellt.[192] Ein typisches Bild für die Vorgangsweise bei der ersten Verhaftungswelle des neuen Regimes stellt auch Telfs dar, wo sich der Ortsgruppenleiter und zwei SA-Männer der Gendarmerie zur »Assistenzleistung« zur Verfügung stellten und dem Posten angaben, wer zu verhaften wäre. In der Nacht vom 11. auf den 12. März nahmen daraufhin SS, SA und die Gendarmerie 17 Personen aus Telfs-Pfaffenhofen fest, die ins Gefängnis des dortigen Bezirksgerichts eingeliefert wurden. Gleichzeitig erfolgte die Waffenbeschlagnahmung bei der Frontmiliz, der Heimwehr und bei Privatpersonen.[193] Um einige weitere beliebige Beispiele anzuführen: In Landeck wurden 27 Personen verhaftet[194], in Kitzbühel zehn,[195] in Axams mindestens neun[196], in St. Anton sechs[197] usw. Sowohl die Gauleitung bzw. die SA- und SS-Führung in Innsbruck als auch die lokalen Naziführer oder einfache ortsansässige Nazis veranlaßten die Festnahmen. Bereits vor dem »Umbruch« waren Listen über zu verhaftende Personen erstellt worden.

Landeck mag als exemplarisches Beispiel für die Durchführung der Verhaftungswelle dienen. Hier ergab sich ein Zusammenspiel zwischen der SS in Innsbruck, dem Bezirksgendarmeriekommando Landeck und der sich in der BH Landeck aufhaltenden Landecker SS/SD-Führung, dem illegalen Kreisleiter und einfachen Dorfnazis:

Von Innsbruck aus gab SS-Sturmbannführer Sterzinger telefonisch Verhaftungsbefehle durch, die zunächst v. a. den Bezirkshauptmann und seinen Stellvertreter, der gleichzeitig Strafrechtsreferent war, betrafen. Daß schon seit längerer Zeit von den Nationalsozialisten Verhaftungslisten für den Tag X erstellt worden waren, geht daraus hervor, daß Sterzinger den Bezirkshauptmannstellvertreter Bachmann verhaften lassen wollte, dieser aber bereits seit einem halben Jahr nicht mehr in der Landecker BH tätig war.[198] SS-Oberscharführer Erwin Netzer, seit November 1937 Beamter in der BH Landeck unter Sicherheitsreferent Hundegger, der Bachmann abgelöst hatte, wurde von Sterzinger zum neuen Sicherheitsreferenten der BH ernannt. Er hatte bereits vor der Machtübernahme den SD von Landeck geleitet.[199] In den frühen Morgenstunden sorgte eine Weisung aus Innsbruck, die durch einen SS-Sturmbannführer überbracht worden sein soll, für den Befehl, die Funktionäre der Vaterländischen Front und prominente Gegner in Gewahrsam zu neh-

2. Die Machtübernahme – Verhaftungen und Terror

men.[200] Während diese Weisung festzunehmende Personen auch namentlich erwähnt haben dürfte[201], gaben aus verschiedenen Dörfern stammende und in der BH Landeck anwesende Dorfnazis dem Bezirksgendarmeriekommando telefonisch die Namen weiterer Personen ihrer Gemeinden durch, die schließlich an die einzelnen Posten weitergeleitet wurden.[202] Es ist anzunehmen, daß auch der Kreisleiter[203] und der Leiter des SD, Hundegger bezeichnete Netzer als »Obermacher« bei den Inhaftierungen[204], nicht passiv geblieben sind.

Die über bekannte Persönlichkeiten verhängte »Schutzhaft« diente den Nationalsozialisten dazu, die errungene Macht eindrucksvoll nach außen hin zu demonstrieren. Neben der Befriedigung der Rachebedürfnisse stand jedoch die Kaltstellung und Einschüchterung des politischen Gegners im Vordergrund, jeder potentielle Widerstand sollte bereits im Keim erstickt werden. Persönliche Rachefeldzüge einzelner Nationalsozialisten, die auf eigene Faust »wilde« Verhaftungen vornahmen, sorgten dafür, daß die Verhafteten tagelang eingekerkert wurden, ohne einvernommen zu werden oder den Haftgrund zu kennen. Der aufgestaute Haß der »Illegalen« führte nicht selten zu Handgreiflichkeiten. So manches Opfer wurde grün und blau geprügelt.[205] In Innsbruck wütete besonders der 1934 außer Dienst gestellte Kommandant der städtischen Polizei, Gustav Walter, unter den Polizeibeamten, die gegen den Nationalsozialismus energisch aufgetreten waren. Er beschimpfte und verhöhnte die von ihm Festgenommenen aufs gröbste und sorgte dafür, daß einige von ihnen nach Dachau überstellt wurden.[206]

Oberlandesgerichtsrat Dr. Robert Skorpill wurde nach einer Hausdurchsuchung noch in der Nacht der Machtübernahme von Hochschülern verhaftet, mit dem Erschießen bedroht und in eine Massenzelle des Polizeigefängnisses geworfen.[207] Fast täglich kamen Besucher aus höchsten Parteikreisen, um sich die verhafteten Spitzen des zusammengebrochenen Regimes im Polizeigefängnis anzuschauen, zu beschimpfen und zu verhöhnen.[208] Wie sehr persönliche Animositäten beim Einsetzen des Naziterrors eine Rolle gespielt haben, ist am Verhalten des Leiters des SD von Tirol-Vorarlberg, Dr. Karl Gelb, erkennbar, der einerseits für die Freilassung des »ritterlichen Gegners« Skorpil, den er vom Gericht her kannte, sorgte, während er andererseits aus persönlicher Feindschaft den Gymnasialdirektor Dr. Mumelter über das normale Maß hinaus unnachgiebig verfolgte.[209]

Neben der ungeordneten Verhaftungswelle setzte sehr schnell der staatlich organisierte, systematische Terror ein, ohne den spontanen Terror völlig abzulösen. Bereits am 12. März, gegen 5 Uhr früh, landete in

Wien Aspern der Reichsführer-SS und Chef der deutschen Polizei, Heinrich Himmler, mit engsten Mitarbeitern wie dem Chef der Sicherheitspolizei Reinhard Heydrich, um die Gleichschaltung der österreichischen Polizei ebenso in die Wege zu leiten wie die Koordinierung der ersten Verhaftungswelle. Durch eine Verordnung des Reichsinnenministers vom 18. März 1938 wurden Himmler und alle von ihm beauftragten Stellen befugt, »die zur Aufrechterhaltung der Sicherheit und Ordnung notwendigen Maßnahmen auch außerhalb der sonst hiefür bestimmten gesetzlichen Grenzen« vorzunehmen.[210] Somit war ein unumschränkter legalisierter NS-Terror durch den SS- und Polizeiapparat ermöglicht. Mit Verfügung vom 15. März 1938 ging die gesamte politisch-polizeiliche Tätigkeit in Österreich an die Gestapo, dem wichtigsten Instrument des NS-Terrors, über. Die Sicherheitsdirektionen Innsbruck und Bregenz wurden aufgelöst und von der neu errichteten Staatspolizeistelle Innsbruck für Tirol und Vorarlberg mit der Außendienststelle »Grenzpolizeikommissariat Feldkirch bzw. ab 10. April 1938 Bregenz« übernommen. Übergeordnete Stelle war die Staatspolizeileitstelle Wien. Die Kreis- und Ortspolizeibehörden (BH, Polizeidirektion, Gendarmeriekommandos) dienten der Gestapo als Hilfsorgane, denen sie Weisungen erteilen konnte. Die BH, die über wichtige Ereignisse, die Stimmung in der Bevölkerung, politisch-polizeiliche Tätigkeiten u. ä. der Gestapo Bericht zu erstatten hatte, konnte »bei Gefahr im Verzug« Sofortmaßnahmen durchführen, wobei die weiteren Verfolgungsmaßnahmen der Gestapo vorbehalten waren.[211] Kommissarisch geleitet wurde die Innsbrucker Gestapo durch den bis dahin stellvertretenden Leiter der Gestapo Stuttgart, SS-Obersturmbannführer ORR Dr. Wilhelm Harster aus Kelheim in Niederbayern und Dr. Spann als seinem Stellvertreter.[212] Damit löste Harster Dr. Gelb ab, der praktisch als provisorischer bzw. stellvertretender Sicherheitsdirektor, so unterzeichnete er jedenfalls die Haftbefehle, die führende Rolle beim Verhaftungsterror der ersten Stunde übernommen hatte.[213] Mit welchen Methoden die Innsbrucker Gestapo »arbeitete«, faßte Elisabeth Klamper nach Durchsicht der entsprechenden Quellen folgendermaßen zusammen:

»Die Opfer wurden auf der Gestapo-Stelle Innsbruck u. a. mit Gummiknüppel, Peitsche oder Ochsenziemer oftmals bis zur Bewußtlosigkeit geschlagen, aus der sie dann mit einem Guß kalten Wassers zurückgeholt wurden. [...] Eine besondere Grausamkeit der Innsbrucker Gestapo-Beamten bestand darin, einen an Händen und Knien zusammengebundenen Häftling auf einem zwischen zwei

2. Die Machtübernahme – Verhaftungen und Terror

Tischen liegenden Stock aufzuhängen und in dieser Lage zu prügeln, gelegentlich Wasser in seinen Mund und seine Nase zu gießen. Begleitet waren diese Mißhandlungen in der Regel von gemeinsten Beschimpfungen seitens der Beamten und von Drohungen [...]. Die Folterungen hinterließen bei vielen überlebenden Häftlingen dauernde körperliche Schäden, nicht zuletzt deshalb, weil ihnen ärztlicher Beistand – den Bestimmungen für »verschärfte« Verhöre entsprechend – verweigert wurde. [...] Verhaftete Frauen hatten ein besonders schweres Los auf der Gestapo-Stelle Innsbruck zu erwarten. Sie wurden nicht nur wie die Männer blutig geschlagen, sondern darüber hinaus in einzelnen Fällen von Gestapo-Beamten vergewaltigt, somit einer besonders grausamen physischen und psychischen Demütigung ausgesetzt.«[214]

Wieviele Tirolerinnen und Tiroler von der ersten Verhaftungsaktion erfaßt worden sind, läßt sich nicht mehr exakt rekonstruieren. Dies liegt nicht nur an der lückenhaften Quellenlage, sondern auch daran, daß lokale Dienststellen der NSDAP, SS und SA aus eigener Machtbefugnis heraus Verhaftungen durchgeführt hatten, wie sich der stellvertretende Gestapochef von Innsbruck Werner Hilliges beim Lokalaugenschein bei den Bezirksgerichten selbst überzeugen konnte.[215] Sehr viele dieser »wilden« Verhaftungen sind aber offiziell gar nicht registriert worden. Einen zahlenmäßigen Anhaltspunkt geben uns v. a. die Angaben über die Verhaftungen in Landeck, Schwaz und Innsbruck-Land.

Das Verzeichnis des Bezirksgendarmeriekommandos Landeck vom 23. März 1938 umfaßt 78 Personen, die von den Gendarmerieposten in den ersten Tagen nach der Machtübernahme verhaftet und in die Arreste der Bezirksgerichte Landeck und Ried sowie in den Gemeindearrest Landeck eingeliefert wurden.[216] Die Festnahmen in Innsbruck-Land beliefen sich auf 165 Personen.[217] Die Meldung des Gendarmeriepostenkommandos Schwaz vom 15. April 1938 über die im Postenrayon verhafteten Personen anläßlich des »Umbruchs« umfaßte 25 Fälle. Die Gendarmerieposten Lanersbach/Tux, Jenbach, Zell a. Ziller und Mayrhofen verzeichneten neun Verhaftungen.[218] Am 27. März 1938 befanden sich im Bezirksgericht Schwaz elf politische Häftlinge, zehn waren bereits enthaftet und sechs nach Innsbruck überstellt worden.[219] Im Kreis Kitzbühel wurden nach Aussage des ehemaligen Kreisleiters Posch 25 Personen festgenommen[220], für den Kreis Reutte gab KL Schretter 20 Festnahmen an[221], in Lienz wurden gemäß Kreisgeschäftsführer Toni Wachtlechtner 24 Personen in Schutzhaft genommen.[222] Allein in den Bezirken Innsbruck-Land, Landeck, Schwaz, Kitzbühel, Reutte und Lienz wurden also während des »Umbruchs« 350 Festnahmen durchgeführt, wobei selbst diese Zahl das absolute Minimum darstellt.

Welches waren nun die häufigsten Gründe für eine Verhaftung? Aus den Gemeinden wurden nur Personen, die sich »ganz gemein« gegen den Nationalsozialismus verhalten und sich die »Unbeliebtheit der Parteigenossen« zugezogen hatten, also ganz einfach »unbelehrbare« und »absolute Gegner« waren, ins Bezirksgericht oder v. a. ins Innsbrucker Landesgericht und Polizeigefängnis für zumeist längere Haftstrafen überstellt.[223] Ein besonderes Auge warfen die Nazis auf »Parteiverräter«, »Spitzel« und wie etwa in Axams, auf »fanatische Heimwehrleute«, die anläßlich des Juliputsches 1934 gegen Nationalsozialisten »brutal« vorgegangen waren. In Zirl wurde ein Lehrer nicht etwa deshalb verhaftet und nach Innsbruck transportiert, weil er für kurze Zeit provisorischer Ortsführer der Vaterländischen Front gewesen war, sondern weil er zu sagen gewagt hatte, daß er, der aus dem Bezirk Braunau stammte, sich schäme, mit dem Führer in die Schule gegangen zu sein.[224] Die Haftgründe für folgende drei Funktionäre, zusammengestellt von der Ortsgruppe Hall und der SA Hall, sind durchaus repräsentativ:

»Corazza Fritz, Polizist: Besonders gehässige und tätliche Betätigung gegen Nationalsozialisten des Standortes. Griff mehr als einmal auf eigene Faust ein und vergewaltigte nationalsozialistisches Denken. Einer der größten Denunzianten der Verbotsjahre.
Dr. Schumacher Viktor, Bezirksleiter der VF: Geistig führende Persönlichkeit der VF. Verbot alle nationalen Vereine in Hall. Verhinderte zeitweise Entwicklung national eingestellter Geschäfte. Weitgehendste Unterdrückung der Bevölkerung durch Gasthausverbote etc.
Farbmacher Karl: Einer der gehässigsten Elemente gegen die Bewegung, ehemaliger Gemeinderat und Vertrauensmann der VF etc. Äußerte gelegentlich, man solle alle Nationalsozialisten mit MG niederschießen. In den letzten Tagen noch sagte er, Hitler ist ein Schwein usw.«[225]

Juden und Linksoppositionelle waren in dieser ersten Phase des NS-Terrors nicht so stark betroffen. Einige »KP-Führer«, Sozialdemokraten oder Personen, die »kommunistischer Umtriebe« verdächtigt waren, wurden aber dennoch »zum eigenen Schutz« oder zur Sicherung des »inneren Friedens«, wie es zynisch hieß, festgenommen.[226] Da sich in diesen ersten Tagen der Terror zunächst gegen die alten Machthaber des Schuschnigg-Regimes richtete, kam es vorerst noch nicht zu gewalttätigen Ausschreitungen gegen jüdische MitbürgerInnen.[227] Dennoch waren bereits beim »Anschluß« Todesopfer zu beklagen, da einige Juden den ungeheuren psychischen Druck, die Vernichtung ihrer beruflichen Existenz und die Demütigungen und seelischen Erniedrigungen nicht ertra-

2. Die Machtübernahme – Verhaftungen und Terror 57

gen konnten. Der Univ. Prof. für allgemeine und experimentelle Pathologie, Gustav Bayer, und seine Tochter, der Althistoriker Carl F. Lehmann-Haupt, der ehemalige Präsident der Tiroler Industriellenvereinigung und Besitzer der Jenbacher Berg- und Hüttenwerke, Fritz Reitlinger, und Tochter, der Direktor der CA Innsbruck, Theodor Stroesslein, der Kaufmann Emil Krakauer mit Frau und Tochter, Hans Rold, Sohn des Generalstabsarztes Josef Rold, und Rosa Goldenberg begingen Selbstmord.[228] Die Chronik des Gendarmeriepostens Telfs verzeichnete den Selbstmord des Rechtsanwaltes Rudolf Sinninger und seiner Cousine Mathilde Mandl am frühen Morgen des 12. März durch Kopfschuß.[229] Am Kleinschoberberg bei Lermoos wurde der Arzt Dr. Richard Maron tot aufgefunden.[230]

Am 14. März wurde auf Anordnung der »Kreisleitung« Telfs Herbert Hönig, ein Beamter des Landesreisebüros, von der SS Telfs in Ötz wegen angeblich jüdischer Abstammung festgenommen, »um seine eigene Sicherheit zu schützen und irgendwelchen Handlungen gegen ihn zu begegnen«.[231] Unter den Verhafteten in Schwaz befanden sich auch zwei Juden. Der Kaufmann Heinrich Dimand wurde am 14. März von der Jenbacher Gendarmerie und dem SS-Kommando Jenbach festgenommen und am 19. März ins Landesgericht Innsbruck überstellt, die Verhaftung des deutschen Staatsbürgers Oskar Ernst Bernhardt, der in der Gralssiedlung am Vomperberg wohnte, erfolgte am 12. März, am nächsten Tag transportierte man ihn in die Polizeidirektion Innsbruck.[232] In Lienz wurden »alle Juden« verhaftet, aufgrund des geringen jüdischen Bevölkerungsanteils handelte es sich um wenige Personen, nämlich um das Ehepaar Agnes und Samuel Bohrer sowie Oskar Braun. Vordergründig warf man ihnen Wucher, Betrug, Steuerhinterziehung und Devisenvergehen vor[233], in Wirklichkeit hatten es die Nationalsozialisten auf das gut gehende Kaufhaus der Familie Bohrer abgesehen.[234] Unter den ersten beiden Transporten nach Dachau Ende Mai bzw. Ende Juni befanden sich mit dem Innsbrucker Rechtsanwalt Heinrich Groß und dem Kufsteiner Rechtsanwalt Karl Pickert auch zwei Juden aus Tirol.[235]

Tonangebend bei der ersten großen Verhaftungswelle war die SS. Der Auftrag zu den Festnahmen kam nämlich hauptsächlich von der Sicherheitsdirektion, der Polizeidirektion Innsbruck, den Bezirkshauptmannschaften, die zumeist in engem Einvernehmen mit der SS standen und wo auch vielfach ein SS-Mann das Sicherheitsreferat innehatte und der SS des Bezirks bzw. der örtlichen SS selbst. Aber auch die Kreisleiter und Ortsgruppenleiter spielten eine wichtige Rolle, wobei Partei und SS als Auftraggeber oft sowohl personell als auch funktionell schwer zu trennen sind. In bereits geringerem aber immer noch bedeutendem Ausmaß, v. a. in Innsbruck oder Bezirksstädten wie Hall, kam die Veranlassung zu Arretierungen von höheren oder lokalen SA-Führern. In selteneren Fällen handelte die Gendarmerie aus eigenem Antrieb. Die Durchführung der Verhaftungen oblag ebenfalls der SS und der SA, die zumeist gemeinsam mit der Gendarmerie vorgingen. Die überwiegende Mehrheit der Festgenommenen wurde, wenn man sie nicht ins Gefängnis des Bezirks- bzw. Landesgerichts oder der Innsbrucker Polizeidirektion einlieferte, nach einem oder einigen Tagen, bisweilen auch nach nur ein paar Stunden freigelassen. Ein bezeichnendes Beispiel dafür ist die Vorgangsweise eines SS-Sturmführers, der sich in Gries a. Br. die Verhafteten vorführen ließ, sie belehrte und einschüchterte, aber anschließend wieder auf freien Fuß setzte.[236] Auch in Vill und Igls wurden fast alle Gefangenen nach einigen Stunden aus der Haft entlassen, nachdem sie einen strengen Verweis bekommen und ihr Ehrenwort gegeben hatten, gegen den Nationalsozialismus nicht mehr umtriebig zu werden. In Scharnitz, wo die SS-Ortsführung über Auftrag der SS-Landesleitung neun Verhaftungen vorgenommen hatte, konnten acht Festgenommene bereits nach 12–24 Stunden den Gemeindekotter verlassen. Nur ein ehemaliger SS-Mann, der für den »Ständestaat« Spitzeldienste geleistet hatte, mußte noch weitere 24 Stunden absitzen.[237] Betroffen von den Verhaftungen waren naturgemäß die früheren Machthaber: Regierungsmitglieder, Spitzenbeamte, v. a. Exekutivbeamte, Funktionäre der Vaterländischen Front, der Heimwehr und der Frontmiliz, Gemeindebedienstete sowie Legitimisten. Das Bezirksgendarmeriekommando Landeck gab den Haftgrund für einen Großteil der im Zuge der Machtübernahme Festgenommenen folgendermaßen an:

»Der Grund der Verhaftung bestand darin, weil diese Personen größtenteils in führender Stellung der seinerzeitigen H. W., der V. F., Gemeindevertretung, Milizorganisation etc. standen, bei der Bevölkerung erheblichen Einfluß hatten und zu befürchten stand, daß sie Gegenmaßnahmen ergreifen oder organisieren könnten. Einige davon haben sich bei der Machtergreifung durch Deutschland abfällige und beleidigende Äußerungen zuschulden kommen lassen und wurden deshalb als politisch unverläßlich über Auftrag der SS-Führung in Haft genommen.«[238]

Abgesehen von diesen Einschüchterungs- und Präventivmaßnahmen zur Herrschaftssicherung, versuchten die Nationalsozialisten v. a. solcher Personen habhaft zu werden, die sich »besonders aggressiv« und »schä-

2. Die Machtübernahme – Verhaftungen und Terror

digend« gegenüber der NSDAP verhalten hatten. Die Bekleidung bestimmter Funktionen im »Ständestaat« spielte zwar eine wichtige Rolle bei den Massenverhaftungen – Orts- und Bezirksführer der VF und der Heimwehr sowie Orts- und Bezirksmilizkommandanten wurden reihenweise festgenommen – doch folgte bei Personen, die lediglich ein bestimmtes Amt ausgeübt hatten ohne besonders hervorzutreten, die Freilassung auf den Fuß. Wirklich entscheidend hingegen war das Auftreten gegenüber der NSDAP während ihrer Illegalität.[239] Denn wenn auch ein großer Teil der Festgenommenen wieder rasch enthaftet wurde, so kamen doch bereits bei dieser ersten Verhaftungswelle 63 Tiroler ins KZ Dachau[240], wo sie viele Monate und Jahre des größten Terrors über sich ergehen lassen mußten oder gar getötet wurden, eben weil sie sich exponiert antinationalsozialistisch verhalten hatten. So ist es auch nicht verwunderlich, daß den ersten zwei Transporten, die am 31. Mai bzw. 23. Juni 1938 in Dachau ankamen, der Tiroler Sicherheitsdirektor Anton Mörl und der Innsbrucker Gefängnisdirektor Richard Glier sowie 21 Exekutivbeamte, also ein Drittel aller Häftlinge, angehörten. Eine weitere Gruppe unter den KZ-Häftlingen repräsentierten besonders engagierte Funktionäre der Vaterländischen Front, der Heimwehr und der Frontmiliz. Dazu zählten etwa Thomas Sappl, der Bezirksleiter der Vaterländischen Front und Stadtkommandant der Heimwehr in Kufstein, Otto Schäffel, der provisorische Landeskanzlist und Frontmilizführer von Kitzbühel, Xaver Tschol, der Heimwehr- und Frontmilizführer von St. Anton, der beschuldigt wurde, in Imst Nationalsozialisten mißhandelt zu haben[241] und der einfache Heimwehrmann Anton Exenberger aus Kitzbühel, der bei den Nazis als Denunziant galt.[242] Auch Personen, die gegen Nazis anläßlich des Juliputsches vorgegangen waren wie etwa der Heimwehrmann Siegfried Trebo[243], der Oberwachmann Albin Rieger oder der Rechtsanwalt Franz Pessler, fanden sich jetzt im KZ wieder.[244] Besonders diejenigen, die in ihren Arbeitsbereichen dafür gesorgt hatten, daß Nationalsozialisten wie der bereits erwähnte Polizei-Oberinspektor Gustav Walter oder der nach dem »Anschluß« zum Vizepräsident der Reichsbahndirektion Innsbruck avancierte Fritz Langenecker gemaßregelt bzw. außer Dienst gestellt worden waren, bekamen jetzt deren unerbittliche Rache zu spüren. Walter und Langenecker sorgten für eine ganze Reihe von Deportationen ins Konzentrationslager.[245] Überhaupt spielten persönlich motivierte Rachebedürfnisse auch bei der Verschickung ins KZ eine herausragende Rolle. Der Gymnasialdirektor Dr. Mumelter hatte sich gleich den Haß von zwei der höchsten NS-Repräsentanten des Gaus zugezogen, indem er den Sohn des SD-Leiters

Dr. Gelb aus dem Gymnasium ausgeschlossen und GL Hofer als Schüler durchfallen hatte lassen.[246] Beim Abtransport ins Konzentrationslager wurden die Gefangenen bespuckt, beschimpft und geschlagen, während der Fahrt waren sie allen nur erdenklichen Schikanen ausgesetzt.[247] Im Oktober 1938 wurden weitere Tiroler, z. B. der Landesstatthalter und Landesführer der Heimwehr Andreas Gerber sowie der Zeuge Jehova Franz Desch, ins KZ gebracht.[248]

Wieviele Tirolerinnen und Tiroler in den Konzentrationslagern der Nationalsozialisten umgekommen sind, ist bis heute noch nicht exakt eruiert worden. Nach Aussage eines Innsbrucker Stapobeamten des Schutzhaftreferats trafen bei der Innsbrucker Gestapo, vorsichtig geschätzt, 250 Todesanzeigen von VorarlbergerInnen und TirolerInnen aus Konzentrationslagern ein, dazu kamen noch insgesamt 30.000 Schutzhaftnahmen. Dies bedeutet, daß statistisch gesehen bis 1945 jeder sechzehnte Einwohner Tirols und Vorarlbergs in die Fänge der Gestapo geraten war.[249]

Neben den Inhaftierungen, der Verhängung der Schutzhaft und den Abtransporten ins KZ wurden weitere Mittel der Bestrafung politischer Funktionsträger und Beamter gewählt. Sie bestanden einerseits in einer massenhaften Amtsenthebung[250] und andererseits in Strafprozessen, die sich v. a. gegen diejenigen richteten, die führend bei der Niederschlagung des Juliputsches 1934 mitgewirkt hatten. Damals war der Nationalsozialist Wurnig wegen Mordes am Polizeistabshauptmann Hickl zum Tode verurteilt worden und Tiroler Heimwehrleute hatten Nazis als Geisel genommen, sie mißhandelt und einen von ihnen, Josef Honomichl, erschossen. Im Zuge dieser Gerichtsverfahren war es zu mehrjährigen Haftstrafen und zur Hinrichtung der Heimwehrmänner Johann Tomaschek und Rudolf Penz durch Enthauptung gekommen.[251] Die Aggressionen der »Illegalen« und ihr Bedürfnis nach Rache war aber auch nach den Massenverhaftungen der ersten Tage und Wochen nach der Machtübernahme nicht gestillt. Sie drängten auf ein härteres Vorgehen und sahen noch keine genügende Kompensation für ihre Verfolgung während der Verbotszeit. Deshalb kam es auch in der Folge zu eruptionsartigen Haßausbrüchen und Ausschreitungen.[252] Sogar nach Kriegsbeginn hatte sich die Erbitterung nicht gelegt. Die Parteibasis drängte auf härtere Bestrafung der früheren Gegner, denen es schon wieder zu gut ginge. Vom 2. auf den 3. Dezember 1939 sorgten unbekannte Täter in Wörgl bei Kirchen, auf Schaufenstern und Häusern von »Systemanhängern« für eine Streuzettel- bzw. Klebeaktion mit folgendem Text:

2. Die Machtübernahme – Verhaftungen und Terror

»Warum gehen die schwarzen Schweine nicht an die Front? Damit sie hinten besser gaunern können? Räumt endlich auf mit den Schwarzen und den Juden, daß wir endlich einmal Frieden bekommen!«[253]

Trotz der unkoordinierten, zu Beginn chaotischen Verhaftungswelle, hatte sich an der Parteibasis die »revolutionäre Energie« immer noch nicht gelegt. Die auf ihr Gewaltmonopol bedachte Gestapo sah sich trotz eines bereits am 30. März 1938 herausgegebenen Rundschreibens am 15. April aufgrund »unerfreulicher Sonderfälle aus der letzten Zeit« noch einmal gezwungen, darauf hinzuweisen, daß alle Festnahmen, Beschlagnahmungen, v. a. von Kraftfahrzeugen, und die Durchsuchung aus politischen Gründen einzig und allein ihr zustünden und in keinem Falle die Dienststellen und Gliederungen der Partei dazu befugt wären.[254] Da nach der Machtübernahme Denunziationen und grundlose Anschuldigungen, z. T. auch um sich materielle Vorteile zu schaffen, kein Ende nehmen wollten, drohte auch Reichskommissar Bürckel hart durchzugreifen. Anfang Juli 1938 wies er jedoch die Gauleitungen an, in Zusammenarbeit mit der Gestapo alle Häftlinge und Beschlagnahmungen »wohlwollend« zu überprüfen.[255] Verhaftungen sollten von der Gestapo nur noch dort vorgenommen werden, wo dies zwingend notwendig erschien. Bürckel wollte, daß man bei den kleinen Leuten großzügig war und sie nach Möglichkeit laufen ließ. Ein wichtiger Beweggrund für diese Maßnahmen war auch, daß im Ausland ob so vieler Inhaftierter eine schlechte Optik entstanden war. Nach Aussage des Chefs der Sicherheitspolizei Heydrich waren in Österreich bis zum Juli 1938 bereits vier Fünftel der Schutzhäftlinge, die in Folge der Machtübernahme verhaftet worden waren, wieder entlassen worden.[256] Im August 1938 befanden sich im Bereich der Staatspolizeistelle Innsbruck noch 111 Personen (ohne Juden) in Schutzhaft. Auf Wunsch Bürckels sollten in jeder Stapostelle Österreichs ca. 25% der Gefangenen enthaftet werden. Wenn in Innsbruck lediglich zehn Häftlinge, das waren 9%, entlassen wurden, so lag dies daran, daß der Gauleiter und die hiesige Stapostelle eine größere Anzahl von Enthaftungen für »untragbar« hielten.[257] Angesichts dieses umfassenden Terrors müssen die überschäumenden Freudenskundgebungen und die »hysterische Begeisterung«[258], die das äußere Erscheinungsbild Tirols in den ersten Tagen und Wochen des »Anschlusses« prägten, dementsprechend kritisch betrachtet werden.

Zusammenfassend kann gesagt werden, daß die Machtübernahme durch eine »Revolution von unten« ausgelöst wurde, die mittels tumultartiger

Straßendemonstrationen ein morsches Regime zum Einsturz brachte, das sich durch die seit langem andauernde innere nationalsozialistische Unterwanderung und die militärische Einmarschdrohung von deutscher Seite unfähig zeigte, auch nur den geringsten Widerstand zu leisten. Die schleichende NS-Infiltration in den Jahren vor dem März '38 ermöglichte eine gleichzeitige Machtübernahme »von oben«, da sowohl auf Bundesebene als auch auf Landesebene die wichtigsten Schaltstellen bereits unter mehr oder weniger starkem NS-Einfluß gestanden hatten. Die scheinlegale NS-Regierung unter Seyß-Inquart erleichterte eine rasche und doch relativ geordnete Gleichschaltung und Umgestaltung. Dazu kam, daß es gerade in Tirol, ohne die Säuberungsmaßnahmen unterschätzen zu wollen, zu einem schnellen Zusammengehen zwischen staatlicher Bürokratie und Wirtschaft einerseits und den neuen Machthabern andererseits kam[259], was wesentlich zum Funktionieren des neuen Regimes beitrug, ein größeres Chaos vermied und den revolutionären Elan der Parteibasis in die Schranken wies. Abgesichert wurde diese Entwicklung, welche die schnelle Wiederherstellung geordneter Verhältnisse garantierte, durch die militärische Besetzung, die das Eingreifen deutscher Zentralstellen, v. a. in der Person von Reichsinnenminister Frick, Generalfeldmarschall Göring und Reichskommissar Bürckel, ermöglichte. Sowohl die staatliche und parteimäßige Neu- bzw. Reorganisation als auch die Ausrichtung der Wirtschaft konnten dadurch entsprechend den Interessen des Reiches gelenkt werden. Praktisch mit der Machtübernahme erschütterte eine ungeordnete Verhaftungswelle Tirol, gleichwohl gab es von Anfang an parallel dazu von oben organisierte Festnahmen, zum Teil existierten bereits von langer Hand vorbereitete Verhaftungslisten. Binnen kurzer Zeit löste ein staatlich gelenkter, systematischer Terror diese »wilde«, stark anarchische Verhaftungsphase ab. Die führende Rolle hatten hierbei SS, SD und Gestapo inne. Neben den Kreisleitern veranlaßten auch die SA und die illegalen Ortsgruppenleiter zahlreiche Arretierungen. Die ausführenden Organe des Terrors waren in erster Linie SS und SA, die meist gemeinsam mit Exekutivkräften gegen ausgewiesene Gegner, Parteiverräter und »Spitzel« vorgingen. Während die katholisch-konservative Führungsschicht des Schuschnigg-Regimes am ärgsten in Mitleidenschaft gezogen wurde, waren Juden und Linksoppositionelle zunächst in weit geringerem Ausmaß betroffen. Allerdings führte die Menschenhatz dazu, daß bereits in den ersten Anschlußtagen mindestens 13 Juden in den Selbstmord getrieben wurden.

Bei den Festnahmen war weniger die Bekleidung bestimmter Funktionen im Dollfuß-Schuschnigg-Regime ausschlaggebend als das generelle Auftreten und Verhalten gegenüber der NSDAP während ihrer Illegalität. Im Zuge des »Umbruchs« wurden mehrere Hundert Menschen in Tirol in Haft genommen, allein in sechs Tiroler Bezirken (ohne Imst und v. a. ohne Innsbruck-Stadt) gab es mindestens 350 Verhaftungen. Während der Großteil nach kurzer Zeit wieder auf freien Fuß gesetzt wurde, hatten diejenigen, die mit großem Engagement gegen die Nationalsozialisten aufgetreten waren, härteste Konsequenzen bis hin zur Überstellung in ein Konzentrationslager zu tragen.

3. Exkurs: »Der Gau ist judenrein!« – NS-Judenpolitik in Tirol

Bereits vor Kriegsausbruch wurde in Tirol die stufenweise Ausgliederung der Juden aus allen Lebensbereichen systematisch durchgeführt und die Vorarbeit zur Massenvertreibung und Massenvernichtung geleistet. Die NS-Judenpolitik war in Tirol um nichts milder oder weniger blutrünstig als in anderen Teilen des Deutschen Reiches. Der Judenhaß hatte in Tirol eine jahrhundertelange Tradition und war in der Zwischenkriegszeit besonders geschürt worden[260], aber erst der Nationalsozialismus verhalf ihm in seiner schrecklichsten und grausamsten Form zum Durchbruch. Als die Nationalsozialisten in Tirol die Macht übernahmen, fanden sie eine nur noch sehr kleine und überalterte jüdische Gemeinde vor, die fast zur Gänze in Innsbruck angesiedelt war.[261] Noch in der Nacht vom 11. auf den 12. März besetzten SA-Truppen die Tiroler Grenzen, um die ungehinderte Ausreise von Juden, die in der Folge ihre Reisepässe abgeben mußten, zu vereiteln. Von einer Verhaftungswelle und brutalen Ausschreitungen, wie etwa in Wien, blieb die hiesige jüdische Gemeinde vorerst verschont. Vereinzelt kam es aber bereits in den ersten Tagen zu Festnahmen, davon waren mindestens sechs Juden betroffen. Das religiöse Leben konnte aber zunächst noch relativ ungestört fortgesetzt werden. Das Rabbinat arbeitete weiter, mußte allerdings die Dokumente und Matrikelbücher abgeben, welche die Magistratsabteilung I weiterführte.[262]

Die ökonomischen Motive der antijüdischen Maßnahmen offenbarten sich bereits in den ersten Tagen und Wochen nach erfolgter Machtübernahme der Nazis, als jüdischer Liegenschaftsbesitz und sonstige Vermögenswerte von SA, SS, Gestapo und Gendarmerie beschlagnahmt wurden. Mitglieder der Beschlagnahmungskommandos ließen diese Chance nicht ungenutzt vorübergehen und versuchten, sich derart schamlos zu bereichern, daß es auch der staatlichen Behörde zu weit ging.[263] In den Genuß des jüdischen Liegenschaftsbesitzes kamen in erster Linie die Parteiorganisationen, der Rest wurde dem Land Österreich übereignet. Die 17 konfiszierten jüdischen Autos behielten sich Gestapo, SS, SA und HJ als Dienstfahrzeuge.[264] Beschlagnahmte jüdische Wohnungen, Häuser und Villen dienten den NS-Machthabern als willkommene Verteilungsmasse, dabei bedienten sich gerade die Spitzen der Partei recht ordentlich. Die erste Phase antijüdischer Maßnahmen war gekennzeichnet von der Anwendung aller nur erdenklichen Druckmittel und Maßnahmen zur Ausgrenzung, um die Juden zur Auswanderung zu veranlassen. Schritt für Schritt erfolgte die Ausschaltung von Juden aus dem öffentlichen Leben und die Entziehung ihrer Existenzgrundlagen. Dies hieß zunächst insbesonders Säuberung des öffentlichen Dienstes, Entfernung aus freien Berufen und Enthebung jüdischer Universitätslehrer. Im Landesdienst kam es zu fünf Enthebungen, im universitären Bereich verloren fünf Professoren und zwei Dozenten ihre Stelle.[265] Auch in anderen (halb)öffentlichen Bereichen und in der Privatwirtschaft wurden Juden entlassen.[266]

Nach dem Sommersemester 1938 war jeder öffentliche Unterricht in den Schulen für jüdische SchülerInnen untersagt und im Wintersemester 1938/39 wurden die vier jüdischen Studenten nicht mehr zum Hochschulbesuch zugelasen, selbst die Benützung der Bibliothek blieb ihnen verwehrt. Eine Flut diskriminierender Anordnungen, Erlässe und Gesetze sollte es den Juden unerträglich machen, im Lande zu verweilen.[267] Auch die Presse trug durch ihre primitiven Hetzartikel zur rücksichtslosen Ausschaltung der Juden aus dem öffentlichen Leben und der systematischen Zerstörung ihrer Sozialbeziehungen bei, Privatpersonen ergingen sich in Denunziationsbriefen.[268] In diesem Klima des Hasses begingen wie bereits erwähnt mindestens 13 Tiroler Juden Selbstmord. Seit April 1938 traten die antijüdischen Maßnahmen in ein Stadium, das auf die Enteignung des jüdischen Vermögens, das meldepflichtig wurde, abzielte. Landwirtschaftlicher Besitz und Gewerbebetriebe wurden registriert und alle in Tirol und Vorarlberg lebenden Juden erfaßt.[269] Nun wurde die totale Ausschaltung der Juden aus dem Wirtschaftsleben, die zwei Wochen nach dem »Anschluß« durch das Beschmieren und den Boykott jüdischer Geschäfte eingeleitet worden war, zügig vorangetrieben.[270] Der Prozeß der »Entjudung« der Wirtschaft umfaßte die Enteignung von gewerblichen, land- und forstwirtschaftlichen Betrieben

3. Exkurs: »Der Gau ist judenrein!« – NS-Judenpolitik in Tirol

sowie Haus- und Grundbesitz und wurde von den zuständigen Staats-, Partei- und Wirtschaftsstellen in Tirol organisiert und durchgeführt. Die betroffenen Juden wurden dadurch ihrer existentiellen Grundlagen beraubt. Die Zwangsverkäufe bedeuteten den Verlust des ganzen oder überwiegenden Teils ihres Vermögens, sodaß schlußendlich nur noch die Auswanderung als einziger Weg zum Überleben übrig blieb.[271] Ein Jahr nach der Machtübernahme der Nationalsozialisten war die »Entjudung« der Wirtschaft zum größten Teil abgeschlossen. 54 Handels- und 20 Gewerbebetriebe, also insgesamt 74 Unternehmen waren betroffen, beinahe die Hälfte (33) wurde stillgelegt[272], ihre jüdischen Eigentümer zur Auswanderung gezwungen oder ermordet. Hauptnutznießer waren »kommissarische Verwalter«, die der illegalen SS entstammten, mittelständische Interessenten, Unternehmen aus dem »Altreich«, kleine, hohe und höchste Parteifunktionäre, die NSDAP sowie der NS-Staat. Bei der »Entjudung« der Tiroler Wirtschaft spielte der Gauleiter gemeinsam mit seinem Mitarbeiterstab, allen voran der Leiter der Arisierungsstelle Hermann Duxneuner und der Leiter des Amtes für Wiedergutmachung Franz Hiebl, die zentrale Rolle. Das jüdische Vermögen, das zur Verteilung gelangte, war aber vom Umfang her gering, die wirtschaftliche Substanz in sehr vielen Fällen äußerst schlecht. Umso erbitterter wurde deshalb auch der Kampf um Berücksichtigung bei der Verteilung der Beute geführt. Ohne Zustimmung des Gauleiters konnten keine Entscheidungen bei »Arisierungen« in Tirol getroffen werden. Für die Berücksichtigung von Kaufwerbern waren persönliche Bekanntschaften und Verbindungen ausschlaggebend. Die Vergabepraxis war denn auch von dementsprechend starker Korruption geprägt. So wird verständlich, daß hohe politische Funktionäre wie etwa der Gauleiter am staatlich organisierten Raub kräftig partizipieren konnten. Die »Entjudung« der Wirtschaft enthüllt das NS-Regime in Tirol als ein bis zur Gauspitze hinauf durch und durch korruptes politisches System.

Ab Frühherbst 1938 erhöhten der Leiter der Zentralstelle für jüdische Abwanderung in Wien, SS-Obersturmführer Eichmann, und die Innsbrucker Gestapo den Druck auf die Juden, Tirol zu verlassen. Am 20. und 21. September 1938 wurden ca. 40 jüdische Männer und Frauen von der Gestapo abgeholt und z. T. schwer mißhandelt.[273] Trotz der deutlichen Abnahme der jüdischen Bevölkerung waren die NS-Machthaber mit dem Abwanderungstempo nicht zufrieden. Die Blutnacht vom 9./10. November 1938 ist daher in engem Zusammenhang mit dem unbedingten Willen der Nationalsozialisten zur Forcierung der Abschiebung noch nicht auswanderungswilliger Juden zu sehen. Der blutige Pogrom bedeutete einen harten Einschnitt in das Leben der kleinen jüdischen Gemeinde und kann zweifellos auch als Vorstufe zur später einsetzenden Massenvernichtung angesehen werden.[274] Den Auslöser bzw. Vorwand für die brutale Menschenhatz lieferte das Attentat eines jungen Juden auf den deutschen Legationssekretär Ernst vom Rath in Paris, der zwei Tage später seinen Verletzungen erlag. Die im ganzen Reich einsetzenden barbarischen Übergriffe auf Juden machten auch vor Tirol nicht halt. Im Gegenteil, fanden doch nach Wien in Innsbruck die schwersten und gewalttätigsten Ausschreitungen statt, denen vier Juden zum Opfer fielen. Ing. Richard Graubart wurde in seiner Wohnung von hinten erstochen[275], der Kaufmann und Chef der jüdischen Handelsorganisation Dr. Wilhelm Bauer nach schwerer Mißhandlung vor der Haustür liegend erdolcht. Er verstarb auf dem Weg in die Klinik.[276] Bundesbahn-Oberbaurat a. D. und Leiter der Kultusgemeinde, Ing. Richard Berger, wurde aus seiner Wohnung geholt, außerhalb Innsbrucks gebracht, mit Faust- und Pistolenhieben traktiert und zu Tode gesteinigt. Seine Leiche warfen die Mörder in den Inn.[277] Oberbaurat Ing. Josef Adler mußte nach schwerster Mißhandlung und daraus resultierenden Lähmungserscheinungen in die Innsbrucker Nervenklinik gebracht werden und verstarb am 3. Jänner 1939 in Wien während der Operation.[278] Unter den vielen schwer malträtierten Juden, laut SS-Oberabschnitt Donau waren in Innsbruck »nahezu alle Juden« verletzt worden[279], befand sich auch der Mitbesitzer des größten Tiroler Kaufhauses Bauer und Schwarz und Leiter des Bundes jüdischer Frontsoldaten, Karl Bauer, der zwar seine furchtbaren Kopfverletzungen, die ihm von den NS-Schergen zugefügt worden waren, überlebte, jedoch bis zu seinem Tod geistig umnachtet blieb.[280] Schwerste Verletzungen erlitten bei den Überfällen auch Ing. Alfred Graubart sowie Frau Helene Rosenstein und ihr Sohn Fritz. Julius Popper warf man kurzerhand in die Sill, er konnte sich jedoch retten. Insgesamt wurden in der Nacht vom 10. auf den 11. November 1938 18 Juden festgenommen, fast sämtliche Wohnungen in erheblichem Ausmaß beschädigt und zwei Geschäfte geplündert.[281] Auch die jüdische Synagoge wurde durch die Demolierung der Einrichtungsgegenstände arg in Mitleidenschaft ge-zogen.[282] Da die jüdische Gemeinde sich fast ausschließlich auf Innsbruck konzentrierte, kam es außerhalb der Gauhauptstadt nur in Ehrwald, wo eine Pension kurz und klein geschlagen wurde, da die Frau des Besitzers Jüdin war, zu Übergriffen.[283] Insgesamt belief sich der Sachschaden in Tirol auf 200.000 RM.[284] Zu den Vorgängen bemerkte der SD zynisch:

3. Exkurs: »Der Gau ist judenrein!« – NS-Judenpolitik in Tirol

»Falls Juden bei dieser Aktion keinen Schaden erlitten haben, dürfte dies darauf zurückzuführen sein, daß sie übersehen wurden.«[285]

Der Judenpogrom war aber keinesfalls Ausdruck einer spontanen Aktion bzw. Ergebnis eines »entfesselten Volkszornes« gewesen, wie es die Nationalsozialisten glauben machen wollten, sondern wurde von den Parteigliederungen, allen voran der SS, unter Mitwirkung staatlicher Behörden durchgeführt. Bei der noch in der Nacht erfolgten, zum Teil improvisierten Planung, spielte GL Hofer, der für die Ausführung der von allerhöchster Stelle erwünschten Judenverfolgungen sorgte, die zentrale Rolle. Sein besonderer Judenhaß und die extrem fanatisierten Überzeugungstäter sind maßgeblich dafür verantwortlich, daß außer in Wien nirgendwo sonst im ganzen Reich so blutig losgeschlagen wurde. Dabei ist als Tiroler Besonderheit hervorzuheben, daß in Innsbruck ein eindeutiger Mordbefehl an die ziviltragenden SS-Männer ergangen war.[286] Während in Wien aber trotz der Organisation von oben in der Pogromnacht durchaus vom Ausbrechen eines Volksantisemitismus gesprochen werden kann[287], war die Tiroler Bevölkerung in keiner Art und Weise an den Ausschreitungen aktiv beteiligt. Allerdings nahm sie das Geschehene zum allergrößten Teil kritiklos hin. Hilfeleistungen oder sichtbare Anteilnahme blieben in der Regel aus.[288] Besonders betroffen macht, daß die katholische Kirche als wohl einflußreichste moralische Instanz in Tirol zu diesen antisemitischen Exzessen schwieg.

Die blutigen Ereignisse des 10. November 1938 hatten schwerwiegende Folgewirkungen und beschleunigten die Auflösung der sehr kleinen jüdischen Gemeinde in Innsbruck. Am selben Tag wurden alle männlichen Juden Innsbrucks verhaftet und mit der Auflage entlassen, die Gauhauptstadt so schnell wie möglich zu verlassen. Immer neue diskriminierende Maßnahmen machten das Leben für Juden in Tirol unerträglich.[289] Am 19. November ordnete die Gestapo die »Bereinigung der Provinz von Juden« bis 31. Dezember 1938 an. Die Bezirkshauptmannschaften bzw. Landräte sollten alle ansässigen Juden zur Einreichung eines Antrags auf Ausfertigung eines Reisepasses zum Zweck der Auswanderung auffordern und ihnen nach Zustellung des Passes noch eine Woche Frist bis zur Auswanderung bzw. Abschiebung aus Tirol mit Aufenthaltsanweisung für Wien, wo eine Zentralstelle für jüdische Auswanderung errichtet worden war, einräumen.[290]

Mit 1. Mai 1940 verblieben im Gau Tirol-Vorarlberg neben jüdischen »Mischlingen« mit einer Ausnahme schließlich nur noch jüdische »Mischehepaare«.[291] Bereits im Berichtsmonat Jänner 1939 hatte die Gauleitung stolz verkündet: »Der Gau Tirol-Vorarlberg kann als judenrein betrachtet werden. Ein Einfluß der Juden auf Wirtschaft und Kultur ist im Gau Tirol-Vorarlberg nicht mehr vorhanden.«[292]

Die völlige Vertreibung der eingesessenen Juden ist GL Hofer praktisch bis Kriegsbeginn gelungen. Eine bedeutende Zahl jüdischer Flüchtlinge wurde beim versuchten Grenzübertritt verhaftet und ins Innsbrucker Polizeigefängnis eingeliefert, von wo aus Überstellungen in Konzentrationslager erfolgten.[293] Viele Juden, die mit Ausreisebewilligungen ausgestattet nach Hohenems geschickt worden waren, blieben in dieser Vorarlberger Grenzgemeinde hängen, da die Schweiz eine sehr restriktive Flüchtlingspolitik betrieb. So sperrte die Eidgenossenschaft bereits Mitte August 1938 ihre Grenzen mit Wehrformationen gegen einen massenhaften Übertritt politisch und rassisch Verfolgter.[294] Die genaue Zahl der jüdischen Opfer aus Tirol ist noch nicht genau eruiert worden. Ein unvollständiger Bericht der Innsbrucker Magistratsdirektion Abteilung I vom 13. Jänner 1948 enthält 42 Namen von am 13. März 1938 in Innsbruck heimatberechtigten Juden, die Opfer der rassischen Verfolgung wurden.[295]

II. »Das ganze Volk sagt: JA!« – Die Volksabstimmung am 10. April 1938

Nach den Massenverhaftungen und den hektischen Umbesetzungen in den ersten Tagen der Machtübernahme, speziell auf der Ebene von Politik, Exekutive und der Interessensvertretungen, ging es nun für die Nationalsozialisten darum, wichtige Herrschaftsträger wie Verwaltung und Wirtschaft gleichzuschalten sowie sich unter Ausnützung des Anschlußtaumels und der pronazistischen Grundstimmung eine möglichst breite Zustimmung in der Bevölkerung zu sichern und zu erhalten. Der Nationalsozialismus wollte »als eine von der Masse getragene, junge Bewegung«[1] den Tiroler Alltag erobern. Der »Wahlkampf« für die Volksabstimmung am 10. April 1938 und seine für österreichische Verhältnisse bis dahin mit unbekannter Intensität geführte Propagandaschlacht bot dazu reichlich Gelegenheit. Bereits im »Bundesverfassungsgesetz über die Wiedervereinigung Österreichs mit dem Deutschen Reich« vom 13. März war die Abhaltung einer Volksabstimmung für den 10. April angekündigt worden. Diese plebiszitäre Akklamation sollte den politischen Umbruch und die staatsrechtliche Eingliederung Österreichs nachträglich legitimieren und der (Welt-) Öffentlichkeit vor Augen führen, daß kein Akt der Aggression vorlag. Darüber hinaus konnte der Bevölkerung durch ein beeindruckendes Propagandaspektakel eine Demonstration der Macht von Partei und Staat geboten werden.[2]

1. Die Wahlorganisation

Am 14. März beauftragte Adolf Hitler den Gauleiter der Saarpfalz, Josef Bürckel, der sich bei der Organisation der Saarabstimmung bestens bewährt hatte, mit dem Wiederaufbau der österreichischen NSDAP und der Durchführung der Volksabstimmung. Am 16. März ordnete Bürckel an, daß bis zur Volksabstimmung jede organisatorische oder sonstige Funktion der Partei zu ruhen habe und daß keine personelle Neubesetzung der Führungsämter in der Partei vorgenommen werden dürften.[3] Auch die sich im Reich befindlichen oder von dort bereits heimgekehrten politischen Leiter hatten sich einstweilen jeder politischen Tätigkeit zu enthalten. So sollte der frühzeitige Ausbruch von Flügelkämpfen in der Partei vermieden werden, um störungsfrei alle Kräfte hundertprozentig auf die Volksabstimmung konzentrieren zu können. In der Folge beauftragte Bürckel die ehemals illegale Parteiorganisation mit der propagandistischen Vorbereitung des Wahlkampfes. In den Händen der staatlichen und kommunalen Verwaltungsbehörden lagen Organisation und praktische Durchführung.[4] Der Verwaltungsapparat hatte sich »in jeder erdenklichen Weise für die Abstimmungsarbeiten zur Verfügung zu stellen und mit Anspannung aller Kräfte den Beauftragten des Führers für die Volksabstimmung, GL Bürckel, zu unterstützen.«[5] Mit 17. März ernannte dieser GL Christoph zum Gauwahlleiter in Tirol. Christoph berief nun die amtierenden Kreisleiter als Kreiswahlleiter, die ihrerseits die Kreiswahlinspektoren jeweils für einen Gerichtsbezirk und die Ortsgruppenwahlleiter bestimmten. Der Ortsgruppen- bzw. Gemeindewahlleiter schlug einen Ortswahlleiter vor, wenn eine Gemeinde aus mehreren Ortsteilen oder Abstimmungslokalen bestand. Die Letztgenannten setzten die Block- und Zellenvertrauensmänner ein. Ein Block bestand aus vier bis acht Zellen, das waren ca. 200 bis 300 Haushalte mit 800 bis 2.400 Einwohnern. Eine Zelle umfaßte 60 bis 80 Haushalte bzw. 200 bis 300 Einwohner. Die Hauswahlvertrauensmänner wurden per Handschlag bestellt und waren für Mietshäuser und am Land für bis zu zehn Häuser zuständig. Frauen kamen, wenn überhaupt, nur für die unterste Dienststellung als Hauswahlvertrauensfrauen in Frage[6], ansonsten war das streng hierarchisch aufgebaute und dicht geknüpfte Organisationsnetz mit Vertrauensleuten besetzt, die Parteigenossen, Mitglieder der SA/SS waren oder als politisch zuverlässig galten.[7] Dadurch, daß die oberen Funktionsträger die nachgeordneten einsetzten bzw. vorschlugen, entstand eine besondere Verantwortlichkeit der Einsetzenden für die Eingesetzten. Eine sorgfältige Auswahl schien auf diese Weise gesichert. »Volksgenossen«, die sich bis zum »Anschluß« gegenüber dem Nationalsozialismus noch passiv oder gar ablehnend verhalten hatten, konnten durch besonderes Engagement während des Abstimmungskampfes ihre neue, positive Einstellung demonstrieren. Während auf den entscheidenden Posten nur bekannte Nationalsozialisten wirkten, zogen die Kreiswahlleiter auch bisherige politische Gegner für den gesamten Hilfsdienst heran, was sich auch bezahlt machte, da diese »mit größtem Eifer« bei der Arbeit waren.[8] Bis 21. März mußte die Wahlorganisation handlungsfähig sein. Tirol konnte denn auch termingerecht melden:

1. Die Wahlorganisation

»Der ganze Apparat steht bis zum letzten Hausvertrauensmann im ganzen Gau.«[9] Die Tiroler Organisation umfaßte neben der Gauwahlleitung an der Spitze unter anderem acht Kreiswahlleiter, 15 Kreiswahlinspektoren[10], 298 Gemeindewahlleiter, 83 Ortswahlleiter, 596 Blockleiter und 2.332 Zellenleiter. Am Abstimmungstag waren in Tirol über 400 Wahlkommissionen für die österreichischen Wähler, 38 für deutsche Wähler, da gleichzeitig mit der Volksabstimmung im ganzen Reich die Wahlen zum Reichstag stattfanden, sowie acht weitere Kommissionen für das Militär aufgeboten worden.[11] Um in kürzester Zeit eine durchschlagskräftige Wahlorganisation auf die Füße zu stellen und um die Propaganda optimal zu koordinieren, hatte Bürckel neun erfahrene Kreisleiter aus dem Reich entsandt, die gleichzeitig als Berater und Aufpasser fungierten. Neben KL Schubert, dem Berater des Gauleiters, waren den Tiroler Kreiswahlleitern folgende »Reichsdeutsche« zur Seite gestellt:

Tabelle 9[12]
Die deutschen Berater der Wahlkreisleiter

Kreis	*Wahlkreisleiter*	*Deutscher KL-Berater*	*aus dem Gau*
Ibk-Stadt	Dr. Josef MALFATTI	Karl DOMGÖRGEN	Halle Merseburg
Ibk-Land	Dr. Karl WAIZER	Werner BÜCHNER	Thüringen
Schwaz	Adolf KUNSEK	Werner VOGELSANG	Sachsen
Kufstein	Fritz WILLE	Ernst URANOWSKI	Westfalen-Nord
Kitzbühel	Hans POSCH	Helmut SEIDEL	Weser-Ems
Imst	Karl KIENEL	Fritz MADER	Württemberg
Landeck	Ernst TILZER	Ferdinand ESSER	Weser-Ems
Reutte	Karl SCHRETTER	Hans LINDEMANN	Hamburg

Die Gauwahlleitung setzte sich aus der Hauptleitung unter Führung Christophs sowie den Hauptabteilungen »Organisation« und »Propaganda« mit je sieben Unterabteilungen zusammen:

Tabelle 10[13]
Die Gauwahlleitung Tirol

HAUPTLEITUNG:	Gauwahlleiter:	Edmund CHRISTOPH
	Stellvertreter:	Egon DENZ
		Vincenz WAIDACHER
	Sachberater:	Peter KIEFER
	Schatzmeister:	Anton SCHMITT
	Personalsachwalter:	Heinrich MADER

Hauptabteilung ORGANISATION:

Leiter:	Vincenz GISELBRECHT
Stellvertreter:	Hans HANAK
Abtlg. 1 (Geschäftsführung):	Max BLASCHKE
Abtlg. 2 (Technische Organisation):	Hans HANAK
	August MARGREITER
	Johann PRIESNER
Abtlg. 3 (Versammlung und Kundgebung):	Gustav FRITZ
	Othmar VUSCIC
Abtlg. 4 (Verkehrsmittel):	Hermann EGGER
Abtlg. 5 (Verpflegung/Quartier):	Leo SCHÖPF
	Dr. Fritz KROPF
Abtlg. 6 (Verbindung):	Franz STERZINGER
Abtlg. 7 (Außendienst):	Hans HOPPICHLER

Hauptabteilung PROPAGANDA:

Leiter:	Arthur LEZUO
Stellvertreter:	Robert SCHUELLER
Abtlg. 1 (Geschäftsführung):	Oskar POCK
Abtlg. 2 (Propaganda):	Arthur LEZUO
Abtlg. 3 (Rednerwesen):	Karl JUDMAIR
Abtlg. 4 (Presse):	Dr. Karl LAPPER
	Robert SCHUELLER
	Heinz Cornel PFEIFFER
Abtlg. 5 (Film):	Ulli RITZER
Abtlg. 6 (Rundfunk):	Major Viktor NADERER
Abtlg. 7 (Außendienst):	Otto HENN
	Fritz JUDMAIR

Die organisatorische Vorbereitung der Volksabstimmung wurde durch Durchführungserlässe, deren erster am 16. März den Bezirksverwaltungsbehörden zugestellt wurde, geregelt. Zunächst hatten die Bürgermeister bis 26. März die Stimmlisten zu erstellen und sie bis 31. März öffentlich einsichtig zu machen. Das Stimmrecht besaßen alle österreichischen Bundesbürger ab dem 20. Lebensjahr, darüber hinaus aber auch alle illegalen österreichischen Nationalsozialisten, die ins Reich geflüchtet waren, auch wenn sie die Reichsangehörigkeit erworben hatten. Nicht stimmberechtigt waren Juden oder wer entsprechend den Richtlinien der Nürnberger Rassegesetze als Jude zu gelten hatte. Diesbezügliche Einsprüche konnten beim rassenpolitischen Schiedsamt der NSDAP Gauleitung Tirol, das seit 19. März in der Innsbrucker Ärztekammer eingerichtet war und von Dr. med. Theodor Seeger und Dr. jur. Raimund Würstl geleitet wurde, eingereicht werden. Nach den Bestimmungen des ersten Durchführungserlasses durften Sozialisten und Kommunisten, die wegen illegaler Betätigung gegen den »Ständestaat« Haftstrafen verbüßt hatten, zur Wahl schreiten, Regimegegnern, die im Zuge der Machtübernahme in Schutzhaft genommen wurden, war die Stimmabgabe jedoch verwehrt. In der Praxis wurde diese Bestimmung aber sehr weit ausgedehnt. Einsprüche waren den in den Gemeinden eingerichteten Einspruchskommissionen vorzulegen, bei Meinungsdivergenzen hatte die vom Bezirkshauptmann bestellte Bezirksstimmbehörde zu entscheiden. Die endgültige Stimmliste übergab der Bürgermeister schließlich den Ortsstimmbehörden.[14] Alle Bestimmungen bis hin zum Ablauf des Abstimmungsvorgangs, der Stimmenauszählung und Verlautbarung des Ergebnisses waren in formaler Hinsicht korrekt, um wie bei allen »Wahlen« im Dritten Reich den Anschein der Legalität zu wahren.

2. Die Propagandaschlacht

Nach Beendigung der Aufstellung der Wahlorganisation erfolgte am 22. März mit einer Großkundgebung Goebbels im Berliner Sportpalast der Startschuß für den Wahlkampf, der nach einer sorgfältig durchinszenierten Propagandakampagne geführt wurde. Die zu diesem Zweck zur Verfügung stehenden riesigen finanziellen Mittel[15] erlaubten unter Einsatz aller technischen, psychologischen, publizistischen und personellen Mittel ein Maximum an propagandistischer Tiefenwirkung. Während das Propagandaministerium die Generallinie ausgab und Rundfunk und Presse diese zentralen Tagesparolen mit der größtmöglichen Intensität an die Bevölkerung herantrugen, wurden auch die regionalen Erfordernisse berücksichtigt und mit dem Grundschema und den Hauptlosungen in Einklang gebracht. Die Zeitungsberichterstattung war in Tirol nach folgenden Richtlinien festgelegt:

Die ganze Pressearbeit stand unter dem Ziel »Das große ewige Deutschland«. In den Mittelpunkt aller Bemühungen wurde der Einsatz für den Erfolg am 10. April gerückt, alles andere galt als absolut nebensächlich. Den persönlichen Anweisungen Hitlers entsprechend hatten Polemiken aller Art unbedingt vermieden und der Wahlkampf völlig positiv geführt zu werden. Deshalb sollten keine alten Wunden aufgerissen, sondern in erster Linie die NS-Erfolge im Reich hervorgehoben werden. Im »Ringen um jeden Volksgenossen« durften auch keine haßerfüllten Reden geschwungen werden, die den Gegner verletzen konnten. »Irregeleiteten Volksgenossen« war mit demonstrativer Versöhnlichkeit zu begegnen.[16] Dies alles bedeutete aber natürlich nicht, daß neben Jubelmeldungen nicht auch öfter Berichte über Verhaftungen und diverse Maßregelungen zur Einschüchterung erfolgt wären. Außenpolitische Themen sollten nicht eingebracht werden und wenn, dann nur in dem Sinne, daß das Großdeutsche Reich den Frieden bringe und wolle, allerdings nur einen »Frieden der Ehre und Freiheit«. Während die konfessionelle Frage auszusparen bzw. mit allergrößter Behutsamkeit zu behandeln war und über Südtirol unter gar keinen Umständen geschrieben werden durfte, sollte in den Presseberichten kein »öder Zentralismus« aufkommen. Da der Nationalsozialismus nach Selbsteinschätzung die »Eigenart der deutschen Volksstämme« förderte, war es oberstes Gebot in der Wahlschlacht, auf die Tiroler Eigenart einzugehen.[17] In der Tiroler Abstimmungskampagne lassen sich denn auch einige tirolspezifische Propagandainhalte ausmachen:

* Rückgriff auf die Tiroler Landesgeschichte mit der Rolle des Nationalsozialismus als Vollstrecker des bis dahin verhinderten Zusammenschlusses im großdeutschen Sinn. Der Bogen spannt sich von Andreas Hofer über die Abstimmung des Jahres 1921 bis zur »Vollendung« im März 1938.
* Einbeziehung des katholischen Hintergrunds von Tirol unter Betonung und Vereinnahmung der Begriffe Heimat, Brauchtum und Religion.
* Herausstellung des Judentums als Feindbild, das speziell der Arbeiterschaft über die Berichterstattung der »*Deutschen Volkszeitung*» angeboten wurde.[18]

Die Druckereien und Verlage arbeiteten zwischen dem 11. März und 10. April auf Hochtouren. Die Leistungen der Wagnerschen Universitäts-Buchdruckerei in diesem Zeitraum sei hier exemplarisch dargestellt:[19]

Im Rotationsdruck:
   100.000 Hermann Göring Sondernummern zu 10 Seiten
   100.000 Führerbesuch Sondernummern zu 32 Seiten
   100.000 Tirol sagt »JA« Sondernummern zu 28 Seiten
    70.000 Flugzettel
Im Flachdruck:
     6.120 Formulare

2. Die Propagandaschlacht

     1.500   Briefblätter
     6.000   Rundschreiben
     5.000   Wahlbestimmungen
   52.000   Postkarten
   45.000   Flugblätter und Flugzettel
       500   Plakatstreifen
       200   Göringbilder
   93.300   Fähnchen
       250   Einladungen
       800   Tafeln
     2.000   Hefte »Die Deutsche Schule«
     6.000   Prospekte
Im Offsetdruck:
120.000   zweifarbige Papierfähnchen
Im Flach-Tiefdruck:
100.000   vierseitige Bildbeilagen
532.000   »Ein Volk – Ein Reich – Ein Führer« zu 32 Seiten
100.000   »Unser Führer in Tirol« zu 32 Seiten
Papierverbrauch insgesamt: 95.000 kg; 3.500 Überstunden (ohne Angestellte)

Die Zeitungen konnten durchwegs ihre Auflagen erhöhen. Die *»Tiroler Bauernzeitung«* von 23.400 auf 27.200, die *»Volkszeitung«* hob die Auflagenziffer in 25 Tagen von 52.800 auf 71.000, der *»Außerferner Bote«* erhöhte die Normalauflage von 1.500 auf 2.500, der *»Haller Kreisanzeiger«* von 700 auf 1.000, das *»Schwazer Kreisblatt«* von 500 auf 800 und die *»Kitzbüheler Nachrichten«* von 1.200 auf 2.200. Der *»Tiroler Grenzbote«* verkaufte über 43.000 Exemplare mehr als sonst. Dazu kam, daß alle Verlage eine beträchtliche Anzahl an Sondernummern und Beilagen herausbringen konnten.[20] Eine bedeutende Rolle spielte der Rundfunk, der, auch wenn Tirol im Vergleich zu den meisten anderen Ostmarkgauen eine relativ geringe Teilnehmerdichte aufwies, bereits ein Massenmedium darstellte. Immerhin ein Drittel aller Haushalte Tirols verfügte mit Stichtag 1. April 1938 über einen Empfänger. In der Wahlkampagne brachte der Nationalsozialismus das Radio in einem gewaltigen Ausmaß zum Einsatz, das gemeinschaftliche Hören spielte dabei eine ausschlaggebende Rolle. Über die Emotionen, die durch den Gemeinschaftsempfang in einer festlich-begeisterten Atmosphäre mobilisiert wurden, konnte erfolgreich ein Massenpublikum angesprochen werden. Die Partei, die DAF in den Betrieben oder die Wahlvertrauensleute sorgten dafür, daß sich die »Volksgenossen« vor den Empfängern versammelten und sich quasi in einer Öffentlichkeit wiederfanden, die den großen Propagandaveranstaltungen glich. Diese NS-Rundfunkpropagandatechnik erzielte eine wesentliche Steigerung der Breitenwirkung.[21] Bis zur Volksabstimmung wurden im Gau Tirol insgesamt 1.400 Radiogeräte verteilt.[22] Allerdings gab es in Tirol aufgrund der geographischen Verhältnisse technische Schwierigkeiten. Da die »Volksempfänger« nicht empfangsstark genug waren, forderte man in Tirol 300 große Empfangsgeräte an. Darüber hinaus sollten täglich eine Stunde Sondersendungen für Tirol bzw. mehrmalige Zwischenschaltungen von Eigensendungen aus dem Gau ermöglicht werden, da die Propagandasendungen aus Wien für Tirol vielfach ungeeignet waren und die Eigenart der Tiroler Bauern »in feinst abgestimmter Art« behandelt werden mußte, um das gewünschte Wahlergebnis zu erreichen.[23]

Auch das Kino wurde zu Propagandazwecken eingesetzt, wobei Filmabende (»Triumph des Willens«, »Blut und Boden«, »Die Saat geht auf« etc.)[24] auch in abgeschiedensten Dörfern organisiert wurden.[25] Regierungsvizedirektor Schuler erhoffte sich davon einen sehr positiven Effekt auf die Tiroler Bevölkerung:

»Im Film versprechen wir uns einen ausgezeichneten Werbeerfolg, dies dank einer rechtzeitig eingesetzten Eigeninitiative. Er erreicht fast sämtliche kinolosen Orte und wirkt in der bildhaften Darstellung des Werbestoffes für die deutsche Bevölkerung besonders leicht faßlich.«[26]

Die Propagandatätigkeit wandte sich zielgruppenbezogen an die einzelnen Berufssparten und Bevölkerungsschichten, im Mittelpunkt stand die Gewinnung der konservativ-bäuerlichen Landbevölkerung und der Arbeiterschaft, denn Intelligenz, Gewerbetreibende und Industrielle standen bereits mehrheitlich im nationalen Lager. Einen hohen Anteil an der propagandistischen Erfassung hatte, wie bereits erwähnt, die Presse, wobei die »*Tiroler Bauernzeitung*«, die während des Wahlkampfs zweimal wöchentlich erschien, die Bauernschaft ansprach und die »*Deutsche Volkszeitung*» sich speziell an die Arbeiterschaft wandte.[27] Beiden Bevölkerungsschichten wurden eindringlich die Erfolge Nazideutschlands vor Augen geführt. Versprechungen und Ankündigungen erzeugten eine erwartungsfrohe Stimmung, der Anbruch besserer Zeiten schien unmittelbar bevorzustehen: »Der Tiroler Bauer hat ausgesorgt«, »Die Notzeit unserer Bergbauern hat ein Ende«.[28] Die Bedeutung Großdeutschlands als Absatzmarkt wurde be-

2. Die Propagandaschlacht 77

sonders hervorgehoben und durch die Aufforderung an die Tiroler Bauern zur Produktionssteigerung bzw. durch Abnahmegarantien ihrer Agrarprodukte zu gerechten Fixpreisen unterstrichen.[29] Die NS-Blut- und Bodenideologie hob die Bedeutung des Bauernstandes hervor und stärkte ideell das Selbstbewußtsein der Bauern, die als »Blutquell« bzw. als »Grundlage des Dritten Reiches« galten.[30] Immer wieder wurde darauf verwiesen, ähnliche Maßnahmen wie in Deutschland auch in Österreich respektive Tirol einführen zu wollen. Landwirtschaftsminister Reinthaller kündigte in seiner Rundfunkrede am 27. März ein großes Aufbauprogramm für die Landwirtschaft an[31], wenige Tage später wurde bereits bekanntgegeben, daß das Reich der österreichischen Landwirtschaft knapp 55 Millionen Schilling für Hilfsmaßnahmen zur Verfügung stelle. Diese umfaßten in erster Linie:
* Maßnahmen zur Entschuldung
* Besitzfestigungen wie Instandsetzung/Neuerrichtung von Gebäuden und Ergänzung lebenden und toten Inventars
* den Bau von Futtereinsäuerungsbehältern
* die Errichtung von Ställen, Senn- und Hirtenhütten sowie Wasserversorgungsanlagen
* Preissenkungen bei Stickstoff- und Kalidüngemitteln sowie eine bessere Düngemittelversorgung notleidender landwirtschaftlicher Betriebe
* Maßnahmen auf dem Gebiet der Landeskultur wie landwirtschaftliche Flußregulierungen, Be/Entwässerungsanlagen etc. und den
* Aufkauf österreichischer landwirtschaftlicher Produkte.[32]

Weiters sollten wie im Reich großzügige Beihilfen zur Beschaffung von Landmaschinen, Silos, Düngerstätten, Jauchegruben u. a. bereitgestellt und in großem Rahmen Alpverbesserungen, Wegebau und die Errichtung von Seilaufzügen in die Wege geleitet werden.[33] Auch auf die zu erwartenden Zusatzeinkommen durch den Aufschwung der Bauwirtschaft und des Fremdenverkehrs wurde hingewiesen.

Im Sinne der »Propaganda der Tat« wurden Sofortmaßnahmen gesetzt, die meist nur kurzfristig wirkten, in psychologischer Hinsicht aber auf jeden Fall einen ganz großen Effekt erzielten und die vielen Verheißungen glaubwürdig machten. Neben der Abnahme bäuerlicher Produkte, Roggenlieferungen aus dem Reich für Notstandsgebiete und der Verbilligung von Kunstdünger wurde die Verfügung der vorläufigen Einstellung aller ausgeschriebenen Versteigerungen landwirtschaftlicher Anwesen bei gleichzeitiger Ankündigung eines breit angelegten Entschuldungsprogramms am lebhaftesten begrüßt.[34]

Neben dieser wirtschaftlich-sozialen Wahlwerbung spielte die Haltung der Kirche zum Nationalsozialismus für das Abstimmungsverhalten der Bauern und des katholischen Kleinbürgertums eine wichtige Rolle. Zur Absicherung ihrer seelsorgerischen Interessen und gesellschaftlichen Positionen hatte der Episkopat den Konsens mit dem Regime gesucht und sich ihm mit der »Feierlichen Erklärung« kompromittierend angedient:[35]

»Aus innerster Überzeugung und mit freiem Willen erklären wir unterzeichneten Bischöfe der österreichischen Kirchenprovinz anläßlich der großen geschichtlichen Geschehnisse in Deutschösterreich:
Wir erkennen freudig an, daß die nationalsozialistische Bewegung auf dem Gebiet des völkischen und wirtschaftlichen Aufbaues sowie in der Sozialpolitik für das Deutsche Reich und Volk und namentlich für die ärmsten Schichten des Volkes Hervorragendes geleistet hat und leistet. Wir sind auch der Überzeugung, daß durch das Wirken der nationalsozialistischen Bewegung die Gefahr des alles zerstörenden gottlosen Bolschewismus abgewehrt wurde.
Die Bischöfe begleiten dieses Wirken für die Zukunft mit ihren besten Segenswünschen und werden auch die Gläubigen in diesem Sinne ermahnen.
Am Tage der Volksabstimmung ist es für uns Bischöfe selbstverständlich nationale Pflicht, uns als Deutsche zum Deutschen Reich zu bekennen, und wir erwarten auch von allen gläubigen Christen, daß sie wissen, was sie ihrem Volke schuldig sind.«[36]

Die Erklärung der österreichischen Bischöfe galt vielen Katholiken sicherlich als Richtlinie ihres Handelns, zumindest entlastete sie ihr Gewissen und beseitigte so manchen Zweifel. Die NS-Machthaber waren sehr bemüht, alle Maßnahmen zu unterlassen, die dem Regime den Geruch der Religionsfeindlichkeit verleihen hätte können. Bis zur Volksabstimmung hatte die Partei in der Kirchenfrage Ruhe zu bewahren. Der Nationalsozialismus präsentierte sich als Schützer der Religion und Retter der Kirche vor dem Bolschewismus. Jedoch mußte sich die Kirche völlig aus der Politik zurückziehen und auf das Gebiet der Seelsorge beschränken. Hitler wurde geradezu als gottgesandt dargestellt, seine Erfolge galten als Beweis, daß Gott mit ihm war. Eine Beleidigung seiner Person kam gleichsam einer Beleidigung Gottes gleich. »Das Werk Adolf Hitlers ist so sichtbar von der Vorsehung gesegnet worden, daß der Vorwurf der Gottlosigkeit nur zurückfallen würde auf den Schöpfer selbst«, so Generalfeldmarschall Göring.[37]
Die »Feierliche Erklärung« wurde schließlich samt Vorwort von den Kanzeln verlesen und am 2. April auch als vierseitiges Flugblatt in einer

Auflage von 75.000 Stück in Tirol zur Verteilung gebracht.[38] Einige Pfarrer waren mit dem versuchten Schulterschluß der Kirchenführung mit dem NS-Regime nicht einverstanden und setzten bereits erste Zeichen der Widersetzlichkeit, indem sie den Hirtenbrief absichtlich undeutlich verlasen, sodaß er nicht immer verstanden wurde. Die Nationalsozialisten machten dies durch eine groß angelegte Plakatierung wett.[39]

Einzelne Priester und Ordensleute beteiligten sich aber sogar aktiv im Wahlkampf. Der Pfarrer von Strengen wetterte gegen jüdische Zeitungen und bekräftigte ebenso wie der Pfarrer von Stumm und der Kooperator von Brandenberg, daß es zwischen Nationalsozialismus und Kirche keinen Gegensatz gäbe.[40] Besonders der Pfarrer von Kauns wurde intensiv als Redner bei Bauernversammlungen eingesetzt und sollte in der Religionsfrage, die wohl am meisten Skepsis aufwarf, »beruhigend« wirken.[41] Die Musikkapelle Tux spielte dem Tuxer Pfarrer ein Namenstagsständchen, wobei 60 SA-Männer diesen durch ein dreimaliges »Sieg Heil« hochleben ließen und ihm Dank sagten »für die beruhigenden Worte an die Tuxer Bevölkerung zum gegenwärtigen Umbruch und für sein vollkommen gerechtes Vorgehen«.[42]

Nach anfänglicher Skepsis verbesserte sich die Stimmung in der Bauernschaft mit zunehmender Propagandatätigkeit immer mehr. Dabei blieb die Frage der Religionsausübung ein heikler Punkt, die Stellungnahme des Pfarrers war deshalb von nicht geringer Bedeutung. Griffen Parteiredner Geistliche an, wirkte sich dies sofort negativ auf die Gesamtstimmung einer Versammlung aus, hingegen wurde der gegenteilige Effekt erzielt, wenn, so wie in Gerlos, der anwesende Pfarrer sich lobend ausdrückte und dabei auf den Hirtenbrief verwies.[43] Das Regime war mit dem Verhalten der Geistlichen recht zufrieden. Sie verhielten sich »im allgemeinen gut« bzw. »mit wenigen Ausnahmen neutral, zum Teil sogar sehr gut«.[44]

Insgesamt gesehen schlug die Wahlpropaganda voll ein, jedenfalls überall dort, wo die Eigenart der Bevölkerung in den Kreisen genügend berücksichtigt wurde.[45] Die Versammlungsberichte aus den Kreisen vom 27. März 1938, die an die Gauwahlleitung weitergeleitet wurden, spiegeln die ausgezeichnete Stimmung und den lebhaften Zuspruch seitens der Bevölkerung wider, nur in Einzelfällen, wie etwa bei der Versammlung im Schwazer Magnesitwerk, die vorwiegend von streng vaterländisch ausgerichteten Bauern besucht war, hielt sich der Beifall in Grenzen.[46] Als Pg. Priesner von der Gauwahlleitung und Pg. Hübner vom »Bund der Reichsdeutschen« am 2. April 1938 eine Kontrollfahrt durch die Kreise Kufstein und Kitzbühel absolvierten, fanden sie, von ganz wenigen Ausnahmen abgesehen, eine hervorragende Stimmung vor. Organisation und Propaganda befanden sie in allen größeren Orten für einwandfrei, in kleineren Gemeinden mußten allerdings noch Unklarheiten ausgeräumt werden.[47] Immerhin gab es, zwar äußerst selten und ganz schwach, doch offene Zeichen der Ablehnung wie etwa in Wattenberg, wo einige Wahlplakate heruntergerissen wurden.[48]

Besonderes Augenmerk richteten die Nationalsozialisten neben den Bauern auf die Gewinnung der Arbeiterschaft. Die Wahlpropaganda zielte dabei auf die miserable soziale Situation der Arbeiter ab und verhieß die rasche Beseitigung der Arbeitslosigkeit. Schon am 12. März hatte die »*Volkszeitung*« in riesengroßer Aufmachung getitelt: »Wir bringen Euch Arbeit und Brot – das ist unser Sozialismus«.

Die Partei gab sich zunächst einen sozialistischen Anstrich und betonte, daß sie den schärfsten Kampf gegen ihren »geschworenen Feind«, den Kapitalismus, führe. Sie wandte sich verbal auch gegen den »Dünkel der Oberschicht« und »gegen jene asozialen Unternehmer, die den Geist der neuen Zeit nicht verstehen wollen«.[49] Gleichzeitig verurteilte sie aber den »unnatürlichen« Gedanken des Klassenkampfes und forderte eine Erhöhung der Produktion zur Verbesserung des Lebensstandards anstelle der Erhöhung der Löhne.[50] Damit sind die Grundlinien der Taktik zur Gewinnung der Arbeiterschaft für den Nationalsozialismus bereits beschrieben. Betont versöhnlich wurde um sie geworben, der gemeinsame Kampf gegen den »Ständestaat« beschworen, weitreichende soziale und wirtschaftliche Verbesserungen in Aussicht gestellt, ein »Sozialismus der Tat« demonstriert und die Eingliederung in die »Volksgemeinschaft« unter Aufgabe des Klassenkampfes angeboten. Eine spezifisch nationalsozialistische Arbeiterideologie, eigentlich eine Arbeitsideologie, erhöhte die ideelle Stellung der arbeitenden Menschen und diente als Ersatz für die tatsächliche Einlösung sozialistischer Grundsätze, die ja teilweise auch im NS-Parteiprogramm zu finden waren. So hätte etwa der Nationalsozialismus die Arbeiter, die nun nicht mehr zu Menschen zweiter Klasse degradiert würden, zu den ersten »Volksgenossen« im Staate gemacht und ihnen, anstatt sie als Proleten zu behandeln und zum Klassenkampf zu verhetzen, die Ehre wiedergegeben. An die Stelle des »klassenbewußten Proleten« trat nun der »selbstbewußte Deutsche«.[51]

Die Idee der Volksgemeinschaft bis hin zur Vergöttlichung des Staates und seines Führers stellte einen wesentlichen Bestandteil der propagandistischen Bearbeitung der Arbeiterschaft dar. In seiner Rede zur

2. Die Propagandaschlacht

deutschen Jugend und Arbeiterschaft in Wörgl verkündete Reichsjugendführer Baldur von Schirach:

»Es gibt kein Lebensrecht des deutschen Arbeiters [...], des deutschen Bürgers, es gibt nur ein gemeinsames, unzertrennbar geschmiedetes Lebensrecht des ganzen deutschen Volkes. [...] Der 10. April ist für uns kein Wahltag, sondern ist ein heißes Dankgebet, ein heiliger Gottesdienst eines großen Volkes, das sich wieder gefunden hat in grenzenlosem Glück.«[52]

Auf der wirtschaftlich-sozialen Seite wies die Propagandamaschinerie laufend auf Sozialpolitik und Beseitigung der Arbeitslosigkeit in Deutschland hin. In Presse und Großkundgebungen wurden die Maßnahmen und die bereitgestellten finanziellen Mittel zur Arbeitsbeschaffung groß herausgestellt. Am 26. März verkündete Hermann Göring in Wien ein gewaltiges Aufbauprogramm zur wirtschaftlichen Neugestaltung des Landes, am 28. März präsentierte der Generalinspekteur für das Straßenwesen, Dr. Todt, ein breit angelegtes Straßenbauprogramm für Österreich, das u.a. die Inangriffnahme der Inntallinie Kufstein-Schwaz-Innsbruck beinhaltete, und am 5. April stellte Reichskommissar Bürckel eine Million Reichsmark zur Durchführung des ersten Teils des Notstandsprogramms in Tirol zur Verfügung.[53] Bereits am 30. März verlautbarte GL Christoph vor 4.000 Zuhörern in Landeck das ambitionierte »Arbeitsprogramm für den Gau Tirol«, das als Sofortprogramm zur Arbeitsbeschaffung vornehmlich auf die Verbesserung der Verkehrsverhältnisse abzielte, um für den erwarteten Aufschwung im Fremdenverkehr gerüstet zu sein. Es umfaßte die Staubfreimachung sämtlicher Fernstraßen und der Talstraßen der Seitentäler des Inntals, eine Autobahn Kufstein-Innsbruck, eine Nord-Süd Autobahn, eine acht Kilometer breite Fernstraße durchs Achental, den Ausbau der Arlbergstraße, den Bau der südlichen Alpenstraße in Gerlos, die Neuerstellung des Straßenstücks Haiming-Imst, den doppelgleisigen Ausbau der Eisenbahnstrecke Wörgl-Kufstein, den Ausbau der Tiroler Wasserkräfte sowie Alpverbesserungen, Wildbachverbauungen und die Errichtung von Güterwegen.[54] Bei einer ähnlichen Veranstaltung in Schwaz konnte Christoph ankündigen, daß für Vorhaben zur Verbesserung der Straßenverhältnisse und für Maßnahmen für die Landwirtschaft in den kommenden Wochen schon 7,5 Millionen Schilling bereit stünden und gleichmäßig übers ganze Land verteilt würden: »Damit zeigen wir unsere Stellungnahme: Wir haben Not vorgefunden, wir haben aber nicht den Willen zu kapitulieren, sondern wir werden sie beseitigen.«[55]

Bereits bis zur Volksabstimmung am 10. April machte sich die wirtschaftliche Belebung und Eingliederung von Arbeitslosen in den Arbeitsprozeß deutlich bemerkbar:[56]

»Nun wird schon gearbeitet. Keine leeren Versprechungen sind es, die bisher gegeben wurden. Dem nationalsozialistischen Wort folgt immer die Tat! Heute ist das Warten der Tausende auf Arbeit leicht geworden. Jeder weiß: für alle kommt Arbeit.«[57]

In den ersten vier Wochen nach dem »Anschluß« wurden im Sinne des »Sozialismus der Tat« auch eine ganze Reihe psychologisch und propagandistisch sehr wirksamer sozialpolitischer Maßnahmen initiiert. Dazu zählte die Verschickung von 3.000 Tiroler Kindern zu einem Erholungsaufenthalt ins Reich, die Einführung von Kinderbeihilfen und Ehestandsgeldern, freiwillige Lohnerhöhungen und Sonderzahlungen von Firmen, Gemeinden usw.; des weiteren Preissenkungen, ein generelles Pfändungs- und Versteigerungsverbot, öffentliche Ausspeisungen, Lebensmittelspenden und als bedeutendster Schritt die Einbeziehung der »Ausgesteuerten« in die Arbeitslosenhilfe.[58] Aus einer Göringspende in der Höhe von 100.000 RM für notleidende Arbeiterfamilien flossen 10.000 RM als Soforthilfe nach Tirol.[59] Es zeigten sich aber jetzt schon einige negative Tendenzen wie Preissteigerungen – Eier wurden bis Ende März um 8–12% teurer – und zeitweise Lebensmittelknappheit aufgrund des Ausverkaufs durch »Reichsdeutsche«. Überdies hielten Kaufleute ihre Waren zurück, um später einen höheren Preis zu erzielen.[60]

Einen hervorragenden Platz bei der Gewinnung der Arbeiterschaft nahm das »Kraft durch Freude« (KdF)-Programm ein, welches als Sozialleistung für die arbeitenden Menschen und als Mittel zur Förderung des Fremdenverkehrs präsentiert wurde.[61] Die ersten 1.750 deutschen KdF-Fahrer brachen am 4. April nach Tirol auf, um solche Gebiete zu besuchen, die durch die Grenz- und Devisensperre am meisten gelitten hatten. Tirol sollte sich als Ort der Freude und Erholung präsentieren und den Aufenthalt für die deutschen Gäste derart angenehm gestalten, daß sich ein positiver Werbeeffekt für die Fremdenverkehrsbranche einstellte.[62] Die KdF-Reisen Tiroler Arbeiter ins Reich – 700 Tiroler fuhren am 23. März nach Düsseldorf und Hamburg – gestaltete sich für diese zu einem großen Erlebnis. Bei Abfahrt, Ankunft und Rückkehr wurden sie mit größtem Jubel begrüßt. Die Innsbrucker Teilnehmer zogen mit Musik durch die Straßen und wurden von wahren Menschenmassen bejubelt. Spitzen von Partei und Staat sorgten für die Verabschiedung, be-

2. Die Propagandaschlacht

vor es hinaus »zu den Brüdern ins Reich« ging.[63] Alle Reisenden erhielten kostenlose Unterkunft, Verpflegung, Zigaretten und Taschengeld. Zurückgekehrt berichteten sie von den schönsten Tagen ihres Lebens, da sie ein »herrliches Deutschland« erschaut hatten, so die Berichterstattung der Tiroler Zeitungen. Ehemalige Sozialdemokraten und Kommunisten wurden als »Bekehrte« der »marxistischen Wahnidee« präsentiert, »in deren Innerem sich in wenigen Tagen ein seelischer und geistiger Umbruch« vollzogen hätte.[64] Interviews mit Innsbrucker Arbeitern wurden dann in folgender Weise von den Zeitungen als repräsentativ wiedergegeben:

»Ich konnte nie daran glauben, daß es zwischen Kapitalisten, also Unternehmern, und Arbeitern ein inniges, ehrliches Verhältnis geben kann. Jetzt begreife ich, daß es so etwas, was man Volksgemeinschaft nennt, wohl geben kann. Ich war früher mehr auf der kommunistischen Seite, aber diese wenigen Tage haben mich total umgestimmt. Sie können mir glauben, mir war es möglich, mich in wenigen Tagen umzustellen. Ich sage das nicht gerne, am wenigsten zu meinen Arbeitskameraden, weil die es mir vielleicht nicht glauben werden, daß ich heute hundertprozentig Nationalsozialist bin.«[65]

Die geschickt inszenierte Propagandaregie griff ausgezeichnet. Bereits nach der Inspektion der Gauwahlleitungen durch Stabsleiter Globocnik und Dr. Hupfauer vom 21.–23. März hatten diese angemerkt: »Bei der Fahrt durch die Gaue, insbesondere Kärnten, Tirol, Steiermark, begegnet man keinem Menschen, – ob alt oder jung – der nicht mit einem kräftigen Heil Hitler grüßt.«[66]

Am 31. März konnte Regierungsvizedirektor Dr. Schuler nach Wien melden, daß nur noch vereinzelt »Angsteinkäufe, dumme Gerüchte und religiöse Einwendungen« wahrzunehmen wären, die aber durch die Propaganda bald verschwinden würden. Unter Vorbehalt einer gewissen »propagandistischen Überladung« sah er die bisherige Wahlpropaganda »als sehr erfolgreich« an:

»Die Stimmung in der Bevölkerung Nordtirols ist zwar in den einzelnen Gebieten verschieden, doch kann man allgemein sagen, daß sie eine sehr gute ist. In der Zeit nach dem Umschwung traten allerdings starke wirtschaftliche und religiöse Bedenken auf, die aber durch die Rede Görings und den Hirtenbrief schlagartig zerstreut wurden und die früher abseits stehende Bevölkerung auf unsere Seite brachten. Eine illegale Betätigung ist nirgends wahrzunehmen. Die Schwarzen fügen sich, weil sich die Kirche fügt und die Roten verhalten sich abwartend (sie werden alle zum großen Teil mit »Ja« stimmen).«[67]

Einige Zweifel bei der Tiroler Arbeiterschaft wurden durch das Bekenntnis des populären ersten Staatskanzlers der Ersten Republik Karl Renner zerstreut, am 10. April als Sozialdemokrat mit »Ja« stimmen zu wollen.[68]

Ende März hatten die Nationalsozialisten die heiße Phase der Propagandaschlacht eingeläutet, Tirol wurde nochmals von hunderten Veranstaltungen bis ins kleinste Dorf hinein überzogen. Die Gauwahlspitze und prominente Reichsredner befanden sich nun im Großeinsatz. Im folgenden eine kurze Zusammenstellung der wichtigsten Versammlungen des Propagandafeldzugs der letzten Tage:[69]

25. März: GL Bürckel spricht vor 2.000 Wahlleuten und sämtlichen Funktionären von Tirol und Vorarlberg im Stadtsaal, um ihnen die letzten und entscheidenden Weisungen zu erteilen.
28. März: Große Frauenversammlung im Innsbrucker Stadtsaal mit KL Malfatti (»Reich im Schenken, groß im Verzichten, für immer der Flagge des Reiches zugewandt, geht die deutsche Frau«) und KL Schubert (»Die Frau ist vom Herrgott nicht für die Politik bestimmt! Politik machen die Männer. Die Frau soll Mutter sein!«). Die Frauen werden als »Trägerinnen der Erbströme von Generation zu Generation« geehrt.
30. März: Propagandistischer Paukenschlag: GL Christoph, begleitet von GLstv. Denz und KL Schubert, verkündet vor 4.000 Menschen in Landeck das Arbeitsprogramm für Tirol.
31. März: GL Christoph in Kufstein: Höhepunkt der judenfeindlichen Aktionen in Tirol mit Beschmierung jüdischer Geschäfte; Reichssportführer von Tschammer und Osten in Innsbruck.
1. April: Beginn des »großen Finales« mit 15 Wahlveranstaltungen. Die Gauspitze in Kitzbühel (»Der Bauer am Pflug, der Arbeiter am Schraubstock oder am Schreibpult: Jeder wird eine bessere Zeit erleben.«); Landwirtschaftsminister Ing. Anton Reinthaller in Stumm im Zillertal.
2. April: 35 Wahlversammlungen; Gauwahlleitung in Imst; Reichsstatthalter Seyß-Inquart und Reichsobmann der NSBO Dr. Hupfauer sprechen zu Arbeitern im Stadtsaal über das Wesen des deutschen Sozialismus und die Stellung des Arbeiters in der Volksgemeinschaft. Seyß fordert die Arbeiterschaft auf, sich mit einem freudigen JA zu bekennen und immer zu gehorchen, wenn der Führer ruft: »Mander, es ischt Zeit!«
3. April: Quantitativer Höhepunkt der Versammlungstätigkeit mit 104 Kundgebungen. Der oberbayrische Gauleiter und Staatsminister Wagner in Kufstein, Kitzbühel und St. Johann.
4. April: Arbeiter- und Jugendkundgebung mit Reichsjugendführer Baldur von Schirach in der Maschinenhalle Wörgl vor 5.000 Menschen.
5. April: Das Großereignis: Der Führer in Innsbruck.
6. April: Mobilisierung von Wissenschaft, Kunst und Kultur.

2. Die Propagandaschlacht

7. April: «Tag der Volksgemeinschaft». Die Frau im Mittelpunkt der Propaganda. Reichsfrauenführerin Scholtz-Klink spricht in einer großen Frauenwahlversammlung in der Innsbrucker Ausstellungshalle.
8. April: Der bayrische Ministerpräsident Siebert in Landeck.
9. April: «Tag des Großdeutschen Reiches».

Der gesteigerte Einsatz sowohl an Versammlungen als auch an prominenten Rednern hatte die Stimmung für den absoluten Höhepunkt anzuheizen gehabt: den Besuch Adolf Hitlers in Innsbruck. Die bis ins letzte Detail geplante Führerkundgebung war ein Musterbeispiel für die Ästhetisierung der Politik im Dritten Reich. Wie noch keine politische Bewegung zuvor verstanden sich die Nationalsozialisten auf die Kunst der perfekten Masseninszenierung. Jeder Handlungsablauf war genauestens durchorganisiert: der Kundgebungsort und seine Ausgestaltung, Musik, Licht, Schmuck, Massenaufzüge etc. Die ganze Stadt wurde zu einem Werbeträger, ja »Gesamtkunstwerk« des Faschismus.[70]

Alle Häuser und Straßen der Gauhauptstadt waren nach genauesten Anweisungen beflaggt, die Einwohnerschaft stadtteilweise an bestimmte Plätze zur Spalierbildung abbeordert.[71] Innsbruck präsentierte sich eindrucksvoll im farbenprächtigen Festtagskleid, während aus ganz Tirol 150.000 Menschen an diesem 5. April, der arbeits- und schulfrei war, mit der Reichsbahn in ca. 100 fahrplanmäßigen und 40 Sonderzügen sowie mit ca. 600 Autobussen und Lastwagen angereist kamen.[72] Wesentlich für die Einstimmung der Massen war die Musik. Bereits um die Mittagsstunden befanden sich zehntausende Menschen in einer fiebernden Stimmung, als Kampflieder der Bewegung zu hören waren und Musikkapellen in Tiroler Trachten durch die Stadt marschierten, die Bauern waren in ihren traditionellen Festkleidern gekommen.

Alle Glocken der Stadt verkündeten um 18 Uhr die Ankunft Adolf Hitlers mit seinem Troß am Innsbrucker Hauptbahnhof, in dem sich u.a. Reichsminister Frank und RFSS Heinrich Himmler befanden. Nach den üblichen durchinszenierten Begrüßungszeremonien, diesmal mit Schützenkompanien in der Funktion der Ehrenformation als Tiroler Spezifikum, begab sich Hitler gegen 19 Uhr ins Landhaus, wo er unter anderem von 60 Pimpfen mit »hellen Fanfarenklängen« feierlich empfangen wurde. Nach den unverbrüchlichen Treueschwüren der Gauleitung, die dem Führer Tirol zu Füßen legte, erhielt Hitler eine Mappe mit einer Sammlung der Dokumente der Abstimmung von 1921 als Geschenk und begab sich schließlich in einer nächtlichen Fahrt durch Innsbruck, die sich als wahrer Triumphzug gestaltete, zur Ausstellungshalle. Auf der Nordkette brannten Hunderte Bergfeuer, riesige glühende Hakenkreuze in mehr als 2.000 m Höhe illuminierten die Stadt, über der unterhalb des Brandjochs ein eineinhalb Kilometer langer und fast 100 m hoher Schriftzug »Ein Volk – Ein Reich – Ein Führer« flammte. In der mit 8.000 Menschen zum Bersten vollen Ausstellungshalle hielt Hitler schließlich seine Wahlrede, die an verschiedenen Plätzen und Straßen Innsbrucks per Lautsprecher als Radiosendung übertragen wurde. Allein am Adolf-Hitler-Platz vor dem Landestheater hörten ihn an die 10.000 begeisterte TirolerInnen, die mithalfen, auch den Rückweg Hitlers in sein Hotel in eine »via triumphalis« zu verwandeln.

Nach der Abreise Hitlers hieß es das Interesse der Bevölkerung nicht abflauen zu lassen. Doch die genaue Regie der Propagandakampagne hatte dies in ihrem Konzept, das nach folgendem Muster aufgebaut war, bereits einkalkuliert: Eröffnung des Wahlkampfs mit einem Paukenschlag, Steigerung bis zum ersten großen Höhepunkt mit dem Führerbesuch, leichtes Abflauen und schließlich großes Finale mit Abhaltung des »Tages der Volksgemeinschaft« und des »Tages des Großdeutschen Reiches« sowie der großen Hitlerrede in Wien als Schlußpunkt.

Das nächste Großereignis fand am 7. April statt, der für ganz Tirol zum »Tag der Volksgemeinschaft« erklärt wurde. Jeder, der einen Armen bzw. Arbeitslosen kannte, sollte diesem persönlich etwas Gutes erweisen oder Lebensmittel bzw. Sachspenden bei der Gauwahlleitung abgeben. Allein in Innsbruck kamen Spenden in der Höhe von 14.875 Schilling, über 1.000 Abendfreitische und NSV-Gutscheine im Wert von 10.000 RM zusammen. Musikkapellen sorgten zwischen 6^{30} und 7^{30} Uhr für den Weckruf, nachmittags gaben sie Platzkonzerte. Zu Mittag (Städte) bzw. am Abend (Dorfgemeinden) fanden im ganzen Land unter Mitwirkung örtlicher Musikkapellen Eintopfessen statt. Am Rennweg bedienten BDM- und NS-Jugendgruppen 10 Gulaschkanonen und verteilten 4.500 Portionen Szegedinergulasch und 1.500 Portionen Erbsensuppe mit Würsteln. Die Eintopfessen am Land spendeten begüterte Bauern, die Wirte bereiteten diese umsonst zu und stellten auch Bedienung und Geschirr kostenlos zur Verfügung. Dabei war darauf zu achten, daß der Bürgermeister, der Pfarrer, der Lehrer und einige reiche Bauern beim Essen zugegen waren und es vor den Augen der Bedürftigen selbst bezahlten. Überhaupt sollten sich die Begüterten, speziell die wohlhabenden Frauen, an diesem Tag, an dem der Tiroler Bevölkerung demonstriert wurde, was NS-Volksgemeinschaft hieß, betont volksnah geben. Mittellose erhielten weiters Rabatte von Kaufleuten, Freifahrten

2. Die Propagandaschlacht

für die Straßenbahn, zum Hafelekar, Patscherkofel und ins Stubaital. Die Kinos stellten 5.000 Freiplätze zur Verfügung, das Stadttheater alle seine 1.100 Plätze für den »Bunten Nachmittag«, auch zwei Drittel aller Karten für die Abendvorstellung »Wilhelm Tell« des Münchner Schauspielhauses gingen frei. In ganz Tirol erfolgte um 20 Uhr der Gemeinschaftsempfang der Rede der in Innsbruck weilenden Reichsfrauenschaftsführerin.[73]

Nach einem etwas ruhigeren Tag setzten die Nationalsozialisten mit der Feier des »Tages des Großdeutschen Reichs« am 9. April den Schlußpunkt ihrer beispiellosen propagandistischen Bemühungen. Der Vorabend des Wahlsonntags sollte »zu einem flammenden Bekenntnis der gesamten Nation für den Führer und sein Werk ausgestaltet werden«.[74] Wie die gesamte Wahlschlacht, so waren besonders der Führerbesuch und die »Tage der Volksgemeinschaft« und des »Großdeutschen Reichs« Höhepunkte der faschistischen Masseninszenierung und Ästhetisierung der Politik. Auch am »Tag des Großdeutschen Reichs« mutierte Tirol in seinem öffentlichen Erscheinungsbild zu einem »Gesamtkunstwerk« des Nationalsozialismus. Hier noch einmal Maßnahmen und Veranstaltungen einer solcherart durchkomponierten Politik an diesem 9. April 1938 in Innsbruck:

11^{50}: Kurze Betriebsappelle in ganz Österreich mit Übertragung um 12^{00}: der Verkündigung des »Tages des Großdeutschen Reichs« durch Goebbels in Wien. Auf Kommando »Hißt Flagge« Beflaggung der Häuser in ganz Deutschland. Feierliche Flaggenhissung in Innsbruck um 12^{00} am Adolf-Hitler-Platz und vor dem Rathaus durch Formationen der Partei, vor dem Landhaus durch die Wehrmacht.

12^{00}–12^{02}: Verkehrsstille. Sämtliche Sirenen werden in Tätigkeit gesetzt. Die »Schaffenden« werden aufgefordert in würdiger Weise »den großen Schicksalstag des Deutschen Reichs« zu begehen.

15^{00}–16^{00}: Platzkonzerte an öffentlichen Plätzen.

17^{00}: Motorsturm der SA fährt mit wehenden Fahnen durch die Stadt.

18^{00}: Ausspeisung Bedürftiger an öffentlichen Plätzen.

18^{30}–18^{45}: Sammlung und Ordnung der »Volksgenossen« am Südtirolerplatz.

18^{45}: Abmarsch zum Gemeinschaftsempfang der Führerrede.

20^{00}: Übertragung von Hitlers Abschlußkundgebung in Wien, begangen mit Glockengeläute und »Niederländischem Dankgebet« im ganzen Reich, gleichzeitig auf allen Bergen Aufflammen der Höhenfeuer.

Nach Beendigung des Gemeinschaftsempfangs Ausrücken der NS-Formationen zu einem Fackelzug.[75]

In den letzten beiden Tagen vor der Volksabstimmung waren die Zeitungen voll mit Aufrufen von Parteifunktionären, Verbänden und Vereinigungen. Noch einmal wurden all die Wohltaten der letzten Wochen zusammengefaßt, doch jetzt sollten die Tirolerinnen und Tiroler ihre Dankbarkeit zum Ausdruck bringen:

»Alles hat der Führer für Dich getan! Nun erfülle auch Du Deine Pflicht! Gib ihm am 10. April Dein Ja!«[76]

In dieselbe Kerbe schlug GL Christoph mit seinem eindringlichen Appell an Patriotismus, Heimatliebe und Führermythos: Volk von Tirol! Das Land ruft Dich! Der Führer ruft Dich! Das Reich ruft Dich![77]

3. Das Wahlresultat

Am Sonntag den 10. April ging das Plebiszit ohne besondere Vorkommnisse über die Bühne. In Innsbruck fand bereits um 7 Uhr das »große Wecken« statt, um diese Zeit hatten sich aber schon viele Menschen vor den Wahllokalen aufgestellt. Bis Mittag hatte die Mehrheit ihre Stimmen abgegeben, nachmittags durchzogen HJ- und BDM-Gruppen mit Liedern und Sprechchören Innsbruck und riefen die Nachzügler zum Urnengang. Vor Schließung der Wahllokale wandten sich Lautsprecherwagen an die letzten Säumigen.[78] Die Gauhauptstadt, ja ganz Tirol, war an diesem Tag übersät mit Plakaten, Spruchbändern, Fahnen, Hakenkreuzen und Grünschmuck. Auch die Kirchen wurden mit Hakenkreuzfahnen beflaggt. Der massive Einsatz von Musikkapellen und Trachtenaufmärschen unterstrich den Festcharakter.[79] In den Wahllokalen hingen Führerbilder, die, so der NS-Journalist Heinz Cornel Pfeiffer, die ankommenden WählerInnen mit der stummen Frage in den Augen anblickten:

»Bist du – Volksgenosse – für mich oder gegen mich? – Bist du ein Deutscher oder ein Verräter am Deutschtum?«[80]

In dieser gehobenen, aber auch einschüchternden Stimmung zur »Wahl« schreiten zu müssen, stellte ein wichtiges, vom Regime einkalkuliertes psychologisches Moment dar.

Den TirolerInnen wurde auf den Wahlzetteln folgender Text vorgelegt:

»Bist Du mit der am 13. März vollzogenen Wiedervereinigung Österreichs mit dem Deutschen Reich einverstanden und stimmst Du für die Liste unseres Führers Adolf Hitler?«

3. Das Wahlresultat

Das Ergebnis der Volksabstimmung fiel für die Nationalsozialisten triumphal aus.

Tabelle 11[81]
Ergebnis der Volksabstimmung vom 10. April 1938 in Tirol

Bezirk	Stimmbe-rechtigte	S Abgege-bene	T Ungül-tige	I Gül-tige	M JA	M In % der gültigen	E NEIN	N	JA Stimmen pro NEIN	Von 1000 Stimm-berecht. blieben fern
Ibk-Stadt	46.620	46.027	53	45.974	45.686	99,37	288		159	12,7
Ibk-Land	48.948	48.815	83	48.732	48.485	99,49	247		196	2,7
Schwaz	20.467	20.373	26	20.347	20.264	99,59	83		244	4,6
Kufst.	26.958	26.935	22	26.913	26.770	99,47	143		187	0,9
Kitzb.	17.762	17.758	5	17.753	17.705	99,73	48		369	0,2
Imst	14.732	14.725	1	14.724	14.676	99,67	48		306	0,5
Landeck	14.909	14.881	0	14.881	14.798	99,44	83		178	1,9
Reutte	10.266	10.247	2	10.245	10.206	99,61	39		262	1,9
Lienz	19.055	19.002	104	18.898	18.648	98,68	250		75	2,8
TIROL	219.717	218.763	296	218.467	17.238	99,3	1.229		177	4,3

Das Tiroler Resultat wich vom landesweiten Ergebnis nicht wesentlich ab, wenngleich die Zustimmung in Tirol um einige Nuancen unter dem österreichischen Durchschnitt lag. Dem amtlichen Wahlergebnis zufolge stimmten 98,87% der Wahlberechtigten (Ö.: 99,3%) mit JA, das waren 99,3% (Ö.: 99,73%) der gültigen Stimmen. Nach Vorarlberg fanden sich in Tirol in Relation gesehen am meisten Nein-Stimmen (1.229 oder 0,56% der gültigen Stimmen). Auch die Wahlbeteiligung war in Tirol nach Vorarlberg und Wien am geringsten (99,57%). Im österreichischen Vergleich konnte Tirol nach Vorarlberg noch am besten der NS-Propagandamaschinerie »standhalten«. Die Bezirksergebnisse sind in Tabelle 11 enthalten. Aus ihnen läßt sich entnehmen, daß die Bezirke Kitzbühel, Imst und Reutte am geschlossensten für die »Wiedervereinigung« votierten, während Innsbruck-Stadt und Lienz das »Schlußlicht« bildeten. Der Bezirk Kitzbühel profilierte sich überhaupt als Spitzenreiter mit dem Höchststand an JA-Stimmen (99,73%), den wenigsten NEIN-Stimmen[82] und der höchsten Wahlbeteiligung (99,98%). Auf die größte Ablehnung stießen die Nationalsozialisten in der Stadt Innsbruck, wo 1,3% der Stimmberechtigten nicht zur Wahl gegangen waren, ein Wert, der in ganz Österreich nur noch vom Bezirk Bregenz übertroffen wurde. Im etwas ungefährlicheren, weil weniger öffentlichen Bereich, zeigte Osttirol am meisten Resistenz. Hier lag die Zahl der ungültigen Stimmen bei immerhin über einem halben Prozent, während auf bereits 75 JA-Stimmen ein NEIN kam. Der Bezirk Lienz lag damit österreichweit nur hinter Bregenz und konnte die JA-Stimmen auf unter 99%, nämlich auf genau 98,68% drücken. Das Ergebnis einiger Osttiroler Gemeinden, allen voran Abfaltersbach, Außer- und Innervillgraten sowie Obertilliach, war auffallend schlecht. In Innervillgraten etwa bekannten sich lediglich 73,3% zum Führer, was dem geringsten Prozentsatz aller österreichischen Gemeinden entsprach.[83] Einige andere Gemeinden, die in bezug auf ihr Abstimmungsverhalten durch eine überdurchschnittliche Ablehnung etwas aus dem Rahmen fielen, waren Haiming, Rietz, Telfes, Schwoich, Kramsach, Schattwald und Fügen. Allerdings machten auch hier die NEIN-Stimmen nicht viel mehr als 3 bis 5% aus.[84] Insgesamt gab es in Tirol 109 Gemeinden, die ausnahmslos mit JA gestimmt hatten. Davon war fast jede zweite Ortschaft in den Bezirken Reutte, Schwaz und Imst, sowie ca. jede dritte in Lienz, Landeck, Kitzbühel und etwas abgeschwächter fast jeder dritte Ort auch in Innsbruck-Land betroffen. Allein der Bezirk Kufstein fiel ab, wo nur jeder siebente Ort sich als Führergemeinde bezeichnen konnte.[85] Es handelte sich bei diesen Gemeinden vornehmlich um solche mit wenig Einwohnern und bäuerlicher Struktur. Damit in Zusammenhang steht auch sicherlich, daß in derartigen Gemeinden durch ihre Überschaubarkeit, wo jeder jeden kannte und nicht selten offen abgestimmt wurde, der soziale Druck zu konformem Wahlverhalten besonders groß gewesen sein dürfte.

Die Bezirksergebnisse zeigen auch einen Konnex zwischen dem wirtschaftlichen Charakter eines Bezirks sowie dem Abstimmungsverhalten und folgen einem österreichweiten Trend. Demnach nehmen die JA-Stimmen mit steigendem Anteil der in der Land- und Forstwirtschaft Beschäftigten zu, während Bezirke mit gewerblich-industriellem Charakter bzw. einem hohen Anteil am Öffentlichen Dienst und Dienstleistungssektor mehr NEIN-Stimmen und ungültige Stimmen aufweisen.[86] Das untypische Wahlergebnis in Osttirol ist auf einen geringeren Grad an organisatorischer und propagandistischer Erfassung zurückzuführen[87], wobei einerseits Pannen und gehäuft ungeschicktes Verhalten von NS-Propagandisten auftrat, andererseits dürfte die Zusammenarbeit zwischen Kärntner und Tiroler Behörden zu wünschen übrig gelassen haben. Die Leitung und Durchführung des Wahlkampfes

3. Das Wahlresultat

in Osttirol durch den Gau Kärnten war in der Bevölkerung generell nicht sehr populär. Gerade im Bezirk Lienz sind überdies lokale Kriterien und Einflüsse wie etwa die Antipathie gegen NS-Ortsgrößen in Rechnung zu stellen. Wie in den anderen Bezirken Nordttirols war auch in Osttirol die Frage der Religionsausübung ein sehr sensibler Bereich, nur wurde in Osttirol nicht überall so behutsam und zurückhaltend argumentiert. So hatten NS-Versammlungsredner im Villgratental, das schließlich die schlechtesten Wahlresultate Österreichs einfuhr, heftige Angriffe gegen die Kirche gerichtet und gegen die Religion gehetzt.[88]

Das für die Nationalsozialisten so phantastische Gesamtergebnis war zu einem großen Teil sicherlich Folge der beinahe perfekten Propagandaregie, die mit ihrer technischen und psychologischen Raffinesse, mit der die Tiroler Bevölkerung das erste Mal in diesem Umfang konfrontiert wurde, ihrer Zeit weit voraus war. Auch die internen Berichte der Gauwahlleitung und von Besuchern des Amtes Bürckel über die Stimmung der Bevölkerung bestätigen, daß die NS-Wahlpropaganda ungeheuren Anklang gefunden hatte. Zu Beginn des offiziellen Auftakts des Wahlkampfs hatte selbst die Gauwahlleitung noch nicht mit einem derartigen Erfolg gerechnet, da sie wegen der »restlichen Roten, Legitimisten etc.« nicht an die Wiederholung des Ergebnisses der Abstimmung von 1921 glaubte.[89] Auch die Herabsetzung des Wahlalters auf 20 Jahre nützte dem Nationalsozialismus, der die Jugend, die von der Arbeitslosigkeit sehr hart betroffen war, besonders gut anzusprechen und für sich zu gewinnen wußte.

Der Ablauf des »Wahlkampfs« und des Wahlvorgangs entsprach zwar keineswegs demokratischen Prinzipien, so war etwa eine Gegenpropaganda völlig ausgeschlossen und die Stimmzettel bzw. der Abstimmungstext äußerst manipulativ abgefaßt, ein direkter Wahlbetrug fand allerdings nicht statt. Die Nationalsozialisten bedienten sich aber subtiler Methoden des Drucks und der Einschüchterung. Nicht zur Wahl zu gehen bedurfte schon eines großen Mutes, suggerierte die Propaganda doch, daß Nichtwähler Strafen zu vergegenwärtigen hätten.[90] Ein eingerichteter Wahlschleppdienst der NSDAP, strenge Kontrolle der Stimmabgabe und die Aufforderung der Wahlvertrauensleute gegenüber Kranken, Alten und Widerspenstigen zum Urnengang zu schreiten, sorgten für eine dementsprechende (Zwangs)Wahlbeteiligung. Am Abstimmungstag standen der Gauwahlleitung nach einem entsprechenden Aufruf an die Bevölkerung 350 Kraftfahrzeugbesitzer mit ihren Autos sowie 100 Omnibusse und 15 Lastwagen zur Verfügung.[91] Die Fahrzeuge brachten u. a. als Wahlhilfsdienst WählerInnen in die Abstimmungslokale, sogar die Rettung war eingespannt. In die Spitäler fuhren »fliegende Wahlkommissionen«. Dadurch konnte auch eine 100jährige Innsbruckerin »unter Tränen« der Freude ihre Stimme abgeben. Im Wahlsprengel St. Nikolaus wurde ein 95jähriger von einem Sanitäter ins Wahllokal geschleppt.[92] Trotz dieser totalen Mobilisierung müssen gewisse, das Ergebnis verschönernde Berichtigungen der Stimmlisten vorgenommen worden sein, denn es erscheint unglaubwürdig, wenn in einem ganzen Bezirk nur vier oder sieben WählerInnen dem Abstimmungslokal fernblieben. Das setzt auch voraus, daß nach Abschluß der Wählerlisten am 4. April niemand mehr gestorben war. Darüber hinaus war die Ermessensfreiheit der Wahlleiter groß, wenn es im Zweifelsfall etwa darum ging zu entscheiden, ob eine Stimme für ungültig zu erklären oder als JA/NEIN-Stimme einzustufen war. Die Einschüchterungsversuche gingen auch soweit, daß absichtlich ausgestreute Flüsterpropaganda zu verstehen gab, daß das Wahlgeheimnis nicht gewahrt sein werde. Wer wollte zudem ein Risiko eingehen, wenn über etwas abgestimmt wurde, das seit einem Monat bereits vollzogen war und ohnehin nicht mehr geändert werden konnte? In einer ganzen Reihe von Wahllokalen wurden die Zellen nicht benutzt und offen das Bekenntnis zum Führer abgegeben. In Reutte wählten fast alle auf diese Weise und so manche Kitzbüheler Bauern, die als große Gegner des Nationalsozialismus galten, stimmten demonstrativ vor aller Augen mit JA, um zu zeigen, daß sie nichts zu verbergen hatten.[93] Die Gemeinde Ischgl beanspruchte für sich den Titel einer Führergemeinde, obwohl es zwei NEIN-Stimmen gegeben hatte. Die beiden NEIN-Stimmen schrieb die Wahlleitung Wiener Urlaubern zu, »denn die Einheimischen haben alle restlos offen am Tisch der Wahlkommission ihre Stimmzettel mit ja bezeichnet«.[94]

Neben diesen überaus wirksamen Manipulations- und Einschüchterungsmethoden begingen die Nationalsozialisten insofern gewaltigen Wahlschwindel, als sie eine große Zahl Tirolerinnen und Tiroler aus rassischen und vor allem politischen Gründen von der Wahl ausschlossen. In Tirol dürften davon ca. 7% der Stimmberechtigten betroffen gewesen sein.[95] Damit war auch der harte Kern der RegimegegnerInnen, der wohl trotz Anwendung aller propagandistischer Mittel nicht umzustimmen gewesen wäre, ausgeschalten.

Inwieweit nun die Nationalsozialisten ihre sozialen und wirtschaftlichen Versprechungen auch tatsächlich einlösten, soll in den nächsten Kapiteln behandelt werden. Eine gewisse Ernüchterung erfolgte nach den ersten Wochen des Rausches und der Euphorie ziemlich rasch, bis zu einer mehrheitlichen Abwendung der Tiroler Bevölkerung von der NSDAP und dem NS-Staat sollte es aber noch bis Kriegsende dauern.

III. Los von Wien – Die Entstehung des Reichsgaues Tirol-Vorarlberg

1. Die Einteilung Österreichs in sieben Gaue

Zum Zeitpunkt des Einmarsches der deutschen Truppen in Österreich war noch unklar, wie die zukünftige politische und administrative Organisation Österreichs im Detail aussehen würde. Die ersten Pläne nach dem »Anschluß« sahen zunächst das Weiterbestehen Österreichs, das über das gemeinsame Staatsoberhaupt Adolf Hitler in Personalunion mit dem Deutschen Reich vereinigt werden sollte, vor. Tatsächlich hatte es vorerst den Anschein, als ob Österreich als Ganzes weiterbestehen hätte können, denn durch das »Bundesverfassungsgesetz über die Wiedervereinigung mit dem Deutschen Reich« vom 13. März 1938 erfolgte der »Anschluß« Österreichs als Land. Aus der Bundesregierung wurde dadurch eine Landesregierung, an deren Spitze Reichsstatthalter Seyß-Inquart stand, dem das Gesetzgebungsrecht des ehemaligen Bundes und der Bundesländer übertragen wurde. Das Reichsinnenministerium war durch die Verordnung vom 16. März 1938 für alle Fragen der Eingliederung Österreichs zuständig. Innenminister Frick hatte somit die Rechte eines Eingliederungskommissars.[1] Er geriet in heftigen Kompetenzstreit mit Josef Bürckel, als dieser am 23. April 1938 zum »Reichskommissar für die Wiedervereinigung Österreichs« mit dem Deutschen Reich ernannt und Hitler direkt unterstellt wurde. Bürckel war dadurch auch mit der wirtschaftlichen, kulturellen und staatlichen Eingliederung Österreichs befaßt und konnte beliebig allen Partei- und Staatsstellen Weisungen erteilen, sodaß ihm quasi der Rang eines Reichsministers zukam.[2] Mit der Bestellung Bürckels zum Reichskommissar war die Absicht Hitlers verbunden, Reichsstatthalter Seyß-Inquart zu entheben[3], denn zu diesem Zeitpunkt hatte sich Hitler bereits für die Liquidierung des Landes Österreich entschieden. Im Stabe Bürckels war man schon früh der Ansicht gewesen, daß eine starke Zentralgewalt in Österreich nur ein Hindernis für eine völlige Eingliederung ins Deutsche Reich sein konnte.[4] Die Überlegungen gingen hauptsächlich in zwei Richtungen: Österreich länderweise anzuschließen oder völlig neue Verwaltungseinheiten zu bilden, was einer Zerschlagung der historisch gewachsenen Bundesländer gleichgekommen wäre. Schon bald nach seinem Amtsantritt gab Bürckel dem Personalamt seiner Wiener Dienststelle den Auftrag, Gaueinteilungspläne auszuarbeiten, wobei klar war, daß die Einteilung der Parteigaue die staatliche Gliederung präjudizieren würde, da sich Partei- und Reichsgau flächenmäßig decken sollten. An diese Aufgabe ging nun Christian Opdenhoff, der vom Stab des Stellvertreters des Führers in die Abteilung für Personalfragen der Dienststelle Bürckels entsandt worden war und jeweils Vorschläge für eine Einteilung in vier und sieben Gaue mit wechselndem Gebiet ausarbeitete.⁵ In seinem ersten Vorschlag vom 26. März gingen beide Varianten von der Angliederung Vorarlbergs an Tirol, »die sich ohne jede Schwierigkeit« ausführen ließe, und Osttirols an Kärnten aus. Die Viererlösung hatte einen Großgau Tirol mit Vorarlberg und Salzburg beinhaltet.⁶ Für Bürckel hatte die Einteilung mit nur vier Gauen den Vorteil der Zerschlagung Österreichs und des österreichischen Separatismus. Eine für später ins Auge gefaßte Auflösung dieses Großgaus Tirol und seine Eingliederung in verschiedene deutsche Gaue wäre dadurch wesentlich erleichtert worden:

»Mit dieser Einteilung wäre das Bild, das sich die augenblickliche Generation von Österreich macht, gebrochen. Die alten Bundesländer verschwinden und, ich wiederhole, es kommen stammesmäßig doch die Leute zusammen, die zusammen gehören; geographische Schwierigkeiten gibt es nicht.
Bei dieser Einteilung ist für eine spätere Reichsreform noch gar nichts vorweg genommen. Die sich vom Westen nach Osten erstreckende Wurst, Vorarlberg, Tirol, Salzburg, wird eines Tages, zumal der Brenner als Grenze bleibt, doch nach Norden hin aufgeteilt werden müssen. Bei einer zukünftigen Reichsreform und einer jetzigen Einteilung in 4 Gaue verschwände dann später nur 1 Gauleiter.
Es wäre zu überlegen, ob nicht Vorarlberg, das von Alemannen bewohnt ist, nicht jetzt schon nach Württemberg könnte.«⁷

Das Reichsinnenministerium wandte sich ebenso wie Opdenhoff gegen Zwerggaue, die wirtschaftlich und steuerlich leistungsunfähig dem Reiche auf der Tasche liegen würden. Er ging deshalb stets von einer Zusammenlegung Vorarlbergs mit Tirol (ohne Osttirol) aus und empfahl für einen späteren Zeitpunkt die Angliederung Tirols und Vorarlbergs an deutsche Gaue:

1. Die Einteilung Österreichs in sieben Gaue

»Nach der Rechtseinführung und Rechtsangleichung könnte später daran gedacht werden, daß Tirol mit Oberbayern, mit dem es volkstumsmäßig zusammengehört, und Vorarlberg mit dem Allgäu, mit dem Vorarlberg volkstumsmäßig verwandt ist, vereinigt werden.«[8]

Schließlich setzte sich auch das Reichsinnenministerium für einen Zusammenschluß Salzburgs und Vorarlbergs mit Tirol ein.[9] Mit der Abtrennung Osttirols von Nordtirol sollte die geographische Isolierung Osttirols von Nordtirol als Symbol der schmerzlichen Trennung Nord- und Südtirols wegfallen. Die Abtretung Osttirols an Kärnten, eine Geste gegenüber Mussolini, geht nach Botz auf einen besonderen Wunsch Hitlers zurück und spiegelt die Rücksichtnahme der Verwaltungspolitik des Reiches auf außenpolitische Ziele wider.[10] Staatssekretär Stuckart drückte dies so aus:

»Ebenso können die volkspolitischen und grenzpolitischen Gesichtspunkte, die einmal zur Aufrechterhaltung Osttirols als einem Mahnmal für das verlorene Südtirol geführt haben, nach der Eingliederung in das Reich nicht mehr als ausschlaggebend erachtet werden. Da Osttirol völlig von Nordtirol getrennt ist, muß es m. E. in Zukunft zu Kärnten geschlagen werden, zu dem es auch der Bodengestaltung nach (Flußlauf der Drau) gehört.«[11]

Als Ende April die Entscheidung zur Liquidierung des österreichischen Zentralstaats gefallen war, lag dies einerseits vornehmlich im Interesse der westlichen und südlichen Bundesländer.[12] Gerade die Gauleiter waren bestrebt, ihre Gaue nach eigenem Gutdünken zu führen und zu verwalten sowie vom Wiener Zentralismus loszukommen und die Provinzinteressen zu betonen. Andererseits war den Nationalsozialisten in der Provinz aber auch bewußt, daß eine Zusammenlegung zumindest einzelner österreichischer Länder zu größeren Gebieten bevorstand. Deshalb setzte noch massiver ein interner Kampf der regionalen Naziführungen um Gebietszuwächse bzw. Berücksichtigung ihrer Sonderinteressen ein.

So wehrten sich die Salzburger vehement gegen die Angleichung an Tirol. Der ehemalige Gauleiter von Salzburg, Karl Scharizer, urgierte einen eigenen Gau Salzburg und griff Hofer, der die Wiedererrichtung des ehemaligen Westgaus forcierte, scharf an.[13] Auch die Vorarlberger Nazis suchten rechtzeitig ihre Wünsche zu deponieren. GL Plankensteiner sandte deshalb am 22. April ein Telegramm an Bürckel, in dem er aufgrund der Mentalität der »Vorarlberger Alemanen (sic!)« eine »volkliche Orientierung nach Schwaben« erbat.[14] In Vorarlberg konnten

Deutschnationalismus und Anschlußgedanke, die von Fabrikanten, Freiberuflern, Beamten und Intellektuellen gepflegt wurden, auf eine beachtliche Tradition zurückblicken. Der »Anschluß« 1938 stellte daher lediglich einen Kulminationspunkt all dieser Bestrebungen dar.[15] Überdies waren gerade in Vorarlberg die Anti-Wien Ressentiments besonders stark ausgeprägt, während die Abneigung gegenüber Tirol auch auf dem Hintergrund zu sehen ist, daß Vorarlberg seine Unabhängigkeit von Tirol erst im November 1918 wieder erlangt hatte.[16] Die Ablehnung einer Angliederung an Tirol wurde von der führenden Gruppe Vorarlberger Nationalsozialisten hauptsächlich mit rassisch-völkischen Argumenten untermauert, während ökonomische Interessen und das eigene Machtstreben ausgespart blieben. In einer Denkschrift der Vorarlberger Gauleitung an Bürckel über die »Angliederung Vorarlbergs nach Groß-Deutschland« hörte sich das dann folgendermaßen an:

»Wir sind uns bewußt, daß Vorarlberg trotz seiner wirtschaftlichen Bedeutung zu klein ist, um einen eigenen Gau zu bilden. Wir begrüßen freudig die Angliederung an Groß-Schwaben. Wir Vorarlberger haben durch Generationen hindurch den Zusammenschluß der Stammesbrüder um den Bodensee ersehnt und praktisch mitgeholfen, denselben zu verwirklichen [...]. Die Eingliederung in den Gau Schwaben ersuchen wir womöglich bald vorzunehmen. Die gleichzeitige parteimäßige und staatliche Eingliederung unseres Landes in den Gau Schwaben wird zur Folge haben, daß es nach Vollzug nur deutsche Schwaben bei uns in Vorarlberg geben wird.«[17]

Vorarlberg und das »stammesverwandte« Allgäu sollten zu einem Gebiet verschmelzen und von Plankensteiner als Gauinspektur betreut werden, wodurch sich die Vorarlberger Naziführung Einfluß und Macht zu sichern hoffte.[18] Auch der Vorarlberger Gauwahlpropagandaleiter verfaßte eine Denkschrift zur Vorarlbergfrage, die durch rassisch-pseudohistorische Erklärungsmuster die Andersartigkeit der Tiroler und die Verwandtschaft der Vorarlberger mit den Schwaben zu beweisen suchte:

»So ist der Gau ein rein alemannisches Stammesgebiet, mit Ausnahme einiger Täler und Höhenlagen, wo sich [...] Splitter des Walservolkes (burgundischer Abstammung) niederließen. Im Gegensatz zu unserem Gaugebiet wurde Tirol, abgesehen vom Lechtal, von Bajuwaren besiedelt. [...] Vorarlberg [ist] hauptsächlich ostisch-nordisch bedingt, mit geringem dinarischem Einschlag; während Tirol in seiner rassischen Zusammensetzung mehr dinarisch-nordisch mit geringerem ostischen Einschlag erscheint. Aus dieser andersartigen Blut- und Stammeszusammensetzung, getrennt durch den Arlberg, erklärt sich die

1. Die Einteilung Österreichs in sieben Gaue

verschiedene geistige und seelische Haltung, sowie das körperliche Bild des Menschenschlages beider Gaue. Heute dürfen wir über unsere Angliederung mitentscheiden. Kehren wir mit Tirol vereinigt ins Reich zurück, oder gliedern wir uns als altes, schwäbisches Gaugebiet, nach mehr als halbtausendjähriger Trennung, in das blut- und artgleiche Schwaben ein? [...] Das Blut möge das Wort haben und die Entscheidung! Aber wie es mit dem Gau Vorarlberg auch kommen möge; des Führers Wille ist unser Wille!«[19]

Unterstützt wurden die Vorarlberger Nationalsozialisten auch durch den deutschen Kreisleiter, der zur Einschulung des heimischen Kreisleiters nach Dornbirn gekommen war. In seinem Bericht über die Verhältnisse im Kreis Dornbirn betonte er die schlechten Betreuungsmöglichkeiten durch die ferne Gauleitung in Innsbruck und die verkehrsmäßige und wirtschaftliche Orientierung Vorarlbergs nach Schwaben, von wo aus es viel besser betreut werden könnte.[20] Als sich Hitler schließlich »wegen der besonders starken alten Traditionen« der österreichischen Länder für sieben Gaue entschied, berücksichtigte er den ausgeprägten Länderpatriotismus, da er verhindern wollte, daß sich die Anschlußfreudigkeit in eine Reichsmüdigkeit verwandelte. Die historisch gewachsenen Länderstrukturen blieben so im großen und ganzen intakt. Diese sieben Gaue waren jedoch nur für eine ca. zweijährige Übergangsphase gedacht, nach der die völlige Auflösung Österreichs geplant war, wobei Vorarlberg schließlich an Schwaben, Württemberg oder doch an Tirol fallen und dieses nicht mehr, was lange im Gespräch war, mit Oberbayern vereint, sondern einen eigenen Gau, ergänzt durch Salzburg bilden sollte. Als Hitler am 23. Mai die sieben Gaue bestimmte und die Gauleiter ernannte, sollten die verfügten Gebietsveränderungen sowohl für die parteimäßige als auch staatliche Gliederung gelten. Da sich dies aber nicht so einfach in die Realität umsetzen ließ, wurde die Neuordnung des staatlichen Bereichs auf Oktober 1938 verschoben.[21] Dies bedeutete, daß durch das »Gesetz über Gebietsveränderungen im Lande Österreich« vom 15. Oktober Osttirol vorerst nur parteimäßig an Kärnten abgetreten wurde und Vorarlberg einen Parteigau mit Tirol bildete. Staatlicherseits blieb die Landeshauptmannschaft Vorarlberg jedoch weiterhin bestehen.[22] Hitler ernannte Anton Plankensteiner am 7. Juni 1938 offiziell zum Landeshauptmann von Vorarlberg.[23] Die Verfügung des Reichskommissars vom 2. November 1938 bestätigte die Umbenennung des Gaues Tirol in Gau Tirol-Vorarlberg.[24]

2. Die Angliederung Osttirols an Kärnten

Die Stimmung der Osttiroler Bevölkerung und auch der Osttiroler Nationalsozialisten wurde durch die Loslösung von Nordtirol sehr gedämpft. Als sich im Mai die Gerüchte um eine Angliederung an Kärnten verdichtet hatten, wandten sich Osttiroler Nationalsozialisten ans Amt Bürckel.[25] Der Lienzer Bürgermeister ersuchte den Reichskommissar, keinen »Wermutstropfen« in den »Freudenbecher der Wiedervereinigung zu träufeln« und fuhr fort:

»Wenn wir Tiroler schon wegen unserer völkischen, sehr ausgeprägten Eigenart beisammen bleiben wollen, so wollen wir dies umso mehr, als wir ja das Erbe unserer Vorväter zu hüten haben und niemals vergessen dürfen, daß wir in Südtirol viele treue Brüder haben. Unseren Brüdern in Südtirol bedeutet diese Einheit Tirols – wenn auch in Nord- und Osttirol zerrissen – einen starken moralischen Halt, der für sie verloren wäre, wollte man heute Tirol trennen und etwa Osttirol an Kärnten angliedern. Als Bürgermeister der Stadt Lienz [...] ersuche ich Sie, sehr geehrter Herr Gauleiter [...], alles daranzusetzen, damit unser Land auch in Zukunft das bleibe, was es durch Jahrhunderte deutscher Geschichte war: Tirol!«[26]

Im Schreiben des Bürgermeisters spiegelt sich die von völlig falschen Annahmen ausgehende Erwartung vieler Tiroler Nationalsozialisten wider, daß der Führer Südtirol heim ins Reich führen und wieder mit Nordtirol vereinigen würde. 48 alteingesessene Osttiroler Familien wandten sich in dieser »völkischen Not« mit einer Petition an die Tiroler Landesregierung, um den Weiterverbleib Osttirols bei Nordtirol zu erwirken. Denn, so die Bittsteller, »die rein blutsmäßige Tatsache verlangt schon den besseren ›Anschluß‹ nach Norden hin«, dafür spreche auch Osttirols »Stammes- und Sippenzugehörigkeit«.[27] Wie hart selbst eingefleischte Nationalsozialisten durch die Angliederung an Kärnten getroffen wurden, geht deutlich aus nachstehendem Brief einer alten Osttiroler Nationalsozialistin an den »*Völkischen Beobachter*« hervor:

»Die Stimmung in Osttirol ist so jäh umgeschlagen, daß sich der Führer wundern müßte, in seinem Reich ein so niedergeschlagenes Volk zu sehen wie gerade hier. Das war der schwerste Schlag, den Osttirol in seiner nun über vierhundertjährigen Zugehörigkeit zu Tirol erlitten hat. Daß wir nicht mehr zu Tirol gehören, wird keiner von uns verwinden. Am ersten Tage nach diesem Schicksalsspruch war es noch gut, da hat alles geschimpft wie die Rohrspatzen. Aber nun werden die Leute still, und das ist das Bedenkliche. Das Lachen ist wieder

2. Die Angliederung Osttirols an Kärnten

erloschen und die Gesichter sind wieder ernst wie zu Schuschniggs Zeiten. Und das Auffallendste ist, daß der deutsche Gruß wieder selten geworden ist. Das ist uns ans Leben gegangen. Menschen, die nicht durch einen Besitz an Lienz gebunden sind, wollen nach Innsbruck übersiedeln, nur um wieder Tiroler sein zu können. Am besten sind jene dran, die an die Endgültigkeit dieses Beschlusses nicht glauben können. Ich persönlich glaube daran und bin in diesen Tagen überglücklich, keine Kinder zu haben, denn für diese gäbe es kein Fortkommen mehr. Gleich am ersten Tag sagte mir ein Kärntner, wir Tiroler seien um ganze fünfzig Jahre zurück, ihnen gegenüber, nun wollten sie uns aber mal antreiben. Das kann gut werden. Da bewundere ich nun wieder unsere Bauern. Die beraten schon über einen Generalsturm auf das Herz des Führers, lassen sich aber noch Zeit, weil sie gut verstehen können, daß der Führer nun mit der tschechischen Frage hinreichend beschäftigt ist. Das ist eben Tirol, da kann sogar der Führer nichts dagegen machen. [...] Wenn ich ihnen aber die Volksstimmung wiedergeben soll, dann kann ich nur eines sagen: Wenn uns der Führer strafen wollte für was immer: Er könnte Osttirol als einzigen Bezirk von allen seinen großen Maßnahmen zum Wiederaufstieg ausschließen, wir würden uns zu helfen wissen. Wenn er uns dabei aber unserem Tirol zurückgeben würde, dann wäre im ganzen Reich kein seligeres Volk als wir Osttiroler. Zweimal schon hat sich Osttirol von Kärnten losgemacht, zur Zeit der Görzer Grafen und beim ›Anschluß‹ an Tirol, sogar gegen Napoleon haben es unsere Leute aufgenommen, nur gegen den Führer kann keiner etwas tun, denn dann könnten wir ebenso gegen den Herrgott gehen, das ist schon eines. Das wir ihm gehören, das wird bleiben. Ein Tiroler schwört nicht Treue, die er nicht zu halten gewillt ist. Aber unsere Geburt hat uns zu Tirolern gemacht. Diese Treue ist älter. Ich persönlich kann nur eines nicht begreifen, daß der große Einiger des deutschen Reiches und Volkes ein so unglückliches Land wie Tirol ein zweitesmal zerreißen konnte.«[28]

Die einzige Reaktion im Stab Bürckels bestand in der Absicht, »eine möglichst geschickte Führerpersönlichkeit« nach Osttirol zu entsenden, die die Bevölkerung von der Notwendigkeit der Angliederung an Kärnten überzeugen und auf sie »beruhigend und erziehend« einwirken sollte.[29] Die parteimäßige Zusammenlegung mit Kärnten hatte zwar nicht gleichzeitig die Ausdehnung auf den staatlichen Bereich zur Folge, die Landeshauptmannschaft Tirol behielt weiterhin die gesetzmäßige Zuständigkeit[30], am 6. Juli benachrichtigte jedoch Staatskommissar Wächter den Tiroler GL Hofer telefonisch, daß Osttirol mit sofortiger Wirkung von Tirol abgetrennt werde. In der Verfügung Bürckels hörte sich das dann so an:

»Um den berechtigten Wünschen der Osttiroler Rechnung zu tragen, übertrage ich sowohl die politische als auch die staatlich-verwaltungsmäßige Betreuung des Landesteiles Osttirol dem Gauleiter und Landeshauptmann von Kärnten.«[31]

Als kleine Entschädigung stellte der Reichskommissar einen Betrag von RM 500.000 für notwendige Aufbaumaßnahmen in Osttirol zur Verfügung.[32] GL Hofer versuchte diese »Fehlentscheidung« zu verhindern und bat um eine nochmalige Überprüfung der Angelegenheit[33], fügte sich aber schließlich gehorsam und beauftragte den Bezirkshauptmann von Lienz, sich in allen Osttirol betreffenden Fragen mit dem Landeshauptmann von Kärnten ins Einvernehmen zu setzen. Bezirkshauptmann Stremitzer verbürgte sich gegenüber Hofer für eine »reibungslose Übergabe« der Amtsgeschäfte »im Geiste nationalsozialistischer Pflichterfüllung.«[34] Die staatliche Vereinigung Osttirols mit Kärnten war gleichsam »handstreichartig« erfolgt.[35] Reichsstatthalter Seyß-Inquart hatte im Einvernehmen mit Reichskommissar Bürckel, jedoch ohne Absprache mit dem Reichsinnenministerium, durch eine einstweilige Anordnung vom 27. Juli 1938 verfügt, daß »die dem ehemaligen Land Tirol im Verwaltungsbezirk Lienz zustehenden öffentlichrechtlichen Befugnisse von dem ehemaligen Land Kärnten« ausgeübt werden.[36] Der Reichsinnenminister beschwerte sich beim Chef der Reichskanzlei, daß diese voreilige Maßnahme jeglicher Rechtsgrundlage entbehre, da die Zentralstellen umgangen worden waren.[37] Auch bei Hitler legte Frick Protest ein.[38] Am 27. Juli 1938 übergab Anton Stremitzer die Bezirkshauptmannschaft Lienz an den Bezirkshauptmann von Klagenfurt, Arthur Guttenberg, der mit der vorläufigen Leitung betraut worden war. Zuvor hatte sich Stremitzer mit der eindringlichen Bitte Hofers an alle Bürgermeister Osttirols gewandt, »der neuen Landesobrigkeit in Zucht, Ordnung und Disziplin zu dienen«.[39] Die verwaltungs- und vermögensrechtliche Abwicklung der Überleitung klärten die Regierungsdirektoren und Landesfinanzreferenten von Tirol und Kärnten in einer Besprechung am 27. Juli. Mit Ausnahme derjenigen, die mit diesem Tag bereits rechtswirksam pensioniert oder entlassen worden waren, wurden alle Angestellten der Bezirkshauptmannschaft vom neuen Dienstgeber übernommen.[40] Mit dem am 15. Oktober 1938 in Kraft tretenden »Gesetz über Gebietsveränderungen im Lande Österreich«, das die staatlichen Verwaltungsbezirke nach den Parteigauen abgrenzte, nahm die Angliederung Osttirols an Kärnten offiziellen Charakter an.[41]

Werfen wir noch einen kurzen Blick auf die Einteilung der Kreise bzw. Bezirke, bei der von vornherein klar gewesen war, daß die für die Volksabstimmung getroffene Lösung nicht von Dauer sein konnte. Eine

Variante im Amt des Reichskommissars, Büro Knissel, sah in Tirol zunächst vier (Innsbruck, Schwaz, Kufstein, Imst)[42] und dann sechs Kreise (Innsbruck, Landeck, Reutte, Kufstein, Schwaz, Innsbruck) vor.[43] Die erwünschte Zusammenlegung der Bezirkshauptmannschaften Imst, Landeck und Reutte wurde aus verkehrstechnischen und geographischen Gründen, die eine effektive politische Betreuung und Erfüllung der staatlichen Verwaltungsaufgaben unmöglich gemacht hätten, ebenso fallengelassen wie die Vereinigung der Bezirkshauptmannschaften Kitzbühel und Kufstein. Schließlich wurden nur Innsbruck Stadt und Land zusammengelegt, sodaß sich Tirol während der NS-Zeit in sieben Kreise und Bezirke gliederte: Innsbruck, Imst, Reutte[44], Kitzbühel, Kufstein, Landeck und Schwaz. Die Verwaltungskreise erfuhren kleine Abrundungen. Veränderungen im Inneren ergaben sich durch die Eingemeindungen von Hötting, Mühlau, Amras, Arzl, Vill und Igls in die Stadt Innsbruck, sowie von Absam und Heiligkreuz in die Stadt Hall. Des weiteren wurde Zams mit Landeck und Unterperfuß mit Kematen zusammengeschlossen.[45] Im Zuge der Verwaltungseinteilung Tirols wurde die Gemeinde Jungholz an Bayern abgegeben und einige Gemeinden und Ortsteile in einen anderen Verwaltungsbezirk eingegliedert[46], was nicht immer ohne Probleme vor sich ging. Als etwa der Bürgermeister und die Bewohner von Kaisers, das zum Bezirk Landeck gehörte, erfuhren, daß sie dem Bezirk Reutte angeschlossen werden sollten, kam es zu heftigen Protesten, weil sie als Paznauntaler volkstumsmäßig keine Alemannen wären. Da sie immer zu Landeck gehört hätten, sähen sie keinen Anlaß zur Änderung.[47] Doch weder durch diese Veränderungen, noch durch die Eingemeindungen, die sich in Grenzen hielten, kam es in Tirol im Gegensatz zu anderen Gauen wie etwa Salzburg[48] zu größeren Konflikten mit der in diesem Bereich sensiblen Bevölkerung.[49]

3. Die Angliederung Vorarlbergs an Tirol

Die Niederlage der Vorarlberger »Separatisten«

In Vorarlberg wurde die parteimäßige Angliederung an Tirol von der Bevölkerung abwartend indifferent bis ablehnend aufgenommen. Während die BH Bludenz die diesbezügliche Stimmung in ihrem Bereich als »nicht günstig« charakterisierte[50] konnte die BH Bregenz kein nennenswertes Interesse für dieses Thema in der Bevölkerung orten, in

III. Die Entstehung des Reichsgaues Tirol-Vorarlberg

vielen Gemeinden wurde kaum darüber gesprochen.[51] Allgemein sah die Vorarlberger Bevölkerung, so die Bezirkshauptmannschaften, den Zusammenschluß mit Tirol auf Parteiebene als Provisorium an und rechnete mit einer Angliederung an Schwaben.[52] Nach der parteimäßigen Zusammenlegung Tirols und Vorarlbergs – ab 15. Oktober galt die Bezeichnung Gau Tirol-Vorarlberg – drängte GL Hofer immer stärker auf die dienstliche Unterstellung der Landeshauptmannschaft Vorarlberg unter seine Führung. Er intervenierte diesbezüglich bei Seyß-Inquart und Bürckel, da er nicht länger auf das Inkrafttreten des sich immer noch erst im Vorbereitungsstadium befindlichen Gesetzes über den Verwaltungsaufbau Österreichs warten wollte.[53] In ihrem Lagebericht vom Jänner 1939 verwies die Tiroler Gauleitung auf die Notwendigkeit der endgültigen Auflösung der bestehenden verwaltungsmäßigen Eigenständigkeit Vorarlbergs, die sich auf der Parteiebene negativ auswirken würde, hin.[54] Das »Gesetz über den Aufbau der Verwaltung in der Ostmark« (Ostmarkgesetz) vom 14. April 1939 trat zwar am 1. Mai 1939 in Kraft, doch zunächst änderte sich am Status Vorarlbergs noch nicht allzu viel. Das Gesetz hielt ausdrücklich fest, daß Vorarlberg bis auf weiteres einen eigenen Verwaltungsbezirk und eine Selbstverwaltungskörperschaft bildete und vom Reichsstatthalter in Tirol zu leiten war. Zur Durchführung des »Ostmarkgesetzes« bedurfte es jedoch noch einer Serie von Verordnungen und Erlässen. Die erste Verordnung vom 10. Juni 1939 schrieb den Sonderstatus Vorarlbergs weiter fest, die Verwaltungsführung samt dem Gesetzgebungsrecht gingen nun aber explizit vom Vorarlberger Landeshauptmann auf den Landeshauptmann von Tirol über.[55] Plankensteiner interpretierte seine Funktion als Landeshauptmann von Vorarlberg als die eines allgemeinen Vertreters des Landeshauptmannes von Tirol, die Zugehörigkeit zu Tirol sah er lediglich auf die Person Hofers beschränkt, dem die oberste Führung der Vorarlberger Landeshauptmannschaft oblag. Plankensteiner bestand darauf, als Landeshauptmann von Vorarlberg immer noch höchste Verwaltungsbehörde in Vorarlberg mit dem Status eines eigenen Reichsgaus zu sein.[56] Die nunmehrige Personalunion in der Verwaltung der Landeshauptmannschaften Tirol und Vorarlberg nützte Hofer natürlich dazu, die zur beschleunigten Auflösung notwendigen Maßnahmen voranzutreiben. Im Machtkampf zwischen Plankensteiner und Hofer stand der Vorarlberger Landeshauptmann als parteimäßig Untergebener Hofers, er war Kreisleiter von Dornbirn, von vornherein auf verlorenem Posten. Die Versuche der Vorarlberger Naziclique um Plankensteiner, Landesstatthalter Kopf und den Dornbirner Bürgermeister Paul Waibel, sich

3. Die Angliederung Vorarlbergs an Tirol

nach Hilfe in Berlin umzuschauen[57], um einen eigenständigen Gau Vorarlberg bzw. den »Anschluß« an einen Bodenseegau[58] zu erreichen, waren schon allein aufgrund der Interessenslage bzw. des schlußendlich nicht gerade überragenden Einflusses des Reichsinnenministeriums in der Frage der Gaueinteilung Österreichs ziemlich aussichtslos. Ein selbständiger Gau Vorarlberg kam auch für Berlin nie in Betracht.[59] Es ging im wesentlichen immer nur darum, an welchen Gau Vorarlberg angeschlossen werden würde. Das Reichsinnenministerium trachtete nach einem zentralistischen Einheitsstaat mit straffer Verwaltung und trat deshalb für eine Zerschlagung Österreichs und eine Angliederung Vorarlbergs an Schwaben, was den Vorstellungen der Vorarlberger »Separatisten« entsprochen hätte, ein. Da eine völlige Liquidierung der ehemaligen Bundesländer nach dem Willen Hitlers aber vorerst nicht in Betracht kam, tauchte in den Plänen des Reichsinnenministeriums bereits Ende April 1938 die Vorstellung einer zumindest vorläufigen Angliederung Vorarlbergs an Tirol und der Auflösung seiner verwaltungsmäßigen Autonomie auf.[60] GL Hofer wußte sich jedenfalls der Vorstöße der Vorarlberger Nationalsozialisten in Berlin zu erwehren und begann, die Autorität und die Stellung Plankensteiners sowohl als Landeshauptmann als auch als Kreisleiter von Dornbirn systematisch zu untergraben. Er ernannte einen persönlichen Referenten für Vorarlberg, dem alle wichtigen Akten der Landeshauptmannschaft vorzulegen waren.[61] Hofer entzog Plankensteiner eine Kompetenz nach der anderen, legte Aufgabenbereiche von Behörden für Tirol und Vorarlberg zusammen und installierte sie in Innsbruck, oder aber er gab direkte Weisungen an die Vorarlberger Landräte und Bürgermeister unter Umgehung Plankensteiners. Bei all seinen Verfügungen und Weisungen tat Hofer so, als ob ein staatlicher »Reichsgau Tirol-Vorarlberg« bereits offiziell existieren würde.[62] Sowohl die veränderte Kreiseinteilung Vorarlbergs als auch die Entziehung des Rangs eines Gauinspekteurs für Vorarlberg gingen auf das Konto Hofers.[63] Plankensteiner war der Auseinandersetzung mit dem Tiroler Gauleiter nicht gewachsen. Auf der einen Seite deckten sich die Interessen Berlins, Münchens und des Reichskommissars mehr mit denen Hofers[64], auf der anderen Seite wußte Hofer die Polykratie der Eingliederungsinstanzen weit besser zu nutzen und verfügte darüber hinaus über größere Einflußmöglichkeiten und über den ausgeprägteren Machtinstinkt. Landeshauptmann Plankensteiner, ein »blindgläubiger Gefolgsmann des Führers«[65], war als nationalsozialistischer Idealist im Verlaufe der Auseinandersetzungen mit Hofer nervlich bald am Ende und resignierte. Er fühlte sich durch Hofer, der ihn bei Gauamtsleiter- und Kreisleitertagungen in Innsbruck vor allen Anwesenden demütigte und ihm Unfähigkeit vorwarf, einem psychischen Terror ausgesetzt:

»Ich würde eine ähnliche Bloßstellung und Behandlung vor den Gauamtsleitern und Kreisleitern als einer der ältesten von allen an Jahren und Kampfzeit nicht mehr ertragen. Ich habe geschluckt und geschluckt um des lieben Friedens willen, immer wieder in Unterordnung unter die höhere Zielsetzung [...]. Ich bitte mir zu sagen, womit ich es verdient habe, daß ich fort gedemütigt werde und man mich hier geradezu lächerlich macht (Lächerlichkeit tötet bekanntlich). [...] Es ist nutzlos, sich gegenseitig immer und immer wieder zu ärgern und zu quälen. Vielleicht haben sie mit ihrem patriarchalischem Terror, wie Sie sich ausdrücken, und auch sonst, recht [...]. Ich weiß nur eines, daß ich diesen Zustand so oder so ehrlich und offen beenden muß, da ich sonst langsam seelisch und gesundheitlich zugrunde gehe.«[66]

Mit seiner Denkschrift vom 1. November 1939 an Reichsinnenminister Frick versuchte Plankensteiner ein letztes Mal, die Angliederung an Tirol zu verhindern. Mit großer Verbitterung und Kritik an GL Hofer und dessen Machtbewußtsein ließ er anklingen, daß sich die Vorarlberger Nationalsozialisten um die Früchte ihres Kampfes gebracht sahen.[67] Durch den Erlaß des Reichsinnenministeriums vom 13. Dezember 1939 wurde schließlich die Auflösung der Vorarlberger LHM verfügt, die Dienstgeschäfte gingen auf die Behörde des Reichsstatthalters in Tirol und Vorarlberg über. Bis zur offiziellen Ernennung zum Reichsstatthalter führte Hofer die Amtsbezeichnung »Der Landeshauptmann von Tirol und Vorarlberg«. Anstelle der bisherigen LHM trat eine »Abteilung VI Vorarlberg« in Bregenz, durch die als Außenstelle des Landeshauptmanns von Tirol und Vorarlberg der Geschäftsgang zwischen der Behörde in Innsbruck und den drei Vorarlberger Landkreisen erfolgte. Alle grundsätzlichen Angelegenheiten waren jedoch der Behörde des Reichsstatthalters in Innsbruck vorbehalten.[68] Die Leitung der Dienstgeschäfte der Abteilung Vorarlberg übernahm Oberregierungsrat Hans Schneider aus Konstanz.[69] Nachdem Plankensteiner den Posten eines Gauhauptmannes für die Selbstverwaltungskörperschaften Tirol und Vorarlberg abgelehnt hatte, wurde der Tiroler Finanzlandesrat Gustav Linert für dieses Amt ernannt. Landesregierungsrat Alexander Grosch, bisheriger Landesfinanzreferent von Vorarlberg, übernahm das Amt des Gaukämmerers für beide Verwaltungen.[70] Trotz der Liquidierung der Vorarlberger Landeshauptmannschaft behielt Vorarlberg als eigener reichsgauähnlicher Verwaltungsbezirk verfassungsrechtlich einen Son-

3. Die Angliederung Vorarlbergs an Tirol

derstatus, der ohne Beispiel im Deutschen Reich war. Die Selbstverwaltung für Vorarlberg und Tirol wurde durch dieselbe Person des Gauhauptmannes bzw. Gaukämmerers mit Sitz in Innsbruck wahrgenommen, die Angelegenheiten der Selbstverwaltungskörperschaften Tirol und Vorarlberg waren jedoch völlig getrennt zu verwalten.[71] Um die verwaltungsmäßige Einheit Tirols und Vorarlbergs gesichert zu wissen, forderte der Reichsminister GL Hofer zu Umsicht und Behutsamkeit auf und mahnte ihn zu besonderer Fürsorge bezüglich der Betreuung Vorarlbergs bei »voller Wahrung des Grundsatzes der unbedingten Ablehnung eigenbrötlerischer Bestrebungen einer gewissen Vorarlberger Gruppe«.[72] Die führenden Vorarlberger »Separatisten« wie Plankensteiner und Kopf stellte Hofer in seinem Gau politisch kalt und forcierte in der Verwaltung Vorarlbergs deutsche Beamte[73], die bis dahin wenig in Erscheinung getreten waren.[74] Bereits bei der Besetzung der Vorarlberger Bezirkshauptmannschaften bzw. Landräte, hatte Hofer wesentlich dazu beigetragen, an deren Spitze deutsche Beamte zu installieren.

Die Besetzung der Vorarlberger Bezirkshauptmannschaften

Die Besetzung der Vorarlberger Landräte ist einen kleinen Exkurs wert, um das generelle Problem der Nationalsozialisten bei der Besetzung von Spitzenposten in der Verwaltung aufzuzeigen und noch einmal die Durchsetzungsfähigkeit GL Hofers in Machtkämpfen zu demonstrieren. Als das Amt des Reichsstatthalters in Wien Landeshauptmann Plankensteiner Ende Juni 1938 aufforderte, Vorschläge zur Bestellung der Bezirkshauptmänner zu machen, waren die Vorarlberger Verwaltungskreise folgendermaßen besetzt:[75]

BH BREGENZ   ORR Oswald SPECKBACHER
BH FELDKIRCH   RR Ignaz TSCHOFEN
BH BLUDENZ   RR Franz TERLAGO

Speckbacher war ein erfahrener Verwaltungsbeamter, den Plankensteiner nach dem »Umbruch« von der LHM geholt hatte. Er war kein Nationalsozialist, sondern ein »ergebener Diener des alten Systems«, der sich nicht feindselig gegenüber den Nationalsozialisten verhalten hatte. Speckbacher wurde von Plankensteiner zwar Gesinnungslosigkeit attestiert, seine fachlichen Fähigkeiten machten ihn jedoch unentbehrlich.[76] Er repräsentiert den Typus des opportunistischen Beamten, der sich allen Verhältnissen anzupassen vermag und für jedes Regime loyal arbeitet. Nach dem »Anschluß« drängte er vehement in die Partei und avancierte deshalb zum Parteianwärter sowie zum Mitglied verschiedener Formationen der Partei.[77] Franz Terlago, ein »altösterreichischer« Adeliger (Graf), seit 1933 Bezirkshauptmann von Bludenz, konnte einstweilen im Amt bleiben, da er mangels entsprechenden Ersatzes benötigt wurde. Darüber hinaus hatte er sich gegenüber den Nationalsozialisten stets entgegenkommender gezeigt als gegenüber den Sozialdemokraten, die er mit weit größerer Entschlossenheit bekämpft hatte.[78] Lediglich RR Tschofen war sowohl Nationalsozialist als auch erfahrener und kompetenter Verwaltungsbeamter, weshalb er von Plankensteiner sofort mit der Machtübernahme berufen und als einziger der Bezirkshauptleute vom Reichsinnenministerium offiziell mit der kommissarischen Wahrung der Dienstgeschäfte der BH Feldkirch betraut worden war.[79]

Sehr bald schaltete sich Hofer geschickt in die Personalfragen ein, er intervenierte beim Reichsstatthalter, den er unter anderem auf die politische Vergangenheit Terlagos aufmerksam machte, und erreichte, daß Plankensteiner seine Besetzungsvorschläge zuerst Hofer wegen der Überprüfung der politischen Einstellung der Kandidaten vorlegen mußte.[80] Unter Ausnützung seiner Funktion als Gauleiter und Vorgesetzter Plankensteiners konnte Hofer mittels des Instrumentariums »politische Beurteilung« einen bestimmenden Einfluß auf die Bestellung der Vorarlberger Bezirkshauptleute ausüben. Deren Ernennung zog sich aber noch aus einem weiteren Grund in die Länge. Landeshauptmann Plankensteiner wollte mit der Besetzung noch solange zuwarten bis geklärt war, in wieviele und welche Kreise Vorarlberg eingeteilt werden würde. Nachdem auch Speckbacher vom Staatskommissar, der diesen – wohl nach Hofers Beurteilung — nicht als »richtigen« Nationalsozialisten einstufte, abgelehnt worden war, schlug Plankensteiner schließlich Tschofen und Alfons Mäser als Bezirkshauptmänner vor.[81] Der in Aussicht genommene Rechtsanwalt Dr. Ernst Georg Reiter mußte wieder zurückgezogen werden, da ihn der Staatskommissar wegen mangelnder Verdienste um die NSDAP ablehnte.[82] Auch der Fall des SS-Sturmbannführers Landesrat Alfons Mäser barg Probleme in sich. Parteimitglied seit März 1933 und wegen illegaler Aktivitäten zu 15 Jahren schweren Kerkers verurteilt, war er als Sicherheitsdirektor maßgeblich für die Verhaftungen nach dem »Anschluß« verantwortlich. Er arbeitete in der BH Bregenz neben Speckbacher und war überdies Vorsitzender des Untersuchungsausschusses zur Durchführung der Berufsbeamtenverordnung für Vorarlberg. Mäser war jedoch weder Fachbeamter noch Jurist, er konnte nicht einmal eine höhere Schule vorweisen.[83]

3. Die Angliederung Vorarlbergs an Tirol

Bis Ende Jänner 1939 hatte sich an der personellen Besetzung der Landräte immer noch nichts geändert, sodaß der Staatskommissar in Wien sehr ungehalten reagierte und eine rasche Lösung forderte. Die Person Mäsers war aufgrund seiner mangelnden Qualifikation umstritten, nach Bludenz sollte endlich ein nationalsozialistischer Landrat.[84] Hofer trat nun immer offener und offensiver mit seiner Einmischungspolitik auf, seinen engen Vertrauten Hans Bernard schickte er als Kreisleiter nach Bludenz, um sich noch stärkeren und direkteren Zugang zur Beeinflussung der staatlichen Verwaltung Vorarlbergs zu sichern und die »untragbaren« Zustände in Bludenz durch die Entfernung Terlagos zu beenden.[85] Plankensteiner und Landesstatthalter Kopf, die dadurch in starken Zugzwang geraten waren, konnten sich der Forderung des Staatskommissars nach Ernennung eines »Reichsdeutschen« nicht mehr entziehen. Plankensteiner ernannte den deutschen Regierungsrat Walter Didlaukies mit 26. Jänner 1939 »vorläufig« als Landesrat für Bludenz.[86] Hofer gewann jetzt endgültig die Oberhand und schlug dem Staatssekretär im Reichsinnenministerium Stuckart den Rechtsanwalt und Parteigenossen Dr. Franz Czinglar als Landrat für Bludenz vor. Didlaukies sollte provisorisch nach Bregenz und Mäser im Reich eingeschult werden.[87] Am 10. Juni 1939 betraute das Reichsinnenministerium RR Didlaukies kommissarisch mit der Wahrung der Dienstgeschäfte des Landrats in Bregenz, während Speckbacher über den Sommer mit der einstweiligen Leitung des Landrats Bludenz bis zur Ernennung Czinglars betraut wurde.[88] Einige Wochen nach Kriegsbeginn ersetzte Hofer den kommissarischen Leiter des Landrats Feldkirch durch den »Reichsdeutschen« Werner Otto, der bis dahin als Landratsstellvertreter in Innsbruck tätig gewesen war und mit 31. Oktober 1939 vom Reichsinnenministerium in seinem Amt bestätigt wurde.[89] Im Oktober 1939 waren die Vorarlberger Verwaltungskreise schließlich folgendermaßen besetzt:[90]

BH FELDKIRCH	Reg.assessor Dr. Hans-Werner OTTO	Fachbeamter »Reichsdeutscher
BH BLUDENZ	Rechtsanwalt Dr. Franz CZINGLAR	Nicht-Fachbeamter Pg. seit Juni '37
BH BREGENZ	Regierungsrat Walter DIDLAUKIES	Fachbeamter »Reichsdeuscher«

Die Landkreise waren nun mit Landräten besetzt, denen Hofer das Vertrauen schenkte und die keine Vertreter der separatistischen Anti-Hofer und Anti-Tirol Strömung waren. Die Besetzung zweier von drei Landräten mit »Reichsdeutschen« entsprach auch den Intentionen des Reichsinnenministeriums, das eine gut funktionierende Verwaltung nach deutschem Muster am besten durch deutsche Beamte an Schlüsselpositionen garantiert sah. Die Auseinandersetzung zwischen Hofer und den führenden Vorarlberger Nazis, aber auch die Differenzen der Vorarlberger Nationalsozialisten untereinander, stellen ein typisches Beispiel für die zahlreichen Kämpfe rivalisierender Nazicliquen innerhalb der zerstrittenen österreichischen NSDAP dar. Die Bestrebungen der Vorarlberger »Separatisten« sind weiters Ausdruck eines durchaus eigennützigen Kampfes um Wahrung ihrer Sonderinteressen sowie um Macht und Einfluß unter den Rahmenbedingungen unscharf abgegrenzter Kompetenzen und Interessensgegensätzen verschiedener Entscheidungsträger. Die Vorarlberger Nationalsozialisten um Plankensteiner und Kopf zogen schließlich gegen den einflußreicheren und gerisseneren Tiroler GL Hofer, dessen Interessen sich mit den Vorstellungen der Zentralbehörden in Berlin und der Parteizentrale in München in größerem Einklang befanden, den kürzeren und mußten deshalb auf einen eigenständigen Gau Vorarlberg bzw. auf einen Anschluß an Schwaben verzichten. Plankensteiner und Kopf, die letztendlich als Kreisleiter nach Neustadt (Pfalz) bzw. als Regierungsdirektor nach Aussig (Böhmen) kamen, mußten Vorarlberg zwar verlassen, als Opfer wird man sie wohl schwerlich bezeichnen können. Auf gar keinen Fall ist ihr Widerstand gegen eine Angliederung Vorarlbergs an Tirol als Freiheitskampf aufrechter, aber unglücklich getäuschter Vorarlberger zu interpretieren, auch wenn sich diese Anschauung nahtlos in ein gängiges Geschichtsbild einfügt. Die Vorarlberger Nationalsozialisten als »Ländlepatrioten« darzustellen und ihre Taten auf »Landesfremde« wie Deutsche, Tiroler oder nicht gebürtige Vorarlberger abzuschieben, verniedlicht die Rolle der heimischen Naziclique und verstellt den Blick auf die bodenständigen Wurzeln des Vorarlberger Nationalsozialismus, dem so unter Ausgrenzung der eigenen Mit-Täterschaft der Anschein des von außen Kommenden verliehen wird.

Dazu soll abschließend bemerkt werden, daß die Vorarlberger Nationalsozialisten, die bereits in den Jahren vor 1938 das Land mit Terror überzogen und von innen ausgehöhlt hatten bzw. deren Kampf zur Zerschlagung Österreichs und im Endeffekt nolens volens zum Verlust der Eigenständigkeit Vorarlbergs beigetragen hatte, ihre Brutalitäten auch nach der Machtübernahme fortsetzten. In der Verwaltung waren allerdings den NS-Strafmaßnahmen aufgrund des Mangels an qualifizierten Beamten Grenzen gesetzt. Nationalsozialistisch eingestellte Teile der Vorarlberger Bevölkerung, v. a. aber »Illegale« und »alte Kämpfer«, liefen gegen die ihrer Meinung nach unzureichenden Säuberungen Sturm.[91] Andererseits ist nicht zu übersehen, daß der Großteil der alten Machthaber und der »vaterländisch« eingestellten Bevölkerung »mit bestem Willen« bestrebt war, »sich den neuen Richtlinien zu nähern«, also eine ausgeprägte Anpassungswilligkeit an den Tag legte[92], die ein übermäßig hartes Vorgehen der Vorarlberger Naziführung zum Teil überflüssig machte. Die Einleitung von Verfolgungsmaßnahmen nach der Machtübernahme hing hauptsächlich vom Verhalten gegenüber den Nationalsozialisten während der Zeit des Parteiverbots ab, sodaß die »gemäßigte Haltung der Vorarlberger Politiker gegenüber den Nationalsozialisten vor dem März 1938«[93] diesen auch zugute kam. Bei kompromißlosen Gegnern, die in Wort und Tat mutig gegen die Nationalsozialisten aufgetreten waren, kannten aber auch die Vorarlberger Nazis keine Gnade und gingen erbarmungslos gegen sie vor.[94] Mit Recht kann festgehalten werden, »daß der Umfang der Rachemaßnahmen und Kaltstellungen in Vorarlberg verhältnismäßig um nichts geringer war als in anderen Teilen Österreichs«.[95]

4. Das »Ostmarkgesetz«

Durch das »Ostmarkgesetz«, das am 1. Mai 1939 in Kraft trat und den staatlichen Neuaufbau regelte, hörte Österreich auf, ein selbständiger Verwaltungskörper zu sein. Anstelle des Landes Österreich wurden sieben Reichsgaue und der an Tirol angegliederte Verwaltungsbezirk Vorarlberg geschaffen, die Mittelinstanz zwischen den obersten Reichsbehörden und der untersten Verwaltungsebene, den Landkreisen, waren. Die Befugnisse des Bundes gingen auf die Reichsgaue und die Berliner Zentralbehörden über. Der Reichsgau war als staatliche Verwaltung und Selbstverwaltungskörperschaft organisiert. An seiner Spitze stand der Reichsstatthalter mit voller Befugnisgewalt über die staatliche Verwaltung, in der er durch den Regierungspräsidenten vertreten wurde, und die Gauselbstverwaltung, repräsentiert durch den Gauhauptmann und beraten durch die Gauräte, die ohne Entscheidungsbefugnisse ausgestattet waren.[96] In seiner Funktion als Selbstverwaltungskörperschaft übernahm der Reichsgau öffentliche Aufgaben in eigener Verantwortung,

III. Die Entstehung des Reichsgaues Tirol-Vorarlberg

jedoch unter staatlicher Aufsicht. Der Gauselbstverwaltung verblieben die politisch weniger wichtigen Bereiche, sodaß vorwiegend rein administrative Aufgaben übernommen wurden. Dazu gehörten: »Die Förderung der Denkmals-, Museums- und Heimatpflege, die Bekämpfung von Volkskrankheiten, die Förderung der Leibesübungen, die Aufgaben des Gaufürsorgeverbandes und des Gaujugendamtes sowie die Unterhaltung und den Ausbau der Landstraßen I. Ordnung.«[97]

Auch die Landräte waren in eine staatliche Abteilung und eine Kreisselbstverwaltungskörperschaft gegliedert. Den Landräten war jedoch selbst überlassen, wie und in welcher Zeit die Kreisselbstverwaltung aufgebaut wurde. Die Kreisselbstverwaltung Reuttes war z. B. in vier Abteilungen (Allgemeines und Personal, Bezirksfürsorgeverband, Kreiskommunalkassa mit Zweigstelle der Regierungsoberkassa sowie Gemeinde und Rechnungsprüfungsamt) mit jeweils zwei bis drei Unterabteilungen eingeteilt.[98]

Bevor die Befugnisse der Reichsstatthalter noch näher beschrieben werden, ein Wort zu den Landräten. Konzentrierte sich in der Mittelinstanz die gesamte Verwaltung um den Reichsstatthalter, so galt dasselbe in der Unterinstanz für den Landrat. Jedoch kam es auf seine Eigeninitiative an, wie sehr er in der gesamten Verwaltung seines Kreises tonangebend war und quasi zum »Führer« im Verwaltungsbereich der Unterinstanz wurde.[99] Der Landrat war deshalb ermächtigt, selbständig den Kreisbehörden Anordnungen zu erteilen, was zuvor immer wieder auf Schwierigkeiten gestoßen war.[100] Ansonsten hatten die Landräte auch nach dem Erlaß des »Ostmarkgesetzes« die üblichen Probleme: akuter Raum- und Personalmangel, Arbeitsüberlastung, Qualifikationsdefizite des Personals. Das Gesundheitsamt in Reutte bestand aus einem Schreibtisch und dem Amtsarzt, die Beamten des Landrats sahen sich einem riesigen Einlauf gegenüber, während ihre Arbeitsgebiete nicht gut abgesteckt waren und sich die Tätigkeiten verschiedener Dienststellen immer wieder überschnitten.[101]

Dem Reichsstatthalter unterstanden weiters die Landesbauernschaft, die Landesversicherungsanstalt und alle Reichssonderverwaltungen (Forstamt, Arbeitsamt, Treuhänder der Arbeit etc.) mit Ausnahme der Reichsfinanz-, Reichsjustiz-, Reichsbahn- und der Reichspostverwaltung, wobei er diesen gegenüber ein ständiges Weisungsrecht besaß und teilweise mittels Verordnungen Recht sprechen konnte. Darüber hinaus übte der Reichsstatthalter ein Weisungsrecht gegenüber allen Körperschaften öffentlichen Rechts, Stiftungen, Anstalten, Organisationen der gewerblichen Wirtschaft und den Dienststellen des Reichspropagan-

4. Das »Ostmarkgesetz«

daamtes, der Reichskulturkammer und des Reichsnährstandes aus. Er selbst unterstand dem Reichsinnenminister bzw. den zuständigen Reichsministerien und garantierte so eine direkte Reichsverwaltung und somit eine zentralistische Verwaltungsorganisation. Als Inhaber staatlicher Hoheitsgewalt sicherte der Reichsstatthalter in Personalunion mit seinem Amt als Gauleiter eine feste Einheit zwischen Partei und Staat. Die Befehls- und Aufsichtslinie zwischen diesen beiden Bereichen verliefen prinzipiell getrennt, doch zahlreiche weitere Personalunionen führten zu einer engen Bindung zwischen Partei und Staat.[102] Es war Hitlers Bestreben gewesen, die Macht zwischen Partei und Staat in der »Ostmark« zugunsten der Partei neu zu verteilen. Ihre Machtstellung verdankten diese österreichischen Gauleiter neuen Typs Hitler selbst, bei dem sie eine Immediatstellung hatten. Dadurch waren sie auch den zentralen Staats- und Parteibehörden nicht völlig untergeordnet und konnten sich eine »partikulare Souveränität« erkämpfen und bewahren. Für Hitler stellten sie ein Gegengewicht zu den zentralistischen Apparaten des Systems dar.[103] Durch das »Ostmarkgesetz« wurden die Reichsstatthalter mit einer enormen Machtfülle ausgestattet, die trotz zentralistisch straffer Ausrichtung nach Berlin die regionale Autonomie sowie den traditionell starken Länderpatriotismus und das Selbstbewußtsein der Provinz stärkte. Das »Ostmarkgesetz« vom 14. April 1939 benötigte allerdings erst eine Vielzahl von Erlässen und Verordnungen bis die Verwaltungsüberleitung so weit gediehen war, daß die Behörden der Reichsgaue funktionsfähig waren. Um einen organischen, planmäßigen und einheitlichen Aufbau der Reichsgaue nicht zu gefährden, durften die Gauleiter als Landeshauptmänner während dieser Übergangszeit keine selbständigen Änderungen beim Verwaltungsaufbau vornehmen.[104] Erst mit 15. März 1940 wurden die Reichsstatthalter vom Führer ernannt, ihr offizieller Amtsantritt begann mit dem 1. April 1940. Die ehemalige Behörde des Landeshauptmannes führte von da an die Bezeichnung »Der Reichsstatthalter in Tirol und Vorarlberg«.[105]

Besonders die Übergangszeit bis zur endgültigen Errichtung der Reichsgaue am 1. April 1940 war geprägt von heftigen Positionskämpfen der Gauleiter, die danach strebten, möglichst viele Kompetenzen zu usurpieren und ihre Mitkonkurrenten auszuschalten. Nur in der Ablehnung jedweder Sonderstellung Wiens und der Errichtung zentraler Verwaltungsinstanzen in der ehemaligen Bundeshauptstadt waren sie sich einig. Speziell zwischen dem Tiroler GL Hofer und dem Salzburger GL Rainer flogen die Fetzen und dies bereits in der Vorbereitungsphase des »Ostmarkgesetzes«. So setzten sich z. B. Hofer und Rainer wie alle

Gauleiter gegen die Belassung einer zentralen Wirtschaftskammer in Wien zur Wehr, beide urgierten jedoch eine Wirtschaftskammer Tirol-Vorarlberg-Salzburg mit Sitz in ihrem Gaubereich. Hofer sah sich schließlich durch die »reine Machtpolitik« und »grobe Unkameradschaftlichkeit« Rainers berechtigt, gegenüber Bürckel festzustellen,

»daß der Gau Salzburg niemals lebensfähig werden kann und daß die einzige mögliche Lösung die Wiederherstellung des alten Westgaues der Vorverbotszeit ist, d. h. die Einverleibung in den Gau Tirol-Vorarlberg [...]. Ich glaube nach seinem Verhalten nunmehr auszusprechen berechtigt zu sein, daß der Gau Tirol-Vorarlberg durch seine Leistung und durch das Ansehen, das er genießt, bewiesen hat, daß er ohne Salzburg ohne weiteres leben kann; die Unfähigkeit allein zu leben hat lediglich Salzburg bewiesen«.[106]

Rainer bezichtigte Hofer seinerseits des »fortgesetzten Terrors«.[107] Als eine Abteilung »Siedlung, Umlegung und Wasserwirtschaft für Tirol, Vorarlberg und Salzburg« mit Sitz in Salzburg vorgesehen war, machte Hofer dem Chef der Reichskanzlei Lammers sofort deutlich, daß es eine »Lebensfrage« für Tirol wäre, daß diese Arbeitsgebiete im Gau Tirol-Vorarlberg beheimatet werden, da es sonst seiner bedeutenden Rolle bei der Südtiroler Umsiedlung und in der Energiewirtschaft nicht gerecht werden könnte.[108] Immer wenn Schwierigkeiten in Bereichen auftauchten, die Hofer nicht unterstanden, versuchte er die Probleme als Ausfluß der Verwaltungsorganisation zu erklären und die davon abgeleitete dringende Notwendigkeit der Ausweitung seiner Kompetenzen hervorzustreichen. Zugeinstellungen mit dementsprechend negativen Auswirkungen etwa auf den Fremdenverkehr, Versorgungsengpässe in der Landwirtschaft und hartnäckig weiterbestehende Lohn-/Preisunterschiede veranlaßten ihn, eine Reichsbahndirektion, einen Reichstreuhänder der Arbeit und eine Landesbauernschaft jeweils mit Sitz in Innsbruck zu verlangen.[109] Aber auch die Reichsministerien waren mit der Einteilung der vorgesehenen Verwaltungsbezirke nicht immer einverstanden, was sich am Beispiel der Arbeitsverwaltung recht deutlich zeigte. Die im »Ostmarkgesetz« vorgesehene Errichtung von vier Reichstreuhändern und vier Landesarbeitsämtern lehnte der Reichsarbeitsminister kategorisch ab. Besonders den Reichstreuhänder für Tirol-Vorarlberg-Salzburg hielt er für ein »besonders unglückliches Gebilde«, das jeder Verwaltungsökonomie widerspreche. Dasselbe galt seiner Meinung auch für das Landesarbeitsamt Innsbruck, das viel zu wenig Leute zu betreuen hätte.[110]
Schließlich kam es zu folgender Verwaltungseinteilung:

4. Das »Ostmarkgesetz«

Tabelle 12[111]
Verwaltungsmäßige Zugehörigkeit des Reichsgaues Tirol-Vorarlberg im Juni 1939 (Sitz der Behörde ausgeschrieben in Blockbuchstaben)

NSDAP Gau Tirol-Vorarlberg (TIROL)
SA Gruppe Alpenland (T-V, Slbg, OBERDONAU)
NSKK Gruppe Alpenland (T-V, Stmk, Kä, SALZBURG)
SS Oberabschnitt Alpenland (T-V, Stmk, Kä, SALZBURG)
HJ Gebiet 33 (TIROL-Vorarlberg)
GESTAPO Staatspolizeistelle (TIROL-Vorarlberg)
REICHSNÄHRSTAND Landesbauernschaft Alpenland (T-V, SALZBURG)
DAF Gauverwaltung (TIROL-Vorarlberg)
WEHRMACHT Wehrkreis XVIII (T-V, Stmk, Kä, SALZBURG)
KRIEGSWIRTSCHAFT Kriegswirtschaftsamt (T-V, Stmk, Kä, SALZBURG)
JUSTIZ Oberlandesgericht (TIROL-Vorarlberg, Slbg)
FINANZ Oberfinanzpräsident (TIROL-Vorarlberg, Slbg)
ARBEITSVERWALTUNG Landesarbeitsamt (TIROL-Vorarlberg, Slbg)
VERSORGUNGSVERWALTUNG Versorgungsamt (TIROL-Vorarlberg, Slbg)
RAD Alpenland (TIROL-Vorarlberg, Slbg)
BERGVERWALTUNG Revierbergamt (TIROL-Vorarlberg)
FORSTVERWALTUNG Regierungsforstamt (TIROL-Vorarlberg)
JAGDVERWALTUNG Jagdgau (TIROL-Vorarlberg)
EISENBAHN Reichsbahndirektion (TIROL-Vorarlberg)
POST Reichspostdirektion (TIROL-Vorarlberg, Slbg)
GEWERBLICHE WIRTSCHAFT Bezirk Alpenland (TIROL-Vorarlberg, Slbg)
INDUSTRIE u. HANDELSKAMMER (TIROL-Vorarlberg)
HANDWERKSKAMMER (TIROL-Vorarlberg)
VERSICHERUNG Landesversicherungsanstalt (T-V, SALZBURG)
FREMDENVERKEHR Landesfremdenverkehrsamt (TIROL-Vorarlberg)
GEWERBEAUFSICHT Gewerbeaufsichtsamt (TIROL-Vorarlberg, Slbg)

Slbg = Salzburg; Stmk = Steiermark; Kä = Kärnten; T-V = Tirol-Vorarlberg

GL Hofer hatte sich gut behaupten können, wenngleich die Machtstellung Rainers durch die Konzentration der SS und der Wehrmacht in Salzburg stärker ausfiel. Im Verlauf des Krieges konnte Hofer aber machtmäßig aufschließen.[112] Der Gau Tirol-Vorarlberg hatte eine ganze Reihe von Kompetenzen des liquidierten Landes Österreich auf Kosten der ehemaligen Metropole Wien übernommen und war stattdessen auf die Entscheidungszentren München und Berlin ausgerichtet. Hofer war stets bestrebt, Eingriffe dieser ihm übergeordneten Zentralstellen nach

Möglichkeit abzuwehren und seinen Machtbereich auszuweiten. Er reklamierte mehr Befugnisse und Autonomie für den Reichsgau, denn schon bei dessen innerer Organisation mit dem zentralen Entwurf des Aufbaus der Behörden trat die Abhängigkeit von Berlin klar zutage. Hofer bemängelte die »kaum mehr zu beherrschende Fülle von bis ins Kleinste gehender Detailvorschriften einzelner Zentralstellen, bezw. [...] das Ansichziehen von den den Mittelinstanzen zustehenden Aufgaben« und beklagte sich weiters über die Uneinheitlichkeit und Einengung der Zuständigkeiten der Reichsstatthalter.[113]

Die Überbürokratisierung der Verwaltung zeigte sich weiters darin, daß allein bei Personalangelegenheiten Hofer mit zehn obersten Reichsbehörden verkehren mußte. Einen größeren Spielraum und eine einheitliche Abgabe von Zuständigkeiten für seine Behörde wollte er bei Personalfragen seines Beamtenapparats und ganz besonders bei den Finanzen, wo die Abhängigkeit von Berlin am größten war, eingeräumt bekommen. Hanisch charakterisiert die finanzielle Einengung der Gaue treffend so, daß quasi die Einstellung jeder Putzfrau erst von Berlin abgesegnet werden mußte.[114] Hofer forderte deshalb teils zu Recht, »eine gesunde Dezentralisation der Verwaltung« und die Einleitung von Maßnahmen zur Verwaltungsvereinfachung[115], ihm selbst ging es aber vorrangig um die Erweiterung seiner Machtkompetenzen und den Ausbau seiner Stellung als geradezu absolutistisch regierender »Landesfürst« von Hitlers Gnaden. Ein Vorstoß mehrerer Reichsstatthalter beim Führer wegen des »überspannten Zentralismus vieler Berliner Stellen« war insofern erfolgreich, als Hitler den Chef der Reichskanzlei beauftragte, eine Regelung in die Wege zu leiten, die den Reichsstatthaltern mehr Selbsttätigkeit und Bewegungsfreiheit ermöglichen sollte.[116]

Man kann sagen, daß mit dem Gesetz über die neue Verwaltungsgliederung der »Ostmark« und der Bildung des Reichsgaues Tirol-Vorarlberg die »Unterordnung unter die bisherigen österreichischen Zentralbehörden in Wien«[117] ein Ende fand und Tirol von Wien loskam. Der so oft angeprangerte Wiener Zentralismus wich allerdings nur dem der Berliner Reichsbehörden. In Wirklichkeit waren weniger die föderalistischen Strukturen als die Macht- und Entscheidungsbefugnisse des Gauleiters und der Partei gestärkt worden. Über diesen Umstand mußten propagandistische Phrasen hinweghelfen, welche die Erhaltung und Förderung »aller Eigenarten in Land und Abstammung, Blut und Boden« durch die neue Verwaltungsordnung betonten.[118]. Des weiteren war zwar Vorarlberg zum Leidwesen der dortigen NS-Eliten an Tirol angegliedert worden, die »Heimkehr ins Vaterland« hatte aber nicht zur er-

4. Das »Ostmarkgesetz«

sehnten Wiedererlangung der Einheit Tirols geführt, sondern im Gegenteil zu seiner noch größeren territorialen Zerreißung. Während der Führer die Brennergrenze und damit die endgültige Abtretung Südtirols an Italien ausdrücklich bestätigte, ging auch noch Osttirol verloren. Der »nationale Verrat« des Nationalsozialismus an Tirol konnte so nicht größer sein.

IV. »Über Gräber vorwärts« – Die NSDAP im Aufbau

Nach der errungenen Machtübernahme hieß es für die Nationalsozialisten, Staat und Gesellschaft samt den entsprechenden Subsystemen in ihrem Sinne gleichzuschalten. Voraussetzung dafür war jedoch, daß die Tiroler NSDAP, die dies in erster Linie voranzutreiben und zu bewerkstelligen hatte, erst einmal selbst einer Neuorganisation und straffen Ausrichtung unterzogen wurde. Ein Unterfangen, das gar nicht so einfach zu realisieren war, denn im Frühjahr 1938 stellte die Partei bei weitem keine so geschlossene Einheit und funktionierende, dynamische Bewegung dar, als die sie sich gerne mit allen propagandistischen Mitteln in der Öffentlichkeit präsentierte.

1. Die Gauleitung

Die Gauleiterbestellung

Seit Mitte März arbeitete Christian Opdenhoff in enger Zusammenarbeit mit dem Reichskommissar Vorschläge für die Besetzung der wichtigsten Führungspositionen der Partei aus. Opdenhoff, Personalamtsleiter im Stabe Bürckels, legte seine Pläne dem Stellvertreter des Führers vor. Dabei war er bestrebt, die Wünsche der deutschen Partei und der staatlichen Zentralinstanzen zu berücksichtigen. Der Stabsleiter des Stellvertreters des Führers, Martin Bormann, und der RFSS Heinrich Himmler übten bei der Vergabe der Spitzenposten der ostmärkischen Partei maßgeblichen Einfluß aus.[1]
Für den Gauleiterposten galt Hofer von Anfang an als einer der Favoriten, den man im Stabe Heß und Bürckel kaum umgehen konnte. Durch seine aufsehenerregende Flucht hatte er sich nicht nur einen besonderen Nimbus geschaffen, als Leiter der »Politischen Leiter- und Mitgliedersammelstelle Berlin« nahm er eine wichtige Stellung ein, die er dazu nutzen konnte, einflußreiche Bekanntschaften und Verbindungen zu

höchsten Parteistellen zu schaffen. Unter den aus Österreich geflüchteten politischen Leitern, die alle in der Personalkartei seiner Dienststelle registriert wurden, stellte sich Hofer dann auch seinen Mitarbeiterstab für Tirol zusammen. Verdachtsmomente des Betrugs, die gegen Hofer bereits im März '38 aufgetaucht waren, änderten noch nichts an dessen günstiger Stellung. Er wurde zunächst als einziger der geflohenen Gauleiter für würdig erachtet, berücksichtigt zu werden, da er im Reich erfolgreich weitergearbeitet und auf »Stänkern und Kritisieren« gegenüber der obersten Parteileitung verzichtet hatte.[2] Auf organisatorisch-propagandistischem Gebiet hatte sich Hofer bestens bewähren können, sowohl in Tirol als auch im Reich. Selbst seine Gegner mußten dies anerkennen.

Seit ihrer Kampfzeit war die österreichische NSDAP in rivalisierende Cliquen aufgesplittert. Die Partei zerfiel in drei große Gruppierungen : die »Emigranten«, die 1933/34 ins Reich geflohen waren und zu denen Hofer zählte, die »Illegalen«, die in Tirol durch Christoph und seine Mitstreiter repräsentiert wurden sowie die sogenannten »Kärntner« um Klausner und Globocnik.[3] Eine Berufung Hofers schien deshalb nicht nur sachlich gerechtfertigt, mit seiner Person wäre auch eine der drei Führungsschichten, die es proporzmäßig zu berücksichtigen galt, »sehr sichtbar« herausgestellt worden.[4] GL Christoph war als definitiver Gauleiter nie ernsthaft im Gespräch, da er von allem Anfang an als zu schwach eingestuft wurde. Ihm gegenüber wurde selbst dem Vorarlberger GL Plankensteiner der Vorzug eingeräumt. Gleich nach dem »Anschluß« nahm Hofer, der noch im Reich verharren mußte, während die »Illegalen« einstweilen die Schlüsselfunktionen in Staat und Partei besetzten, sein Intrigenspiel, das er meisterhaft beherrschte, in noch verstärkterem Maße auf. Bereits am 14. März brachte sich Hofer durch ein Telefonat mit Bürckel ins Gespräch, am 23. März wurde er von diesem beauftragt, die Wahlleitung für die Österreicher im alten Reichsgebiet durchzuführen.[5] Wenige Tage nach seinem Telefongespräch bat Hofer den Reichskommissar um baldige Weisungen für die österreichischen politischen Leiter im Reich. Durch seine führende Stellung im Rahmen des österreichischen Flüchtlingshilfswerkes Berlin, das mit der Eingliederung der österreichischen Führer in die Parteiarbeit im Reich beschäftigt war, hatte sich Hofer einen hervorragenden Ruf erworben und war als »Sachwalter« der Interessen aller geflüchteten politischen Leiter anerkannt.[6] Da seine Dienststelle über eine Kartei der Politischen Leiter verfügte, konnte er dem Stellvertreter des Führers, dem Reichsorganisationsleiter und dem Stab Bürckel (Opdenhoff) Vorschläge über Gau-

1. Die Gauleitung

amtsleiter, Kreisleiter und untergeordnete Posten der Politischen Organisation unterbreiten. Hofer gab vor, jene hervorzuheben, die »auf Grund ihrer bisherigen Verwendung für eine Berufung geeignet erscheinen [...und...] die man mit gutem Gewissen als geeignet und würdig ansprechen kann«.[7] Er hatte inzwischen den stellvertretenden GL Denz durch seinen Vertrauensmann in der Gauleitung, Vincenz Giselbrecht, auf seine baldige Rückkehr vorbereitet und große personelle Umbesetzungen sowohl in der Gau- als auch in den Kreisleitungen, wo er »ausmisten« wollte, angekündigt.[8] Nach Hofers Besetzungsvorschlägen wären fast sämtliche Repräsentanten der Christophgruppe von den führenden Positionen abgelöst und durch hofertreue »Emigranten« ersetzt worden. Die »Illegalen« wollten ihm aber nicht kampflos das Feld räumen und bliesen zum Gegenangriff, nachdem Hofers Pläne durchgesickert waren und sich die Gerüchte um die Absetzung Christophs und die Rückkehr Hofers samt seiner Clique verdichteten. Am 27. April sprachen alle acht Tiroler Kreisleiter und zwei Mitglieder der Gauleitung, Schueller und Lezuo, bei Reichskommissar Bürckel vor, um die Bestellung Hofers zu verhindern.[9] Sie richteten schwere Vorwürfe gegen Hofer, den sie wegen dessen opportunistischen Wandels vom Sozialdemokraten zum Heimwehrmann und Nationalsozialisten einer unrühmlichen Vergangenheit bezichtigten. Nicht neu war die Anlastung krimineller Delikte[10] und Hofers angeblich ehrenrühriges Verhalten anläßlich seiner Flucht. So soll er sich an den Gitterstäben der Fensterzelle oder des Bettes angehalten und gerufen haben: »Ich lasse mich nicht erschießen!«, sodaß ihn seine Befreier mit Gewalt hätten wegreißen müssen. Die Beschwerdeführer wußten jedenfalls von einer sich steigernden Abneigung in Tiroler Parteikreisen gegen eine Rückkehr des früheren Gauleiters zu berichten. Die »Illegalen« sahen schon ihre Felle davonschwimmen, da sie zu Recht fürchteten, daß ihr Einsatz für die Partei und die von ihnen geleistete Aufbauarbeit der ersten Wochen vergeblich waren, und sie durch die Hoferclique verdrängt würden. Vorerst jedoch war ihnen nach dem Vorstoß bei Bürckel Erfolg beschieden. Bis zu dieser Intervention hatte Hofer in allen Planspielen Opdenhoffs, unabhängig von der Gliederung Österreichs in vier, fünf, sechs oder sieben Gaue, als Gauleiter Berücksichtigung gefunden. Auch im Vorschlag Globocniks, der als Vertreter der Kärntnergruppe Himmlers Interessen verfolgte – sein Plan deckte sich schließlich weitgehend mit der realisierten Personalbesetzung – war Hofers Name enthalten. In Opdenhoffs Besetzung vom 29. April schien Hofer jedoch nicht mehr auf. Zu den Anschuldigungen der Tiroler Delegation hatte sich noch eine weitere

Beschuldigung, die des Versicherungsbetrugs, hinzugesellt.[11] Opdenhoff hatte daraufhin folgenden Schluß gezogen:

»Hofer erscheint auch ungeeignet, einmal aus seiner Haltung nach der Flucht und nach seinem augenblicklichen Verhalten. Hofer [wird] scheinbar von allen, die jetzt dort [Gau Tirol, H. S.] arbeiten und gut arbeiten, abgelehnt [...]. Hofer muß im Reich bleiben, mag er dort eine Landrats- oder Bürgermeisterstelle bekommen.«[12]

An die Stelle Hofers sollte SS-Oberführer Karl Scharizer, ehemaliger Gauleiter von Salzburg und Protegé Himmlers, treten.[13] Zwischen Scharizer und Hofer war es kurze Zeit vorher zu einer heftigen Kontroverse gekommen, die als symptomatisch für den mit zahllosen Intrigen, Eifersüchteleien und wechselnden Allianzen geführten Machtkampf der Gauleiteranwärter gelten kann. Scharizer hatte sich erbost darüber gezeigt, daß Hofer Stellenbesetzungspläne ausgearbeitet hatte, die von einem Westgau Tirol–Vorarlberg und Salzburg ausgingen und in dessen Gauleitung nur Tiroler aufschienen. Scharizer urgierte einen selbständigen Gau Salzburg mit ihm selbst an der Spitze und verbat sich die Ausarbeitung von Verwendungsmöglichkeiten ehemaliger Parteifunktionäre durch Hofer.[14] Insgesamt schätzte Opdenhoff die Widerstände gegen die Person Hofers als zu groß ein, um diesen guten Gewissens als Gauleiter nach Tirol zu entsenden. Durch seinen langen Aufenthalt im Reich war zu befürchten, daß er sich von der Parteibasis und der Entwicklung im Gau zu sehr entfremdet hatte, die »Illegalen« übergehen und seine alten Mitstreiter bevorzugen würde:

»Gegen den Pg. Hofer, der früher in Tirol war, erheben sich allenthalben Widerstände. Widerstände, die längst nicht immer aus dem Lager Christoph kommen, sondern Widerstände ganz allgemeiner Natur. ›Gebt uns wen Ihr wollt, aber nicht Hofer!‹ Ich habe früher geglaubt, Hofer könnte nach Tirol zurück. Ich habe mich jetzt gründlich eines besseren belehren lassen. Ich bin der Meinung, kein Gauleiter, der seit Jahren aus seinem Gau heraus ist, darf jetzt in seinen alten Gau zurück. Er kennt keinen der Männer, die in diesen letzten Jahren trotz verschiedentlicher Einkerkerung und trotz der widrigsten Umstände immer wieder arbeiteten und arbeiteten. Wohl aber kennt er die Männer, die seinerzeit, 1933, tätig waren, die er damals schätzen lernte, die er infolgedessen einbauen wird, die aber wer weiß wie oft in diesen letzten fünf Jahren, als es schwer wurde, nicht mehr arbeiteten.«[15]

Hofer setzte sich gegen seine drohende Ausbootung vehement zur Wehr

1. Die Gauleitung

und versuchte über Kontaktpersonen im Stab des Stellvertreters des Führers gegenzusteuern. Seine Gegner denunzierte er als »parteibekannte Querulanten«:

»Ich kann es wirklich begreifen, daß diese von mir seinerzeit ausgeschalteten dunklen Kräfte sich nunmehr in einer Abwehrfront finden. Sie versuchen begreiflicher Weise die Wiederkehr einer starken Hand, die ihrem Treiben für immer ein Ende machen würde, zu verhindern.«[16]

Hofer gelang es schließlich, die Einwände gegen seine Person zu entkräften. Bürckel war darauf fixiert, Hitler möglichst solche Personen als Gauleiter vorzuschlagen, bei denen am ehesten mit dessen Zustimmung zu rechnen war.[17] Hofer verfügte neben seinen guten Kontakten, die er sich während seiner Tätigkeit im Reich geschaffen hatte, noch über eine ganze Reihe von Qualitäten, die in der NS-Werteskala ganz oben standen. Er hatte immer wieder Härte und Durchsetzungsvermögen gegen seine Konkurrenten bewiesen und konnte sowohl auf Verdienste während der »Kampfzeit« und des »Exils« verweisen als auch auf die persönliche Wertschätzung des Führers. Geschickt hatte er seine Unterordnung, Loyalität und Führerbindung nach seiner Flucht ins Reich herausgestellt. Am 23. Mai 1938 entschied Hitler in einer Besprechung mit Bürckel und Heß die österreichische Gauleiterfrage. In seiner mit 22. Mai datierten Verfügung ernannte er Hofer mit sofortiger Wirkung zum Gauleiter.[18] Der Anteil der Intellektuellen und Angehörigen der Mittelschicht überwog bei den neuernannten Gauleitern, die gleichzeitig auch als Landeshauptleute bestellt wurden. Überdies hatten fast alle ein Nahverhältnis zur SS.[19] Als ehemaliger Kaufmann fügte sich Hofer in das soziale Profil der Gauleiter, um die Verleihung eines SS-Ranges als Eintrittskarte in den mächtigen SS-Komplex hatte er sich zwar intensiv, aber vergeblich bemüht. Nicht zuletzt der Vorwurf feigen Verhaltens während seiner Flucht, eine Beschuldigung, die der damalige SA-Chef Röhm in die Welt gesetzt haben soll, war Hofer, der nur den Rang eines NSKK-Obergruppenführers bekleidete, sehr hinderlich.[20]

Die Stellvertreterfrage

Die offizielle schriftliche Ernennung Hofers durch Hitler kam der Tiroler LHM erst mit 9. Juni 1938 zu, sodaß Christoph formal bis dahin noch als Gauleiter und Landeshauptmann galt und ihm für den Monat Juni noch die Gauleiterentschädigung ausbezahlt wurde.[21] Dem Macht-

gerangel mit Hofer war Christoph überhaupt nicht gewachsen, er resignierte bereits sehr früh. Selbst als stellvertretender Gauleiter kam der als »wenig schöpferisch« charakterisierte Christoph nicht in Frage, weil zu befürchten war, daß er zum »Mittelpunkt aller Unzufriedenen« würde. Da er aber andererseits zu schwach war, eine ernsthafte Opposition gegen den Gauleiter zu organisieren, konnte er in Tirol bleiben und sollte im Landesschulrat untergebracht werden. Denz erschien Opdenhoff »reger und tatkräftiger« als Christoph.[22] Ursprünglich war geplant, den österreichischen Gauleitern Stellvertreter aus dem Reich zur Seite zu stellen. Opdenhoff hielt Hofer in organisatorischer Hinsicht für nicht erfahren genug, um auf einen deutschen Stellvertreter verzichten zu können.[23] Der Reichskommissar entschloß sich aber dazu, erfahrene Parteifunktionäre aus seinem Gau zu den österreichischen Gauleitern zu schicken, die nicht als offizielle Stellvertreter, sondern als Berater arbeiteten und innerhalb eines Jahres wieder die Gauleitungen verließen. Bürckel hielt an dieser Lösung fest, da er darin die Gewähr erblickte, »daß sein Wille restlos und schnellstens durchgeführt wird«.[24] Im Mai entsandte Bürckel einen hochkarätigen Berater nach Tirol. Pg. Gerland, offiziell Sonderbeauftragter Bürckels in Tirol, war Reichsamtsleiter aus dem Stab des Stellvertreters des Führers und als persönlicher Referent des Reichskommissars für besondere Verwendung gleichzeitig Verbindungsleiter der Dienststelle Bürckels mit der des Stellvertreters des Führers.[25] Christoph übte den Gauleiterstellvertreter nur ehrenamtlich aus, seine ihm von Bürckel zugedachte Rolle bestand in der Befriedung der »Illegalen« mit den »Emigranten«.
Hofer selbst war stets entschlossen gewesen, Christoph kaltzustellen. Er verwehrte seinem Stellvertreter auch jedes Betätigungsfeld, um ihn schließlich auf den Posten des Landesschulrats abzuschieben.[26] Hofer trat an Adolf Leuprecht heran, um ihm mitzuteilen, daß er ihn vom Posten des Landesschulinspektors entheben müsse, um Christoph unterzubringen. Leuprecht war jedoch weiterhin als Landesschulinspektor tätig, Christoph saß aber auf seiner Planstelle.[27] Das schlechte Verhältnis zwischen Hofer und Christoph wirkte sich natürlich auch negativ auf den Parteiaufbau aus, speziell in den Kreisen Innsbruck und Schwaz. Der deutsche Kreisberater in Schwaz gab Bürckel zu bedenken,

»daß weltanschaulich gesehen der Gau Tirol wohl das schwierigste Gebiet darstellt, das zu bearbeiten ist. Es wäre gut, wenn auch in der Gauleitung eine einheitliche Richtung zu spüren wäre, d.h. wenn Gauleiter und Gauleiterstellvertreter rückhaltlos aufeinander eingespielt wären. Der Erfolg des National-

1. Die Gauleitung

sozialismus in diesem Gebiet ist einzig und allein abhängig von der Einigkeit innerhalb der Partei und ihren Gliederungen«.[28]

Der deutsche Berater im Kreis Innsbruck beklagte ebenfalls das für Partei und Kreis schädliche disharmonische Verhältnis zwischen Christoph und Hofer:

»Schwierig wird die Lage dadurch etwas, daß zugleich der Sitz der Kreisleitung auch der Sitz des Gaues ist und zwar schwierig deshalb, weil, wie Sie wissen, Reibungen aus Ursachen heraus, die auch bekannt sein dürften, bestehen. Reibungen, die in der Entwicklung der Partei in Österreich begründet, zu Gegensätzen führten, personalpolitisch bedingt, aber auch zu Freundschaften innerhalb derselben, die ihre Schatten in das Leben der Kreisleitung hineinwerfen. Hiezu Folgendes: Nach meiner Beobachtung, die, wie ich wohl nicht zu betonen brauche, unbedingt objektiv ist, halte ich den Gauleiter Pg. Hofer für den unbedingt gegebenen Mann für Tirol. Er arbeitet sehr viel, nur braucht er dringend, das ist meine feste Überzeugung, einen Gauleiter-Stellvertreter, der hauptamtlich für ihn das Getriebe in der Gauleitung überwacht, damit Gauleiter Hofer frei wird für die eigentliche Tätigkeit als Gauleiter. Gauleiter-Stellvertreter Christoph führt jetzt dieses Amt ehrenamtlich, das ist aber auf die Dauer untragbar. Auch glaube ich nicht, daß Pg. Christoph als Gauleiter-Stellvertreter für Tirol der geeignete Mann ist. Ich muß das anführen, weil, wie gesagt, diese Dinge doch am Ende sich am meisten in Innsbruck selbst auswirken und mit auf dem Rücken des Kreisleiters ausgetragen werden [...].«[29]

Völlig zermürbt bat Christoph schließlich im Februar 1939 um seine Enthebung als Gauleiterstellvertreter. Da er aber nicht nur in dieser Funktion kaum einen Aktionsradius entfalten konnte, auch als Landesschulinspektor wurden seine Kompetenzen vom Gauamt für Erziehung beschnitten, ersuchte Christoph Hofer um den Bürgermeisterposten von Innsbruck.[30] Dabei ging es Christoph auch darum, sich materiell abzusichern. Als nebenberuflicher Gauleiterstellvertreter hatte er nur ausnahmsweise deshalb eine Aufwandsentschädigung bis Dezember 1938 erhalten, weil sein Landesschulinspektorbezug bis dahin irrtümlicherweise an seinen im KZ Dachau einsitzenden Vorgänger Prof. Gamper ausbezahlt worden war.[31]

Hofer wollte eigentlich den Stellvertreterposten unbesetzt lassen, was die Reichsleitung der Partei allerdings strikt ablehnte. Um aber keinen Aufpasser vor die Nase gesetzt zu bekommen, schlug er Ing. Herbert Parson zur Ernennung vor.[32] Parson, ehemaliger Gauleiterstellvertreter von Salzburg, hatte unter der Leitung Hofers im Flüchtlingshilfswerk gearbeitet und war dort dessen Vertrauter geworden. Er galt dennoch politisch als relativ unerfahren und wenig dynamisch, jedoch als sehr fähig in der Regelung bürokratischer Abläufe und Angelegenheiten. Im Juni 1938 war Parson vom Reichsschatzmeister zur Schlichtung der chaotischen Verhältnisse im Mitgliedschaftswesen nach Wien zum Stab Bürckel beordert worden. Hofer hatte ihn sehr bald nach seiner Rückkehr für Tirol angefordert und zum Leiter der Kanzlei des Gauleiters, die als selbständiges Gauamt eingerichtet wurde, mit Dienstantritt vom 8. August 1938 gemacht. Erst nach monatelangem zähen Ringen mit der Reichsleitung gelang es Hofer nach persönlicher Vorsprache bei Bormann den ihm ungefährlichen Parson als Stellvertreter im November 1940 durchzudrücken. Sowohl in seiner Funktion als Leiter der Kanzlei des Gauleiters als auch als stellvertretender Gauleiter unterwarf sich Parson Hofer als treuer Diener seines Herrn. Seine Tätigkeit bestand weniger in der Ausübung hoheitlicher Funktionen als in der Bedienung des bürokratischen Apparats. Alle wichtigen Entscheidungen blieben Hofer vorbehalten nach dem Motto: »Parson hat alles zu wissen, nichts zu entscheiden«. Der Gauleiter duldete keinen potentiellen Kronprinzen neben sich. Ein schwacher Stellvertreter lag in der Absicht Hofers begründet, keine Machtbefugnisse abzugeben und autokratisch zu herrschen. Parson war aber keineswegs nur ein kleines Rädchen in der Partei. Alle wichtigen Schreiben, Telefonate usw. gingen über die Parteikanzlei, sodaß er durch Vorauswahl und die ständigen Besprechungen mit Hofer an den Entscheidungsprozessen sehr wohl teilhatte. Allerdings gingen ihm jegliche Ambitionen, den Gauleiterposten anzustreben, ab, sodaß er für GL Hofer keine ernsthafte Konkurrenz darstellte. Als Borman gegen Kriegsende versuchte, Hofer durch die Ablöse Parsons eine »Laus in den Pelz zu setzen«, wußte der Gauleiter dies zu verhindern. Seinen unbedingten Führungsanspruch rechtfertigte Hofer nach dem Krieg damit, daß er nur in der zentralen Zusammenfassung der Dinge in seiner Hand die Möglichkeit sah, im Interesse des Landes seinen »Tiroler Kurs« gegen »oben« durchzusetzen.[33] Es ist typisch für führende Tiroler, aber auch Vorarlberger Nationalsozialisten, daß sie ihren eigenen persönlichen Interessen und ihrer dem Wohl der Menschen diametral entgegengesetzten Machtgier das beliebte Mäntelchen des Föderalismus umhängten und sich als Landespatrioten, ja als Vorkämpfer für Selbständigkeit und Autonomie gegenüber den Zentralinstanzen präsentierten.

1. Die Gauleitung

Die Rückkehr Hofers

Am 25. Mai 1938 traf Hofer gegen 7 Uhr früh aus Wien kommend am Innsbrucker Bahnhof ein, wo er von einer riesigen Menschenmenge, den Parteiformationen und seinem Vorgänger Edmund Christoph empfangen wurde. Innsbrucks Bürgermeister, der bisherige GLstv. Denz, war Hofer bis Kitzbühel entgegengefahren. Gerland konnte Bürckel telegrafieren:

»Heute abend überwältigende Begrüßungskundgebung der Bevölkerung von Innsbruck für Gauleiter Hofer, wie ich sie selbst heute mittag noch nicht für möglich gehalten hätte.«[34]

In den nächsten Tagen und Wochen bereiste der neue Gauleiter die Tiroler Kreise, wobei er sich ganz besonders an die Parteibasis wandte, die er auf sich einzuschwören versuchte. Einerseits griff er durch weitgehende Personalumbesetzungen in der Gauleitung und den Kreisen hart durch, andererseits gab er sich betont versöhnlich und versprach jedem die Hand auszustrecken, der in Zukunft in absoluter Loyalität zu ihm stehe. Es galt Hofer, seine Autorität unumschränkt durchzusetzen, Schlüsselpositionen durch Vertrauensleute zu besetzen und im selben Moment zu versuchen, die tiefe Kluft zwischen den Cliquen zu schließen und den Gau zu befrieden. Auf unzähligen Großkundgebungen, Appellen und Treffen mit »alten Kämpfern« beschwor Hofer den Zusammenhalt der NSDAP. Jeder müsse jetzt an die Partei denken und die Vergangenheit bzw. das rein Persönliche hintanstellen, so der Gauleiter. Böswillige Intriganten und Postenjäger drohte Hofer rücksichtslos »auszumerzen«. Deshalb forderte er gegenüber den Kreisleitern, die er zum Teil sofort nach seiner Rückkehr ausgetauscht hatte, Disziplin, Treue, Kameradschaft und bedingungslosen Gehorsam:[35]

»Ich will nichts sein als Euer erster Diener! Ich will mit Euch arbeiten – aber wohl gemerkt – mit Euch, nicht allein. Ich verlange doppelte Pflichten, ohne doppelte Rechte zu gewähren. [...] Treue um Treue! Ich bitte Euch daher um eine ehrliche Kameradschaft. Seid immer nur Parteigenossen!«[36]

Bereits in seiner Antrittsrede anläßlich der Großkundgebung am 26. Mai am Adolf-Hitler-Platz in Innsbruck hatte Hofer betont:

»Wenn ich heute zum zweitenmal die Führung dieses schönsten aller Gaue übernehme, so besitze ich außer dem Vertrauen und der Machtbefugnis durch den Führer nur ein einziges, aber großes und unvergeßliches Kapital. Eure Liebe, Euer Vertrauen, die Gefolgstreue meiner Kampfgefährten.«[37]

Der Gauleiter kündigte an, mit einer zusammengeschweißten Bewegung den Vorsprung des »Altreichs« einzuholen und den Gau Tirol zu einer »Hochburg der Bewegung« zu machen.[38] Als erstes ging Hofer daran, Gauleitung und Kreisleitungen zu säubern und diejenigen, die gegen seine Rückkehr am heftigsten opponiert hatten, zu eliminieren. Bereits drei Wochen nach seinem Amtsantritt hatte Hofer die absoluten Spitzenposten der Gauleitung vollkommen umbesetzt und seine Leute, die zum Teil bereits in seinen Besetzungsplänen, als er noch in Berlin saß, aufgeschienen waren, eingebaut. Ein beträchtlicher Teil der Mitarbeiter aus der Gauwahlleitung Christophs fand weiter Verwendung[39], die Leitung der Gauämter lag jedoch in Händen der Hofervertrauten. Folgende Personalliste der Gauleitung Tirol, die den Stand vom 20. Oktober 1938 wiedergibt, war bereits seit Juni 1938 in Kraft.[40]

Tabelle 13[41]
Die Gauleitung Tirol vom 20. 10. 1938

Gauleiter	Franz HOFER
Stellvertretender Gauleiter	Edmund CHRISTOPH
Gauinspekteur I	Klaus MAHNERT
Gauinspekteur II	Toni PLANKENSTEINER
Geschäftsführung, Organisation und Personalamt	Kurt BRAUNSDORFF
Schulung	Dr. Fritz MANG
Propaganda	Artur LEZUO
Presse	Franz PISECKY
Schatzamt	Hermann NEUNER
Schatzamtstellvertreter	Adolf BAUM
Rechtsamt	Dr. Theodor ULM
Frauenschaft	Tony NACHTMANN[42]
Wirtschaftsberater	Dr. Otto WILDGRUBER
Kommunalpolitik	Dr. Egon DENZ
Agrarpolitik	Ing. Fritz LANTSCHNER
Amt für Beamte	Dr. Karl STETTNER
Amt für Erzieher	Josef PRANTL
Amt für Volksgesundheit	Dr. Josef MALFATTI
Amt für Volkswohlfahrt	Hugo ELSENSOHN
Amt für Technik	Karl PLATZER
Amt für Kriegsopfer	Hans DIETRICH
Deutsche Arbeitsfront	Vincenz GISELBRECHT

1. *Die Gauleitung* 129

Rassenpolitik	Dr. Theodor SEEGER
Dozentenbund	Prof. Ludwig KOFLER
Studentenbund	Alfred KREJCI
Gaugericht	Rudolf HAMPL
SS	Erwin FLEISS
SA	Vincenz WAIDACHER
HJ	Otto WEBER
BDM	Herta MIGNON
RAD	Erwin KAHLEN

Der Großteil der von Hofer ernannten Gauamtsleiter (Mang, Pisecky, Neuner, Lantschner, Mahnert, Elsensohn, Prantl, Braunsdorff, Giselbrecht) war wegen illegaler NS-Betätigung ins Reich geflüchtet und mit dem österreichischen Flüchtlingshilfswerk Berlin, in dem Hofer in führender Stellung wirkte, in Berührung gekommen.[43] Hofer orientierte sich bei der personellen Besetzung der Gauleitung am Kreis der »Emigranten«, die er nicht zuletzt durch seine Leitertätigkeit im Flüchtlingswerk gut kannte. Dies erlaubte ihm auch, die »Illegalen« aus der Christophzeit zu übergehen. Von den wenigen Leuten, die bereits von Christoph berufen und auch von Hofer berücksichtigt worden waren, war Denz einer der bedeutendsten. Er repräsentierte zwar einen anderen Typus von Nationalsozialist als Hofer, war aber, auch wenn er bei einigen Sach- und Personalfragen divergierende Einstellungen hatte, nie in scharfer Opposition zum Gauleiter gestanden. Hofer ernannte ihn zum Gauamtsleiter für Kommunalpolitik, als stellvertretenden Gauleiter setzte er ihn jedoch ab. Andere Nicht-»Emigranten« wie Karl Stettner waren nicht zuletzt über das persönlich gute Verhältnis zu Hofer zur Partei gestoßen oder hatten wie Ulm für Hofer Sonderaufgaben erledigt. Überdies hatte Hofer Denz und Ulm ebenso wie Graf und Dietrich, die auch nicht ins Reich geflüchtet waren, bereits in seinen Berliner Besetzungsplänen für einen Westgau ins Kalkül gezogen. Die Ernennungen Malfattis und Lezuos scheinen hingegen schon bemerkenswerter, hatten beide doch noch kurze Zeit vorher gegen Hofer in Wien vorgesprochen. Lezuo, der nie das volle Vertrauen Hofers besaß, wurde im September 1939 durch Karl Lapper, übrigens ebenfalls ein »Emigrant«, abgelöst.[44] Malfatti zerstritt sich mit dem Gauleiter, sodaß er Ende 1941 durch den Hofer völlig ergebenen Dr. Czermak ersetzt wurde. Wildgruber, der sofort nach dem »Umbruch« von Christoph als Leiter der Preisüberwachungsstelle und als Gauwirtschaftsberater geholt worden war, blieb als Gauwirtschaftsberater bis August 1939 im Amt, dann wechselte er in die Wirtschaftskammer Alpenland, wo er bis 1945 als Geschäftsführer arbeitete. An seine Stelle trat Georg Bilgeri, Teilnehmer am Hitlerputsch 1923 und u. a. Leiter der Vermögensverkehrsstelle in Wien, zuständig für die wirtschaftliche »Entjudung« der »Ostmark«. Auch er ist ein Vertreter der Gruppe der »Emigranten« und war von 1936–1938 Abteilungsleiter im Flüchtlingshilfswerk. Der ehemalige GL Christoph hatte durchaus nicht unrecht, als er nach 1945 meinte, daß Hofer seinen ganzen Mitarbeiterstab aus der »Emigration« mitgebracht habe.[45]

Die Gauamtsleiter waren durchwegs in Tirol geboren oder lebten schon seit ihrer Kindheit hier (Mahnert, Denz, Giselbrecht). Elsensohn kam aus Vorarlberg, Pisecky, der zwischen 1932 und 1934 Gauorganisations-, Gaupresse- und Gaupropagandaleiter in Tirol gewesen war, aus Salzburg. Braunsdorff stammte als einziger Gauamtsleiter aus dem »Altreich«, aber auch er stand in einem engen Bezug zu Tirol, da er von 1927 bis zu seiner Flucht im November 1934 in Ehrwald gelebt und dort zur NS-Bewegung gefunden hatte. Bis Ende 1939 nahm Hofer keine wesentlichen Änderungen mehr vor. Der Medizinstudent Hans Fick übernahm den NS-Studentenbund, Dr. Ernst Foradori[46] den NS-Dozentenbund. Bereits im November 1938 hatte Karl Platzer aus gesundheitlichen Gründen um seine Entlassung gebeten[47], sodaß Hans Sporn das Amt für Technik besetzte.[48] Das Amt des Gauausbildungsleiters wurde ins Gauorganisationsamt integriert und von Gauamtsleiter Dr. Anton Graf geführt.

Ein weiterer interessanter Aspekt ergibt sich beim Vergleich der Gauleitungen zwischen 1933 und 1938. Von denjenigen, die knapp vor dem Parteiverbot der Hoferschen Gauleitung bzw. die 1934/35 der von Hofer weitgehend ferngesteuerten illegalen Gauleitung angehört hatten, fand kaum jemand mehr in den Gauleitungen Christophs Verwendung.[49] Nach seiner Rückkehr als Gauleiter griff Hofer wieder auf seine Leute der Gauleitungen 1933/35 zurück. Zu nennen wären vor allem Lantschner, Giselbrecht, Mahnert, Fleiss, Prantl, Pisecky, Neuner und auch Ulm, der während der Illegalität der Partei Sonderaufgaben für Hofer erledigte, oder der stellvertretende illegale NS-Hago Gauamtswalter Mang.[50]

Im folgenden nun kurze biographische Angaben zu den Gauamtsleitern und dem Gauleiter(stellvertreter):

1. Die Gauleitung

Franz HOFER, *27. 11. 1902 in Bad Hofgastein

Stammte mütterlicherseits aus Vorarlberg, sein Vater pachtete das Gasthaus »Breinößl« in Innsbruck. Er besuchte die Volks- und Oberrealschule in Innsbruck und führte seit 1922 als selbständiger Kaufmann in der Maximilianstraße 3 ein Radiogeschäft. Parteibeitritt am 15. 9. 1931 (Mitgliedsnummer 610.451). Er war aber bereits mit 1. 7. 1931 in der Funktion eines Ortsgruppenamtsleiters für Organisation in Innsbruck für die Partei tätig. 1932 Ernennung zum Bezirksorganisationsleiter und Bezirksleiter von Innsbruck. Vor seiner Berufung an die Spitze des Gaues am 27. 11. 1932 hatte Hofer die Funktion eines Gauinspekteurs inne und war sozusagen stellvertretender Gauleiter gewesen. Im Juni 1933 verhaftet und zu einer zweijährigen Gefängnisstrafe verurteilt, wurde er in den frühen Morgenstunden des 30. August 1933 auf spektakuläre Weise befreit. Noch von München aus, wo er auch in der militärischen Leitung der »Österreichischen Legion« führend tätig war, leitete er den illegalen Kampf der Tiroler NSDAP. Nach dem gescheiterten Juliputsch und der Auflösung der österreichischen Landesleitung der NSDAP wurde er seiner Funktionen enthoben. Seit Anfang 1937 fungierte Hofer als Leiter der »Politischen Leiter- und Mitglieder-Sammelstelle« im Rahmen des österreichischen »Flüchtlingshilfswerks« in Berlin unter SS-Brigadeführer Rodenbücher. Durch die Führerverfügung vom 22. Mai 1938 wurde er zum Gauleiter ernannt und übernahm auch die Tiroler Landeshauptmannschaft. Mit 1. April 1940 erfolgte seine offizielle Ernennung zum Reichsstatthalter in Tirol und Vorarlberg.[51]

Herbert PARSON, *21. 2. 1907 in Berlin

War amerikanischer Staatsbürger, lebte seit Ende 1907 in Oberalm bei Hallein und wurde 1924 eingebürgert. Besuch der Staatsoberrealschule in Salzburg und der Technischen Hochschule in Wien und München. In Wien Mitarbeiter des »Völkisch-sozialistischen Studentenblocks«, dem Vorläufer des Nationalsozialistischen Deutschen Studentenbundes. Beitritt zur NSDAP im Herbst 1925, am 1. 7. 1930 neuerlicher Beitritt (Mitgliedsnummer 264.673) und gleichzeitig auch Eintritt in die SA, wo er bis Kriegsende zum NSKK-Gruppenführer aufstieg. 1931 Ortsgruppenleiter von Oberalm und Kreispropagandaleiter von Hallein. 1932/33 Gauschulungsleiter, Gauinspekteur, Gauamtsleiter und stellvertretender Gauleiter in der Gauleitung Salzburg unter GL Scharizer. Nach dem Parteiverbot Mitarbeit in der in Freilassing errichteten Durchgangsstelle der »Landesleitung Österreich der NSDAP«, nach dem Juliputsch 1934 »zwangspensioniert«. Kam im März 1936 zur »Abwicklungsstelle der Landesleitung Österreich« im Rahmen des Flüchtlingshilfswerks nach Berlin, wo die Akten der ehemaligen österreichischen Landesleitung und Gauleitungen geordnet und die Parteimitgliedschaft der »Flüchtlinge« überprüft wurden. Anfang 1937 wurde Hofer, der die Leitung der in »Politische Leiter- und Mitglieder-Sammelstelle« umbenannten »Abwicklungsstelle« übernahm, Parsons unmittelbarer Vorgesetzter. Am 15. Juni 1938 in den Stab von Reichskommissar Bürckel berufen, leitete Parson das Mitgliedschaftsamt der »Ostmark« in der Finanz- und Parteiverwaltung, das sich mit der Regelung der Mitgliedschaftsfragen beschäftigte. Von GL Hofer angefordert, leitete er seit 8. 8. 1938 die Kanzlei des Gauleiters und fungierte offiziell seit November 1940 als stellvertretender Gauleiter.[52]

Edmund CHRISTOPH, *25. 2. 1901 in Bad Ischl

Entstammte einer »freiheitlichen« Familie, Mitglied der Pennälerverbindung »Edelweiß« und des »Akademischen Alpenklubs« an der Universität, Turnwart im »Deutschen Turnerbund«, Mitglied in nationalen Vereinen wie dem »Deutschen Schulverein Südmark«. Langjährige Tätigkeit als Pflichtschullehrer in Landeck und Innsbruck bis Juli 1934, dann sechs Wochen Arrest wegen NS-Betätigung und fristlose Entlassung ohne Ruhegenuß. Vier Jahre arbeitslos. Hielt sich durch Privatstunden wirtschaftlich über Wasser. Parteibeitritt 20. 4. 1932 (offiziell 20. 4. 1933); im ersten Halbjahr 1934 kommissarischer Bezirksleiter für Landeck bzw. Imst, dann Organisationsleiter des Gaues, mit dessen Neuaufbau er von Jänner bis Mai 1935 beschäftigt war. Ab 15. 8. 1935 illegaler Gauleiter. Mit der Machtübernahme der Nationalsozialisten kommissarischer Landeshauptmann und Gauwahlleiter von Tirol, seit diesem Zeitpunkt bekleidete er in der SS den Rang eines Standartenführers. Inhaber des SS-Ehrenwinkels (SS-Nr. 292.793), seit 10. 4. 1938 Reichstagsabgeordneter. Nach Hofers Rückkehr ehrenamtlicher stellvertretender Gauleiter ohne Bezüge bis März 1939, sodann Bürgermeister von Innsbruck (= 1. Beigeordneter des Oberbürgermeisters). Als Landesschulinspektor führte er das Referat Schulwesen, Erziehung und Kultur und hatte als Bürgermeister die Agenden Fremdenverkehr und Verkehr inne, ab September 1939 stand er auch dem Kriegsernährungs- und Wirtschaftsamt vor.[53]

1. Die Gauleitung

Dr. Egon DENZ, *23. 11. 1899 in Schwarzenberg

Absolvierte das Gymnasium in Feldkirch, freiwillige Kriegsteilnahme, anschließend Jusstudium in Innsbruck. Arbeitete seit 1930 als selbständiger Rechtsanwalt in Innsbruck. Zunächst beim Landbund politisch tätig, stand er seit Anfang 1932 im Dienst der NSDAP, der er am 8. 3. 1933 formell beitrat. Von Mai 1933 bis März 1938 stellvertretender Gauleiter. Wegen seiner illegalen NS-Betätigung mehrmals verhaftet, verbrachte er u.a. sieben Wochen im Anhaltelager Wöllersdorf. Nach dem »Anschluß« Beförderung zum SS-Hauptsturmführer und als kommissarischer Bürgermeister von Innsbruck eingesetzt. Am 3. 9. 1938 zum Gauamtsleiter für Kommunalpolitik und am 1. 4. 1939 zum Oberbürgermeister von Innsbruck ernannt.[54]

Kurt BRAUNSDORFF, *10. 8. 1895 in Egeln

Aktiver Offizier während des Ersten Weltkriegs. Arbeitete bei der Sicherheitspolizei in Mitteldeutschland und der Landespolizei in Thüringen, wo er 1925 im Range eines Hauptmanns ausschied und sich nach zwei Jahren Privatstudium (Jus und Volkswirtschaft) 1927 in Ehrwald als Privatmann bei ehrenamtlicher Betätigung im Fremdenverkehrsverein und im »Bund der Reichsdeutschen« niederließ. Im November 1932 trat er der SA, im Mai 1933 der NSDAP bei. Aufgrund seiner regen Aktivität für die illegale NSDAP wurde er als »Geisel« verhaftet und floh im November 1934 ins »Altreich«, wo er drei Jahre lang als Gauhauptstellenleiter in der Gauleitung Thüringen fungierte. Mit Wirkung vom 1. 5. 1938 wurde er zum Gauorganisations- und Gaupersonalamtsleiter ernannt.[55]

Vincenz GISELBRECHT, *13. 1. 1901 in Saalfelden

Besuchte die Volks- und Realschule in Innsbruck und zog bereits als 14-jähriger mit den Standschützen in den Ersten Weltkrieg. In Folge meist als Hilfskraft und (Hilfs)Arbeiter tätig, war er von 1925–1933 Geschäftsdiener bei der Firma Foradori. Am 15. 1. 1932 trat er der NSDAP bei. Als Gaubetriebszellenobmann und Kreisleiter von Innsbruck flüchtete er ins »Altreich«, war von Dezember 1933 bis August 1934 noch Gauamtsleiter der Gauleitung Tirol in München und arbeitete schließlich dreieinhalb Jahre im Reichsorganisationsamt der DAF und zuletzt als Beauftragter der DAF in der Reichsorganisationsleitung der NSDAP. Nach dem »Anschluß« leitete er die Hauptabteilung Organisation der Gauwahlleitung Tirol. Mit Wirkung vom 1. 5. 1938 wurde er Gauamtsleiter als Gaubeauftragter der DAF.[56]

Hermann NEUNER, *15. 3. 1900 in Jaring bei Marburg

Kam als Vierjähriger nach Innsbruck, rückte 1918 als Einjahr-Freiwilliger ein und arbeitete von 1921 bis zu seiner Entlassung wegen NS-Betätigung im Jänner 1934 als Bankbeamter bei der CA für Handel und Gewerbe in Innsbruck. Im Juni 1932 der Partei beigetreten, übte er seit 1. 4. 1933 das Amt des Gauschatzmeisters aus und wurde nach dem Juliputsch gemeinsam mit Gauleiterstellvertreter Denz festgenommen, woraufhin er kurz nach seiner Enthaftung im Dezember 1934 ins Reich ging. Durch seine Frau war er mit Hofer, unter dem er in der Verwaltung des österreichischen Flüchtlingshilfswerks der NSDAP in Berlin arbeitete, gut bekannt. Neuner übernahm das Gauschatzamt nach der Berufung durch Hofer im Juni mit 1. 7. 1938.[57]

Franz PISECKY, *14. 4. 1900 in Bad Hofgastein

Studierte zeitweise Jus in Innsbruck und arbeitete seit 1930 als Journalist in Niederösterreich. Über den »Bund Oberland«, dem er in Innsbruck angehörte, fand er 1931 zur Partei, in der er sich besonders als Gauredner und Hauptschriftleiter des NS-Kampfblattes *»Der rote Adler«* hervortat. Seit 1. Mai 1932 unter anderem Gauamtsleiter für Propaganda des Gaues Tirol-Vorarlberg, floh er 1933 ins Reich, wo er zunächst Gaupresseamtsleiter der Gauleitung in München war und dann vier Jahre lang als Leiter der Abteilung Schulung und Führernachwuchs in der »Politischen Leiter- und Mitgliedersammelstelle« unter Hofer arbeitete. Mit 1. 5. 1938 wurde er Gaupresseamtsleiter.[58]

Dr. Theodor SEEGER, *2. 8. 1900 in Innsbruck

War Frauenarzt, trat 1933 der illegalen NSDAP bei und mußte 1936 die Innsbrucker Klinik wegen seiner nationalsozialistischen Aktivitäten verlassen. Beim »Anschluß« Blockwalter des NS-Ärztebundes, übernahm er das rassenpolitische Amt, in dem er von Hofer als Gauamtsleiter bestätigt wurde.[59]

1. Die Gauleitung

Dr. Karl STETTNER, *17. 7. 1893 in Bozen

War drei Jahre in russischer Kriegsgefangenschaft und übte seit 1927 den Beruf eines Richters am Landesgericht Innsbruck aus. Zunächst Mitglied der Großdeutschen Partei, trat er im Frühjahr 1933 in persönlichen und politischen Kontakt zu GL Hofer und wurde Mitglied der NSDAP. Im Juli 1934 trat er der SA bei. Während der Verbotszeit der Partei arbeitete er als Untersuchungsrichter und sprach Recht für die Partei und ihre Gliederungen, wobei man ihm nie auf die Schliche kam. Nach dem »Anschluß« wurde er zum Leiter der Staatsanwaltschaft Innsbruck ernannt und von Hofer mit Wirkung vom 1. 5. 1938 zum Leiter des Amtes für Beamte berufen. Seit November 1938 Sturmführer der SA.[60]

Dr. Friedrich MANG, *21. 10. 1904 in Innsbruck

War von 1926 bis 1935 Sekretär des Handels- und Gewerbebundes in Innsbruck. Als Mitglied der Burschenschaft Germania, die 1933 geschlossen der SA beitrat, führte er seit 1932 eine Schar des »Bundes Oberland« an. Der NSDAP, für die er sich als Stellvertreter des NS-Hago Gauamtswalters Josef Honomichl bis zu seiner Flucht nach Deutschland 1935 illegal betätigte, trat er 1932 bei. Nach einer viermonatigen Tätigkeit als Lagerführer im NSDAP-Flüchtlingshilfswerk Bad Schandau wirkte er als Abteilungsleiter im Hauptamt der Reichsleitung für Handel und Gewerbe und als Hauptabteilungsleiter im Schulungsamt der DAF. Mit Wirkung vom 1. 5. 1938 wurde er Gauamtsleiter im Gauschulungsamt und seit November 1938 SA-Hauptsturmführer.[61]

Hugo ELSENSOHN, *8. 7. 1891 in Dornbirn

Absolvierte die Staatsoberrealschule Dornbirn und war bereits während seiner Schulzeit Mitglied der nationalen Mittelschulverbindung Germania. Nach dem Kriegseinsatz, zuletzt im Range eines Oberleutnants, arbeitete er als Tapezierer und Sattlermeister. Am 7. November 1930 trat er anläßlich der Gründung der Ortsgruppe Dornbirn der Partei bei, für die er seit März 1933 als Gauinspekteur für Vorarlberg tätig war. Nach vier Monaten Haft in Wöllersdorf Anfang 1934 begab er sich Ende April 1935 ins »Altreich«, wo er bis zum »Anschluß« NSV-Kreisamtsleiter des Kreises Trier war und danach als Wahlpropagandaleiter für Vorarlberg wirkte. Mit 1. 5. 1938 wurde er zum Leiter des Gauamtes für Volkswohlfahrt bestellt.[62]

Dr. Josef MALFATTI, *4. 2. 1894 in Innsbruck

War Sanitätsleutnant im Ersten Weltkrieg und Facharzt für Geburtshilfe und Gynäkologie. Nach dem Beitritt zur NSDAP und zur SA 1933 legte er seine Mitgliedschaft bei der katholischen Studentenverbindung Austria zurück. Seit September 1933 Gauärzteführer, übernahm er im Februar 1938 die Kreisleitung Innsbruck-Stadt und stand ihr auch als Kreiswahlleiter vor, bis er mit Wirkung vom 1. 5. 1938 zum Gauamtsleiter für Volksgesundheit bestellt wurde und in der Folge zum SA-Hauptsturmführer avancierte.[63]

Dr. Theodor ULM, *10. 2. 1883 in Kufstein

Absolvierte das Gymnasium in Bozen, nahm als Kompanieführer im Range eines Oberleutnants am Ersten Weltkrieg teil und war nach Absolvierung des Jusstudiums an der Universität Innsbruck Richter in Rattenberg und Innsbruck, um sich nach dem freiwilligen Ausscheiden als Landesgerichtsrat 1925 als Rechtsanwalt selbständig zu machen. Mitglied des Alldeutschen Verbandes und des Innsbrucker Turnvereins, stand er seit 1930 ideenmäßig im Lager der NSDAP, der er im Dezember 1934 beitrat. Für GL Hofer erledigte er Sonderaufgaben und wurde nach dem Juliputsch verhaftet. Seit Ende 1934 arbeitete er für den Nachrichtendienst der Gestapo und trat aus dem NSKK der SA aus, um zur SS zu gehen, bei der er es bis zum Obersturmbannführer brachte. Am 1. 10. 1938 wurde Ulm zum Gauamtsleiter des Rechtsamtes und Gauführer des NS-Rechtswahrerbundes bestellt. Diese Funktionen bekleidete er bis zu seinem Tod am 25. 3. 1943.[64]

Josef PRANTL, *24. 11. 1891 in Innsbruck

War Volks- und Bürgerschullehrer und von 1925–1933 Abgeordneter im Tiroler Landtag für die Sozialistische Partei, aus der er austrat und sich im März 1933 der NSDAP anschloß, in deren Gaustab er bis 1935 saß. Überdies war er Mitglied im NSKK. Im September 1934 wurde er wegen NS-Betätigung aus dem Schuldienst entlassen, 1936 verbüßte er aus demselben Grund eine sechsmonatige Haftstrafe. Im April 1937 ging er ins »Altreich« und arbeitete als Lehrer in Mainfranken und Oberbayern (Ampfing). Mit Wirkung vom 1. 5. 1938 bestellte ihn Hofer zum Gauamtsleiter für Erziehung und wenig später zum Gauwalter des NSLB. Mit 1. 4. 1939 wurde er zum Regierungsdirektor des Tiroler

1. Die Gauleitung

Schulwesens ernannt und war somit stellvertretender Vorsitzender des Landesschulrats.[65]

Dr. Otto WILDGRUBER, *20. 11. 1898 in Arco

Kehrte 1919 aus der Kriegsgefangenschaft heim, war Mitglied einer deutsch-katholischen Verbindung, des »Akademischen Alpinen Vereins«, bis er der NSDAP 1931 beitrat. Nach der Absolvierung seiner Gerichtspraxis arbeitete er bei seinem Bruder als Rechtsanwaltanwärter und war nach einjähriger Haft in Wöllersdorf ein Jahr arbeitslos. Wildgruber, der auch der SA beitrat, wurde mehrmals verhaftet und vom SD als »alter nationalsozialistischer Kämpfer mit starker Einsatzbereitschaft« geschildert. Er übernahm die Vertretung eines deutschen Konzerns in Innsbruck und wurde nach dem »Anschluß« zum Leiter der Preisüberwachungsstelle und als Gauwirtschaftsberater bestellt.[66]

Fritz LANTSCHNER, *10. 3. 1903 in Innsbruck

Absolvierte die Hochschule für Bodenkultur in Wien und arbeitete von 1926 bis zu seiner Entlassung wegen NS-Betätigung am 1. 9. 1933 als Vertragsingenieur und Beamter des höheren technischen Dienstes bei der Tiroler Landesregierung. Von 1927–1929 bei der Heimwehr, trat er im Mai 1931 der NSDAP bei und bekleidete seit Oktober 1932 das Amt eines landwirtschaftlichen Gaufachberaters im Rang eines Gauamtsleiters. Ab Herbst 1933 fungierte er als Gaubeauftragter für Tirol und war praktisch Hofers Stellvertreter und verlängerter Arm in Tirol nach dessen Flucht. Als einer der Hauptdrahtzieher des Juliputsches floh er ins »Altreich«, wo er zunächst im Flüchtlingshilfswerk, beim Kulturbauamt München, beim Reichsnährstand und schließlich im Reichsamt für Agrarpolitik arbeitete. Am 14. 3. 1938 kehrte er nach Tirol zurück und übernahm kommissarisch die Leitung der Tiroler Bauernkammer.[67] Nach der staatlichen Reorganisation stand er als Regierungsdirektor der Abteilung IV (Landwirtschaft, Wirtschaft, Arbeit) der Reichsstatthalterei Tirol-Vorarlberg vor.

Klaus MAHNERT, *27. 3. 1913 in Marburg

Zog mit seinem Vater, einem evangelischen Pastor, 1923 nach Innsbruck und maturierte hier 1931. Seit 1925 bei der Wandervogel-Bewegung, trat er 1928 dem »Bund Oberland« bei und ging am 19. 6. 1931 zur NSDAP und zur SA. Er studierte drei Semester Jura in Halle, wo er Mitglied der Burschenschaft »Alemannia auf dem Pflug« war. Dem NS-Studentenbund gehörte er ebenfalls seit 1931 an. 1934 SA-Brigadeinspekteur für die SA-Einheiten Tirols und Vorarlbergs, floh er im September 1935 nach Deutschland, nachdem er nach mehrmaligen Verhaftungen insgesamt 330 Tage in Haft gesessen hatte. Zunächst im SA-Hilfswerk Nordost tätig, überwarf er sich mit der SA, deren ranghöchster Führer er in Tirol gewesen war und trat zur SS über. Bis zum »Anschluß« arbeitete er in der SS-Sammelstelle des Flüchtlingshilfswerks in Berlin. Mit 1. 5. 1938 wurde Mahnert als Gauinspekteur bestellt, in welcher Eigenschaft er die Aufsicht über die Politische Organisation im ganzen Gau hatte und dem Gauleiter über die Mißstände in der Partei berichtete. Interimistisch führte er eine kurze Zeit die Kreise Innsbruck, Kitzbühel und Reutte. Von März 1940 bis März 1942 war Mahnert Kreisleiter von Imst. Am 1. 3. 1942 übernahm er den Kreis Dornbirn und kurz darauf auch den Kreis Bregenz, dem er bis Kriegsende vorstand. Er besorgte auch die organisatorische und politische Beratung der deutschen Volksgruppe in den Kreisen Bozen und Salurn und leitete den Abschnitt eines Stellungsbaus in Südtirol. Im Jänner 1945 übernahm er die Leitung der Kanzlei des Gauleiters.[68]

2. Die Kreisleitungen

Die von Reichspropagandaminister Goebbels bis 25. April verkündete Versammlungsruhe wurde von Bürckel verlängert, um die Zeit zur Aufnahme der Mitglieder der NSDAP zu nutzen, da nicht zuletzt durch die Verhältnisse der Illegalität und des Massenansturms nach dem »Anschluß« ein heilloses Durcheinander im Mitgliedschaftswesen bestand. Jedenfalls sollten diejenigen erfaßt und zur Mitarbeit herangezogen werden, die schon früher Mitglieder waren bzw. solche, die sich bei der Machtübernahme als Nationalsozialisten betätigt und verdient gemacht hatten. Generell galten der Zeitpunkt des Bekenntnisses zur NSDAP, die erbrachten Opfer wie auch die fachliche und charakterliche Eignung als Richtlinien für die Besetzung der Parteifunktionen.[69] Diese Kriterien fanden aber nur zum Teil Anwendung. Mit dem Amtsantritt Hofers und der gebietlichen Festlegung der Gaue und Kreise begann der konzentrierte Aufbau der Kreise, Ortsgruppen, Zellen und Blocks. In dieser Phase gelangte eine zweite Welle deutscher Parteifunktionäre nach Tirol, die Bürckel als Berater der Kreisleiter entsandte. Der Reichskom-

2. Die Kreisleitungen

missar tendierte dazu, die deutschen Berater, die er bereits zur Errichtung der Wahlorganisation nach Österreich berufen hatte, wieder anzufordern, sofern sie sich nicht sowieso noch in dem ihnen zugeteilten Kreis aufhielten.[70] In sämtlichen Kreisen des Gaugebiets Tirol waren deutsche Kreisleiter und Kreisobmänner der DAF als Beauftragte des Reichskommissars tätig[71], darüber hinaus noch diverse Beauftragte und Sonderbeauftragte Bürckels für Schulung, Propaganda, Organisation usw. Pg. Buntrock, deutscher Gauorganisationsleiter aus dem Gau Pommern, war dem Gauleiter zur Unterstützung für ein bis zwei Monate zur Verfügung gestellt.[72] Folgende deutsche Kreisleiter traten während des Parteiaufbaus als Berater der Tiroler Kreisleiter in Aktion:

Tabelle 14[73]
Die deutschen Berater der Tiroler Kreisleiter

Kreis	Deutscher Berater	Aus dem Gau
Innsbruck	Alfred Strassweg	Düsseldorf
Schwaz	Erich Diestelkamp	Düsseldorf
Kufstein	Ernst Uranowski	Westfalen-Nord
Kitzbühel	Helmut Seidel	Weser-Ems
Imst	Alfred Zuertz	Hessen-Nassau
Landeck	Ferdinand Esser	Weser-Ems
Reutte	Wilhelm Schwinn	Hessen-Nassau

Uranowski, Seidel und Esser waren bereits während der Volksabstimmung als Berater im Gau Tirol.

Diese »Reichsdeutschen« hatten die Persönlichkeit, sowie Stärken und Schwächen der Tiroler Kreisleiter zu charakterisieren und ihnen quasi Befähigungszeugnisse auszustellen. Sie sorgten für eine reichseinheitliche Ausrichtung der Partei und für den Aufbau effizienter Organisationsstrukturen. Bis zu einem gewissen Grad boten sie Gewähr für die Durchsetzung der Bürckelschen Anweisungen. Durch die Abgabe politischer Beurteilungen und periodischer Berichte nach Wien über die Verhältnisse in den Kreisen spielten sie bei den Personalbesetzungen eine wichtige Rolle. Mit ihrer Sachkenntnis und Erfahrung waren sie in der Reorganisationsphase tatsächlich schwer entbehrlich, ganz besonders in Tirol, wo die zwei führenden Gruppen innerhalb der Partei, die »Illegalen« und die »Emigranten«, sich auf das heftigste bekämpften. Sie konnten beim Einbau beider Gruppen in die Parteiarbeit in gewisser Hinsicht ausgleichend wirken. Andererseits waren jedoch deutsche

Funktionäre selbst stets eine Quelle des Unmuts und des Neides bei Tiroler Parteigenossen. Zuweilen fühlten sich einheimische Nationalsozialisten auch bevormundet. Die »Reichsdeutschen« erfüllten bei der Errichtung der Organisation bedeutende Leitungsaufgaben, ihre Beratertätigkeit war aber zeitlich limitiert, nach der Erfüllung ihrer Mission kehrten sie in ihren angestammten Kreis zurück. Oft drängten sie sogar auf eine schnelle Heimkehr, um sich wieder um die Belange des eigenen Kreises kümmern zu können und um den Tiroler Kreisleitern die Möglichkeit zu geben, ihre Selbständigkeit unter Beweis zu stellen. Manchmal wünschte Hofer einen längeren Aufenthalt, bis ein reibungsloses Funktionieren der Parteiarbeit im Kreis gewährleistet schien. Auch nach Abzug der deutschen Berater bis spätestens August 1938 fanden sich »Reichsdeutsche« in einigen wichtigen Positionen. Von einer »Verpreußung« der Tiroler Partei zu sprechen, entbehrt jedoch jeglicher Grundlage. Die absoluten Spitzenfunktionen waren, sowohl was die Gauamtsleiter als auch was die Kreisleiter betrifft, mit ganz wenigen Ausnahmen fest in einheimischer Hand.

Die Kreisleiter

Tabelle 15[74]
Die Tiroler Kreisleiter 1938/39

Kreis	13. 3. 1938	1. 6. 1938	Herbst 1938	Frühjahr 1939
Landeck	TILZER	BERNARD	BERNARD	BERNARD
Imst	KIENEL	HOFER II	HOFER II	HOFER II
Reutte	SCHRETTER	SCHRETTER	HOFER II	MERATH
Innsbruck-Stadt*	MALFATTI	HANAK	MAHNERT	PRIMBS
Innsbruck-Land	WAITZER	HANAK	MAHNERT	PRIMBS
Schwaz	KUNSEK	KUNSEK	PLONER	AICHHOLZER
Kufstein	WILLE	PLONER[75]	PLONER	PLONER
Kitzbühel	POSCH	POSCH	HANAK	HANAK

*Die Kreise Innsbruck-Stadt und Innsbruck-Land wurden bald nach der Volksabstimmung zusammengelegt.

Hofer ging mit fester Entschlossenheit an die Ablöse der »Illegalen« von der Spitze der Kreisleitungen. Bereits am Tage von Hofers Rückkehr ernannte Bürckel auf Vorschlag des Gauleiters kommissarisch die Kreisleiter. Von acht Kreisleitern, die Christoph eingesetzt hatte, wur-

2. Die Kreisleitungen

den nur drei, nämlich Posch, Schretter und Kunsek, bestätigt (Tabelle 15). Malfatti wurde Gauamtsleiter. Die alten Mitstreiter und engen Vertrauten Hofers, nämlich Bernard, Hofer II und Ploner, die alle aus der Clique der »Emigranten« kamen und die Hofer bereits als Kreisleiter vorgesehen hatte, als er noch in Berlin saß, wurden von Hofer aus dem Reich angefordert und übernahmen die Kreisleitungen in Landeck, Imst und Kufstein. Hanak, ein »alter Kämpfer« und umsichtiger Wahlkampfleiter, wurde an die Spitze des Kreises Innsbruck gestellt. Als es um die definitive Ernennung der Kreisleiter ging, schlug Hofer dem Reichskommissar die KL Hofer II, Ploner und Bernard vor. Posch, Schretter, Kunsek und zunächst auch Hanak bezeichnete er als »nicht empfehlenswert«.[76] Die restlichen »Illegalen« schaltete der Gauleiter in der Folge aus, wobei besonders die Nichteinhaltung der Hoferschen Richtlinien für eine rasche Abfolge verschiedener Kreisleiter innerhalb weniger Monate verantwortlich war. Der Kufsteiner KL Wille war noch mit der Begründung abgesetzt worden, daß er die alten Parteigenossen aus der Vorverbotszeit nicht zur Mitarbeit heranziehe.[77] Der Kreisleiter von Reutte, Karl Schretter, wurde hingegen abrupt abgelöst, für kurze Zeit in Haft genommen, aus der Partei ausgeschlossen und nach seiner Entlassung mit einem Aufenthaltsverbot für den Kreis Reutte und den Gau Tirol belegt. Auf eigenen Wunsch durfte er mit der Auflage, sich nicht mehr um Politik zu kümmern, zurückkehren.[78] Hofer II, der interimistisch den Kreis Reutte neben Landeck leitete, hatte sich gegen eine Heimkehr Schretters ausgesprochen und gemeint:

»Ich finde es eigenartig, daß der Mann überhaupt so wenig Ehrgefühl in sich trägt und würde es bedeutend lieber sehen, wenn sein sowieso verschuldetes Geschäft aufgelöst würde und er zwangsweise im Altreich seinen Aufenthalt nehmen müßte.«[79]

In einer Großkundgebung in Reutte am 6. November 1938 hatte GL Hofer die Korruption des Dollfuß-Schuschnigg-Regimes heftig angeprangert und eine Reihe entsprechender Tiroler Fälle aufgelistet, um den Fall Schretter als Kleinigkeit im Vergleich zu den Verfallserscheinungen der »Systemzeit« hinzustellen. Die Korruption der Nationalsozialisten sollte so zu einem Ausnahmefall bagatellisiert werden, der rückhaltlos bereinigt würde.[80] In der Presse durften Verfehlungen von Parteigenossen nicht erwähnt werden, deren Behandlung blieb den Parteigerichten und politischen Hoheitsträgern vorbehalten. Bei gerichtlichen Untersuchungen sollte kein Hinweis auf die Parteizugehörigkeit in die Öffentlichkeit gelangen. Zwischen Hofer und Schretter, der bei der Bevölkerung viel beliebter war als sein Vorgänger Hofer II und der wie die anderen noch von Christoph eingesetzten Kreisleiter bei Bürckel gegen die Bestellung Hofers zum Gauleiter opponiert hatte, gab es allerdings enorme Spannungen persönlicher und sachlicher Natur.[81] Die Schretter zur Last gelegte Korruption war vielmehr vorgeschoben und traf noch stärker auf den Gauleiter selbst und seine Clique zu. Schretter hatte jedenfalls bereits in der Verbotszeit eine andere Politik als der Hoferflügel verfolgt und sich gegen terroristische Aktivitäten ausgesprochen. Er setzte sich sogar für die Angliederung Reuttes an den Gau Schwaben ein. Nach dem »Umbruch« war Schretter bestrebt gewesen, Verhaftungen tunlichst zu vermeiden, um keine anarchischen Zustände heraufzubeschwören. Aus diesem Grund kam es zu schweren Auseinandersetzungen zwischen SS-Mitglied KL Schretter und der SA, die dessen kurzfristige Abwesenheit zu zahlreichen Verhaftungen nützte. Schretter ließ die Gefangenen schließlich wieder auf freien Fuß setzen. Darüber hinaus hatte er mehreren Juden, von denen einer aktiver Kommunist gewesen sein soll, Wohlverhaltenszeugnisse ausgestellt und die Kirchenpolitik des Gauleiters unterlaufen. Im Gegensatz zu den anderen Kreisleitern trat er auch aus der Kirche nicht aus. Das Wohlverhaltenszeugnis, das Schretter dem jüdischen Betriebsleiter der Planseewerke ausstellte, stand im schroffen Gegensatz zur NS-Rassenlehre:

»Ich bestätige, daß ich mit Ihrer Führung der Metallwerke Plansee Ges. m. b. H. in sozialer Hinsicht und mit ihrem ständigen Entgegenkommen uns gegenüber vollauf zufrieden war und daher großen Wert darauf lege, daß Sie weiterhin der Leitung dieses Betriebes erhalten bleiben. Ich hoffe, daß Sie auch weiterhin Ihr soziales Empfinden den Angestellten und Arbeitern gegenüber sehr gut zur Geltung bringen, sodaß die bisherige angenehme Zusammenarbeit zwischen uns gewahrt bleibt.«[82]

Hofer wollte Schretter kaltstellen, weil dieser nicht Disziplin hielt, sich ihm persönlich widersetzt hatte und die Generallinie der Partei untergrub. Er ließ Schretter und dessen Frau deshalb am 17. Oktober 1938 verhaften und ins Innsbrucker Gefangenenhaus einliefern, wo ihn die Gestapo sechs Wochen lang täglich verhörte, beschimpfte und schlug. Als er Hofer vorgeführt wurde, drohte ihm dieser mit der Verschickung nach Dachau und legte Schretter den mit Heydrichs Unterschrift versehenen Einlieferungsbefehl vor.[83] Überdies ließ Hofer die Unternehmen Schretters beschlagnahmen. Hofer wollte Schretter aus Reutte vertrei-

2. Die Kreisleitungen

ben, um die Kreisleitung mit einem Mann seines Vertrauens besetzen zu können. Der Kreisleiter sollte dazu gebracht werden, seine Schuld einzugestehen, sich an jüdischem Besitz vergriffen zu haben. Er wurde deshalb vor ein Parteigericht unter Beisein von Gauinspekteur Mahnert und dem Vorsitz von Dr. Ernst Baumbach gestellt, der nach außen hin auf Wunsch des Gauleiters Schretters Bereicherung an jüdischem Vermögen aus der Schwarzkopfvilla herausstreichen sollte. Schretter hatte unter Umgehung des Dienstwegs und der Person Hofers dem Reichsschatzmeister die Beschlagnahme der beiden Schwarzkopfvillen gemeldet, auf die Hofer und ein höherer SS-Führer selbst ein Auge geworfen hatten. Die Verhaftung Schretters war unter dem Vorwand vorgenommen worden, daß sich Schretter eines größeren Geldbetrages bemächtigt und diesen verspätet der Partei überwiesen hätte. Während des Parteigerichtsverfahrens belasteten ihn mehrere Zeugen wie sein Kindermädchen, die Haushälterin Schwarzkopfs oder der SA-Führer Glätzle mit der Aussage, diverse Gegenstände aus der jüdischen Villa in seinem Haus gesehen zu haben. In der Reuttener SS kursierte das Gerücht, daß der Kreisleiter Unterhosen aus jüdischem Besitz trage. Schretter legte zwar vor der Gestapo ein Teilgeständnis ab, widerrief es jedoch vor dem Gaugericht, da es nur unter Druck und Erpressung zustande gekommen wäre. Jedenfalls konnte Jahre später der Reuttener Landrat aufgrund eigener Recherchen in Erfahrung bringen, daß die Schretter zur Last gelegten Gegenstände »einwandfrei« ihm selbst gehört hatten. Dem Entscheid des Parteigerichts vom 22. Oktober 1938 auf Ausschluß aus der NSDAP wegen der Aneignung jüdischen Eigentums folgte ein von Hofer eigenmächtig ausgesprochenes einjähriges Gauverbot, das durch Vorsprache der Ehefrau Schretters in der Kanzlei Bürckels abgemildert wurde, sodaß die Schretters im März 1939 nach Reutte heimkehrten. Doch zwei Tage nach seiner Rückkehr wurde Schretter durch den Landrat die Verhaftung angedroht, wenn er Reutte nicht verlasse. Erst nach dem Telefonat von Schretters Frau mit der Kanzlei Bürckels konnte sich der ehemalige Kreisleiter wieder in Reutte niederlassen.[84]

Der Schwazer KL Karl Kunsek demissionierte »freiwillig«, da er in der Bevölkerung sehr umstritten war und seine Objektivität angezweifelt wurde. Er wußte nämlich seine politische Funktion so zu nutzen, daß auch sein Bauunternehmen florierte. Bereits sein deutscher Berater hatte Kunseks berufliche Tätigkeit und dessen politisches Amt für unvereinbar gehalten.[85] Am 10. Dezember 1938 teilte die Gauleitung dem Reichskommissar die Enthebung Kunseks mit.[86]

Auch der Kreisleiter von Kitzbühel, Hans Posch, mußte nach Verhaftung durch die Gestapo und einer gegen ihn eingeleiteten Untersuchung sein Amt quittieren. Hofer wollte ihm zwar die Möglichkeit einräumen, freiwillig zurückzutreten, Posch organisierte jedoch weiterhin »wüste Ausschreitungen« gegen Person und Eigentum ehemaliger »Systemgrößen« und wurde daraufhin sofort abgesetzt.[87] Posch legte bei den Verhaftungen nach dem »Anschluß« ein rigoroses Verhalten an den Tag, wobei er sich mehr von persönlichen als politischen Motiven leiten ließ. Wiederholt wandten sich Enthaftete sogar an die Gestapo, um die Beendigung der Nachstellungen der Kitzbüheler Kreisleitung zu erbitten. Gegen Otto Zimmeter, Josef Thurnher und Max Werner ging Posch besonders schikanös vor. Als diese nach ihrer Enthaftung in Räumlichkeiten des bezirksgerichtlichen Gefängnisses eine »Wiedersehensfeier« veranstalteten, die auch von den ehemaligen Anhängern des »Ständestaates« als »frivol« abgelehnt« wurde[88], ließ Posch die drei mit Stahlketten gefesselt mitten in der Stadt vor einer aufgebrachten Volksmenge im offenen Wagen nach Innsbruck abtransportieren und danach Bilder dieser Machtdemonstration öffentlich zur Schau stellen. Nach Aussage Zimmeters fühlten sich die Betroffenen selbst von der Gestapo anständiger behandelt. Einige Zeit später wurde in einem tumultartig verlaufenden Haßausbruch Zimmeters Haus und Geschäft in Kitzbühel mit Rufen wie »Auf nach Dachau!« gestürmt. Einerseits lehnte GL Hofer Posch »aus persönlichen Gründen« ab[89], andererseits war dessen Verbleib als Kreisleiter nach Aussage von Gestapochef Werner Hilliges tatsächlich untragbar geworden, »da er durch sein scharfes Vorgehen auf die Partei schädigend wirkte und zwar insbesondere in den Fällen Dr. Zimmeter, Max Werner, Thurnher und Föger«.[90] Hier manifestiert sich auch ein Problem, das nicht nur auf Kitzbühel isoliert blieb. »Illegale«, »alte Kämpfer«, ehemalige »Legionäre« und Mitglieder der NS-Terrortrupps stellten nach dem »Anschluß« die höchsten Ansprüche und erwarteten großzügige Kompensation für ihre Opfer und ihren Einsatz für die Partei. In ihren hochgeschraubten Erwartungen sahen sie sich schnell enttäuscht. Ihrem Geschmack nach waren ihre ehemaligen Gegner viel zu glimpflich davongekommen, und ihr Bedürfnis nach persönlicher Rache war noch keineswegs gestillt. Die Unzufriedenheit dieser Parteigenossen vergrößerte sich auch dadurch, daß sich viele »Märzveilchen« lukrative Posten ergattern hatten können und dadurch in unliebsamer Konkurrenz zu ihnen standen, während Bürckel und Hofer die Neu-Parteigenossen mit offenen Armen aufnahmen. Bürckel hatte wiederholt betont, daß unter der Führung der Partei alle »Volksgenossen«, auch die

2. Die Kreisleitungen

früheren Gegner, zur Mitarbeit herangezogen werden sollten. Hofer nahm alle, die erst nach dem März 1938 zur Partei gestoßen waren bzw. ihre Bereitschaft dazu signalisierten als Geläuterte in Schutz, die den »seelischen Anschluß« gefunden hätten. Er verbat sich Verunglimpfungen und Angriffe gegen sie, da dies dem Zusammenschmelzen der »Volksgemeinschaft« schaden und dem Volksgedanken widersprechen würde. Hofer mahnte alle Parteimitglieder zu stets neuem Einsatz mit höchster Kraft:

»In der Nationalsozialistischen Deutschen Arbeiterpartei gibt es keine Pensionistenlorbeeren. So lange einer Leistung vollbringt, wird dies gewertet und anerkannt. Wird er müde und leistet nichts mehr, so hat er auch kein Recht an der Kritik und hat abzutreten und dem nächsten Platz zu machen, der bereit ist, mit aufrechtem Gang seinen Platz auszufüllen [...]. Wer heute Zeit hat, aus dem Schmollwinkel heraus zu meckern, dem kann ich einen aufrechten Willen zur Mitarbeit nicht zubilligen. [...] Wer ehrlich und tüchtig ist, wird also den ihm gebührenden Platz finden, in der Volksgemeinschaft und auch in der Partei.«[91]

Gauamtsleiter Pisecky stieß ins selbe Horn:

»Wer sich rühmen darf, alter Parteigenosse und alter Kämpfer zu sein, der kann sich nicht auf erhöhte Rechte berufen, der hat nur die erhöhte Pflicht, auch jetzt noch und weiterhin den anderen Vorbild zu sein. Jeder wird nicht so sehr nach der Vergangenheit, als vielmehr nach der Haltung beurteilt, die er heute an den Tag legt und nach dem Einsatz, den er im Dienste der Allgemeinheit zu leisten gewillt ist.«[92]

Bereits kurze Zeit nach der Volksabstimmung radikalisierte sich ein Teil jener Parteigenossen oder national eingestellten »Volksgenossen«, die einen raschen wirtschaftlich-sozialen Aufstieg erwartet hatten. Dies führte deshalb auch nach der anarchischen Phase der ersten Tage nach dem »Anschluß« wiederholt zu eruptiven Ausbrüchen mit Stoßrichtung gegen Anhänger des gestürzten Schuschnigg-Regimes. Fanatischer Haß, wilde Rachsucht und das Gefühl, zu kurz gekommen zu sein, mobilisierten eine aufgebrachte Masse, die sich in wüsten Ausschreitungen erging und auf härtere Maßnahmen drang. Ortsgruppenleiter, Mitglieder der Parteiformationen oder auch nur kleine Nazis forderten die Ausweitung und radikale Verschärfung der Maßnahmen gegen alte »Systemanhänger«. Listen wurden erstellt und Namen von »Vaterländischen«, die noch abzusetzen und durch verdiente Parteigenossen zu ersetzen wären, an höhere Parteistellen weitergereicht. Der Besitz vermögender Gegner sollte zur Wiedergutmachung herangezogen werden.[93] Zu einem besonders starken Ausbruch dumpfer Haß- und Rachegefühle kam es in Imst[94], wo am Abend des 26. April 1938, also bereits zwei Wochen nach der Volksabstimmung, mehrere Hundert Demonstranten ihrer starken Mißstimmung über zu geringe Härte gegenüber ehemaligen Heimwehrmännern und sonstigen »Systemleuten« zum Ausdruck brachten. Unmittelbarer Anlaß war die Freilassung des Gendarmeriekommandanten von Imst und die Aufnahme eines Anhängers des alten Regimes in den Gemeindedienst. Bei den laut BH Imst »starken Ausschreitungen« wurden bekannte NS-Gegner aus ihren Wohnungen geholt, von der tobenden Menge verspottet und mit Ohrfeigen, Faustschlägen und Fußtritten bedacht. Zentrum des sich entladenden Volkszorns war der Stadtplatz von Imst, wo die Mißhandelten gezwungen wurden, Tafeln mit der Aufschrift »Freikarte nach Dachau« oder »Ich bin ein Schwein und gehöre nach Dachau« zu tragen. Die Festnahme der Geschundenen durch eine SS-Patrouille empfanden diese geradezu als »Befreiung«. Die meisten von ihnen wurden bald darauf wieder entlassen, durften aber nicht mehr nach Hause zurück, um die Stimmung in Imst nicht wieder aufzuheizen. Aus demselben Grund mußte auch der Amtsdiener der BH Imst die Stadt verlassen, da er ungerechtfertigter Weise in den Verdacht gekommen war, vor dem »Anschluß« auf einen Nationalsozialisten geschossen zu haben. Er wurde schließlich in der LHM untergebracht, während ein arbeitsloser SA-Mann, wie es der tobende Mob gefordert hatte, an seiner Statt angestellt wurde.

Nach der Entlassung der letzten drei Kreisleiter (Posch, Schretter, Kunsek), die noch von Christoph in diese Funktion berufen worden waren, wurden die Kreise Reutte, Schwaz und Innsbruck bis zu ihrer definitiven Besetzung durch Hofer II, Ploner und Gauinspekteur Mahnert interimistisch betreut. Der Kreis Innsbruck wurde der Gauleitung unterstellt und Mahnert bekleidete die Rolle als Verbindungsmann zwischen Kreis und Gauleitung. Schließlich übernahm im Jänner 1939 Georg Aichholzer den Kreis Schwaz und Dr. Max Primbs im Februar den Kreis Innsbruck. Mitte März 1939 kam Alfred Merath als Kreisleiter nach Reutte. Die Kreisleiter, die seit Hofers Rückkehr einen Kreisleiterposten bekleidet hatten (Bernard, Hofer II, Schretter, Hanak, Kunsek, Ploner, Posch, Mahnert, Merath, Primbs, Aichholzer), waren im Anschlußjahr in der Regel zwischen 30 und 40 Jahre alt. Nur die Christophleute Schretter (43) und Kunsek (45) waren älter, während Mahnert (25) und Primbs (28) ein jüngeres Alter aufwiesen. Das Durchschnittsalter dieser Kreisleiter betrug demnach 35 Jahre. Deutsch-natio-

2. Die Kreisleitungen

nal erzogen, wuchsen sie im Klima der Kriegs- und Nachkriegszeit heran und fanden über Fronterlebnis, Grenztumskampf, deutsch-völkische Turnbewegungen oder Burschenschaften zur NSDAP. Von ihrem sozialen Hintergrund aus betrachtet sind sie der Mittelschicht zuzuordnen, wobei der neue Mittelstand sehr stark vertreten war. Merath, Posch, Ploner, Hofer II und Hanak waren Beamte bzw. Angestellte. Bernard, der den Beruf eines Elektrikers erlernt hatte, stammte aus einer angesehenen Landecker Beamtenfamilie, der Vater von KL Aichholzer war Bahnbeamter. Als Selbständige wie Kunsek oder Schretter sahen sie ihr Unternehmen durch Wirtschaftskrise und anhaltende Stagnation gefährdet oder erhofften vom Nationalsozialismus einen entsprechenden Wirtschaftsaufschwung. Weiters standen soziale Entwurzelung und Schwierigkeiten bei der Wiedereingliederung in das Zivilleben nach dem Ersten Weltkrieg neben der Erfahrung sozialer Deklassierung. So mußte sich KL Aichholzer nach Fronteinsatz, Teilnahme an Freikorpskämpfen im Baltikum und am Kapp-Putsch als Bahnschaffner verdingen, ehe er nach seinem Eintritt in die Partei wieder einer militärischen Kampfformation angehörte und die SA in Tirol aufbauen und bis zu seiner Flucht ins Reich führen konnte. Die meisten Kreisleiter waren gebürtige Tiroler oder bereits seit ihrer Kindheit in Tirol ansässig. Nur Hanak als Wiener sowie Primbs und Merath als »Reichsdeutsche« wichen von diesem Herkunftsprofil ein wenig ab. Hanak und Primbs, der aus Hohenpeissenberg bei München kam, hatten aber starke Affinitäten zu Tirol. Hanak war 1926 als 27jähriger nach Innsbruck gezogen und hatte hier die erste HJ-Ortsgruppe gegründet. Weiters fungierte er als Führer des HJ-Westgaus und ab Sommer 1932 als Bezirksleiter von Kufstein–Kitzbühel, bis er im Oktober 1933 beruflich u. a. nach Feldkirch strafversetzt wurde, wo er weiter sehr engagiert für die Partei als Bezirksleiter, Gauorganisationsleiter und Gauleiterstellvertreter von Vorarlberg tätig war. Aufgrund seiner großen Erfahrungen hatte ihn Gauwahlleiter Christoph gleich nach dem »Umbruch« zur Bekleidung einer Führungsstelle in der Wahlorganisation nach Tirol geholt. Primbs, der sein Medizinstudium zeitweise in München und Innsbruck absolvierte, hatte in Innsbruck eine äußerst rege Tätigkeit für die illegale Bewegung entfaltet. 1934–1938 stand er als Stabsführer im Rang eines SA-Sturmbannführers der SA-Brigade 89 Innsbruck vor und machte sich in der Gauhauptstadt auch nach dem »Anschluß« verdient, als er führend mithalf, die SA zu reorganisieren. Der einzige Kreisleiter ohne Bezug zu Tirol ist in der Person des Münchners Alfred Merath zu finden, der als Tierzuchtbeamter drei Jahre erster Bürgermeister von Freilassing war und der dortigen Ortsgruppe vorgestanden hatte. Aichholzer, Bernard, Hofer II, Ploner und Mahnert gehörten dem Kreis der »Emigranten« an, die auch in den Kreisleitungen die »Illegalen« bzw. Repräsentanten der Christophgruppe verdrängten.[95]

Die personelle Besetzung der Kreisleitungen

Die wohl größten Schwierigkeiten bei der Besetzung der Kreisleitungen und Ortsgruppenleitungen ergaben sich aus dem Gegeneinander von »Illegalen« und »Emigranten«. Die mehr oder weniger ausgewogene Berücksichtigung der verschiedenen Gruppen und der Abbau der überaus starken Spannungen zwischen ihnen gelang nicht selten erst dann einigermaßen, wenn die deutschen Kreisleiterberater die Tiroler Kreisleiter bearbeiteten und ihnen den Weg wiesen. In Reutte[96] zierte sich KL Schretter lange, bis er einer ausgewogeneren Personalpolitik zustimmte, KL Wille in Kufstein mußte ja aufgrund seines anhaltenden Widerstandes, »alte Kämpfer« und »Emigranten« in die Führungspositionen einzubauen, abgesetzt werden. Sein Nachfolger Ploner war vor die Aufgabe gestellt, die Kufsteiner Partei bis in die letzte Ortsgruppe zu befrieden. Durch den Kreisleiterwechsel herrschte quasi ein »Zweifrontenkrieg innerhalb der Parteigenossenschaft«. Nun bestand die Gefahr, daß selbst die Bewährtesten der »Illegalen« völlig übergangen wurden. Auch in diesem Kreis war es dem deutschen Berater, der mäßigend auf den Kreisleiter einzuwirken versuchte, zu verdanken, daß der Kreis schließlich zur Ruhe kam und der organisatorische Aufbau nach Beendigung der ärgsten Querelen endlich in Angriff genommen werden konnte. Mit der Zeit gelang es, die gespannte Situation in den meisten Kreisen zu entschärfen, nur in Schwaz und Innsbruck schwelte der Konflikt lange weiter. Die Reibereien zwischen den Fraktionen und die Freunderlwirtschaft hemmten den Aufbau der Parteistrukturen nachhaltig. In Innsbruck, wo zu guter Letzt die Kreisamtsleiter vorwiegend aus den Reihen der »alten Kämpfer« kamen, machten sich die Machtkämpfe zwischen Hofer, Christoph und ihren Cliquen besonders massiv und negativ bemerkbar, da die Gauleitung zugleich Sitz der Kreisleitung war. Im Jänner 1939 wußte die Gauleitung zu berichten, daß es im Gau Tirol-Vorarlberg »fast restlos« gelungen wäre, die Gegensätze zwischen den rivalisierenden Gruppen zu überbrücken. Die »Emigranten« hatten jedoch deutlich die Oberhand gewonnen. Die Gauleitung konnte deshalb befriedigt feststellen, »daß ein ziemlich großer Teil der Politischen Leiter über entsprechende Erfahrungen aus dem Altreich verfügt«.[97] Die

2. Die Kreisleitungen

»Illegalen« hatten gegenüber den »Emigranten« überwiegend im zweiten Glied zu stehen und wurden nicht selten auch gegenüber einigen sachlich qualifizierten »Reichsdeutschen« benachteiligt.

Ein weiteres ernstzunehmendes Hindernis bei der Reorganisation ergab sich aus der starken konfessionellen Bindung breiter Bevölkerungsschichten, die sogar in Parteikreisen anzutreffen war. Die geographische Beschaffenheit dünn besiedelter Kreise wie Schwaz erschwerte eine intensive propagandistische Bearbeitung und Durchorganisierung. Die »Emigranten« schöpften aus dem Umstand der starken kirchlichen Verankerung der Bevölkerung einen weiteren Vorteil. Für ihre Bevorzugung sprach, daß sie durch ihren Reichsaufenthalt als ideologisch gestärkter und vom Katholizismus weniger angekränkelt galten. Der deutsche Berater für den Kreis Imst brachte dies auf folgenden Nenner:

»Die Menschen im Kreis Imst, wie wohl im gesamten Lande Tirol sind fast ausschließlich so stark konfessionell gebunden, daß sie sich selten mit dem Gesamtwohle der Bevölkerung aktiv auseinandersetzen können. Dies trifft teilweise auch auf die Parteigenossen, zum Teil auch auf die Ältesten zu. Eine Ausnahme machen allein die, die längere Zeit oder kürzere Zeit vor der Wiedervereinigung sich im Reiche aufhielten.«[98]

Bei der Reorganisation der Partei wurden prinzipiell alle Gruppierungen dringend benötigt, da in der Gauleitung und den Kreisen akuter Personalmangel herrschte. Funktionäre mit entsprechender Fachkenntnis gingen der Partei jetzt sehr ab. Im Kreis Innsbruck fehlten den Mitarbeitern des Kreisleiters »elementarste Grundbegriffe«. Die »Illegalen« waren aber mit den ihnen zugestandenen Posten oft unzufrieden und meckerten bzw. kritisierten ständig. Der Geheimbericht über den Parteiaufbau in der »Ostmark« stellte dazu etwas zugespitzt und polemisch fest:

»Mit den sogenannten illegalen Kämpfern hat man durchwegs Schwierigkeiten, da dieselben einerseits entweder ganz hochbesoldete Posten beanspruchen, die sie aufgrund ihrer Kenntnisse jedoch nie bekleiden können, während andere trotz ihrer Schulbildung (Doktorgrade) am liebsten Wachdienste, Ordonnanzdienste oder Postverteilungsdienste machen wollen. Setzt man nun illegale Kämpfer auf bestimmte Posten, so beginnen sie zu fordern. Die Leistung steht jedoch in keinem Verhältnis zu ihren Forderungen. Einmal auf einen bestimmten Posten gesetzt, entwickelt sich bei vielen der Größenwahn.«[99]

Finanzielle Probleme

Gründe für die enormen Probleme bei der Kaderauswahl sind nicht zuletzt auch in den Finanzschwierigkeiten der Partei zu sehen. Gerade in der ersten Zeit nach dem »Anschluß« waren die Kreisleiter ehrenamtlich tätig und ihre Mitarbeiter bekamen kaum ein Entgelt. So ist es denn nicht verwunderlich, daß fähige Parteigenossen in die florierende Privatwirtschaft abwanderten. Staatliche Stellen (v. a. Justiz und Bezirkshauptmannschaften), Wirtschaft und Partei beschuldigten einander gegenseitig der Abwerbung qualifizierter Arbeitskräfte. Bei dieser Ausgangslage wird verständlich, daß die Heranziehung kompetenter Leute auch aus dem »Altreich« zum Teil dringend geboten schien. So traten bei der personellen Besetzung der Revisionshauptstelle der Gauleitung Tirol-Vorarlberg, die laufend die Kassa und Buchführung der Dienststellen der NSDAP und ihrer Gliederungen zu überprüfen hatte, erhebliche Probleme auf. Bis März 1939 konnte weder ein Hauptstellenleiter noch die vier notwendigen hauptamtlichen Gaurevisoren bestellt werden, da Parteigenossen mit entsprechenden Sachkenntnissen nicht greifbar waren. Unter Pg. Bienussa, der das Amt voläufig betreuen mußte, arbeiteten zu diesem Zeitpunkt neben diversen kleineren Angestellten nur drei Gauhilfsrevisoren, zwei davon waren Gebietsrevisoren aus dem »Altreich«; der dritte, Kreisrevisor S., Bankbevollmächtigter der Landeshypothekenanstalt Innsbruck, zog es vor, bei der Bank tätig zu bleiben.[100] In den Gauämtern und Kreisleitungen herrschte ein chronischer Geldmangel. Sehr lange gab es keine genaueren Richtlinien für die Finanzgebarung, während Zuwendungen für Österreich durch den Reichsschatzmeister Schwarz gekürzt wurden.[101] So schränkten bei der Neuerrichtung von Parteidienststellen, wie etwa dem Gauamt für Kommunalpolitik, die finanziellen Engpässe die Arbeitsintensität gerade in der wichtigen Anfangsphase stark ein.[102] Die Geldschwierigkeiten der Partei und ihrer Gliederungen nahmen manchmal geradezu groteske Formen an. So ließ sich im Kreis Landeck die SA von den Gemeinden Holz schlagen, um ihre Uniformierung sicherzustellen.[103] Unzählige wichtige Parteiposten waren mit Leuten besetzt, die persönlich sehr gut miteinander befreundet waren. Bisweilen versuchten Reichsstellen diese Freunderl- und Klientelwirtschaft zu unterbinden, wenn sie dadurch, wie im Falle des Gauschatzmeisters, selbst tangiert waren.[104] Gauschatzmeister Neuner war wie die meisten Gauamtsleiter ein Duzfreund Hofers und zu schwach, um ihm gegenüber die Anweisungen der Partei und Reichsfinanzverwaltung durchzusetzen. Hofer hatte den Ehrgeiz, den Parteiaufbau in Tirol im schnellstmöglichen

2. Die Kreisleitungen

Tempo durchzuführen und mit den »Altreichsgauen« gleichzuziehen. Auf die finanziellen Möglichkeiten nahm er dabei wenig Bedacht. Der wichtigste Mann der Partei- und Finanzverwaltung in Tirol war Reichsoberrevisor Baum, den Bürckel nach Tirol entsandt und der die Anordnungen des Reichsamtsleiters Meiler in Wien bzw. des Reichsschatzmeisters zu realisieren hatte. Ihm gelang es, Hofer einzubremsen und »alle finanziellen Fehlgriffe oder Vorhaben auf abwegigem Gebiet seitens des Gauleiters im stillen Einvernehmen mit dem Gauschatzmeister abzubiegen«.[105] Die Gauleitung unter Hofer hob ständig die negativen Auswirkungen auf die Parteiarbeit hervor, die dadurch heraufbeschworen würden, daß die Kreise und Ortsgruppen über keine regelmäßigen Etats verfügten, daß die Parteifunktionäre, besonders die der unteren Ebene, unterbezahlt wären und gleichzeitig ihren Zivilberuf nicht mehr voll ausüben könnten, während Unpolitische und frühere Gegner vom Wirtschaftsaufschwung weit größeren Nutzen zögen.[106] Hofer ging dazu über, die Angestellten der Gau- und der Kreisleitungen nicht nach den vom Reichsschatzmeister aufgestellten Richtlinien, sondern nach eigenen Haushaltsplänen zu entlohnen. Reichsamtsleiter Meiler konnte nach heftigen Disputen mit dem Gauleiter die Herabsetzung der Parteigehälter in Tirol erreichen.[107] Für ähnliche Probleme sorgten aber auch die Kreisleiterberater aus dem »Altreich«, die beim Aufbau keine finanzielle Zurückhaltung kannten und bei der Beschaffung von Diensträumen wie deren Ausstattung die Verhältnisse im »Altreich« im Auge hatten.[108] Zwischen Hofer und Meiler herrschte ein sehr getrübtes Verhältnis aufgrund von Differenzen in finanziellen Angelegenheiten. Hofers Vorstöße und Beschwerden über Meiler bei Bürckel waren zahlreich. Zu geringe Geldzuteilungen an den Gau, welche die Auszahlung der Bezüge nicht gewährleisteten, bekrittelte er ebenso wie sein mangelndes persönliches Verfügungsrecht über den Verwendungszweck der finanziellen Mittel. Besonders das »Hineinregieren« in den Gau durch Anweisungen zentraler Dienststellen an den Gauschatzmeister störte den Gauleiter ungemein.[109] Eifersüchtige und überempfindliche Reaktionen auf Anordnungen übergeordneter Stellen sind bezeichnend für das Selbstverständnis und den absoluten Herrschaftsanspruch Hofers, der seine Machtkompetenzen eisern verteidigte und permanent zu erweitern suchte. Die Finanzverwaltung der Partei konnte sich Hofer aber nicht sichern. Wie in den anderen Gauen wurden solche Pläne der Gauleiter vom Reichsschatzmeister und seinen Beamten vereitelt. Um der Partei mehr Geldquellen zu erschließen, wies der Gauleiter die Gemeinden an, 0,50 RM pro Kopf der Bevölkerung für die Partei abzuführen und in ihren Haushaltsplänen unter der Bezeichnung »für kulturelle Zwecke« bzw. »Fonds für Feiertagsgestaltung« zu verbuchen.[110] Ansonsten hielt sich die Partei zur Auffettung ihrer Finanzen auch am beschlagnahmten jüdischen und gegnerischen Vermögen schadlos.

Beim Wiederaufbau des Parteiapparats sah sich die NSDAP also mit einer ganzen Reihe von Schwierigkeiten konfrontiert, die zu einem Großteil mit der Personalfrage zusammenhingen. Die drängendsten Probleme betrafen die Auseinandersetzung zwischen »Illegalen« und »Emigranten«, den Personalmangel speziell bei qualifizierten Kadern, die starke Verankerung des Katholizismus in der Bevölkerung, die finanzielle Notlage der Partei und schließlich auch noch die Differenzen zwischen der Politischen Organisation und der SS bzw. der SA.

3. Parteiorganisation und Parteistruktur

Das Verhältnis der Partei zur SS und zur SA

In organisatorischer Hinsicht gelang es, die angeschlossenen Verbände (NSV, DAF, NSLB etc.) und Gliederungen (HJ, NSKK, Frauen/Studentenschaft, Dozentenbund) fest an die Partei zu binden und den unbedingten Führungsanspruch der Partei zu wahren. Bürckels Anweisung, daß die Leiter der angeschlossenen Verbände und Gliederungen gleichzeitig als Beauftragte des Hoheitsträgers fungierten und die Leiter der Organisations-, Personal-, Schulungs-, Propaganda- und Presseämter der Partei ebenso Leiter der entsprechenden Abteilungen der Verbände und Gliederungen waren, wurde im Gau Tirol und Vorarlberg nach Angabe der Gauleitung »restlos durchgeführt«.[111] Die wichtigsten Formationen der Partei, SS und SA, behielten aber ihre Eigenständigkeit. Die Differenzen zwischen SS und SA als auch zwischen SS, SA und der Politischen Organisation bilden ein Charakteristikum der NS-Herrschaftspraxis, bei der relativ autonome Herrschaftsträger miteinander um Machtbereiche und Einflußsphären rangen, was zu einem »Prinzip der Mehrgleisigkeit und des Nebeneinander« führte.[112] SA und SS bauten sich nach dem »Anschluß« unabhängig von der politischen Organisation auf. Unter der Führung des SS-Brigadeführers Kaltenbrunner wurde der »SS-Oberabschnitt Österreich bzw. Donau« gebildet, der in vier Abschnitte (Wien, Linz, Graz und Innsbruck) mit je zwei SS-Standarten eingeteilt war.[113] Der SS-Abschnitt XXXVI Innsbruck gliederte sich in die 76. SS-Standarte Salzburg und die

3. Parteiorganisation und Parteistruktur

87. SS-Standarte Innsbruck und wies Ende März 1938 folgende Stärke auf:

Stab Innsbruck	16 Mann
76. SS-Standarte Salzburg	802 Mann
87. SS-Standarte Innsbruck	1.237 Mann

Ca. 40% dieser 2.055 SS-Angehörigen waren arbeitslos.[114]

Von den Pionier-, Motorsturm- und Reitereinheiten hatte nur der Kraftfahrersturm seinen Sitz in Innsbruck, der im Juni 1938 auch die an Mitgliedern und Kraftfahrzeugen stärkste Einheit im gesamten SS-Oberabschnitt bildete:

Tabelle 16[115]
SS-Motorsturmeinheit Innsbruck

	Kfz Juni 1938	*Pers. Stärke Juni 1938*	*Pers. Stärke Oktober 1938*	*Leitung*
1. Zug Innsbruck	33	39	53	MOLL
2. Zug Salzburg	18	25	30	MATUSCHKA
3. Zug Bregenz bzw. Dornbirn	19	25	27	WEHINGER
Motorsturmeinheit	70	89	110	ZACH

Mit Wirkung vom 1. Juni 1939 wurde die organisatorische Gliederung der SS umstrukturiert und die »Ostmark« in zwei große SS-Oberabschnitte »Donau« (Ostösterreich) und »Alpenland« eingeteilt. Der SS-Oberabschnitt »Alpenland« umfaßte die bisherigen SS-Abschnitte Graz und Innsbruck, also die SS-Einheiten der Gaue Salzburg, Steiermark, Kärnten und Tirol-Vorarlberg mit Sitz in Salzburg unter dem Kommando des SS-Gruppenführers Alfred Rodenbücher.[116] Beim Aufbau der Kreise gab es zwischen Partei und der SS, besonders in Landeck, erhebliche Spannungen, da die SS bei ihrem eigenständigen Aufbau bereits während des Wahlkampfes, als jede Parteitätigkeit noch ruhen mußte, die besten Kräfte angeworben hatte. Zum Zeitpunkt, da die Politische Organisation ihre Reorganisation vorantrieb, arbeiteten viele qualifizierte Kader bereits bei der SS. Erwin Netzer, Leiter des SD in Landeck, war besonders angefeindet in der Partei, da er die Kluft zwischen ihr und der SS vergrößerte. Nachdem er schon in der Illegalität gegen GL

Christoph gewirkt hatte, setzte er die Opposition gegen den Kreisleiter auch nach dem »Anschluß« fort. Landeck war der einzige Bezirk, in dem der Kreisleiter nach der Machtübernahme nicht gleichzeitig Bezirkshauptmann war. SS-Unterscharführer Carl Hochstöger als neuer Bezirkshauptmann und besagter Erwin Netzer waren die Hauptfiguren bei den Rivalitäten zwischen SS und Partei in Landeck.[117]

Auch in Schwaz gestaltete sich das Verhältnis zur SS und auch zur SA »nicht immer kameradschaftlich«.[118] Im Frühjahr 1939 traten im Verhältnis der Partei zu SS und SA weiterhin »Unzukömmlichkeiten« aufgrund deren organisatorischer und disziplinärer Selbständigkeit auf. Häufig kam es zu Kompetenzüberschneidungen oder waren Aufgabenbereiche zu unscharf abgegrenzt. So erhielten z. B. örtliche SS-Stellen andere Befehle und Weisungen als vom politischen Hoheitsträger. Die SA-Führer unterhielten nur formal gute Beziehungen zur Partei. Weder SA noch SS sandten zu ihren Führerbesprechungen Einladungen an die Partei. Die starken Differenzen zwischen SA und Politischer Organisation in der Illegalität wirkten noch lange nach. Die Gauleitung mußte festhalten, daß die SA »erst langsam wieder das Gefühl bekommen muß, daß sie in erster Linie ein Bestandteil der NSDAP ist«.[119] Auch die Tätigkeitsbereiche von Gestapo, Verwaltung und Partei waren nicht klar abgesteckt. Hofer beschwerte sich bei Bürckel, daß die Gestapostelle Innsbruck als Berufungsinstanz nicht selten die über Anregung der Kreisleiter durch die Bezirkshauptmannschaften verfügten Verwaltungsstrafen (etwa wenn ein »Volksgenosse« mit »Grüß Gott« statt mit »Heil Hitler« grüßte) ohne Einschaltung des Landeshauptmannes aufhob. Der Innsbrucker Gestapochef Harster ordnete an, daß Anzeigen nur noch durch die Gendarmerie erfolgen und dann direkt an die Gestapo ergehen sollten, die dann gegebenenfalls die Bezirkshauptmannschaft anwies, Strafen zu verhängen. Hofer lief dagegen Sturm, denn er fühlte sich »sowohl als Gauleiter als auch als Landeshauptmann auf diese Weise 100%ig ausgeschaltet [...]«.[120] Die Gauleitung betonte, daß die Partei wesentlich schneller und präziser als die Gestapo arbeite, sodaß sie die meisten Fälle staatsfeindlicher Betätigung selbst aufgreifen und die Gestapo zum Handeln veranlassen hätte müssen.[121] Der SS/SD/Gestapokomplex unterstand einer anderen Befehlshierarchie als der des Gauleiters. Obwohl Hofer große Anstrengungen unternahm, in die SS aufgenommen zu werden, scheiterte vorerst sein Versuch, dem österreichischen SS-Komplex anzugehören. In dieser Hinsicht mußte der Gauleiter die Eigenständigkeit dieser Gliederung im Gau akzeptieren, elementare Differenzen sind jedoch bis Kriegsbeginn nicht festzustellen.

3. Parteiorganisation und Parteistruktur

Die Ortsgruppen-, Zellen- und Blockeinteilung

Bis Ende Juli/August 1938 waren die deutschen Kreisleiter wieder ins »Altreich« zurückgekehrt und der Aufbau bis in die Kreise und hinunter zu den Ortsgruppen, Zellen und Blocks weitgehend abgeschlossen. Generell war der »Rohbau« erstellt, bisweilen wurde allerdings noch ein »lebendiges nationalsozialistisches Leben« darin vermißt.[122] Eine Ausnahme war der Kreis Kitzbühel, der trotz der vorhandenen »schwarzen Macht« dem »Altreich« bereits wenig nachstand, ja in mancher Hinsicht sogar voraus war.[123] Schauen wir uns nachstehend die Entwicklung der Ortsgruppen in Tirol an:

Tabelle 17[124]
Die Entwicklung der Ortsgruppen der NSDAP-Tirol 1938–1942

KREIS	20. 7. 1938	Nov. 1938	15. 6. 1939	1. 1. 1942
Imst	21		26	27
Innsbruck	40		73	70
Kitzbühel	10		21	21
Kufstein	20		29	29
Landeck	21		31	35
Reutte	14		28	32
Schwaz	14		29	29
Gesamt	140	208	237	243

Die Zellen und Blocks entwickelten sich folgendermaßen:

Tabelle 18[125]
Die Entwicklung der Zellen und Blocks der NSDAP-Tirol 1938–1942

KREIS	Zellen 1939	Zellen 1942	Blocks 1939	Blocks 1942
Imst	38	58	173	219
Innsbruck	166	192	1.017	1.178
Kitzbühel	37	40	224	250
Kufstein	76	83	339	309
Landeck	68	76	253	353
Reutte	38	29	182	187
Schwaz	66	71	311	321
Gesamt	489	549	2.499	2.817

Zu Kriegsbeginn war Tirol in 237 Ortsgruppen, 489 Zellen und 2.499 Blocks eingeteilt. Anfang 1942 wiesen die sieben Kreise 243 Ortsgruppen, 549 Zellen und 2.817 Blocks auf. Die Organsisationsdichte der NSDAP ist sicherlich beeindruckend, allerdings ist zu berücksichtigen, daß sie gerade auf der unteren Ebene der Ortsgruppen nicht unerhebliche Probleme hatte, tüchtige Funktionäre zu rekrutieren. So stellte man im Stab Bürckel in der Ortsgruppe Scharnitz, »sehr unerquickliche Verhältnisse« fest, da in fünf Monaten vier Ortsgruppenleiter verbraucht wurden.[126] Allein Anfang 1939 mußten im Gau 33 Ortsgruppenleiter ausgewechselt werden.[127]

Parteischulung

Nachdem durch den Aufbau der Organisationsstruktur die Grundlagen für die Parteiarbeit geschaffen waren, ging es an die Schulung der politischen Leiter. Besonders die »Illegalen« und vielen Neu-Parteigenossen, die erst nach dem »Anschluß« zur Partei geströmt waren, hatten arge Ideologiedefizite aufzuholen. In monatlichen Block- und Zellenabenden, die in einem »würdigen Rahmen« erfolgen sollten, wurden neben Parteimitgliedern auch einfache »Volksgenossen« geschult. Der Gauorganisationsleiter gab dabei die Themen vor, die zu behandeln waren. Im März 1939 stand z. B. »Die Bevölkerungspolitik des 3. Reiches und ihre Träger« auf dem Programm, im April folgte »Der Lebensraum des deutschen Volkes«.[128] Die Forderung nach kurzweiligen, interessanten Abenden scheint nicht so sehr gegriffen zu haben, wie dies gerne gesehen worden wäre, sodaß solche Abende einfach entfielen. Einerseits führten nicht wenige Schulungsredner die Abende recht dilettantisch und stereotyp durch, andererseits war das Interesse für lebensfremde, ideologische Themen von vornherein sehr bescheiden. Vor der geplanten Veranstaltung »Die Geschichte des Deutschen Volkes von der Vorzeit bis zur Gegenwart« mußte der Gauorganisationsleiter den Kreisorganisationsleitern ihre Verantwortlichkeit in Erinnerung rufen, daß dieses Thema bei Zellenabenden wirklich behandelt wurde.[129] Neben den Block- und Zellenabenden fanden »in feierlicher Stimmung« jeweils monatlich Mitgliederversammlungen der Ortsgruppen und Kreisarbeitstagungen statt, deren Abläufe genau geregelt waren. Vierteljährlich tagten alle politischen Leiter des Kreises.[130] In Tirol gab es auch eigene Schulungsorte wie die Gauschulungsstätte Neder, die im Oktober 1938 eröffnet wurde. Gauschulungsleiter Mang war vom Ehrgeiz beseelt, dem Schulungsgedanken Heimstätten zu sichern. Es ge-

3. Parteiorganisation und Parteistruktur

lang ihm, seinen Lieblingsgedanken zu realisieren und eine ehemalige Gralsrittersiedlung zu einer Gauschulungsburg umzufunktionieren. 1927 hatte sich diese religiöse Sekte am Vomperberg niedergelassen, wo über 100 Menschen eine Siedlung mit sehr gut ausgebauter Infrastruktur errichtet hatten. Die Gestapo beschlagnahmte die »staatsfeindliche« Gralsburg Anfang Juni 1938, sodaß diese durch eine Verfügung des Reichsorganisationsleiters als Gauparteischule genutzt werden konnte. Für die Partei war dieses »kleine verschwiegene Paradies« nicht nur eine ideale Schulungsstätte für den Gau Tirol, sondern auch eine der landschaftlich schönsten Schulungsorte des Dritten Reiches überhaupt.[131] Doch aus Geldmangel konnten auf dem Vomperberg bis Oktober 1938 keine Schulungen vorgenommen werden.[132] Bis Ende Jänner 1939 wurden aber bereits 662 Parteigenossen in einwöchigen Lehrgängen geschult. Für 1939 war geplant, in 19 zweiwöchigen Lehrgängen pro Kurs 120 politische Leiter, Walter und Warte der angeschlossenen Verbände ideologisch einzuarbeiten. Im März 1939 wurden auf der Gauschulungsburg über 180 Funktionäre geschult, wobei aufgrund des enormen Nachholbedarfs besonderer Wert auf eine gründliche Schulung der örtlichen Hoheitsträger wie Ortsgruppenleiter, Zellen- und Blockleiter gelegt wurde.[133]

Die Rolle der Partei

Das NS-System kann nicht als totalitär in dem Sinne bezeichnet werden, daß ein monolithischer Herrschaftsblock in koordinierter, planvoller Vorgangsweise für eine reibungslose Durchführung des Führerwillens gesorgt hätte. Dem standen in Wirklichkeit verschiedene, einander konkurrierende Machtträger gegenüber, die voneinander unscharf abgegrenzt waren. Die Politische Organisation, SS/SD/Gestapokomplex, Großwirtschaft und Wehrmacht kämpften bei partiell sich deckenden ideologischen und sozialen Interessen als bedeutendste Herrschaftsfaktoren um Einfluß und Macht im Großdeutschen Reich, während Organisationen wie die DAF und der Reichsnährstand eine nur sekundäre Rolle spielten.[134] In Tirol war auf Gauebene und in den Gemeinden die Partei der mit Abstand wichtigste Herrschaftsträger. Die Eigenständigkeit des SS-Komplexes mußte sie allerdings anerkennen. Im allgemeinen war die Zusammenarbeit zwischen SS und Partei trotz aller Spannungen und Rivalitäten »konstruktiv«. Zur Verfolgung politischer Gegner und zur Bevölkerungsüberwachung, kurz gesagt zur Herrschaftssicherung, waren SS, SD und Gestapo unentbehrlich, jedoch zumindest bis zum Krieg griffen sie in Tirol im gesellschaftlichen Bereich wenig gestalterisch ein. Die Großwirtschaft fiel in Tirol als Herrschaftsfaktor, da nicht existent, aus, was aber keineswegs bedeutet, daß führende Unternehmer bzw. einzelne Branchen nicht imstande gewesen wären, ihre Interessen durchzusetzen. Die Deutsche Arbeitsfront und der Reichsnährstand konnten sich gegenüber der Partei nicht behaupten und verfügten über relativ wenig Eigengewicht. Das Verhältnis zwischen Partei und Staat war in Tirol vielschichtiger Natur, einen völligen Primat der Partei gab es nicht, wohl aber eine allmähliche Zersetzung der Staatsapparate.[135] Eine gewisse Trennlinie zwischen Partei und Staat sollte verhindern, daß die Partei, zumindest im Anschein nach außen, ihre Dynamik und damit ihren elitären Anspruch verlor. In ihrer Funktion als Kaderpartei wollte sie ja nicht nur propagandistisch auf das Volk einwirken und die Menschen führen, sondern auch die Führerauslese für die staatlichen Machtpositionen vornehmen. Gleichzeitig hatte die NSDAP die Tendenz zur Zersetzung jeder einheitlichen politischen Gewalt. In einem ständigen Prozeß trieb sie die Aushöhlung der staatlichen Institutionen durch Instanzen voran, die den staatlichen Stellen zu-, neben- oder untergeordnet waren und mit diesen bzw. der Partei in engem Verhältnis standen. Zu nennen wären dabei Sonderverwaltungen (etwa diverse Sonderbevollmächtigte des Gauleiters-Reichsstatthalters), Ämter und Behörden der NSDAP, die mit staatlichen Behörden konkurrierten, NS-Massenorganisationen mit Hoheitsanspruch (z. B. RAD, HJ), halbstaatliche Zwangsorganisationen (Reichskulturkammer, Reichsnährstand etc.), die zunehmende Kompetenzentleerung staatlicher Apparate, die auch an der Ausgliederung wichtiger Hoheitsfunktionen litten sowie die »Privatisierung öffentlicher Gewalt« durch die SS. Das unkoordinierte Neben- und Gegeneinander staatlicher und parteiamtlicher Dienststellen verursachte natürlich erhebliche Leerläufe und ein ständiges Zurückdrängen bzw. Einschränkungen des Normenstaates. Diese Herrschaftspraxis bedurfte dringend eines Führers als letzter absoluter Entscheidungsinstanz, wollte sie nicht in totale Anarchie verfallen. Diese Unentbehrlichkeit einer unumstrittenen Führergewalt stabilisierte wiederum Führerkult und NS-System. In ihrem Bereich profitierten auch »Unterführer« wie der Tiroler GL Hofer von dieser Struktur der NS-Herrschaftsausübung. Gerade auf der Gauleiterebene lagen die eigentlichen Machtzentren der NSDAP. So wie die meisten Gauleiter verfügte auch Hofer über persönliche Bindungen zum »Führer« und wurde mit Sondervollmachten ausgestattet, für deren Gebrauch er Hitler direkt verantwortlich war.

3. Parteiorganisation und Parteistruktur

Das ausgeprägte Autarkiebedürfnis der Gauleiter, namentlich Hofers, schwächte jedoch in der Regel wieder die Stellung der Partei als Institution gegenüber dem Staat. Es bestand nämlich die Gefahr, daß sich Nationalsozialisten vom Typus und der Machtstellung Hofers »in erster Linie nicht mehr als Exponenten der NSDAP, sondern als Machtträger eigenen Anspruchs« fühlten und verhielten.[136] Dennoch wurde die Einheit zwischen Partei und Staat zuallererst durch den Gauleiter und Reichsstatthalter sichergestellt, der als absoluter Führer in Partei und Staat das engste Bindeglied darstellte und für die Stärkung der Partei gegenüber der Verwaltung sorgte.

Die indirekte Durchsetzung des Primats der Partei über den Staat durch Verlappungen personeller Art finden sich in Tirol auch noch an weiteren Spitzenpositionen. So bekleideten drei der fünf Regierungsdirektoren höchste Parteiämter:
* Ing. Fritz Lantschner, Leiter der Abteilung IV (Landwirtschaft, Wirtschaft und Arbeit) der Reichsstatthalterei Tirol-Vorarlberg war von 1938–1945 auch Gauamtsleiter für Agrarpolitik.
* Dipl.-Ing. Moritz Kojetinsky, der erst nach dem »Anschluß« der Partei beigetreten war, stand der Abteilung V (Bauwesen) vor, war Gauhauptstellenleiter im Amt für Technik seit 1. 9. 1939 und wurde mit Wirkung vom 27. 8. 1941 zum Gauamtsleiter für Technik ernannt.[137]
* Dr. Hans Czermak, Landessanitätsdirektor seit dem »Anschluß« und Vorstand der Abteilung III (Volkspflege), war seit 11. 5. 1939 Gauhauptstellenleiter im Amt für Volksgesundheit, das er mit Wirkung vom 9. 11. 1941 als Gauamtsleiter übernahm.[138]

Doch gab es noch weitere wichtige Personalunionen. So war etwa Dr. Egon Denz während der gesamten NS-Zeit Oberbürgermeister von Innsbruck und Gauamtsleiter für Kommunalpolitik. Ebenfalls von 1938–1945 bekleidete Dr. Karl Stettner das Gauamt für Beamte, während er gleichzeitig die Staatsanwaltschaft Innsbruck leitete. Josef Prantl wiederum war Gauamtsleiter für Erziehung und gleichzeitig Regierungsdirektor des Tiroler Schulwesens. Überhaupt erfolgte der Zugriff der Partei auf die Zuständigkeiten staatlicher Behörden wesentlich über die Einflußnahme bei der Personalauswahl. Die Notwendigkeit einer geordneten Verwaltung und der Mangel an qualifizierten NS-Fachkräften hinderte die NSDAP aber an einer rücksichtslosen NS-Personalpolitik. Die Berufung einer Vielzahl mit Sondervollmachten ausgestatteten persönlichen Referenten und Sonderbeauftragten des Gauleiters-Reichsstatthalters und die Existenz verschiedener Dienststellen der Partei, ihrer Formationen und Gliederungen, die ähnliche Aufgaben wie der staatliche Bereich zu erfüllen hatten, führte dazu, daß eine ganze Reihe von Staats- und Parteistellen parallel arbeiteten, wobei die Partei die Kompetenzen und Agenden staatlicher Ämter zu usurpieren suchte. Andererseits waren staatliche Behörden keineswegs nur reine Befehlsempfänger der Partei, sie setzten sich mit Nachdruck gegen Interventionen der Partei zur Wehr und verstanden es sehr wohl sich auch abzugrenzen.[139] Als die Magistratsdirektion Innsbruck sich von Wünschen verschiedener Parteidienststellen in ihrem Dienstbereich beeinträchtigt fühlte, versuchte Gaupersonalamtsleiter Braunsdorff, diese Mißstände durch Sammelrundschreiben abzustellen und machte darauf aufmerksam, daß die Partei nur bei Personalangelegenheiten ein Mitspracherecht reklamieren könne, aber ansonsten den Dienstweg einzuhalten hätte.[140] Bei diesen Interventionen der Partei und ihrer Gliederungen bei staatlichen Behörden und Privatunternehmen wurde »oft ein Wettlauf zwischen einzelnen Verbänden und Gliederungen zugunsten des einen oder anderen Verbandsangehörigen veranstaltet, der einen sehr üblen Eindruck hinterlassen mußte«, sodaß nicht nur in vielen Fällen Leute »geringer politischer und charakterlicher Würdigkeit« Arbeitsstellen erhielten, sondern neben den zusätzlichen Arbeitsbelastungen im Geschäftsverkehr Unruhe in staatliche Stellen getragen wurde, die dort ein Gefühl der Bevormundung und des Hineinregierens hervorriefen. So meinte etwa der Präsident der Reichspostdirektion Innsbruck in einem an die Kanzlei des Gauleiters gerichteten Schreiben:

»Ich muß [...] darauf aufmerksam machen, daß ich in Hinkunft alle unmittelbar an mich und an meine Ämter gerichteten Eingaben untergeordneter Dienststellen der Partei und angeschlossenen Verbände zurückweisen muß und ersuche Sie dringend, im Interesse einer gedeihlichen Arbeit diese Dienststellen darauf hinzuweisen, daß unmittelbare Eingriffsversuche in die inneren Verhältnisse meiner Hoheitsverwaltung unzulässig sind.«[141]

In diversen Sammelrundschreiben versuchte die Gauleitung diesem Übel beizukommen.[142] Gauamtsleiter Braunsdorff forderte dezidiert: »Dieser Zustand muß nun endlich ein Ende nehmen!«[143] Wie bedacht die untere Verwaltungsebene des Gaues auf Abgrenzung gegenüber der Partei war, zeigte sich auch in gelegentlichen Auseinandersetzungen der Bezirkshauptmänner mit den Kreisleitern. Der Bezirkshauptmann von Imst verbat sich, bezüglich der Umbesetzungen von Bürgermeistern und Gemeinderäten vom Kreisleiter Befehle entgegenzunehmen oder

(1) Begräbnis des am 27. März 1932 bei der „Höttinger Saalschlacht" zwischen Sozialdemokraten und Nationalsozialisten getöteten SA-Mannes Sylvester Fink, an dem in demonstrativer Solidarität gegen die Arbeiterbewegung auch eine starke Abordnung der Tiroler Heimatwehr unter ihrem Führer Dr. Richard Steidle teilnahm.

(2) Nach dem Verbot der NSDAP ab Juni 1933 entfalteten die Nationalsozialisten eine rege illegale Tätigkeit. Beschmierung der Staumauer im Poltental 1934.

(3-5) Am 11. März 1938 strömten die Nationalsozialisten in Innsbruck auf die Maria-Theresien-Straße und rissen das Gesetz des Handelns an sich. Widerstandslos wich der „Ständestaat" vor den tumultartigen Demonstrationen zurück und die NSDAP konnte die Macht übernehmen.

(6) Vom Fenster des Gasthauses Alt-Innsprugg aus informiert Gauleiterstellvertreter Egon Denz am 11. März die Menge über den Verlauf der Ereignisse.

3. Parteiorganisation und Parteistruktur

diesem Rechenschaft schuldig zu sein. Er war bereit, sich mit diesem ins Einvernehmen zu setzen, verwahrte sich aber energisch dagegen, daß die Partei in der Person des Kreisleiters Kompetenzen der staatlichen Verwaltung an sich zu ziehen versuchte. Gegenüber dem Präsidium der LHM, bei dem er sich beschwerte, stellte er fest: »Ich bin kein x-Beliebiger, sondern der Bezirkshauptmann von Imst.«[144]

Wenngleich die staatlichen Behörden ein gewisses Maß an Eigenständigkeit wahren konnten und beachtliche Beharrlichkeit an den Tag legten, ist die Verwaltung nicht zuletzt aufgrund der personellen Verflechtungen zwischen Partei und Staat sowie der Konkurrierung staatlicher Behörden durch Parteidienststellen kaum als selbständiger Herrschaftsträger anzusehen. In diesem Sinne ist es zu verstehen, wenn die Gauleitung in ihrem politischen Lagebericht für Jänner 1939 in bezug auf das Verhältnis zwischen Partei und Staat feststellte, »daß der Grundsatz des unbedingten Primats der Partei sich restlos durchgesetzt hat«.[145] Jeder Herrschaftsträger konzentrierte sich auf einen sozialen Teilbereich, was trotz Kompetenzenwirrwarr, Konkurrenz und Mehrgleisigkeit die hohe Effizienz des NS-Herrschaftssystems sicherstellte. Die Partei als führender Herrschaftsfaktor im Gau Tirol-Vorarlberg war für die Menschenführung verantwortlich, hatte das Volk zu erziehen, ihm die Richtung zu weisen und die Maßnahmen, Verfügungen und Entscheidungen der NS-Politik begreiflich zu machen. Als Kaderpartei, so der Anspruch der NSDAP, sorgte sie auch für die Führerauslese, d. h. die Bereitstellung von Funktionären für alle Führungspositionen. Mit Hilfe des Instrumentariums »politische Beurteilung« war die Partei bei der Vergabe von Wohnungen, Aufträgen, Arbeitsplätzen, Gewerbekonzessionen und der Förderung bzw. Zerstörung von Karrieren maßgeblich beteiligt. Für eine loyale Haltung und Zustimmung zur NS-Herrschaft sorgte die Partei nicht nur durch eine propagandistische Mobilisierung der Tiroler Bevölkerung, sondern v. a. durch die weitgehende Erfassung der Menschen in ihre Organisationen, Verbände und Gliederungen. Die NSDAP hatte eine dichte Organisationsstruktur aufgebaut, um alle Lebensbereiche möglichst umfassend betreuen, bewachen und kontrollieren zu können. Subtiler Druck wurde auf die »Volksgenossen« ausgeübt, ihre positive Haltung gegenüber dem System durch den Beitritt zumindest zu einem der Partei angeschlossenen Massenverband wie der NSV zum Ausdruck zu bringen. Gerade die Funktionäre auf der untersten Ebene, die Ortsgruppen-, Zellen- und Blockleiter, die in sehr engem Kontakt zu den Menschen standen, waren für die Kontrolle der Bevölkerung und die Lähmung des Widerstandes eminent wichtig. Sie waren tragende Säulen im Bespitzelungssystem des Regimes, da sie Stimmungsberichte und politische Beurteilungen abgaben, die durchaus Bedeutung erlangten. Das Kontrollsystem wurde insofern perfektioniert, als aus Bevölkerungskreisen Helfershelfer gewonnen werden konnten, die freiwillig und aus eigenem Antrieb heraus Nachbarn, Freunde, ja sogar Verwandte denunzierten. Verantwortlich für diese Handlungsweise waren neben wirtschaftlich-materiellen Gründen, sich Hab und Gut der Denunzierten anzueignen, auch

»blinder Glaube an die Ideologie des Nationalsozialismus und an Adolf Hitler, der Wunsch nach Anbiederung bei den vorgesetzten Dienststellen, das Streben nach einer Parteikarriere und nicht zuletzt persönliche Feindseligkeiten und boshafte Tratschsucht«.[146]

Es ist charakteristisch für den Nationalsozialismus, sich Loyalität dadurch verschafft zu haben, daß er auch dem untersten Rädchen trotz faktischer Bedeutungslosigkeit in der Hierarchie das Gefühl vermittelte, an der Macht partizipieren zu können.

Fassen wir noch einmal kurz zusammen: Nach einer Zeit der Unruhe und Fraktionskämpfe in den ersten Monaten nach dem »Anschluß« war es dem zielbewußten und machtgierigen GL Hofer gelungen, der Partei eine straffe und einheitliche Führungsstruktur zu verpassen. Seine Gegner hatte er ausgeschaltet und die Schlüsselpositionen mit Vertrauenspersonen, die sich v. a. aus dem Kreis der »Emigranten« rekrutierten, besetzt, sodaß er mit der unbedingten Loyalität der Mehrheit der Partei rechnen konnte. Eine größere Anzahl aus der Gruppe der »Illegalen« wurde ebenfalls zur Mitarbeit in der Gauleitung, durchaus auch auf wichtigen Posten, jedoch fast nie als Gauamtsleiter, herangezogen. Unter seiner Leitung war die NSDAP nicht mehr führerlos. Wenngleich Querelen, Eifersüchteleien und Grabenkämpfe immer wieder ausbrachen, war die Partei nicht mehr derart zerstritten, daß sie in ihrer Einheit gefährdet gewesen wäre. Nach der Volksabstimmung, der Reorganisationsphase und der Postenverteilung machte die Partei einen Funktionswandel durch, indem sie als Staatspartei ihren Schwung der »Kampfzeit« einbüßte und durch zunehmende Bürokratisierung zu erstarren begann:

»Die Bürokratisierung aller Abläufe ließ Formalismen wichtiger als Inhalte erscheinen, Formulare und Karteikästen, Stempel, Bestätigungen, Befürwortungen, detaillierte Aufnahmerituale und die Regelung jeder Kleinigkeit begannen

3. Parteiorganisation und Parteistruktur

die politische Arbeit zu verdrängen. Es war nicht nur verständlich, daß mit den ununterbrochen nach oben zu meldenden Tabellen, Zahlen, Meldungen und Leermeldungen in mehrfacher Ausfertigung weniger Zeit für Politik blieb, es war damit auch der Rückzug aus der Öffentlichkeit, in der der zunehmende Verlust der Problemlösungskapazität und die immer enger werdende Verflechtung mit einem Unterdrückungssystem registriert wurde, verbunden.«[147]

Der folgende Briefauszug gibt uns einen subjektiven Stimmungsbericht aus der Sicht eines SA-Legionärs über die Situation im Spätsommer 1938 in Vorarlberg. Er wirft ein bezeichnendes Licht auf die soziale Wirklichkeit im Gau Tirol-Vorarlberg und spiegelt darüber hinaus nicht nur die Enttäuschung verdienter Parteigenossen, für ihren Einsatz nicht entsprechend belohnt bzw. von den »Futtertrögen« ferngehalten worden zu sein, wider, sondern auch die damit in Zusammenhang stehende Verkrustung der Partei. Gerade die Verbitterung dieser NS-Aktivisten trug sehr wesentlich zur Teilnahmslosigkeit und zum Verlust des Aktivismus der NSDAP bei. Hier klingen die Probleme einer Partei an, deren Dynamik und elitäres Selbstverständnis ins Wanken geriet. Bürokratismus und Mitläufertum verdrängten »revolutionären Geist« und den Bewegungscharakter der Partei:

»Ich will Dir nun ein kleines Bild geben, wie es hier aussieht. Die Sache ist immer noch gleich, wie wir sie anfangs das erstemal auf Urlaub angetroffen haben. Man spricht immer, daß die Schwarzen und weiß Gott wer, hinausgeworfen wird, aber wir werden noch lange Bärte bekommen. Wenn man nicht das Glück hat und zufällig einen Posten bekommt, so passiert es, daß man sich durch die Stempelstelle oder NSV verhalten lassen kann. [...] Tagtäglich kommen arbeitslose Legionäre, ob verheiratet oder nicht, es ist kaum glaublich, daß die Leute nicht untergebracht werden können. Oder wie mir kürzlich einer seinen Lohnstreifen zeigte, wo er für 48 Stunden (Woche) Arbeitszeit den Betrag RM 16,– ausbezahlt bekommt. Und von dieser Summe soll er mit seiner Familie leben, und hat noch Kinder dazu, das ist doch eine Schande. Der Mann muß RM 30,– Miete im Monat bezahlen. Höchstens daß man dich nach Partenen schickt zum Barabern, aber da wüßte ich mir dann noch etwas Anderes. Das Feld beherrschen nach wie vor noch immer die Auch-Nationalen und diese tun ihren langjährigen Genossen natürlich nicht zu wehe, dafür kann man sich schon verlasssen. Was meinst Du, was einem Betriebsführer gehört, welcher vier Wohnungen freistehen hat und ein verheirateter Legionär bekommt dort keine Wohnung, obwohl er in einem verheerenden Loch wohnt und seine Frau, die schon im siebten Monat der Schwangerschaft ist, auf einem Diwan schlafen muß, weil kein Bett aufgestellt werden kann. Siehst Du, mit solchen Fällen kann man sich täglich befassen und muß man nach Möglichkeit Abhilfe schaffen. Da sollten sie lieber einmal ein paar Legionäre dahinter lassen, dann würde die Sache diesbezüglich anders aussehen. [...] Die Stimmung unter der Bevölkerung ist auch nicht besonders gut. Durch die Übergangszeit stellen sich verschiedene Mängel heraus und nun meckern natürlich alle, die sich vom Nationalsozialismus alles Mögliche verhofft haben. Übrigens muß man immer über die Leute in den eigenen Reihen staunen, was die für Ansichten haben, da treibt es einem den Hut hoch. Von den anderen gar nicht zu reden. Vom Nationalsozialismus und seinen Zielen ist überhaupt keine Ahnung vorhanden. Als wir das erstemal hier waren, da war noch ein wenig Begeisterung vorhanden, aber nun ist es ganz aus. Und diejenigen, die noch so tun, die haben entweder ihre Vorteile daraus oder heucheln sonst zu einem Zweck. [...] Ich sage das eine, wenn es wieder eine Legion geben würde, dann nur schnell weg von dieser Scheiße, wenn dort die Verhältnisse auch nicht immer waren, wie sie hätten sein können, aber mehr Nationalsozialismus und mehr Kameradschaft hat man dort immerhin kennengelernt. Man sieht täglich, wie hoch man in allen Ansichten über den anderen steht, verstanden oder meist nicht verstanden wird. Kämpfertum ist angeboren und diese Hammel werden einen revolutionären Geist im Sinne des Nationalsozialismus nie richtig verstehen. Da ist man nachher ein Meuterer und noch mehr. Mich nimmt nur wunder, daß noch keiner zu den Schwarzen gegangen ist und sich entschuldigt hat, daß wir gesiegt haben und nun am Ruder sind.«[148]

Die Mitgliederentwicklung[149]

Tabelle 19[150]
Beitrittsdatum der NSDAP-Mitglieder vom Herbst 1938 in Tirol und Österrreich

		T I R O L		ÖSTERREICH	
Beitritt bis	Absolut	in % aller Mitglieder zum 19. 11. 1938	in % der österr. Mitglieder	Absolut	in % aller Mitglieder zum 19. 11. 1938
30. 1. 1933	1.188	15,0	2,8	43.129	20,8
19. 6. 1933	1.853	23,5	7,3	25.336	12,2
INSGESAMT (alte Kämpfer)	3.041	38,5	4,4	68.465	33,0

3. Parteiorganisation und Parteistruktur

4. 8. 1934	1.019	12,9	4,8	21.130	10,2
17. 7. 1936	761	9,6	2,8	27.301	13,2
12. 2. 1938	878	11,1	2,6	33.485	16,2
11. 3. 1938	368	4,7	2,6	13.999	6,8
19. 11. 1938	573	7,3	6,2	9.195	4,4
INSGESAMT* (Illegale)	3.599	45,6	3,4	105.110	50,8
RUHENDE MITGLIED- SCHAFTEN	1.253	15,9	3,9	32.520	16,2
ALLE MIT- GLIEDER zum 19. 11. 1938	7.893	100,0	3,8	207.095	100,0

*Aufnahmedatum 1. 5. 1938

Betrachtet man die Zusammenstellung der Behörde des Reichskommissars (Tabelle 19), so ist an ihr abzulesen, daß Tirol bis zum Machtantritt Hitlers in Deutschland mit seiner Mitgliederzahl deutlich unter dem österreichischen Durchschnitt lag (− 6%), wenngleich sie sich zwischen 1928 und 1933 mindestens verzehnfacht hatte. Im nächsten Halbjahr erlebte die Partei einen regelrechten Boom, sodaß sie bis zum Zeitpunkt ihres Verbots den Anteil an »alten Kämpfern«, also Parteigenossen, deren Antrag bis zum Parteiverbot am 19. Juni 1933 erfolgt war, über den österreichischen Durchschnitt erhöhen konnte (+ 5,5%). Bis zum Juliputsch 1934 hielt der im österreichischen Vergleich überdurchschnittliche Trend zur NSDAP in Tirol weiter an. Danach ging der Anteil an der gesamtösterreichischen Mitgliedschaft kontinuierlich zurück. Der Rückschlag und die relative Stagnation der Partei werden deutlich. Der Anteil der »Illegalen« zwischen 1933 und 1938 sank wieder merklich unter den österreichischen Durchschnitt (− 5%). Bis zum 19. November 1938 waren in Tirol 7.893 Parteimitglieder erfaßt, darunter 3.041 »alte Kämpfer« (38,5%), 3.599 »Illegale« (45,6%) und 1.253 ruhende Mitgliedschaften (15,9%). In welch prekärer wirtschaftlicher Situation sich die aktiven Nationalsozialisten bis zum »Anschluß« befanden, geht daraus hervor, daß nur 4.101 Mitglieder[151] imstande waren, ihren Beitragsverpflichtungen nachzukommen. Aufstellungen der Finanz- und Parteiverwaltung Wien von November und Dezember 1938 enthalten die Schätzungen der österreichischen Gauleitungen. Demnach scheinen im Gau Tirol-Vorarlberg 30.000 Mitglieder auf[152], die sich aus über 3.000 »alten Kämpfern«, rund 5.000 »Illegalen« bzw. ruhenden Mitgliedschaften sowie 22.000 »Parteianwärtern«, die größtenteils erst nach 1939 in die Partei aufgenommen wurden, zusammensetzten. Hier ist klar zu ersehen, welch unglaublicher Run auf das Parteibuch nach dem März 1938 in Tirol und Vorarlberg einsetzte. In einer plötzlichen Welle der Begeisterung für den Nationalsozialismus wollten Tausende jetzt dabei sein bzw. immer schon dabei gewesen sein. Es wäre grundlegend falsch anzunehmen, daß die Tiroler und Vorarlberger Bevölkerung nach dem »Anschluß« zum Parteibeitritt gezwungen worden wäre. Die NSDAP verstand sich durchaus als selektive Organisation, die darum bemüht war, ihren »Elitecharakter« auch nach ihrem Aufstieg zur Staatspartei nicht zu verlieren und deshalb sowohl temporäre Aufnahmesperren als auch prozentuelle Mitgliederbeschränkungen festsetzte. Um aber dem überaus starken Andrang zur NSDAP nach dem »Anschluß« entgegenzukommen, wurde der Status eines »Parteianwärters« geschaffen.[154] Bis 1938 hatte der Gau Tirol–Vorarlberg einen Anteil von 7,5% an der Gesamtbevölkerung Österreichs, stellte aber nur 3,8% der Parteigenossen und lag so eher am Ende der Parteistatistik.[155] Auch die Erhebungen von Gerhard Botz im BDC bekräftigen, daß Westösterreich bei der Mitgliedschaft zur NSDAP vor 1938 gegenüber den anderen Gauen noch unterrepräsentiert war, nach 1938 die anderen Gaue aber nicht nur ein- sondern sogar beträchtlich überholte.[155]

Tabelle 20[156]
NSDAP-Mitgliedschaft und registrierte Nationalsozialisten (in absoluten Zahlen)

Gau/Land	19. 11. 1938	Dez. 1940	Dez. 1941	Feb. 1942	Mai 1943	Nov. 1947
T-V	7.893	68.426	70.080	70.348	73.223	65.194*
S	2.468	27.220	27.095	27.068	27.354	30.870
Kä	30.735	40.836	44.529	44.992	47.898	43.818
Stmk	37.409	99.865	102.484	107.030	107.883	91.026
Od	6.500	72.793	87.715	87.588	93.023	82.295
Nd	57.171	174.353	177.356	178.706	167.526	81.095
W	64.919	168.973	171.675	172.746	166.288	114.627
B						14.908
TOTAL	207.095	652.466	675.934	688.478	683.195	523.833

*Tirol: 48.149
Vorarlberg: 17.045 (Stiefel, Entnazifizierung, S. 117)

3. Parteiorganisation und Parteistruktur

Von Herbst 1938 bis Mai 1943 weist Westösterreich die stärksten Zuwachsraten an Parteigenossen auf (Tabelle 20). Tirol-Vorarlberg und Salzburg verzehnfachten ihre Mitgliederanzahl, in Oberösterreich schnellte sie um das Vierzehnfache in die Höhe, Wien, Niederdonau und die Steiermark konnten ihren Stand ungefähr verdreifachen, während Kärnten um die Hälfte zulegte. Auch wenn man unterschiedliche Kriegsverluste für die Gaue berücksichtigt, fällt auf, daß mit Ausnahme von Tirol-Vorarlberg, Oberdonau und Kärnten, die Parteistärke in allen anderen Gauen ab Februar 1942 stagnierte oder abnahm. Trotz der vom Reichsschatzmeister am 2. Februar 1942 verkündeten Mitgliedersperre für die restliche Dauer des Krieges, die nur noch die Aufnahme »würdiger« Angehöriger von BDM und HJ vorsah[157], stieg die Zahl der Parteimitglieder im Gau Tirol-Vorarlberg von 70.000 auf 73.000 an. Mit 15. September 1946 wurden in Tirol rund 46.000 und in Vorarlberg 20.000 Personen als Nationalsozialisten registriert.[158]

Tabelle 21
Anteil der NSDAP-Mitglieder in den Gauen an der Gesamtpartei in Österreich (in %)

Gau/Land	Febr. 1942[a]	Mai 43[a]	Anteil an der WBV 1939	Sept. 46[b]	Nov. 47[c]	Anteil[c] an der BV 1947
T-V	10,2	10,7	7,0	12,2	12,4	8,0
S	4,0	4,0	3,7	6,2	5,9	4,4
Kä	6,5	7,0	6,5	8,7	8,4	7,5
Stmk	15,5	15,8	16,0	17,3	17,4	16,0
Od	12,7	13,6	14,8	16,2	15,7	16,0
Nd	26,0	24,5	24,3	16,6	15,5	21,6
W	25,0	24,3	27,7	20,2	21,9	22,5
B				2,5	2,8	4,0

Quelle: a) berechnet nach BA, Slg Schumacher 376
b) Stiefel, Entnazifizierung, S. 93
c) Luza, Großdeutsche Idee, S. 87
(W)BV = (Wohn)Bevölkerung

Tabelle 22[159]
Anteil der NSDAP-Mitglieder an der Bevölkerung (in %)

Gau	19. 11. 1938	Febr. 1942	Mai 1943	Nov. 1945	Nov. 1947
T-V	1,7	14,5	15,0	13,7	14,0 (T)
S	1,0	10,5	10,6		10,9
Kä	7,6	10,0	10,6		9,1
Stmk	3,7	9,6	9,7		8,9
Od	0,7	8,5	9,0		8,0
Nd	3,8	10,6	9,9		6,0
W	3,5	9,0	8,6		8,0

Der Vergleich der Anzahl der Parteimitglieder 1942/43 mit den nach dem Krieg registrierten Nationalsozialisten (Tabelle 21 und 22) hat zwar durch Grenzverschiebungen, Kriegsverluste und Wanderungen nur bedingte Aussagekraft. Die besondere Stellung des Gaues Tirol-Vorarlberg läßt sich dennoch unschwer erkennen und kann nicht allein durch geringere Kriegsverluste, Kriegsgefangene oder den Zuzug von Nazis aus der Sowjetzone erklärt werden. Bei einem Bevölkerungsanteil zwischen lediglich 7 und 8%, kamen 10–12% der österreichischen Nationalsozialisten aus Tirol und Vorarlberg, das damit an der Spitze der österreichischen Gaue lag. 14–15% der Tiroler Wohnbevölkerung bzw. 21–22% der über 18jährigen waren Mitglied der NSDAP. Kein anderes Land erreichte auch nur annähernd diese Mitgliederstärke. Zumindest in dieser Hinsicht hat GL Hofer Wort gehalten, als er versprach, aus Tirol-Vorarlberg einen Mustergau zu machen.

V. Adolf Hitler treu und gehorsam – Die staatliche und kommunale Verwaltung

Während sich seit den Abendstunden des 11. März eine überschwengliche Stimmung auf den Straßen und Dorfplätzen breitmachte, leiteten die neuen Machthaber zielstrebig Maßnahmen in die Wege, um die neu errungene Macht im staatlichen, politischen und wirtschaftlichen Bereich abzusichern. Anhand der Bereiche Verwaltung, Kirche und Kultur wird im folgenden exemplarisch aufgezeigt, wie die Tiroler Gesellschaft im nationalsozialistischen Sinne »gleichgeschaltet« wurde.

1. Die Landeshauptmannschaft

Die Säuberungswelle unmittelbar nach dem »Anschluß«

Nach dem »Anschluß« erfolgten ungeordnet und nach Gutdünken eine ganze Reihe personeller Veränderungen und Umbesetzungen in öffentlichen Dienststellen. Der neu ernannte Regierungsdirektor der Landeshauptmannschaft mußte deshalb erst einmal feststellen lassen, wo, in welchem Ausmaß, warum und von wem Beamte entlassen worden waren bzw. welche sich überdies in Haft befanden. Bezirke und Gemeinden waren bei den Säuberungen ziemlich autonom vorgegangen.[1] Um diese willkürlichen personalpolitischen Maßnahmen nachgeordneter Stellen, der Partei oder ihrer Formationen im nachhinein zu legalisieren und in den Griff zu bekommen, hatten nach einer Verfügung des Reichsstatthalters Seyß-Inquart vom 16. März 1938 alle Personalveränderungen in öffentlichen Dienststellen als provisorisch zu gelten. Erst nach der schriftlichen Bestätigung durch das Amt des Reichsstatthalters wurden diese rechtsgültig. Alle leitenden Beamten mußten innerhalb der ersten Wochen einen umfangreichen Fragebogen ausfüllen, in dem sie Auskunft über ihren beruflichen Werdegang, Konfession, Zugehörigkeit zu politischen Organisationen, der Vaterländischen Front, der Heimwehr, den Freimaurern oder pazifistischen bzw. legitimistischen Vereinen zu geben hatten.[2] Zur politischen Durchleuchtung gesellte sich durch den Zwang zur Erbringung des kleinen Ariernachweises die rassische Kontrolle.[3] Gleichzeitig konnten sich alle wegen Betätigung für die NSDAP gemaßregelten Beamten und Vertragsangestellten zur unverzüglichen Wiederindienststellung bei der LHM melden.[4] Bereits am 18. März nahmen Landeshauptmann Christoph und die Mitglieder der Landesregierung im Landhaus den Beamten und Angestellten der LHM und der BH Innsbruck den Eid auf Adolf Hitler ab.[5] Der Schwur hatte folgenden Wortlaut:

»Ich schwöre: Ich werde dem Führer des Deutschen Reiches und Volkes Adolf Hitler treu und gehorsam sein, die Gesetze beachten und meine Amtspflichten gewissenhaft erfüllen, so wahr mir Gott helfe.«[6]

Es fanden sich kaum Beamte, die es abgelehnt hätten, auf den Führer zu schwören und treu dem nationalsozialistischen Staate zu dienen. Ein Ausnahmefall ist der agrartechnische Inspektor A. D., der als Zeuge Jehovas den Eid verweigerte. Nach seinem Austritt aus dieser Religionsgemeinschaft und der nachfolgenden Eidesableistung setzte sich die LHM beim Amt des Reichsstatthalters für D.s Belassung im Dienst ein. Er galt nämlich als ausgesprochen Nationaler und Gegner des Schuschnigg-Regimes, der trotz vielfältigen Drucks nicht der Vaterländischen Front beigetreten war. Der Reichsstatthalter sprach sich allerdings dagegen aus, da die Sicherheitspolizei ein ehemaliges Mitglied der Zeugen Jehovas im Staatsdienst für untragbar hielt.[7] Des weiteren durften auch »jüdisch versippte« Beamte und Beamte mit jüdischen Ehepartnern nicht vereidigt werden. Sie hatten sich selbst auszuschließen. Davon waren in der politischen Verwaltung[8] fünf Beamte betroffen:

Ing.Gustav EBERT, Landesbauoberkommissär des Landesbauamtes, »Volljude«,

Georg HEINSHEIMER, Oberregierungsrat in der LHM, »Volljude«,

Heinrich GIOVANELLI, Abteilungsvorstand in der LHM, »Mischling 1. Grades«,

Eduard HEINRICH, Bautechniker der Baubezirksleitung Reutte, »Mischling 1. Grades«,

Wilhelm GRUBER, Vertragsbediensteter des Landesbauamtes, »Jüdische Gattin«.[9]

Diese Beamten verloren schlußendlich alle ihren Arbeitsplatz. Zunächst wurde gegen sie ein Verfahren eingeleitet, bis zu dessen Beendigung sie enthoben werden sollten. Gruber bat um Wiederindienststel-

1. Die Landeshauptmannschaft

lung, was vom Landesbaudirektor, der ihm Fleiß und gutes Verhalten attestierte und auch auf den Mangel an technischen Kräften hinwies, befürwortet wurde.[10] Die Verfahren gegen Heinrich und Gruber endeten mit deren Kündigung per 31. März 1939. Gemäß einem Bericht der LHM wurde Hofrat Giovanelli zwar sofort seiner Funktion als Abteilungsvorstand entkleidet, jedoch für einige Zeit noch im Dienst belassen[11], bevor er ausscheiden mußte. Ebert wurde mit Ende Oktober in den vorzeitigen Ruhestand versetzt.[12] Wie unnachsichtig die Nationalsozialisten bei rassischen Gründen vorgingen, zeigt der Fall der unehelich geborenen städtischen Kindergärtnerin Olga Muck, die über keinen einwandfreien arischen Abstammungsnachweis verfügte. Der bloße Verdacht, daß ihr Vater Jude wäre, reichte aus, um sie Ende Dezember 1938 zu entlassen, obwohl sich für diese Vermutung selbst bis Juni 1939 noch keinerlei Beweise fanden.[13] Nach dem »Anschluß« wurden auch im Bereich der LHM eine ganze Reihe von Verhaftungen vorgenommen. Sie blieben allerdings auf einige Stunden oder Tage beschränkt. Längere Haftzeiten hatten nach Berichten der LHM und der Gestapo folgende Beamte zu erleiden:[14]

Landeshauptmann Josef SCHUMACHER: in polizeilicher Schutzhaft vom 9. 5.–27. 5. 1938 im Polizeigefängnis Innsbruck, anschließend unter Hausarrest gestellt. Am 9. 11. 1939 erneut in Schutzhaft genommen. Mit 31. 3. 1939 mit drei Viertel der Bezüge pensioniert.

Oberregierungsrat Franz WORZIKOWSKY-KUNDRATITZ: in polizeilicher Schutzhaft vom 23. 3.–27. 4. 1938, dann in gerichtlicher Untersuchungshaft im Bezirksgericht Lienz. Freilassung nach Einstellung seines Strafverfahrens, vermutlich Mai/Juni 1938. Mit 31. 1. 1939 dienstentlassen.

Bezirkshauptmann Rudolf MANGUTSCH: Am 4. 5. 1938 verhaftet und dem Landesgericht Innsbruck überstellt, Entlassung aus der Gestapohaft am 4. 6. 1938.[15]

Sicherheitsdirektor Anton MÖRL: in polizeilicher Schutzhaft seit 14. 3. 1938, Überstellung ins KZ Dachau am 30. 5. 1938, anschließend Inhaftierung im KZ Mauthausen bis 1940. Mit 31. 10. 1938 dienstentlassen.

Landeskanzlist Otto SCHÄFFEL: polizeiliche Schutzhaft des Frontmilizführers vom 11. 3. 1938–9. 8. 1939. Nach seiner Verhaftung von der BH Kitzbühel mit Antrag auf Verschickung ins KZ am 21. 4. 1938 an die Gestapo Innsbruck überstellt.[16] Am 30. 5. 1938 Abtransport nach Dachau. Von dort am 9. 8. 1939 »beurlaubt«. Von der Gestapo im Jänner 1940 gezwungen, in Innsbruck als Hilfsarbeiter zu arbeiten.[17]

Landesregierungskommissär Karl HUNDEGGER: Als Sachbearbeiter des Strafreferats in politischen Angelegenheiten wurde er vom 11. 3.–30. 3. 1938 in polizeiliche Schutzhaft genommen, wobei er zunächst unter SA-Bewachung und hierauf in gerichtlicher Haft beim Bezirksgericht Landeck stand. Ab 11. 5. in gerichtlicher Untersuchungshaft im Bezirksgerichtsgefängnis Lienz, am 17. 9. 1938 verurteilt und ins Landesgerichtsgefängnis Klagenfurt gebracht. Enthaftung am 31. 5. 1939.[18]

Natürlich gab es auch auf anderen Ebenen wie etwa dem Schulbereich und den städtischen Betrieben Verhaftungen und Einlieferungen ins Konzentrationslager. Als Beispiele mögen hier nur Schulinspektor Josef Egger sowie der Innsbrucker Flughafenleiter und Direktor der städtischen Gaswerke Ernst Martin dienen:

Bezirksschulinspektor Josef EGGER: am 12. 3. 1938 durch die Stadtpolizei Landeck verhaftet und ins dortige Bezirksgericht eingeliefert. Am 21. April ins Landesgericht Innsbruck überstellt, Abtransport nach Dachau am 30. 5. 1938, Haft bis 8. 6. 1939, dann Einlieferung ins Polizeigefängnis Innsbruck und Entlassung durch die Gestapo am 10. 7. 1939. KL Bernard, ein ehemaliger Schüler Eggers, hatte sich für seine Enthaftung eingesetzt und ihm eine Arbeit im Bauunternehmen Pümpel verschafft.[19]

Gaswerkedirektor Ernst MARTIN: Mitbegründer der Tiroler Heimatwehr und Repräsentant seines radikalen Flügels. Festnahme in der Früh des 12. 3. 1938 durch drei Burschen in Zivil mit Hakenkreuzbinden über Auftrag des Leiters des SD, Karl Gelb. Einlieferung ins Polizeigefängnis Innsbruck. Ab 18. 4. im Landesgerichtsgefängnis Innsbruck. Gerichtsverhandlungen in Innsbruck im November 1938 und Juni 1939, Verurteilung zu zehn Jahren Kerker. Aufhebung des Urteils durch das Reichsgericht Leipzig im November 1939. Entlassungsbescheid durch das Reichsjustizministerium am 18. 8. 1941. Beim Verlassen des landesgerichtlichen Gefängnisses von Gestapobeamten verhaftet, ins Polizeigefängnis überstellt und ins KZ Mauthausen eingeliefert, wo er bis Kriegsende eingesperrt blieb.[20]

In der LHM wurden im Zuge der NS-Machtübernahme folgende leitende Beamte verhaftet, enthoben, entlassen, in den Ruhestand versetzt oder pensioniert:

Regierungsdirektor Ludwig FABRITIUS und sein Stellvertreter Richard FISCHER, Präsidialvorstand Egon SCHREIBER, der Vorstand der Abteilung Ia Franz WORZIKOWSKY-KUNDRATITZ, der Vorstand der Abteilung Ib Heinrich GIOVANELLI, der Vorstand der Abtei-

1. Die Landeshauptmannschaft

lung Ic Gustav REICHER und sein Stellvertreter Anton HRADETZKY, der Vorstand der Abteilung IIa Franz CLARIACINI, der Vorstand der Abteilung IIb Paul DASER, Landesregierungskommissär Hermann SCHEIDLE, Landesamtssekretär Hans PFISTER, Hofrat KNEUSSL, der Vorstand der Abteilung III, Bauamt, Georg BAUER; ferner Landesbauoberkommissär Alfred LENHART, der Leiter des Bundesstraßendienstes Innsbruck Ost Franz ROHN, der Leiter der Landesbauleitung Zell am Ziller Herbert REITER, der Direktor der Landeshypothekenbank Hans PEER, der Direktor der Landesbrandversicherungsanstalt Josef DOBIN, der Direktor der Landestaubstummenanstalt Mils Josef SIEBERER, der Direktor der Landeslehranstalt Rotholz Alfons WEISZGATTERER, der Direktor der Landeslehranstalt Imst Heinrich PUTZ, der Direktor des allgemeinen öffentlichen Krankenhauses Innsbruck Otto PRITZI sowie der Flughafenleiter und Direktor der Innsbrucker Gaswerke Ernst MARTIN.[21]

Präsidialvorstand Schreiber und Abteilungsleiter Daser wurden zwar als Vorstände enthoben, jedoch weiterhin im Dienst belassen. Während Schreiber seine Karriere fortsetzen konnte, schied Daser, der mit gekürzten Bezügen (– 25%) in den Ruhestand versetzt wurde, aus dem Landesdienst aus. Der Vorstand der Abteilung III des Bauamtes der LHM, Bauer, wurde am 12. März zu Beginn der Amtsstunden auf Betreiben »national eingestellter Ingenieure« unter Beiziehung eines SA-Mannes aus seiner Kanzlei gejagt und zunächst durch die LHM mündlich enthoben. Landesbaudirektor Hussak unterstrich in seinem Schreiben an die LHM, daß es bei Bauer nicht möglich gewesen wäre, ihn im Dienst zu belassen, da er sich stark »antinationalsozialistisch« betätigt hatte und ein großer Teil der Ingenieure und Techniker engagierte Nationalsozialisten waren.[22] Oberbaurat A. B., seit 1934 wegen illegaler Betätigung außer Dienst gestellt, nahm Bauers Stelle ein. Landesbauoberkommissär Lenhart, der als Belastungszeuge gegen A. B. aufgetreten war und deshalb im März 1938 zwei Wochen in Haft saß, wurde mit 31. März 1939 mit um ein Viertel gekürzten Bezügen in den dauernden Ruhestand versetzt. Weitere Beamte, die der ersten Säuberungswelle zum Opfer fielen, waren Regierungsrat Emil Erler, Dr. Josef Rieger, Landeskanzleioberoffizial Gregor Hinteregger, Forstingenieur Max Margreiter, Landesforstwart Alfred Koch, Landesgefällsaufseher Emberger, Landesstraßenwärter Josef Angerer und Landeskanzlist Franz Tötsch, der ins Ausland geflohen war. Ein Beamter des Tiroler Landesreisebüros, Zweigstelle Ötztal, Herbert Hönig, wurde vorübergehend in Schutzhaft genommen und von seinem Posten entfernt, da er »Volljude« war. Er mußte Tirol verlassen, kam nach Wien und reiste schließlich nach Jugoslawien aus. Im Oktober 1945 kehrte er wieder nach Haiming zurück.[23]

In Tirol bedeutete der »Umbruch« für die Beamten des höheren Dienstes in der LHM und in den Bezirkshauptmannschaften zunächst einen empfindlichen Einschnitt. Von den 60 höheren Beamten waren mit Stand vom 13. April 1938 drei verhaftet und 14 beurlaubt worden, ohne daß Ersatzkräfte zugeführt worden wären. Damit lag Tirol an der Spitze aller ehemaligen österreichischen Bundesländer (die Bundeshauptstadt nicht miteingerechnet), gefolgt von Burgenland und Vorarlberg.[24] Doch nach den ersten turbulenten Wochen und der Ablösung von Landeshauptmann und GL Christoph und seinen »Illegalen« trat eine »Beruhigung« ein, die schon deshalb notwendig war, weil die LHM wenig zufriedenstellend und die Bezirkshauptmannschaften überhaupt nicht funktionierten.[25] Als neuer Landeshauptmann schlug GL Hofer eine andere Linie in seiner Beamtenpolitik ein. Da er an einem gut funktionierenden Verwaltungsapparat interessiert war, bot er den Tiroler Beamten, die in politischer Hinsicht nicht zu stark kompromittiert waren, die Möglichkeit an, unter dem neuen Regime weiterzuarbeiten. Des weiteren konnte er dadurch zweifellos mit der Loyalität eines nicht unbeträchtlichen Teils dieser nicht-nationalsozialistisch eingestellten Beamten rechnen. Neben den durchaus auch feststellbaren Sachzwängen für diese Vorgangsweise ist zu bedenken, daß sich Hofer und seine »Emigranten«, die nicht im Land ausgeharrt hatten und im unmittelbaren politischen Kampf gestanden waren, bei ihrer »großzügigeren« Haltung wesentlich leichter taten als die »Illegalen«, denen ihr Einsatz für die Partei nicht selten Haft oder die Entziehung ihrer Existenzgrundlage eingebracht hatte. So setzte schließlich eine Entwicklung ein, die zu erstaunlichen Kontinuitäten auf leitenden Positionen in der Tiroler Bürokratie führte. Die personelle Besetzung der LHM verdeutlicht die weitgehende Kontinuität bei der Besetzung der Spitzenpositionen.

1. Die Landeshauptmannschaft

Tabelle 23[26]
Die Abteilungsvorstände der LHM Tirol 1938/39

	11. 3. 1938		Mai 1939
Regierungsdirektor	FABRITIUS		RIEBEL
Stellvertreter	FISCHER		SCHULER
Präsidium	SCHREIBER		PATTIS[27]
Abteilung I a	WORZIKOWSKY-KUNDRATITZ		FALSER Leo
Abteilung I b	GIOVANELLI		ALTENBURGER[28]
Abteilung I c	REICHER		aufgelassen
Abteilung IIa	CLARIACINI		JAKSIC
Abteilung IIb	DASER		CZERMAK
Abteilung III	OTTENTHAL		OTTENTHAL
Abteilung IV	KLINGLER		SAUER
Abteilung Va	DONNERT		DONNERT
Abteilung Vb	CHRISTIAN		CHRISTIAN
Abteilung Vc	GEIGER		GEIGER
Abteilung VI	ODELGA		ODELGA
Abteilung VII	KATSCHTHALER		KATSCHTHALER
Abteilung VIII	ZANKER	Abt. VIIIa	KLINGLER
		Abt. VIIIb	ZANKER
		Abt. VIIIc	ELLER
Abteilung IXa	NEURURER		NEURURER
Abteilung IXb	TSCHURTSCHEN-THALER		TSCHURTSCHEN-THALER
Abteilung X	————		THUN
Abteilung XI	————		TITTEL[29]

Die drei höchsten Stellen der politischen Verwaltung Tirols nach dem Landeshauptmann, nämlich Regierungsdirektor, sein Stellvertreter und Präsidialvorstand, wurden mit verläßlichen Nationalsozialisten besetzt. Regierungsdirektor Riebel, Vizedirektor Schuler, Präsidialvorstand Sauer und Pattis, zunächst eingestellt in der Abteilung IXa, dann Nachfolger des ca. drei Monate als Präsidialvorstand amtierenden Sauers, waren allesamt »alte Kämpfer«. Riebel, Parteigenosse und SS-Sturmmann, wurde wegen NS-Betätigung im Februar 1934 in den zeitlichen Ruhestand versetzt, Sauer, ebenfalls 1934 für einige Monate a. D. gestellt, aus dem Regierungsdienst entfernt und drei Jahre lang dem Invalidenamt Innsbruck zugeteilt, bis er wieder in der LHM, Abteilung Ia, Verwendung fand. Bis 1930 Mitglied der Großdeutschen Volkspartei, hatte er sich sodann der NSDAP zugewandt und war ihr am 1. Mai 1932 beigetreten.³⁰ Nach dem Parteiverbot stellte die Landesleitung der NSDAP exponierten Beamten frei, pro forma die Partei zu verlassen. Sauer trat offiziell am 4. Juni 1933 aus, blieb aber weiterhin nationalsozialistisch eingestellt, ohne dabei besonders aktiv hervorzutreten. Für den Tiroler Heimwehrführer Richard Steidle handelte es sich bei Sauer

»um einen ganz gerissenen und gefährlichen Burschen [...] und jeder Mensch bei uns weiß auch, daß er heute innerlich geschworener Nazi ist. Der Mann ist aber so schlau, daß man ihm von amtswegen nie ankommt.«³¹

Landesregierungsrat Pattis wirkte vor dem Parteiverbot als Gauredner, Ortsgruppenleiter und Bezirksleiter von Innsbruck sowie als Parteiorganisationsleiter. Er wurde wegen seiner NS-Aktivitäten über zwei Monate in Haft gehalten und schließlich von der LHM, der er bereits seit 1911 als Beamter angehörte, entfernt. Er folgte dem Ruf GL Hofers am 10. Jänner 1934 nach Deutschland, wo er bis zum »Anschluß« hauptamtlich für die Partei, zunächst im Flüchtlingshilfswerk Berlin und dann in der Zentralkartei der NSDAP in München, arbeitete.³²

Obermagistratsrat Anton Schuler war seit 24. 4. 1933 Parteimitglied und galt als charakterlich »vollkommen einwandfrei«.³³ Er hatte stets eine großdeutsche Einstellung gezeigt und war auch Vorstand des Turnvereins Innsbruck gewesen. Allerdings fehlte ihm eine Kämpfernatur, weshalb er sich gerade in seiner hohen Position als Direktorstellvertreter des Stadtmagistrats Innsbruck während der Zeit der Illegalität gegenüber der Partei zurückhaltend gezeigt hatte.³⁴ Von den 15 in Tabelle 23 angeführten Abteilungsleitern der LHM, die sich vor dem »Anschluß« im Amt befanden, waren im Mai 1939 immer noch 10 (!) als Vorstände tätig. Wer waren aber nun die neuen Leiter, die erst nach der NS-Machtübernahme an die Spitze gehievt wurden bzw. woher kamen sie?³⁵

Ing. Alois Eller, Vorstand der Abt. VIIIc, war vor dem »Anschluß« Landesalpininspektor der Abteilung VIII gewesen. Die neu errichtete Abteilung X übernahm der bisherige stellvertretende Obmann des Verkehrsvereins Innsbruck, Dr. Othmar Graf Thun. Oberregierungsrat Jaksic rückte als führender Beamter der Abteilung IIa nach der zwangsweisen Pensionierung Clariacinis an die Spitze vor. Er galt den Nationalsozialisten als politisch verläßlich, seine politische Haltung be-

(13) Während ein Großteil der Bevölkerung die „Heimholung ins Reich" freudig begrüßte, gerieten Hunderte Tiroler in die Terrormaschinerie der Nationalsozialisten. Massenverhaftungen und Deportationen ins KZ Dachau sorgten dafür, daß jeglicher Widerstand bereits im Keim erstickt wurde.

(14) Mit der NS-Machtübernahme setzten in Tirol sofort antijüdische Maßnahmen ein: Wirtschaftsboykott, Berufsverbote, „Arisierungen", Verhaftungen, Pogrom und Vertreibung.

Die neuen Herren:

(10) Links der Vorarlberger Gauleiter Anton Plankensteiner, Denz, Hitler (Bildmitte), neben ihm Gauleiter Edmund Christoph.

(11) Links der Gauleiter der Saarpfalz, Josef Bürckel, der als Reichskommissar alle Entscheidungsbefugnisse in Österreich in Händen hielt, rechts der Innsbrucker Oberbürgermeister Egon Denz

(12) Links Tirols Landesstatthalter Dr. Richard Knöpfler, rechts der Innsbrucker Magistratsdirektor Dr. Josef Öfner.

(8/9) Vereidigung der Innsbrucker Polizei durch Reichsführer-SS Heinrich Himmler und Übernahme des Landesschützenregiments „Dollfuß" in die deutsche Wehrmacht in der Haller Speckbacherkaserne. Die Truppe leistet den Eid auf den Führer des Deutschen Reiches Adolf Hitler.

(7) Zeitgenössische Ansichtskarte.

1. Die Landeshauptmannschaft

zeichnete das Gaupersonalamt als »einwandfrei«.[36] Die LHM bestätigte ihm ebenso wie Odelga, Leiter der Abteilung VI, sich gegenüber dem Nationalsozialismus in der Verbotszeit maßvoll verhalten zu haben, was besonders für Jaksic aufgrund seiner führenden Stellung nicht so leicht gewesen wäre.[37]

Dr. Hans Czermak, Facharzt für Oto-Laryngologie seit 1925, trat der Partei und der SA im März 1933 bei. Er beteiligte sich »nach besten Kräften« am illegalen Kampf und organisierte den SA-ärztlichen Dienst im Gau. Im April 1937 wurde er SA-Sanitätsstandartenführer. Am 16. März 1938 übernahm er als neuer Landessanitätsdirektor die Abteilung IIb der LHM, obwohl er keine fachliche Erfahrung und Ausbildung hiezu hatte. Er absolvierte Ausbildungslehrgänge in Wien und Wiesbaden, währenddessen der bisherige Landessanitätsdirektor Paul Daser weiterarbeitete, bis er schließlich pensioniert wurde. Czermak steht auch für die im Nationalsozialismus typische Verflechtung von Partei und Staat. Erst Gauhauptstellenleiter im Gauamt für Volksgesundheit seit 1. Mai 1939, dessen Führung er als Gauamtsleiter mit Wirkung vom 3. November 1941 übernahm, war er sodann auch gleichzeitig Gauobmann des NS-Ärztebundes und Vorstand der Ärztekammer für Tirol-Vorarlberg. Nach dem Umbau der Verwaltung leitete er ab Ende 1939, Anfang 1940 die Abteilung III Volkspflege als Regierungsdirektor. Czermak, der führend an der Euthanasie im Gau Tirol-Vorarlberg beteiligt war, wird in einem Gutachten nach 1945 »als ein außerordentlich autoritätengläubiger Nationalsozialist bezeichnet [...], der im blinden Gehorsam das tat, was seine vorgesetzten Parteidienststellen für richtig hielten«.[38]

Während also Eller, Thun und Jaksic als führende Beamte der Tiroler Bürokratie von den Personalveränderungen profitierten und vorrückten, wurden Landesregierungsrat Leo Falser und Rudolf Altenburger als Exponenten des NS-Beamtentums, beide waren »alte Kämpfer« und wegen ihrer nazistischen Einstellung gemaßregelt worden, wieder in Dienst gestellt und in führende Positionen gebracht. Altenburger gehörte zu jener Gruppe junger NS-Beamten(anwärter), die wegen ihrer Verdienste um die Partei nach dem »Anschluß« besonders gefördert wurden.[39] Wirft man einen Blick auf die Abteilungsleiter des Bauamtes der LHM, so ergibt sich ein ähnliches Bild:

Tabelle 24[40]
Die Abteilungsleiter des Bauamtes der LHM Tirol am 1. 8. 1938

Landesbaudirektor	HUSSAK
Abteilung I	unbesetzt
Abteilung II	PFUND
Abteilung III	KOJETINSKY Moritz
Abteilung IV	BALLER; RIEDL
Abteilung V	MÜLLER
Abteilung VI (neu)	FISCHER

Hussak, Pfund und Müller hatten bereits vor dem »Anschluß« denselben Posten innegehabt, die Abteilung I war unbesetzt wie schon vor der Machtübernahme. Kojetinsky und Fischer konnten als führende Beamte nachrücken und zu Abteilungsvorständen avancieren. Hofrat Bauer wurde als zunächst einziger Vorstand des Bauamtes entfernt und für ihn der gemaßregelte Nationalsozialist Baller wieder in Dienst gestellt. Mit 31. Jänner 1939 wurde allerdings auch Hofrat Pfund mit um ein Viertel gekürzter Abfertigung entlassen.[41] Nach der Zusammenlegung des Hochbaus von Land und Bund in der Abteilung IV übernahm Regierungsoberbaurat Riedl die Leitung statt des bisherigen Vorstandes, Hofrat Stuefer, der Riedl unterstellt wurde.[42] Aber nicht nur im Bauamt, auch in den Landes- und Bezirksbauleitungen setzte sich dieser Trend einer erstaunlichen Kontinuität der leitenden Beamten vom austrofaschistischen zum NS-System fort. In diesen Ämtern gab es aus der Sicht der LHM aufgrund ihrer betont nationalen bzw. nationalsozialistischen Haltung besonders viele förderungswürdige Beamte, wie etwa den »stets national gesinnten und politisch zuverlässigen« Leiter der Landesbauleitung Lechaschau und die Baubezirksleiter von Kufstein, Lienz und Reutte sowie dessen Stellvertreter.[43] Die NS-Anfälligkeit der Techniker erwies sich auch in der Abteilung VIII der LHM, wo z. B. Abteilungsleiter Josef Zanker, Parteigenosse seit 1924, »Illegaler« durch Wiedereintritt in die Partei am 1. August 1935, oder Agrarbaurat R. M., ein »opfer- und einsatzbereiter Nationalsozialist«, Parteimitglied seit 1932, zu nennen sind.[44]

Es kann festgehalten werden, daß die Abteilungsleiter der LHM 1938/39 der Tiroler Bürokratie entstammten. Der Großteil, ca. zwei Drittel, war auch nach dem »Anschluß« auf ihren Positionen verblieben, der Rest setzte sich aus politisch verläßlichen Nachrückern bzw. aus verdienten Nationalsozialisten, die wieder in Dienst gestellt wurden, zusammen. Die absoluten Spitzenpositionen wurden ausschließlich mit hundertprozentigen Nazis besetzt, unter den Abteilungsleitern der

1. Die Landeshauptmannschaft

LHM gab es allerdings nur eine Minderheit überzeugter Nationalsozialisten. Die meisten von ihnen bemühten sich erst nach dem »Anschluß« um die Parteimitgliedschaft. Obwohl einige als Legitimisten oder der »schwarzen Richtung« nahestehend eingeschätzt wurden, galten sie dennoch als politisch »einwandfrei«, »in Ordnung«, »harmlos«, »unbelastet« oder hatten sich »nicht hervorgetan«.[45] Traditionell national ausgerichtet wußte sich das Gros der leitenden Beamten bestens einem Regime anzupassen, dem ihre Fachkenntnisse unentbehrlich waren. Sie traten als Fachmänner in Erscheinung, die nicht nach dem »Wozu« fragten, sondern dafür sorgten, daß alle anfallenden Aufgaben zur Zufriedenheit ausgeführt wurden. Beamte aus dem »Altreich« sind überraschend unterrepräsentiert und besetzten als Vorstände nur ein bis zwei Abteilungen, die, neu gebildet, fast logischerweise an Deutsche delegiert wurden. Es handelte sich hierbei um das Preisüberwachungsreferat, ein wichtiges Instrumentarium der NS-Wirtschaftspolitik, für das in Tirol die erfahrenen Fachkräfte nicht vorhanden waren und das Wehrreferat, schließlich sollte das Land frühzeitig auf den Krieg vorbereitet werden. Die Abteilung Ib wurde völlig umstrukturiert, indem sie die Preisüberwachung zugeteilt bekam. Der deutsche Regierungsrat Dr. Kümper kam Ende April/Anfang Mai 1938 für drei Monate nach Innsbruck, um den Aufbau der Preisüberwachungsstelle in die Wege zu leiten. Nach dementsprechender Einarbeitung übernahm mit Altenburger wieder ein Tiroler Beamter diese Abteilung. Die mit dem als Abteilung XI der LHM eingerichteten Wehrreferat betrauten »Reichsdeutschen«, Landrat Karl Müller und Regierungsrat Hans Joachim Tittel, traten ihren Dienst, der zunächst bis Anfang Juli limitiert war, mit 2. Mai 1938 an.[46] Während Müller Tirol wieder verließ, blieb Tittel als Leiter der Abteilung XI. Nach der Neuorganisation der Verwaltung übernahm er schließlich die Abteilung II, Schule und Kultur, der Reichsstatthalterei Tirol und Vorarlberg.[47]

Geht man in der Hierarchie der LHM um eine Ebene tiefer, so ergibt sich in bezug auf die Kontinuität im Beamtenapparat ein ähnliches Bild: Von 32 Beamten[48], die vor dem 12. März 1938 in führender Stellung in den Abteilungen gewirkt hatten, standen im Mai 1939 immer noch 21 im Dienst, drei davon (Eller, Jaksic, Sauer) hatten zu Abteilungsleitern aufsteigen können. Besonders bemerkenswert ist die Schlüsselstelle der Landesverwaltung, die Präsidialabteilung, in der die drei führenden Beamten weiterarbeiten konnten. Ebenso beachtlich ist der Umstand, daß alle sieben gehobenen Beamten der vormaligen Abteilung VIII samt Vorstand weiterhin Dienst versahen. Zu diesen 21 Beamten der »Voranschlußzeit«, die nur zu einem geringen Teil Parteimitglieder waren, gesellten sich einige junge NS-Beamten(anwärter), größtenteils »Illegale«, die nach der Machtübernahme angestellt wurden.[49] Zur Stabilisierung seiner Herrschaft war der Nationalsozialismus auf das Funktionieren der Verwaltung angewiesen. Die Tiroler NSDAP setzte deshalb voll auf die Kooperation mit der traditionellen Beamtenschaft, die eine äußerst geringe Widerstandskraft an den Tag legte. Besonders belastete Beamte wurden sofort vom Dienst suspendiert oder verhaftet. Nach dem »Anschluß« zeigte sich das beachtliche Maß an nazistischer Unterwanderung der Tiroler LHM. Allerdings bestand ohne Zweifel die überwiegende Mehrheit der alten Bürokratie nicht aus Nationalsozialisten, sondern aus katholisch, konservativ und politisch indifferent eingestellten Menschen. Um den reibungslosen Übergang von einem zum anderen politischen System zu gewährleisten, entschlossen sich die NS-Machthaber in Tirol dazu, nicht nur das Gros der mittleren und unteren Beamten ungeschoren zu lassen, sondern auch zwei Drittel der Abteilungsleiter und führenden Beamten dieser Abteilungen im Amt zu behalten. Neben der Besetzung der absoluten Spitzenposten mit bewährten Nazis suchte das NS-Regime in Tirol die Durchdringung der LHM im NS-Geist durch die Aufnahme junger NS-Juristen zu sichern. Deutsche Beamte spielten dabei 1938/39 eine nur untergeordnete Rolle.

2. Die Bezirkshauptmannschaften

Der »Umbruch«

Noch in der Nacht vom 11. auf den 12. März 1938 wurden alle Tiroler Bezirkshauptmannschaften von Funktionären der NSDAP übernommen. GL Christoph setzte fernmündlich alle bisherigen Bezirkshauptmänner ab, wobei diejenigen von Innsbruck, Landeck und Reutte wegen ihrer besonders feindseligen Einstellung gegenüber dem Nationalsozialismus verhaftet wurden, und ernannte die Kreisleiter kommissarisch zu Bezirkshauptmännern.[50] Nur in Landeck, wo bereits seit langem ein gespanntes Verhältnis zwischen Partei und SS herrschte, führte nicht der Kreisleiter, sondern der SS-Unterscharführer Mag. Carl Hochstöger die BH. SS-Obergruppenführer Sterzinger gab bereits in den Abendstunden des 11. März aus der Präsidialkanzlei in Innsbruck dem bisherigen Bezirkshauptmann Falser die Auskunft, daß Hochstöger neuer Bezirks-

2. Die Bezirkshauptmannschaften

hauptmann werde.[51] Sterzinger ernannte den Leiter der SD-Außenstelle Landeck Erwin Netzer zum Sicherheitsreferenten bei der BH Landeck. In der Folge waren SS und Partei, sprich Landecker Kreisleitung, »ständig auf Kriegsfuß«. Der Partei gelang es aber schließlich, Hochstöger und Netzer kaltzustellen.[52] Die Geschäftsführung der meisten Bezirkshauptmannschaften nahmen stellvertretend für den Kreisleiter Fachbeamte wahr, die, wie Ignaz Bachmann in Lienz, Eduard Bartenstein in Kitzbühel und Eduard Prantner in Kufstein, dem Beamtenapparat der betreffenden BH angehörten. Bartenstein war auch Ortsgruppenleiter von Kitzbühel und ein besonderer Scharfmacher bei der Ausstellung politischer Beurteilungen im Verlaufe der Durchführung der Berufsbeamtenverordnung.[53] In Reutte wurde die BH fachlich von einem Rechtsanwalt, Dr. Hermann Tschiderer, geführt, während in Imst mit ORR Kravogl ein wieder in Dienst gestellter Nationalsozialist die Geschäftsführung innehatte.[54] In den ersten Wochen nach dem »Anschluß« führten die Kreisleiter Partei und Verwaltung auf Bezirksebene in Personalunion, um den Einklang zwischen Partei und Verwaltung herzustellen. Als Bezirkshauptmänner sorgten sie einerseits für den restlosen Einsatz ihrer Behörde für die Volksabstimmung am 10. April, andererseits führten sie die vorerst wichtigsten personellen Veränderungen durch. Neben den Bezirkshauptmännern und allen Bezirksschulinspektoren (mit einer Ausnahme) wurden ihrer Funktion entbunden:

In den Bezirkshauptmannschaften Reutte und Schwaz vorerst niemand mehr, in Innsbruck eine Landeskanzlistin, die intimen Verkehrs mit Juden bezichtigt wurde[55], in der BH Kitzbühel der Veterinärrat Josef WEISZGATTERER und Landeskanzlist Otto SCHÄFFEL, in Landeck Regierungskommissär Karl HUNDEGGER, in Imst Oberregierungskommissär Felix GASTEIGER, in Lienz Forstinspektor Franz RIESENAUER, in Kufstein Regierungskommissär Albert NÖBL, Veterinärrat PITSCH, Landesforstkommissär HASLAUER, Landeskanzleioberoffizial Karl GLÜCK, Amtsrat Vitus GREGORZ und die Landesbedienstete Marie CÄSAR.[56]

Hierbei ist zu berücksichtigen, daß einige ihrer Funktionen Enthobenen auf einer etwas niedrigeren Position weiterarbeiteten (Bezirkshauptleute Neuner und Hradetzky), nur versetzt (Nöbl) oder bald wieder in Dienst gestellt wurden (Glück, Cäsar, Riesenauer). Die Entlassung des Leiters des Zollamtes Schönbühel und die Enthebung des Leiters des Finanzamtes Reutte sowie des Bahnhofsvorstandes Reutte, die beiden Letztgenannten arbeiteten vorerst an ihrer Dienststelle weiter, durch KL und Bezirkshauptmann Schretter sind anschauliche Beispiele für einen typischen Aspekt nationalsozialistischer Beamtenpolitik. Die Posten der Enthobenen wurden für ehemalig illegale Nazis freigemacht, die Weiterverwendung der Enthobenen nicht ausgeschlossen. Bedingung war jedoch meist die Versetzung an einen anderen Dienstort wegen des Ansehens der NSDAP im Bezirk und des Drucks durch die hochgeschraubten Erwartungen der »Illegalen« und »alten Kämpfer«.[57] Folgende Übersicht stellt den weiteren Verbleib der enthobenen Bezirkshauptmänner Tirols nach dem »Anschluß« dar:

BH Imst: Peter HAIDEGGER. Durch Verfügung Christophs enthoben.[58] Da über ihn nichts Nachteiliges bekannt war, konnte er jedoch als Konzeptbeamter im Amt bleiben. Versetzung nach Schwaz mit 29. 6. 1938.[59]

BH Innsbruck: Friedrich ATTLMAYR. Mit 11. März des Dienstes enthoben und vorübergehend in Haft genommen.[60] Das Urteil seines Verfahrens nach der BBV konnte zwar quellenmäßig noch nicht erfaßt werden, eine Versetzung in den Ruhestand bei gekürzten Bezügen ist anzunehmen.

BH Kitzbühel: Alois NEUNER. Nach seiner Entbindung von der Leitung der BH im Dienst belassen. Zuteilung als Konzeptbeamter zur BH Imst mit 29. 6. 1938.[61] Später zuständig für das Wirtschaftsamt des Landrats.[62]

BH Kufstein: Kurt HRADETZKY. Nach seiner Enthebung als Bezirkshauptmann wurden keine Einwände gegen seine Verwendung an einer anderen Dienststelle erhoben.[63] Zunächst stellvertretender Leiter der Abteilung Ia der LHM, stand er nach der Reorganisation der Verwaltung dem Dezernat IVa^1 (Landwirtschaft) der Reichsstatthalterei Tirol und Vorarlberg vor.[64]

BH Landeck: Konrad FALSER. Verhaftung in der Nacht vom 11. auf den 12. März auf Veranlassung von SS-Sturmbannführer Sterzinger wegen »feindseliger Einstellung und gehässigen Verhaltens gegen den Nationalsozialismus«. Eine Wiederindienststellung auch auf einen anderen Posten wurde ausgeschlossen.[65] Überstellung ins Gefangenenhaus des Bezirksgerichts Landeck, dort 23 Tage in Haft.[66] Mit Jänner 1939 wurde er mit 25%iger Kürzung des Ruhegenusses in den Ruhestand versetzt.

BH Reutte: Rudolf MANGUTSCH. Außerdienststellung am 12. 3. 1938 um 1 Uhr in der Früh über telefonischen Auftrag KL Schretters durch OGL Eduard Storf und Rechtsanwalt Hermann Tschiderer. Galt als »fanatischer Anhänger« des alten Systems und »CV Bruder Schuschniggs«, der in Innsbruck bis 1936 Nationalsozialisten verfolgt haben soll.[67] Stand acht Tage unter Hausarrest und konnte sich dann frei

2. Die Bezirkshauptmannschaften

bewegen. Am 4. 5. 1938 von einer wilden Horde junger SA-Männer aus der Wohnung geholt, mißhandelt und ins Landesgericht Innsbruck überstellt.[68] Am 4. 6. 1938 aus der Gestapohaft entlassen.[69] Ende Jänner 1939 mit der Hälfte des Ruhegenusses in den Ruhestand versetzt.[70]

BH Schwaz: Franz LEITNER. Amtsenthebung um 1^{45} Uhr des 12. März durch Telegramm der Gauleitung. Wurde als besonders »gehässiger Gegner der NSDAP« angesehen.[71] Ende Jänner 1939 Versetzung in den Ruhestand mit drei Viertel des Ruhegenusses.[72]

BH Lienz: Hermann RIFFESER. Nach seiner Enthebung Weiterbeschäftigung an der Dienststelle, nunmehr Staatsgeschäftsstelle Lienz genannt.[73]

Die neuen Bezirkshauptmänner

Nach der Volksabstimmung gingen die Nationalsozialisten daran, die Verwaltung in den Bezirken auf eine solide Grundlage zu stellen. Neben den organisatorischen Neuerungen und Umstellungen nach deutschem Vorbild waren die personellen Besetzungen, v. a. die der Bezirkshauptmänner, das brennendste Problem, das einer raschen Lösung zugeführt werden mußte. Die Übernahme der Bezirkshauptmannschaften durch die Kreisleiter hatte dazu geführt, daß diese in ihrer Funktionsfähigkeit eingeschränkt wurden. Dies lag darin begründet, daß die »Illegalen« unter Christophs Führung vor allem mit den höheren Beamten der LHM ziemlich scharf ins Gericht gegangen waren und die Kreisleiter als Bezirkshauptleute gar keinen sonderlichen Wert auf die Funktionsfähigkeit des staatlichen Apparats legten. Als Vertreter des absoluten Primats der Partei über die Verwaltung mischten sie sich ständig in Verwaltungsangelegenheiten, speziell in die Gerichtsbarkeit, ein und maßten sich verschiedenste Zuständigkeiten der staatlichen Stellen an. Wiederholt ließ die Gestapostelle Innsbruck deshalb die Kreisleiter zu sich kommen, um sie auf die Überschreitung ihrer Kompetenzen hinzuweisen. Als ein hoher deutscher Verwaltungsbeamter, der Mitte April alle ehemaligen österreichischen Bundesländer bereiste, diese Mißstände entdeckte, forderte er die sofortige Versetzung der Bezirkshauptleute durch politisch einwandfreie Beamte der LHM. Landeshauptmann Christoph, der zunächst darauf bestanden hatte, daß die Kreisleiter als Bezirkshauptmänner im Amt blieben, willigte schließlich ein.[74] Nach einer telefonischen Unterredung Christophs mit Staatssekretär Wächter wurden Ende April 1938 drei Kreisleiter ihrer Funktion als Bezirkshauptmänner entbunden und ihnen für ihre Arbeit der Dank ausgesprochen.[75] In Imst löste ORR Kravogl KL Kienel ab. Kravogl war bereits von 1925–1933 Bezirkshauptmann von Reutte gewesen und wegen seiner starken Sympathien für die NSDAP in die LHM versetzt worden, woraufhin er demonstrativ in aller Öffentlichkeit der Partei beigetreten war. Dies hatte zu seiner Versetzung in den dauernden Ruhestand zwischen 1934 und 1938 geführt.[76] Magistratsoberkommissär Hans Hirnigel übernahm die BH Innsbruck von KL Waizer und führte diese bis Kriegsende. Landesregierungskommissär Alfred Baeck ersetzte SS-Unterscharführer Hochstöger als Bezirkshauptmann der BH Landeck.[77]

Nachdem Hofer an die Spitze des Gaues Tirol-Vorarlberg zurückgekehrt war, ging er zügig daran, die restlichen noch von Christoph eingesetzten Kreisleiter als Bezirkshauptmänner abzulösen und seine personellen Vorstellungen zu realisieren. Am 2. Juni 1938 schlug er Reichsstatthalter Seyß-Inquart folgende Bezirkshauptleute vor:

BH Imst	Ernst ALLRECHT
BH Innsbruck	Hans HIRNIGEL
BH Kitzbühel	Hubert LAUER
BH Kufstein	Ignaz BACHMANN
BH Landeck	Peter HAIDEGGER
BH Reutte	Alois NEUNER
BH Schwaz	Alois HALHAMMER
BH Lienz	Fritz WILLE[78]

Hofer stieß jedoch mit seiner Besetzungsliste, die größtenteils höhere Beamte der alten Bürokratie enthielt, die nicht wirklich als Nationalsozialisten bezeichnet werden konnten, auf Widerstände in Wien. Der Reichsstatthalter und der Staatssekretär beim Reichsinnenministerium, Stuckart, kamen daraufhin am 30. Juni 1938 zu einer Unterredung mit Hofer nach Innsbruck. Gemeinsam einigten sie sich schließlich auf Allrecht, Hirnigel, Halhammer, Pflauder (Kufstein) und Wersin (Kitzbühel).[79] Die Besetzung Reuttes blieb noch offen, Lienz sollte sowieso bald in den Amtsbereich des Kärntner Landeshauptmanns fallen. Die ehemaligen Bezirkshauptmänner des Schuschnigg-Regimes, Haidegger und Neuner, waren nun nicht mehr berücksichtigt, ebensowenig die Landesregierungskommissäre Bachmann und Lauer. Statt dessen wurden vorwiegend Nicht-Fachbeamte herangezogen, die aber verläßliche und verdiente Nationalsozialisten waren. Bei der noch unbesetzten BH Reutte entschied sich Hofer schließlich für den Innsbrucker Rechtsanwalt Walter Nagele. Der Gauleiter wartete bei dessen Bestellung die Bestätigung des Reichsstatthalters erst gar nicht ab. Er begründete seine Vorgangsweise damit, daß die Zeit gedrängt hätte, um in Reutte die po-

2. Die Bezirkshauptmannschaften

litische Verwaltung endlich »auf eine ordnungsgemäße und dauernde Grundlage zu stellen«.[80] In der Tat forderte Hermann Tschiderer, der in fachlicher Hinsicht die BH Reutte seit der Machtübernahme geführt hatte, nachdrücklich die Ernennung eines definitiven Bezirkshauptmannes, da er sich arbeitsmäßig völlig überlastet fühlte. So mußte er seine Anwaltskanzlei vernachlässigen und Sonn- wie Feiertage im Amt verbringen. Auch seine Familienangehörigen unterstützten ihn dabei, seine Frau arbeitete sogar bis einen Tag vor ihrer Niederkunft in der BH.[81] Die Personalrochaden im Zusammenhang mit der Besetzung der Führungsgarnitur der Bezirkshauptmannschaften führten bei Beamten wie Bartenstein und Prantner, die bis dahin die Geschäfte in Kitzbühel bzw. Kufstein geführt hatten, zu großer Verstimmung. Nun mußten sie wieder ins zweite Glied zurücktreten und fühlten sich »sang- und klanglos abserviert«.[82] Nachfolgende Tabelle listet die Bezirkshauptmänner bzw. Landräte Tirols während der NS-Zeit auf:

Tabelle 25[83]
Bezirkshauptmänner bzw. Landräte in Tirol 1938–1945

Verwaltungs-bezirk	11./12. März bis April 1938	Mai–Juni 1938	Ab Juli 1938
IMST	Karl KIENEL (bis 26. 4.)	Leo KRAVOGL	Ernst ALLRECHT (1. 7. 1938–4. 5. 1945)
INNSBRUCK	Anton SCHATZ Walter WAIZER (11. 3.–16. 3.)	Hans HIRNIGEL	Hans HIRNIGEL (26. 4. 1938–8. 5. 1945)
KITZBÜHEL	Hans POSCH	Hans POSCH	Otto WERSIN (15. 7. 1938–8. 5. 1945)
KUFSTEIN	Fritz WILLE	Fritz WILLE	Wendelin PFLAUDER (11. 7. 1938–6. 2. 1942) Rudolf WALTER (6. 2. 1942–4. 5. 1945)
LANDECK	Carl HOCHSTÖGER (bis 26. 4.)	Alfred BAECK	Alfred BAECK (26. 4. 1938–20. 11. 1939) Joachim GOLD (20. 11. 1939–3. 5. 1945)

REUTTE	Karl SCHRETTER	Karl SCHRETTER	Walter NAGELE (15. 8. 1938–19. 1. 1942) Heinrich PRAXMARER (19. 1. 1942–1. 6. 1942) Hans NEUNER (1. 6. 1942–16. 4. 1943) Heinrich PRAXMARER (16. 4. 1943–8. 5. 1945)
SCHWAZ	Adolf KUNSEK	Adolf KUNSEK	Alois HALHAMMER (4. 7. 1938–11. 9. 1939) Wilhelm SCHNEE (11. 9. 1939–22. 5. 1944) Friedrich SCHUMACHER (22. 5. 1944–8. 5. 1945)

Schaut man sich die Bezirkshauptleute/Landräte, die vom Sommer 1938 bis zumindest Kriegsbeginn im Amt waren, näher an, so fällt folgendes auf:

Ihr Durchschnittsalter lag bei nur 41 Jahren. Die drei Ältesten[84], Allrecht 46, Nagele 51 und Halhammer 52 waren Offiziere, die während des gesamten Ersten Weltkriegs im Einsatz gewesen waren. Allrecht und Nagele bekleideten den Rang eines Oberstleutnants, Halhammer den eines Majors. Er hatte über 14 Jahre hindurch bis zu seinem Eintritt in die Verwaltung 1921 als Berufsoffizier gedient. Die restlichen vier Bezirkshauptmänner Hirnigel und Pflauder, beide 37, Wersin 35 und Baeck 29 erlebten ihre Jugend und Sozialisation während der Kriegs- und Nachkriegszeit. So verbrachte etwa Hirnigel seine gesamte Schulzeit in Bozen, wo er großdeutsch erzogen wurde und »als Südtiroler« nach Auseinandersetzungen mit Italienern öfters eingesperrt worden war.[85] Auffallend ist, daß sich unter diesen sieben Bezirkshauptmännern nur drei Fachbeamte befanden: Amtssekretär Halhammer, Evidenzbeamter der BH Innsbruck, Landesregierungskommissär Baeck, Konzeptbeamter der BH Kufstein und Magistratsoberkommissär Hirnigel aus der Stadtverwaltung Innsbruck. Drei der vier Nicht-Fachbeamten waren Juristen, die als Rechtsanwälte (Pflauder, Nagele) bzw. als Notariatsanwärter (Wersin) gearbeitet hatten. Dipl.-Ing. Allrecht kam aus der Privatwirtschaft. Als ausgebildeter Chemiker hatte er sich zehn Jahre lang als selbständiger Techniker und Kaufmann versucht. Alle Bezirkshauptmänner waren verläßliche Nationalsozialisten, ihre Person sollte ein reibungsloses Verhältnis zwischen Partei und unterer Verwaltungsebene

2. Die Bezirkshauptmannschaften

garantieren und den Einfluß der Partei auf die Verwaltung einigermaßen sicherstellen. Mit Ausnahme von Hirnigel und Nagele (Parteieintritt jeweils 1937) sowie Baeck (Parteigenosse seit 1935/36), galten sie als offiziell anerkannte »alte Kämpfer«. Hirnigel, Mitglied der Burschenschaft Suevia, war im Mai 1937 der NS-Betriebszellenorganisation des Stadtmagistrats beigetreten. Als »Illegaler« tat er sich aber nicht besonders aktiv hervor, weshalb er in Nazikreisen als »Märzveilchen« bezeichnet wurde. Seine fachliche Eignung war aber so ausgeprägt, daß er vom 16. März bis 10. April 1938 zum Aufbau der Organisation der Gestapo herangezogen worden war.[86] Die Verbindung zur Partei war weiters noch insofern gegeben, als über Auftrag Hofers von September/Oktober 1938 jeder Bezirkshauptmann eine politische Leiterstellung in der Kreisleitung zu übernehmen hatte.[87] Außer Allrecht, der als Kreiswirtschaftsberater fungierte, entschieden sich die meisten für die Übernahme des Kreispresseamtes. Allrecht hatte zwischen 1934 und 1938 hauptamtlich bei der NSDAP im Reich gearbeitet, zuletzt im Flüchtlingshilfswerk Berlin. Zwei weitere Bezirkshauptmänner waren Mitglieder der SS, Pflauder als SS-Untersturmführer und der junge Baeck als einfacher SS-Sturmmann. Pflauder, der 1932 OGL von Kufstein gewesen war und in der Illegalität für den SD gearbeitet hatte, war ein besonders fanatischer Nationalsozialist. Von Mai 1938 bis zu seiner Ernennung als Bezirkshauptmann von Kufstein im Juli, half er den SD von Kufstein zu organisieren. Seine fanatische Einstellung stellte Pflauder unter Beweis, als er als Landrat von Feldkirch (seit 5. Dezember 1943) noch gegen Kriegsende 15jährige Kinder als Flakhelfer in den Krieg hetzte.[88] Auch in bezug auf die Bezirkshauptmänner muß wieder ausdrücklich betont werden, daß sie mit Ausnahme Wersins Einheimische waren, daß es also auch auf den Spitzenposten der untersten staatlichen Verwaltungsebene keine »Überfremdung« durch Deutsche gegeben hat. Selbst Wersin war kein deutscher Beamter, sondern »Ostmärker«, der, in Linz geboren, lange Jahre in Graz tätig gewesen war. Sogar während des Krieges änderte sich dieser Umstand nicht grundlegend. Nur in Landeck und Schwaz stießen kurz nach Ausbruch des Zweiten Weltkriegs »Reichsdeutsche« an die Spitze der Landräte. Weitere vier Landräte, die während des Krieges neu bestellt wurden, waren allesamt Tiroler. Bei ihnen handelt es sich um Repräsentanten jenes Kreises junger NS-Beamter, die wegen ihrer besonderen Verdienste um die Partei während der »Systemzeit« besondere Karrieremöglichkeiten und Aufstiegschancen eingeräumt bekamen. Rudolf Walter galt entsprechend der politischen Beurteilung durch das Gaupersonalamt als »charakterlich und politisch einwandfrei«. Fritz Schumacher, SA-Mitglied und Parteigenosse seit 1933, der aus einer angesehenen Familie stammte, die »seit undenklichen Zeiten national eingestellt« war, wurde als »opferbereiter, kameradschaftlicher und vollständig einwandfreier Charakter« beschrieben.[89] Während seines Studiums war er Mitglied einer nationalen akademischen Turnverbindung und weltanschaulicher Schulungsleiter im NS-Studentenbund. Er betätigte sich überdies führend in der illegalen SA als SA-Sturmführer.[90] Heinrich Praxmarer, bis 1935 »unbedingt klerikal«, kam ursprünglich aus dem christlich-sozialen Lager und war Mitglied der CV-Verbindung Rheno Danubia. Danach entwickelte er sich immer mehr zum NS-Sympathisanten, Gegner der VF und des Legitimismus, wenngleich er in Innsbruck weiterhin in CV-Kreisen verkehrte. Im Frühjahr 1937 trat er der NSDAP bei und ging nach dem »Umbruch« sofort zur SS.[91]

Halten wir kurz fest: mit der Machtübernahme der Nationalsozialisten in Tirol wurden sämtliche Bezirkshauptmänner abgesetzt und die Bezirkshauptmannschaften von den Kreisleitern in Personalunion geleitet. In Landeck hatte sich zunächst die SS durchsetzen können. Während nazistisch eingestellte Fachbeamte die Geschäftsführung übernahmen, konnte die Hälfte der enthobenen Bezirkshauptleute an niedrigerer Position weiterarbeiten. Als Bezirkshauptleute hatten die von Christoph eingesetzten Kreisleiter die Funktionsfähigkeit der staatlichen Verwaltung auf Bezirksebene sehr eingeschränkt und rücksichtslos das Primat der Partei durchzusetzen versucht. Nach Druck der staatlichen Zentralstellen in Berlin bzw. Wien und der Rückkehr GL Hofers erfolgte zwischen April und Anfang August 1938 die Ablösung der Kreisleiter an der Spitze der Bezirkshauptmannschaften, die nun definitiv besetzt wurden. Die neuen Bezirkshauptleute, mit einem Durchschnittsalter von 41 Jahren relativ jung, waren geprägt von Fronterlebnis und dem politischen Klima der Zwischenkriegszeit. Nur drei Bezirkshauptleute waren Fachbeamte und kamen aus der hiesigen Beamtenschaft. Neben drei Juristen findet sich auch ein Gewerbetreibender. Im Mittelpunkt der Auswahl stand nicht in erster Linie die fachliche Qualifikation und Erfahrung, sondern die unbedingte parteimäßige Zuverlässigkeit. Die Bezirkshauptleute, die allesamt verdiente Parteigenossen, »Illegale« und »alte Kämpfer« waren, sollten nämlich durch ihre Person eine im NS-Sinn geführte Verwaltung garantieren, ein gutes Verhältnis zur Partei herstellen sowie generell den Einfluß der Partei auf den Staat sichern. Aus diesem Grund wurde der junge NS-Beamtennachwuchs während des Kriegs an die Spitze einiger Landräte gehievt. Auch die

2. Die Bezirkshauptmannschaften

Führung und Leitung dieser unteren Verwaltungsebene war eine Angelegenheit der Einheimischen. Eine »Überfremdung« durch Deutsche fand nicht statt.

Die personelle Besetzung der zweiten Ebene der Bezirkshauptmannschaften

Um dem Provisorium in der unteren Verwaltung ein Ende zu bereiten und einen reibungslosen Ablauf der Amtsgeschäfte zu sichern, wurden auch die engsten Mitarbeiter der Bezirkshauptmänner neu bestellt. Jedem der im Sommer 1938 ernannten bzw. bestätigten Leiter wurde ein erfahrener Verwaltungsjurist sowie ein bis zwei junge NS-Juristen beigestellt. Die Berufung dieser wichtigen Beamten erfolgte nach Überprüfung ihrer politischen Einstellung in völliger Übereinstimmung Hofers mit Reichsstatthalter Seyß-Inquart und Staatssekretär Stuckart.[92]

Tabelle 26[93]
Die Bestellung der führenden Verwaltungsbeamten in den Bezirkshauptmannschaften im Sommer 1938

Bezirk	Konzeptbeamter	Junge NS-Juristen (bzw. vom NS als völlig verläßlich eingestuft)
Imst	NEUNER Alois	PRAXMARER Heinrich
Innsbruck	LAUER / UHLIK	JAHN / DITTERICH / SCHUMACHER Fritz
Kitzbühel	MÜNSTER	RITTLER / WEILER
Kufstein	BACHMANN	OLBRICH / KROPF
Landeck	NÖBL	WALTER Rudolf / MUSTER
Reutte	SPINN	SCHWEIGGL
Schwaz	HAIDEGGER / WALTER Josef	HIPPMANN / HOLZER
Lienz	RIFFESER / KNITEL / HOSP	———————

Stellt man sich die Frage, welche Funktion diese Konzeptbeamten unmittelbar *vor* dem »Anschluß« innegehabt haben, so wird bald ersichtlich, daß hier nur scheinbar ein radikaler Austausch erfolgt ist:[94] Neuner war Bezirkshauptmann von Kitzbühel, Haidegger Bezirkshauptmann von Imst und Riffeser Bezirkshauptmann von Lienz gewesen. Spinn und Hosp hatten bereits als Konzeptbeamte in der BH Innsbruck gearbeitet, Bachmann als Konzeptbeamter in Landeck, Nöbl in Kufstein und Knitel in Schwaz. Josef Walter, Münster und Lauer waren vor und nach dem »Umbruch« als Konzeptbeamte in derselben BH angestellt gewesen. Der einzige wirkliche Neuzugang findet sich in der Person von Hermann Uhlik. Als »alter Kämpfer« wurde er nach dem »Anschluß« zunächst in der BH Schwaz aufgenommen, da es in der NS-gesinnten Bevölkerung schon ganz schlechte Stimmung gemacht hatte, daß kein NS-Konzeptbeamter im Amt war.[95] Von den 17 politischen Konzeptbeamten der unmittelbaren »Voranschlußzeit«, die im Tiroler Amtskalender 1938 aufgelistet sind[96], blieben neun in ihrer Funktion, sie wechselten meist nur die BH. Einem von ihnen, Baeck, gelang der Sprung an die Spitze einer BH. Von den acht ausgeschiedenen Beamten waren Hundegger und Gasteiger gleich nach der Machtübernahme enthoben worden, Koler, Coreth und Trentinaglia wurden mit 1. Juli 1938 entlassen, Petzer, Riccabona und Stocker scheinen in den Personalstandsverzeichnissen der Bezirkshauptmannschaften vom Juli 1938 nicht mehr auf. Wie bereits mehrmals erwähnt, wurden nach dem »Anschluß« junge Beamtenanwärter, ca. 20 an der Zahl, neu eingestellt und der LHM, vorwiegend aber den Bezirkshauptmannschaften, zugewiesen. Sie waren durchwegs bereits Parteigenossen bzw. Mitglieder nationalsozialistischer Kampfformationen. Als »Illegale« oder »alte Kämpfer« hatten sie sich in der Verbotszeit »überwiegend« oder »vielfach« kämpferisch für die NSDAP betätigt.[97] Als Ausgleich für ihre Zurücksetzung während dieser Zeit und als Zukunftsträger des NS-Beamtentums sollten sie möglichst schnell an führender Stelle in der Verwaltung verwendet werden. Deshalb wurden ihnen eine ganze Reihe Vergünstigungen, wie etwa Erleichterungen bei der Einrechnung von Vorbeschäftigungszeiten oder die Herabsetzung der Dauer des Vorbereitungsdienstes bzw. der Praxis in der Verwaltung gewährt. Bereits nach einem halbjährigen Verwaltungsdienst war es für sie prinzipiell möglich zur großen Staatsprüfung anzutreten, danach erfolgte wesentlich rascher die Ernennung zum Regierungsassessor. Diese Förderung sollte speziell denjenigen zuteil werden, bei denen es sich wie bei den in der LHM tätigen Altenburger oder Duftner »um besonders bewährte, vielfach verfolgte Parteigenossen handelt, die sich auch fachlich sehr gut erprobt haben«.[98] Abgesehen von einigen Rochaden zwischen den Landräten, die v. a. die jungen NS-Beamten betrafen, oder dem Wechsel einiger Konzeptbeamter wie Lau-

2. Die Bezirkshauptmannschaften

er und Uhlik in die LHM, erfuhr der Personalstand der Bezirkshauptmannschaften bis zum Krieg keine allzu großen Veränderungen mehr.

Wie bisher gezeigt wurde, konnte auch auf der untersten staatlichen Verwaltungsebene das Gros der »vaterländischen« Beamten in den Bezirkshauptmannschaften nach dem »Anschluß« auf ihren Posten verharren, andererseits rückten verdiente Parteigenossen, »alte Kämpfer« und »Illegale« vor, wurden neu oder wieder in Dienst gestellt. Der NS-Beamtennachwuchs erfuhr eine großzügige und rasche Förderung, sodaß er sehr bald leitende Stellen einnehmen konnte. Die wichtigsten Positionen, die der Bezirkshauptleute, bekleideten ideologiefeste Nationalsozialisten. Die ihnen zur Seite gestellten erfahrenen Verwaltungsjuristen, alles führende Beamte der Bezirkshauptmannschaften, die dort bereits vor dem März 1938 gewirkt hatten, sicherten das zur Stabilität des NS-Staates erforderliche Weiterfunktionieren der Verwaltung, während die jungen NS-Juristen an wichtiger Stelle Erfahrungen sammeln konnten und dementsprechend gefördert wurden, um die nationalsozialistische Durchdringung der Verwaltung voranzutreiben. Entsprechend rasch konnten diese daher die Karriereleiter erklimmen und Spitzenposten bekleiden.

Auf einen wichtigen personalpolitischen Umstand, der die Führung der Bezirkshauptmannschaften/Landräte berührte und bereits bei der Besetzung der Bezirkshauptmänner angeschnitten wurde, ist in diesem Zusammenhang noch genauer einzugehen: Auf die Rolle der »Reichsdeutschen«. Im September 1938 beorderte das Reichsinnenministerium für vorläufig sechs Monate vier Beamte des höheren Dienstes vom »Altreich« in die Grenzbezirkshauptmannschaften Schwaz (Regierungsassessor Wilhelm Schnee vom Landratsamt in Olpe), Innsbruck (Regierungsassessor Werner Otto vom Landratsamt in Aachen), Imst (Regierungsassessor Hohensee von der Regierung in Königsberg) und Landeck (Regierungsrat Morgenstern von der Amtshauptmannschaft in Schwarzenberg). Neben ihrem eigentlichen Betätigungsfeld als Reichsverteidigungsreferenten hatten sie sich um Kommunalangelegenheiten zu kümmern (Einführung der Deutschen Gemeindeordnung) und bei der Einführung des Reichsrechts mitzuwirken.[99] Waren die Bezirkshauptleute angehalten worden, sie in allen wichtigen Angelegenheiten beizuziehen, so verfügte das Reichsinnenministerium mit 14. Dezember 1938 diese zu allgemeinen Vertretern der Landräte zu ernennen, um deren Stellung gegenüber den anderen Beamten zu begründen.[100] Dienstältere höhere Beamte des Tiroler Landesdienstes hatten dabei das Nachsehen. Neben diesen vier Deutschen waren bis zum Sommer 1939 weiterhin drei Tiroler Stellvertreter der Landräte, nämlich Bachmann in Kufstein, Münster in Kitzbühel und Spinn in Reutte. Durch die »Reichsdeutschen« wurden zwei ehemalige Bezirkshauptleute der Schuschnigg-Ära als Stellvertreter abgelöst. Hohensee verdrängte Alois Neuner in Imst, Schnee ersetzte Haidegger in Schwaz[101], wo er schließlich am 11. September 1939 die Leitung des Landrats von Halhammer übernahm. Zwischen Tiroler Landrat und deutschem Stellvertreter kam es öfters zu Reibereien, ganz besonders in Imst, wo der Landrat mit Anordnungen seines Vertreters Hohensee, die dieser während seiner Abwesenheit gegeben hatte, unzufrieden war und ihn zudem verschiedener Unkorrektheiten beschuldigte. Hohensee soll Schulden in Gasthäusern hinterlassen, die Post alleinreisender Frauen geöffnet und einen diesbezüglich protestierenden Wirt mit einer Verwaltungsstrafe belegt haben. Der persönliche Referent des Landeshauptmannes reagierte auf diese Anschuldigungen eher zurückhaltend, da es in Imst »beliebter Sport« wäre, Beschuldigungen, die dann nicht stimmten, aufzustellen und da Hohensees Anordnungen in Abwesenheit des Landrats notwendig gewesen und in Absprache mit Innsbruck erfolgt waren.[102] Die Deutschen Morgenstern und Hohensee wurden im August 1939 aus Tirol versetzt und durch zwei neue Beamte aus dem »Altreich« abgelöst. Damit wurden den oben beschriebenen Unstimmigkeiten letztlich doch Rechnung getragen, darüber hinaus waren die Lebenshaltungskosten in Tirol so manchem deutschen Beamten einfach zu hoch.[103] Regierungsassessor Klaus Dinse vom Landratsamt in Frankfurt a. M. übernahm die Stellvertretung in Imst, Gustav Geier aus Bad Aibling kam nach Landeck, wo aber der Tiroler Nöbl wieder die Stellvertretung besetzen konnte.[104] Auch Regierungsassessor Werner Otto verließ Tirol, er wechselte von Innsbruck nach Feldkirch, wo er das Landratsamt übernahm. Als Geier einen Monat lang zur Ableistung von Militärübungen ins Reich beordert wurde, suchte Landrat Baeck um dessen Freistellung an, da Geier im Landecker Landrat unentbehrlich erschien. Der Mangel an bewährten, qualifizierten Beamten war geradezu drückend, wie aus dem um Unterstützung bittenden Schreiben Baecks an die Tiroler LHM hervorgeht:

»Sie wissen, daß die meisten unserer mittleren Beamten mehr als Lehrlinge denn als erfahrene, vollwertige Arbeitskräfte eingeschätzt werden müssen, und ich bitte Sie um eine wirkungsvolle Intervention, daß uns nicht ausgerechnet der beste mittlere Beamte in dieser Zeit weggenommen wird.«[105]

Die Entsendung von vier deutschen Reichsverteidigungsreferenten, die

Die Volksabstimmung am 10. April 1938 verlieh der Okkupation Österreichs eine nachträgliche Legitimation. Unter Einsatz aller Mittel erreichten die Nationalsozialisten ein triumphales Ergebnis.

(15) Propagandamarsch für die Volksabstimmung.

(16) Die Volksschule Hall als Wahllokal.

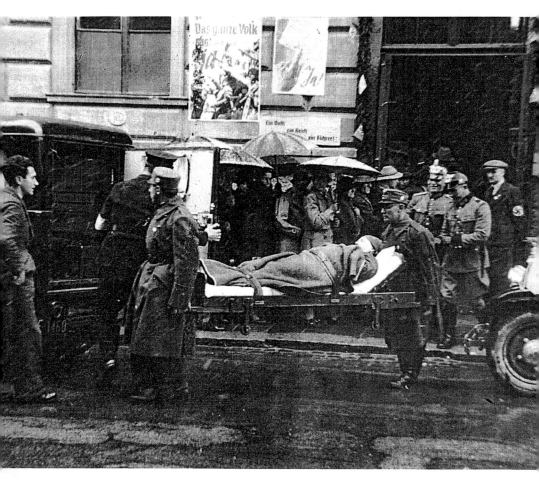

(17) „Alles geht zur Wahl". Totale Mobilisierung der Wählerschaft. Abtransport eines Kranken zur „Abstimmung der Ehre".

Gegenüberliegende Seite:

Mit der Ablösung von Edmund Christoph durch Franz Hofer als Gauleiter Ende Mai 1938 setzte ein erbitterter Machtkampf innerhalb der Tiroler NSDAP ein.

18) Franz Hofer wird bei seiner Rückkehr nach Tirol am 25. Mai von einer Abordnung „alter Kämpfer" am Bozner Platz begrüßt.

(19) Ehemalige Illegale und Mitschüler Hofers vor dem Innsbrucker Gefangenenhaus.

In diversen Veranstaltungen, Aufmärschen und Appellen versuchte die Partei Macht und Stärke zu demonstrieren:

(20) Rede GL Hofers anläßlich des Landesschießens in Innsbruck 1944. Links außen der Innsbrucker Kreisleiter Max Primbs, Hofer am Rednerpult, rechts Gauleiterstellvertreter Herbert Parson.

(21) Der Schwazer Kreisleiter Aichholzer (links) beim NSDAP-Kreistag 1940.

2. Die Bezirkshauptmannschaften

zum Teil als allgemeine Vertreter des Landrats wirkten, diente der unmittelbaren Kriegsvorbereitung und sollte die NS-Durchdringung der Verwaltung ebenso vorantreiben wie eine effizientere Arbeitsweise nach Reichsvorbild. Dies zog aber auch den Unmut Tiroler Beamter nach sich, die sich dadurch in ihrem beruflichen Aufstieg behindert fühlten. Die Ablehnung, auf die deutsche Beamte in Tirol stießen, offenbarte sich in wiederholt auftauchenden Differenzen an der Dienststelle.

Die Berufsbeamtenverordnung (BBV)

Schauen wir uns noch einmal eines der wesentlichen Instrumentarien der Nationalsozialisten zur Säuberung des Beamtenapparats genauer an. Wie bereits erwähnt, konnte sich das NS-Regime dank eines kooperationsbereiten Beamtentums sehr rasch stabilisieren, wobei der Verzicht auf eine allzu groß angelegte Säuberungswelle in den ersten Monaten nach der Machtübernahme eine relativ reibungslose Übernahme des Verwaltungsapparats in Tirol durch das NS-Regime garantierte. Die noch unter Christoph durchgeführten personellen Maßnahmen, die zu verminderter Funktionsfähigkeit der LHM und der Bezirkshauptmannschaften geführt hatten, hatten die Sensibilität der staatlichen Verwaltung offengelegt und zur sachteren Vorgangsweise Hofers beigetragen. Mit der Verordnung zur »Neuordnung des österreichischen Berufsbeamtentums« vom 31. Mai 1938 war die zweite Phase der Säuberungen gestartet worden. Die bereits durchgeführten und noch vorzunehmenden Maßnahmen im öffentlichen Dienst erhielten dadurch den Anschein der Legalität. Diese Verordnung zum Berufsbeamtentum diente den Nationalsozialisten als wichtiges Instrument zur Gleichschaltung der Beamten, die nun eingehend in ihrem politischen Verhalten und ihrer rassischen Herkunft durchforstet werden konnten. Ihre einschüchternde Wirkung trug wesentlich zu einer der NS-Herrschaftsordnung gefügigen Beamtenschaft bei. Sie erstreckte sich auf alle Personen, die in einem öffentlich-rechtlichen oder privatrechtlichen Verhältnis zu Österreich, seinen Ländern, Bezirken bzw. Gemeinden standen[106], und richtete sich speziell gegen Juden und politisch Unzuverlässige:

»Jüdische Beamte, Beamte, die jüdische Mischlinge sind, und Beamte, die mit einer Jüdin (einem Juden) oder mit einem Mischling ersten Grades verheiratet sind, sind in den Ruhestand zu versetzen [...]. (§ 3)
Beamte, die nach ihrem bisherigen politischen Verhalten nicht die Gewähr dafür bieten, daß sie jederzeit rückhaltlos für den nationalsozialistischen Staat

eintreten, können in den Ruhestand versetzt werden; dies gilt vor allem für Beamte, die gegen die nationalsozialistische Bewegung und ihre Anhänger gehässig aufgetreten sind oder ihre dienstliche Stellung dazu mißbraucht haben, um völkisch gesinnte Volksgenossen zu verfolgen, zurückzusetzen oder sonst zu schädigen [...].« (§ 4)[107]

Überdies konnten Beamte auf einem anderen Dienstposten bei niedrigerem Diensteinkommen verwendet werden, wenn es das »dienstliche Bedürfnis« verlangte (§ 5) bzw. »zur Vereinfachung der Verwaltung oder im Interesse des Dienstes« (§ 6) in den Ruhestand versetzt werden.[108] Durch diese bewußt vage formulierten und weit gesteckten Grundsätze der BBV wurde der größte Teil der Beamtenschaft potentiell angreifbar. Zur Durchführung der BBV richteten die Nationalsozialisten Untersuchungsausschüsse ein, die sich für die Beamten der Zentralverwaltung beim Reichsstatthalter in Wien, für alle anderen Beamten bei der LHM befanden. Für die unter die BBV fallenden Arbeiter und Angestellten war der Dienstherr zuständig.[109] Sowohl die fachliche Eignung, das persönliche Verhalten, als auch die politische Einstellung, besonders zwischen 1933 und 1938, waren Gegenstand der Überprüfungen der Ausschüsse, die aus Vorsitzendem, Vertreter der Partei und der zuständigen Dienststelle, Berichterstatter und Schriftführer bestanden. Neben dem politischen Gutachten der Partei kam dem Berichterstatter besondere Bedeutung zu, da er den Tatbestand aus den Akten und Gesprächen mit den Betroffenen und Zeugen selbst feststellte und den Ausschußmitgliedern vorlegte. Dienststelle und Partei mußten daraufhin einen Vorschlag ausarbeiten und der Vorsitzende traf schließlich die Entscheidung. Das endgültige Urteil erfolgte durch Bestätigung oder Abänderung des Urteils durch den Reichsstatthalter in Wien. Bei den Arbeitern und Angestellten hatte dieser nur dann eingeschalten zu werden, wenn die Entscheidung des Dienstherrn vom Parteivorschlag abwich.[110]

Tabelle 27[111]
Die personelle Zusammensetzung des Untersuchungsausschusses (BBV) bei der LHM Tirol

Vorsitzender	Regierungsdirektor RIEBEL
Partei	Personalamtsleiter BRAUNSDORFF
	Rechtsamtsleiter STETTNER
Dienststellenvertreter	
für die politische Verwaltung	Landesregierungsrat PATTIS

2. Die Bezirkshauptmannschaften

Berichterstatter für die politische Verwaltung	Reg.-Koär MÜLLER Gustav
Landesschulrat	Landesschulinspektor LEUPRECHT
Reichspostdirektion	Inspektor SCHWARZ
Reichsbahndirektion	Oberbahnrat TUCEK
Finanzlandesdirektion	Finanzrat KIRCHLER
Technische Ämter	Oberbaurat ZANKER
Justiz	Richter RUPITZ
Bauernbund	Ing. REINL
Krankenhaus	Oberregierungsrat NACHTSCHATT
Beamte, Angestellte und Arbeiter der Gemeinden Tirols	Bezirkshauptmann HIRNIGEL Reg.-Koär MÜLLER Gustav

Die Behandlung der Arbeiter und Angestellten der städtischen Betriebe Innsbrucks und der Stadt Innsbruck begann erst Ende Februar 1939, da die Magistratsdirektion die Anwendung der BBV auf die Arbeiter und Angestellten ihres Wirkungsbereiches ebenso angezweifelt hatte wie die Zuständigkeit des Untersuchungsausschusses bei der LHM. Dienststellenvertreter der städtischen Betriebe Innsbrucks im Ausschuß war der Betriebsleiter der städtischen Werke Innsbruck, Otto Wurmhöringer.[112] Weitere Dienststellenvertreter waren Magistratsoberrat Walter Kapferer für sämtliche Beamte Innsbrucks und Gemeinden Tirols, Vincenz Giselbrecht für sämtliche Arbeiter und Angestellte Innsbrucks und Gemeinden Tirols sowie der Landesverkehrsangestellte Hans Alton für sämtliche Arbeiter und Angestellte im Bereich der politischen Verwaltung.[113]

Die Zielvorgabe der BBV, »daß an allen führenden Stellungen wenn irgendwie möglich, verdiente Parteigenossen verwendet werden«[114], entsprach aber oft weniger der Realität als politischem Wunschdenken. Einige Berichte aus Vorarlberg geben uns einen Einblick in diesbezüglich auftretende Probleme bei der Durchführung. Bei einer Reihe von Beamten wurden die Verfahren eingestellt oder konnten erst gar nicht in Angriff genommen werden, weil kein entsprechend geeigneter Ersatz für sie da war.[115] Es kam in einzelnen Fällen sogar vor, daß Gemaßregelte, die ihr Urteil bereits in Händen hielten, ihren Dienst weiterhin verrichten durften. Dies galt v. a. für Beamte, die besonders fähig, schwer zu entbehren und zudem bemüht waren, »sich in die neue Weltanschauung einzuleben«.[116] Besonders mit Kriegsbeginn nahm die Wiederindienststellung solch qualifizierter Beamter zu, wenngleich damit auch die

Versetzung in andere Gaugebiete oder nach Deutschland verbunden sein konnte.[117] Bei Ersatzmangel wurden Urteile auch abgemildert bzw. solange hinausgezögert, bis sie durch den Krieg obsolet geworden waren.[118] Andererseits erfolgten auch viele Einstellungen von Verfahren »mangels ausreichenden Tatbestandes«, der Betroffene setzte seine Tätigkeit fort, war aber durch den Makel einer »gewissen Belastung« gezeichnet.[119]

Die systematische Durchleuchtung der Tiroler Bürokratie setzte die Beamtenschaft unter argen Druck. Es ist nicht verwunderlich, daß in einem solchen Klima der Bedrohung und Einschüchterung die Beamten insgesamt und speziell diejenigen unter ihnen, die ein Verfahren fürchteten bzw. gegen die bereits Erhebungen im Gange waren, besonderen Arbeitseifer und Loyalität gegenüber dem neuen Regime an den Tag zu legen suchten. Einige der durch die BBV belasteten Beamten gingen in ihrem Opportunismus sogar soweit, daß sie selbst sehr hart gegen Gegner des Nationalsozialismus vorgingen.[120] Aufgrund des allgemeinen Arbeitskräftemangels sollten gemaßregelte Beamte nicht völlig unproduktiv bleiben, die LHM wurde vom Reichsstatthalter angewiesen, ihre Unterbringung in die Privatwirtschaft zu unterstützen. Dieses Unterfangen wurde jedoch durch die Tatsache erschwert, daß sich Firmen bei der Aufnahme gemaßregelter Beamter sehr zurückhaltend zeigten. Auf der anderen Seite war auch das Verhalten der NS-Stellen gegenüber den Betroffenen in diesem Punkt ambivalent. Der Vorarlberger GL Plankensteiner setzte sich jedenfalls sehr für die Unterbringung des zwangspensionierten ehemaligen Landeshauptmannes von Vorarlberg, Ing. Winsauer, ein. Der Vorsitzende des Vorarlberger Untersuchungsausschusses SS-Sturmbannführer Alfons Mäser, stellte klar,

»daß Ing. Winsauer vom hiesigen Untersuchungsausschuß behandelt werden mußte, obwohl er nie besonders gehässig gegen Nationalsozialisten vorgegangen ist. Sollte sich eine Firma bereit erklären, Ing. Winsauer in Arbeit zu nehmen, so erwachsen ihr auf keine Art und Weise irgendwelche Schwierigkeiten«.[121]

Weniger prominenten Beamten erging es aber nicht immer so gut. Sie erfuhren nicht selten eine Fortsetzung der Benachteiligungen nach der Entfernung aus dem öffentlichen Dienst und taten sich dann schwer, als politisch unzuverlässig stigmatisiert, eine private Anstellung zu finden und sich bzw. ihrer Familie den Lebensunterhalt zu sichern. Es kam gelegentlich vor, daß über sie Aufenthaltsverbot für ganz Tirol verhängt

2. Die Bezirkshauptmannschaften

wurde.[122] Entlassungen öffentlich Bediensteter, gerade auf eher untergeordneteren Posten, erfolgten nicht nur, weil etwa deren politisches Verhalten vor dem »Anschluß« wirklich so antinazistisch gewesen wäre, sondern zur Versorgung von Parteigenossen. Der Druck dazu kam von »unten« und manifestierte sich sogar auf der Straße bei zum Teil tumultartigen Kundgebungen, bei denen vehement die Absetzung von »Systemleuten« und die Aufnahme »alter Kämpfer« und »Illegaler« gefordert wurde.[123] Die Gesamtzahl der Personen, die nach der BBV erfaßt oder auf irgendeine Art und Weise gemaßregelt wurde, läßt sich aufgrund der momentanen Quellenlage noch nicht exakt angeben. Jedenfalls waren beim Untersuchungsausschuß bei der LHM bis zum 4. Dezember 1938 239 Verfahren anhängig, von denen über die Hälfte den Wirkungsbereich der LHM und der Bezirkshauptmannschaften betraf. 56 Fälle berührten den Justizbereich (darunter 23 Salzburger und sieben Vorarlberger Fälle), 27 den des Landesschulrats und 15 Verfahren betrafen Gemeindebedienstete.[124] Am 28. Juni 1939 sandte die LHM einen Zwischenbericht an das Ministerium für innere und kulturelle Angelegenheiten, der alle nach § 7 der BBV vom U-Ausschuß bei der LHM Verurteilten umfaßte. Die Liste der nach § 4 Gemaßregelten galt noch nicht definitiv, da für die beantragten Maßnahmen noch keine Bestätigung des Reichsstatthalters eingetroffen war.[125] Nach § 7, der die Ausführungsbestimmungen für die §§ 3–6 enthielt, waren 18 Beamte betroffen, die ohne bzw. mit einer um ein Viertel verminderten Abfertigung gekündigt worden waren. Die nach § 4 beantragten, aber noch unbestätigten Maßregelungen, berührten neben 16 Landesbediensteten, neun Finanzbeamten und zwei Gemeindebediensteten, die v. a. mit um 25–50% gekürzter Abfertigung bzw. Ruhegenuß entlassen oder pensioniert werden sollten, auch 22 pragmatisierte Beamte des Landesschulrates, für die harte Bestrafungen, überwiegend Entlassung ohne Ruhegenuß, gefordert wurden.[126] Die Verfahren nach der BBV sollten zwar mit 31. Dezember 1938 abgeschlossen sein, die Berichterstatter und ganz besonders die Partei, die die politischen Gutachten abzugeben hatte, waren jedoch hoffnungslos überfordert, sodaß der Abschlußtermin mehrmals verlängert werden mußte und sich über den Sommer 1939 hinzog. Einen Anhaltspunkt dafür, wieviele der eingeleiteten Untersuchungen tatsächlich mit Maßregelungen endeten, gibt uns der Bericht des Justizberichterstatters Richter Rupitz, der dem mit der Durchführung der BBV betrauten Staatskommissar Wächter den Abschluß von 21 der 61 anstehenden Verfahren bis Ende November 1938 meldete. Seiner Meinung nach waren höchstens 40 Fälle, also ca. zwei Drittel, zu einer

Behandlung im Sinne der BBV geeignet.[127] Im August 1939 sandte Gaupersonalamtsleiter Braunsdorff an Reichskommissar Bürckel ein Schreiben, in dem er die im Gau Tirol-Vorarlberg gemachten Erfahrungen mit der Durchführung der BBV kurz zusammenfaßte.[128] Die Säuberung des Beamtenapparates von den »ärgsten Systemlingen« war demzufolge im großen und ganzen gelungen. Doch aus allen Kreisen kam die Beschwerde, daß die kleinen Beamten streng nach dem Gesetz behandelt worden wären, während hohe und höchste Beamte »unverständliche Milde« erfahren hätten. Die politischen Hoheitsträger und NS-Beamten hatten dafür eine sehr vereinfachende Erklärung parat, indem sie alle Schuld Wien anlasteten. Sie führten diese Misere auf die guten Beziehungen der höheren Beamten zu den Zentralstellen zurück, die für eine Abschwächung der Entscheidungen des Untersuchungsausschusses bei der LHM gesorgt hätten. Da es auch bei mittleren und niederen Beamten zu schwer nachvollziehbaren Urteilen kam, griff eine Mißstimmung in der Beamtenschaft und unter den Parteimitgliedern um sich, da diese sehr wohl die Partei und ihre Vertreter in den Ausschüssen für diese Entwicklung verantwortlich machten. In einigen Fällen beantragte die Gauleitung deshalb Abänderungen beim Reichsstatthalter. Die Neueinleitung von Verfahren bzw. die Verschärfung von Maßregelungen bei höheren Beamten in einzelnen Fällen sowie die Abmilderung bei einigen kleinen Beamten und Angestellten konnten aber am Gesamtbild wenig ändern. Daß die Ursache für die bestehenden Disparitäten in der Behandlung der hohen und unteren Beamten nicht allein in Wien zu suchen war, geht auch daraus hervor, daß der Reichsstatthalter aufgrund der ihm vorgelegten Ergebnisse der Ausschüsse der LHM diese aufforderte, die kleinen Beamten nicht so streng wie die leitenden zu behandeln und sie sogar als ehemalige Gegner im Dienste zu belassen. Der § 4 der BBV sollte auf Anregung des Reichsstatthalters nur dann angewandt werden, wenn »ausgesprochene Gehässigkeiten vorliegen wie Anzeigen, tätliche Beleidigungen oder ähnliches«.[129] Da Maßregelungen v. a. auf Grundlage der politischen Beurteilung durch die Partei erfolgten, konnte sie Abänderungen der Urteile durch eine neue bzw. ergänzende Beschreibung erwirken. Abmilderungen von Entscheidungen des Reichsstatthalters durch den Gauleiter waren bei Angabe von Gründen jedenfalls jederzeit möglich.

Halten wir fest: die Berufsbeamtenverordnung schaffte die Grundlage für die zweite Säuberungswelle in der Verwaltung. Als Hauptinstrument zur Gleichschaltung sorgte sie für die systematische und gründliche politisch-rassische Untersuchung der Beamtenschaft. Da das Regime noch nicht über genügend NS-Beamte verfügte und sich die arbeitsmäßige Anforderung an die Verwaltung durch die Flut von Erlässen und Gesetzen deutlich erhöht hatte, waren den Säuberungen aber auch Grenzen gesetzt. Viele Verfahren wurden deshalb wieder eingestellt, die Exekutierung von Urteilen hinausgezögert und auch Wiederindienststellungen nach Kriegsbeginn mehrten sich. Die von den Maßregelungen der Berufsbeamtenverordnung erfaßten Menschen hatten mit großen existentiellen Schwierigkeiten zu kämpfen. Der bei der LHM eingerichtete Untersuchungsausschuß, der den Bereich der LHM, der Bezirkshauptmannschaften, des Landesschulrates, der Justiz und der Gemeinden durchleuchtete, hatte bis Oktober 1938 insgesamt 239 Verfahren eingeleitet. Nach diesem Datum dürften nur noch in Einzelfällen Verfahren anhängig geworden sein. Zieht man den Bericht des Justizberichterstatters als Anhaltspunkt heran, so ist mit der Einstellung von wenigstens einem Drittel aller Verfahren auszugehen. Die Durchführungspraxis löste in Tirol einige Unzufriedenheit in der Beamtenschaft aus, da hohe Beamte im Vergleich zu den kleinen nachsichtiger behandelt wurden. Die Forderung nach mehr Härte in Wien deckte sich mit der Einstellung anderer Gauleiter[130], doch sind die Ursachen für die Disparitäten wohl auch in Tirol selbst zu suchen. Als Mittel zur Disziplinierung und Einschüchterung, das Anpassung und opportunistisches Verhalten förderte, hatte die Berufsbeamtenverordnung großen Erfolg. Sie trug wesentlich dazu bei, daß die Tiroler Beamtenschaft praktisch bis 1945 für eine tadellos funktionierende Verwaltung sorgte.

3. Die personelle Besetzung des Reichsstatthalters in Tirol und Vorarlberg

Die entsprechend dem »Ostmarkgesetz« vom 1. Mai 1939 neu organisierte Verwaltung durch Errichtung des Reichsgaus Tirol-Vorarlberg und seiner personellen Besetzung zog sich bis April/Mai 1940 hin. Die staatliche Verwaltung hatte nun an ihrer Spitze einen Regierungspräsidenten, der der allgemeine staatliche Vertreter des Landeshauptmannes bzw. des Reichsstatthalters, wie es nun hieß, war. Der bisher bedeutendste Beamte der Verwaltung Tirols, Regierungsdirektor Riebel, galt als fleißiger und gewissenhafter Beamter, der ganz genau nach NS-Vorschrift vorging, was auf dem Gebiet der Personalverwaltung laut Reichsstatthalterbehörde in Wien »zu verhältnismäßig guten Erfolgen«

geführt hatte.[131] In Wien hielt man Riebel für voll befähigt, die Stelle eines Regierungspräsidenten auszufüllen. Das Reichsinnenministerium wollte aber unbedingt, daß ein Beamter aus dem »Altreich« diesen Posten besetzte, weshalb Riebels Fähigkeiten dafür in Zweifel gezogen wurden. GL Hofer war nach einem Gespräch mit Staatssekretär Stuckart mit einer solchen Personalrochade einverstanden.[132] Da sich Riebel große politische Verdienste erworben hatte, mußte er mit einem ihn nicht zurücksetzenden Posten versorgt werden. Die Tiroler LHM unterstützte seinen Beförderungsantrag auf Dienstklasse I, um ihm eine gleichwertige Verwendung auf einer anderen Stelle zu ermöglichen.[133] Das Reichsinnenministerium setzte schließlich, um den Posten in Tirol freizubekommen, die Ernennung Riebels zum Rat des Bundesgerichtshofes in Wien durch, obwohl er über keine diesbezügliche theoretisch-wissenschaftliche Ausbildung verfügte. Der aus Deutschland kommende Regierungspräsident Hans Reinhard Koch, Richter bis 1933 und Parteimitglied seit 1930, gehörte ebenso wie Riebel der SS an, jedoch bekleidete er bereits den Rang eines SS-Sturmbannführers. Vor seiner Ernennung zum Regierungspräsidenten von Tirol und Vorarlberg am 24. August 1939 hatte er u.a. als Landrat den Landkreis Offenbach geleitet.[134]

Zunächst erfolgte durch das »Ostmarkgesetz« die Entlassung der bisherigen Landesräte mit Wirkung vom 1. Februar 1940 aus ihren Ämtern. Landesstatthalter Dr. Richard Knöpfler ging als Kurator an die Universität, Gustav Linert wurde Gauhauptmann und Robert Hartwig arbeitete weiterhin als Leiter der Landesstelle für Raumordnung. Georg Wurm war bereits seit der Machtübernahme als Landesbauernführer tätig und stand sodann der Landesbauernschaft Alpenland vor und hatte nicht wirklich in der LHM gewirkt.[135] Nach erfolgter Umwandlung der LHM in die Reichsstatthalterei war diese im staatlichen Bereich in eine Zentralabteilung und sechs Abteilungen, die sich wiederum in Unterabteilungen und Dezernate gliederten, eingeteilt. Dazu kam noch eine Regierungsoberkassa und ein Oberversicherungsamt. Jede Abteilung wurde von einem Regierungsdirektor geleitet.

Tabelle 28[136]
Die personelle Besetzung der staatlichen Verwaltung des Reichsstatthalters in Tirol und Vorarlberg am 28. 5. 1940

Reichsstatthalter	Hofer, Gauleiter
Vertreter im staatlichen Sektor	Koch, Reg.-Präs.
Vertreter in der Gauselbstverwaltung	Linert, Gauhauptmann

3. Die personelle Besetzung des Reichsstatthalters in Tirol und Vorarlberg

ZENTRALVERWALTUNG
Leiter — Koch, Reg.-Präs.

ABTEILUNG I (Allgemeine und innere Verwaltung)
Leiter — Schuler, Reg.-Dir.
Unterabt. Ia (Innere Angelegenheiten) — Schuler, Reg.-Dir.
Dezernat Ia1 (Hoheitsangelegenheiten) — Lauer, RR
Dezernat Ia2 (Gemeindeaufsicht) — Jähnig, RR
Dezernat Ia3 (Gemeindeprüfungsamt) — Odelga, ORR
Dezernat Ia4 (Reichsverteidigung) — Duftner, ORR
Dezernat Ia5 (Polizei u. Verkehrswesen) — Böhme, ORR
Dezernat Ia6 (Staatsangeh., Rasse u. Blutschutz, kirchliche Angelegenheiten, Personenstandsangelegenheiten, Stipendien, Reichsbürgerschaft) — Ottenthal, ORR
Dezernat Ia7 (Fremdenverkehr) — Thun
Dezernat Ia8 (Vermessungswesen) — ?
Dezernat Ia9 (Veterinärwesen) — Geiger, ORR
 — Edelmayer (Stv.)

Dezernat Ia10 (Stabsoffizier der Schupo) — Mjr. Traute
Dezernat Ia11 (Gendarmerie) — Oberstlt. Albert
 — Pol.OI. Dullnig (Stv.)

Dezernat Ia12 (Grenzaufgaben) — Poley

Unterabteilung Ib (Personelle Angelegenheiten) — Schreiber, Reg.-Dir.
 — Fiala, RR (Stv.)

ABTEILUNG II (Erziehung und Volksbildung)
Leiter — Tittel, Reg.-Dir.
 — Webhofer, ORR (Stv.)

Unterabteilung IIa (Volks-, Haupt- und Berufsschule) — Prantl, RR
 — Leuprecht

Unterabteilung IIb (Höhere Schulen u. LBA) — Schädler, RR
 — Marek

ABTEILUNG III (Volkspflege)
Leiter — Czermak, Reg.-Dir.
Unterabteilung IIIa (Medizinische Angel.) — Czermak, Reg.-Dir.
Dezernat IIIa1 (Allgem. mediz. Angel.) — Czermak, Reg.-Dir.
Dezernat IIIa2 (Krankenanstalten) — Kravogl, ORR
Unterabteilung IIIb (Fürsorgeangel.) — Czermak, Reg.-Dir.
Dezernat III b1 (Aufsicht über Bezirksfürsorgeverbände) — Newessely, RR
Dezernat IIIb2 (Gaufürsorgeamt) — Schwaiger, RR

Dezernat IIIb3 (Gaujugendamt) — Newessely, RR
Dezernat IIIb4 (Familienunterstützungen) — Kravogl, ORR

ABTEILUNG IV (Landwirtschaft, Wirtschaft, Arbeit)
Leiter — Lantschner, ORBR
Unterabteilung IVa (Allg. ldw. Fragen) — Lantschner, ORBR
Dezernat IVa1 (Landwirtschaft) — Hradetzky, ORR
Dezernat IVa2 (Landwirtschaftl. Schulen) — Mayer, ORR
Unterabteilung IVb (Bodenreform) — Luger, ORBR
Dezernat IVb1 (Umlegung) — Zanker, OBR
Dezernat IVb2 (Vermessung) — Zanker, OBR
Dezernat IVb3 (Sichtung u. Neubildung deutschen Bauerntums) — Zanker, OBR
Dezernat IVb4 (Agrarrecht) — Klingler, Reg.-Dir.
Dezernat IVb5 (Güterwege) — Luger, ORBR
Dezernat IVb6 (Seilwege u. Kulturtechnik) — Luger, ORBR
Dezernat IVb7 (Alpwirtschaft) — Luger, ORBR
Unterabteilung IVc (Wirtschaft) — Grabmayer, ORR
Dezernat IVc1 (Sparkassenangelegenheiten) — Grabmayer, ORR
Dezernat IVc2 (Gewerbliche Angelegenh.) — Falser, ORR
Unterabteilung IVd (Wohn- u. Siedlungsamt) — Eisenzopf, ORR
Unterabteilung IVe (Preisbildung und Preisüberwachung) — Altenburger
Unterabteilung IVf (Landes- u. Ernährungsamt, Abt. B) — Lantschner, ORBR
Mitarbeiter — Herdy

ABTEILUNG V (Bauwesen)
Leiter — Kojetinsky Moritz, Reg.-Dir.
Sonderaufgaben — Hussak, Reg.-Dir.
Unterabteilung Va (Straßenbau) — Ratz, ORBR
Dezernat Va1 (Allgemeines) — Pack, RBR
Dezernat Va2 (Straßenerhaltung) — Rohn, ORBR
Dezernat Va3 (Straßenneubau T-V West) — Kojetinsky Franz, ORBR
Dezernat Va4 (Straßenneubau T-V Ost) — Fischer, ORBR
Dezernat Va5 (Brückenbau) — Gerlich, ORBR
Unterabteilung Vb (Wasserwirtschaft) — Müller, Reg.-Dir.
Dezernat Vb1 (Allgemeines) — Lackinger, RBR
Dezernat Vb2a (Flußbau) — Wodicka, ORBR
Dezernat Vb2b (Flußbau) — Thurner, ORBR
Dezernat Vb3 (Be/Entwässerung) — Kofler, ORBR
Dezernat Vb4 (Wasserversorgung, Abwasserwirtschaft, Erhaltungsdienst) — Kawrza, ORBR

3. Die personelle Besetzung des Reichsstatthalters in Tirol und Vorarlberg

Unterabteilung Vc (Hochbau)	Rosche, ORBR
Dezernat Vc1 (Bau/Gewerbepolizei, Luftschutz)	Kessler
Dezernat Vc2 (Gebäude- und Gauselbstverwaltung)	Riedl, ORBR
Dezernat Vc3 (Allgemeine und Unterrichtsverwaltung)	Stuefer, ORBR
Dezernat Vc4 (Finanz/Justiz/Forst/Polizeiwesen, RAD, Arbeitsämter und sonstige Reichsressorts)	Mayer, BR
Unterabteilung Vd (Maschinentechnik, Energie und Gasversorgung)	Kojetinsky, Reg-Dir.
Dezernat Vd1 (Kraftwesen, Technische Prüfstelle)	Zwerger, Reg.-Ass.
Dezernat Vd2 (Maschinenwesen)	Piegger, RBR
Dezernat Vd3 (Elektrotechnik)	Piegger, RBR
Dezernat Vd4 (Energie und Gasversorgung)	Piegger, RBR
Unterabteilung Ve (Verwaltung und Recht)	Müser, Landrat
Dezernat Ve1 (Straßenbau)	Müser, Landrat
Dezernat Ve2 (Wasserwirtschaft)	Donnert, Hofrat
Dezernat Ve3 (Hochbau)	Müser, Landrat
Dezernat Ve4 (Maschinendienst)	Müser, Landrat
Dezernat VeN (Naturschutz)	Donnert, Hofrat und Handel-Mazetti, ORR

Der Leiter der Zentralabteilung, Koch, sowie der Regierungsdirektor der Abteilung II, Tittel, waren »Reichsdeutsche«. Die Außenstelle Vorarlberg (Abt. VI), die der Konstanzer Hans Schneider leitete, wurde von Hofer gemäß dem Erlaß des Reichsinnenministeriums vom 21. Oktober 1941 aufgehoben und ihre Aufgaben von der entsprechenden Abteilung in Tirol übernommen.[137] Alle übrigen Hauptabteilungsleiter der Reichsstatthalterei Tirol-Vorarlberg kamen aus der hiesigen Landesbürokratie und waren verläßliche Nationalsozialisten. In der Folgezeit lösten zwei Deutsche ihre Landsleute ab, Philipp Hofmann, Blutordensträger der Partei, Ministerialdirigent und Chef der Personalabteilung im Reichsministerium für Ernährung und Landwirtschaft in Berlin, ersetzte Koch als Regierungspräsident, Hans Schneider wechselte für Tittel an die Spitze der Abteilung II. Von den oben angeführten 59 Unterabteilungs- und Dezernatsleitern stammten mindestens 47 aus der heimischen Bürokratie, höchstens 12 kamen aus dem »Altreich« und waren v. a. in den Bereichen Exekutive, Fürsorge und Bauwesen vorzufinden.[138] Mit Schreiber, Hussak, Odelga, Ottenthal, Geiger, Zanker, Klingler und Donnert waren weiterhin ehemalige Abteilungsleiter der LHM unter dem Schuschnigg-Regime an leitender Stelle. Die NS-Durchdringung der Tiroler Verwaltung war also im Mai 1940 weit fortgeschritten, die leitenden Beamten, die bereits vor dem März 1938 bei der Partei gewesen waren, blieben aber immer noch in der Minderheit.

Versuche zur Behebung des Beamten- und Qualifikationsmangels in der Verwaltung

Beamte aus dem »Altreich« kamen besonders dann in Tirol zum Einsatz, wenn entsprechend qualifiziertes Personal fehlte, die Reorganisation der Verwaltung nach deutschem Muster so besser sichergestellt schien oder der LHM bzw. den Landräten generell neue Aufgaben, z. B. durch die Errichtung von Ämtern wie dem Landesfürsorgeverband und den Bezirksfürsorgeverbänden, übertragen wurden. Die Einführung des deutschen Fürsorgerechts in der »Ostmark« führte dazu, daß deutsche Kommunalbeamte für einige Wochen oder Monate an ihren Dienststellen beurlaubt wurden und nach Tirol kamen, wobei ihre Dienstgeber im Reich auf eine baldige Rückkehr drängten.[139] Noch vor der Ankunft von acht Reichsbeamten des mittleren Dienstes Ende November 1938, die Tirol fix zugeteilt wurden, waren bereits im Sommer sieben Tiroler SA-Männer, die als Angehörige der »Österreichischen Legion« in Berlin für den Fürsorgedienst geschult worden waren, nach Tirol zu den Bezirksfürsorgeverbänden gekommen. Die Landräte hatten selbst zu entscheiden, ob sie die Tiroler Legionäre oder die deutschen Beamten mit der Leitung der Fürsorgeämter betrauten. Das Reichsinnenministerium sprach sich, entsprechende Eignung vorausgesetzt, für die einheimischen Kandidaten aus, da diese ja eigens dafür im »Altreich« ausgebildet worden waren. Die »Reichsdeutschen«, die nicht die Leitung übernahmen, sollten dennoch in den Personalstand der Landräte aufgenommen werden.[140] Durch die Einführung der neuen fürsorgerechtlichen Vorschriften ergaben sich vielfältige verwaltungsmäßige Schwierigkeiten, weshalb der Gauhauptstellenleiter für Kommunalpolitik, Mader, den Einsatz der auf der SA-Verwaltungsschule im Reich vorbereiteten Tiroler Legionäre ausdrücklich begrüßte.[141] Die Hauptprobleme bei der Errichtung neuer Ämter sah er jedenfalls darin, daß diese zunächst ohne eigenes Budget zu arbeiten beginnen mußten, was aber für Tirol ohne Reichszuschüsse nicht durchführbar schien.[142] Die Einrichtung einer staatlichen Fürsorge war sicherlich als Fortschritt anzusehen, zu bedenken ist jedoch gleichzeitig, daß der Empfängerkreis per

Definition arg eingeschränkt war und mißliebige Personen oder Gruppen willkürlich ausschloß. Jene, die »infolge ihres sittlichen Verschuldens« der öffentlichen Fürsorge zur Last zu fallen drohten, darunter verstanden die Nationalsozialisten Berufs- und Gewohnheitsverbrecher, Unterstandslose, »Arbeitsscheue«, »Asoziale« etc., kamen bei Bedürftigkeit nicht nur nicht in den Genuß einer staatlichen Unterstützung, sondern konnten durch den Landrat oder die Bürgermeister in eine Anstalt eingewiesen werden. Als ein Landrat mehrere sogenannte »Asoziale« in die »Arbeitsstätte Dachau« überweisen ließ, zollte ihm die Kriminalpolizeistelle Innsbruck ausdrückliche Anerkennung und forderte die anderen Landräte zu ähnlicher Vorgangsweise auf.[143] Auch zur Errichtung des Landesjugendamts wurden von der LHM erfahrene deutsche Beamte angefordert.[144] Durch die Neuordnung des Jugendwohlfahrtswesens sollte der Tiroler Caritasverband verdrängt werden, um »klerikale Einflüsse« aus der staatlichen Jugendarbeit bewußt auszuschalten.[145] Einige dieser deutschen Beamten, die zur Schulung Einheimischer nach Tirol gekommen waren, blieben schließlich im Land. Andererseits wurden auch immer wieder Tiroler Beamte, vor allem jüngere des höheren Verwaltungsdienstes, vorübergehend Dienststellen im Reich zur Verwendung oder Ausbildung zugewiesen. Dies betraf sogar Landräte wie Halhammer, Hirnigel und Allrecht, die im Sommer 1939 für sechs Wochen ins »Altreich« geschickt wurden, um die Arbeitsweise deutscher Landratsämter kennenzulernen.[146] Die Umstellung der Verwaltungstätigkeit nach »reichsdeutschem« Muster stellte erhebliche Anforderungen an die Beamten. Zudem standen neues und altes Verwaltungsrecht und Verwaltungsmethoden längere Zeit nebeneinander. Der zwischen dem Reich und Tirol durchgeführte gegenseitige Beamtenaustausch sollte zur Behebung des Personal- und Qualifikationsmangels beitragen und die NS-Penetration der Tiroler Verwaltung fördern. Die vom Reich nach Tirol abgeordneten Beamten fielen freilich quantitativ nicht wesentlich ins Gewicht. Den NS-Beamtennachwuchs wollte Hofer im Reich ausgebildet wissen, da sich die hiesige Verwaltung in der Überleitungsphase befand und seiner Meinung nach somit nicht die nötige Vorbildfunktion haben konnte. Da dies aber nicht durchwegs möglich war, wurde schließlich doch eine Ausbildungsstelle für Regierungsreferendare in Innsbruck eingerichtet. Um eine nach deutschem Muster ausgerichtete Ausbildung sicherzustellen, wurde die Leitung auch einem Deutschen, zunächst dem seit 25. Oktober 1939 zum Leiter des Kommunaldezernats der Reichsstatthalterei Tirol und Vorarlberg berufenen Dr. Jähnig übertragen.[147] Wegen des akuten Beamtenmangels stand der Gauleiter

Schulungsreisen und Abordnungen Tiroler Beamter ins Reich zunehmend negativ gegenüber. Das Anwachsen der Anforderungen der Verwaltung, die Erweiterung ihrer Tätigkeitsfelder, ihr Ausbau und ihre Führung nach deutschem Vorbild hatten neben den Zwangspensionierungen und Entlassungen zu einer prekären Personalsituation geführt. Hofer beklagte sich beim Reichsinnenministerium, daß er nur 44 Beamte des gehobenen und 24 Beamte des mittleren Dienstes in der ganzen Verwaltung der LHM habe. Ihm stünden weniger Beamte zur Verfügung als vor dem »Anschluß«, während der Arbeitsaufwand stark gestiegen und ein erhöhter Bedarf durch die Südtiroler Umsiedler zu erwarten wäre. Der Gauleiter forderte jedenfalls 28 deutsche Kommunalbeamte des gehobenen und mittleren Dienstes an, wobei er 20 für die Landratsämter und acht für die LHM vorsah. Sechs davon sollten nach Vorarlberg. Ohne die Zuweisung dieser Beamten durch das Reichsinnenministerium sah Hofer die ordnungsgemäße Verwaltung im Gau gefährdet, da der Bedarf an tüchtigen mittleren Beamten in Tirol und Vorarlberg »in erheblichem Umfang« gegeben war.[148] Eine andere Möglichkeit, die Hofer anstrebte, um zu mehr Beamten zu kommen, bestand darin, öffentlich Bedienstete, die nach der Auflösung ihrer Dienststellen in Wien noch nicht untergebracht waren, in den Gau zu holen.[149] Der Zunahme des Personalmangels nach Kriegsbeginn durch Einrückungen und Abkommandierungen von Beamten in besetzte Gebiete[150] wurde durch die Übernahme von Südtirolern als Reichsbeamte begegnet.[151] Dennoch ließ es sich, wie bereits erwähnt, nicht vermeiden, gemaßregelte Beamte wieder in Dienst zu stellen, was beim nationalsozialistisch gesinnten Teil der Öffentlichkeit »sehr ungut« aufgenommen wurde.[152] Die Gauleitung hatte bereits für den Berichtsmonat Jänner 1939 darauf hingewiesen, daß wegen personeller Engpässe keine wirklich groß angelegte Säuberung des Beamtenapparats möglich gewesen wäre. Eine NS-treue Beamtenschaft sah sie deshalb am besten durch großzügige Förderung des NS-Beamtennachwuchses garantiert.[153] So konnten z. B. neben Kandidaten aus anderen Gauen sieben Tiroler Regierungsreferendare und drei junge Beamte der Landstelle Innsbruck vor einem Sonderprüfungsausschuß für den höheren Verwaltungsdienst zu einem früheren Termin als üblich zur großen Staatsprüfung antreten. Die Prüfungsergebnisse waren allgemein schlecht, die der Tiroler Referendare jedoch die schlechtesten. Dabei legten die Prüfer das Schwergewicht ihrer Beurteilung nicht so sehr auf die bereits vorhandene Leistung, als »hauptsächlich auf die Einschätzung der mit Sicherheit für später zu gewärtigenden Reife der Prüflinge«.[154] Mit der vollen Einsatzfähigkeit dieser jungen

NS-Beamten rechnete der Sonderprüfungsausschuß erst nach einiger Zeit. Er bemängelte eine noch ungenügende »Auswahl und Sichtung« und gab zu bedenken, daß die »illegalen« Beamten oft jahrelang nicht mehr in ihrem Beruf gearbeitet hatten und eine längere Einarbeitungszeit benötigten.[155]

Im Juni 1938 wurden in Wien, Graz, Klagenfurt, Linz und Innsbruck Verwaltungsakademien zur Fortbildung bzw. weltanschaulichen Eingliederung der österreichischen Beamten eingerichtet. Ihre dringendste Aufgabe bestand zunächst darin, den Beamten so schnell als möglich die Kenntnisse der praktischen Verwaltungsrechtsangleichungen zu vermitteln. Dies geschah vorerst in fachwissenschaftlichen Wochen.[156] Mehrsemestrige Lehrgänge wie im Reich erfolgten in Tirol erst mit 1. April 1939, als Beamte und Angestellte öffentlich rechtlicher Körperschaften eine dreijährige Ausbildung in Abendkursen unter der Studienleitung von Universitätsprofessor Dr. Hermann Haemmerle absolvieren konnten.[157] Die Verwaltungsakademie Innsbruck wurde als Zweiganstalt mit einer fachwissenschaftlichen Halbwoche am 23. Juni 1939 eröffnet, im November 1939 wurde sie zur selbständigen Hauptanstalt ernannt. Anläßlich seiner Eröffnungsrede in Innsbruck unterstrich der Chef der Reichskanzlei Dr. Lammers die Aufgabe der Verwaltungsakademien zur fachlichen und weltanschaulichen Fortbildung eines Beamtentums, das in unbedingter Treue hinter seinem Führer zu stehen hatte. Er bezeichnete sie als »Pflanzstätten nationalsozialistischer Rechts- und Verwaltungsauffassung und volksdeutschen Denkens«, die zur »Hebung des Niveaus der gesamten Beamtenschaft im nationalsozialistischen Sinne« beitragen und »jeden Beamten mit Wesen und Geist des nationalsozialistischen Staates bekannt machen« würden.[158]

Die Erweiterung der Aufgabenbereiche und die Verwaltungsumstellungen durch das »Ostmarkgesetz«[159] bedingten also einen erhöhten Personalbedarf. Dem brennenden Beamtenmangel, mitausgelöst durch den Aderlaß aufgrund der Säuberungen, suchte GL Hofer durch verstärkten Ruf nach deutschen Beamten zu begegnen. Es wäre also generell zu einseitig, die Abordnung von Deutschen nach Tirol lediglich als Ausfluß dirigistischer Maßnahmen der Zentralstellen gegen den Willen der Tiroler Partei zu sehen. Daß der personelle Engpaß vom Gauleiter als wirklich drückend empfunden worden sein muß, geht schon daraus hervor, daß er sogar bereit war, Wiener Beamte nach Tirol zu holen. Neben kurzfristigen Maßnahmen zur Hebung des Qualifikationsniveaus wurde die Lösung dieses Problems in der gezielten Unterstützung des NS-Beamtennachwuchses gesehen. Als kontraproduktive Nebenerscheinung konnten sich aber durch überstürzte Förderungsmaßnahmen wieder Defizite im Qualifikationsniveau ergeben.

4. Exekutive und Justiz

Die Exekutive

Die Säuberungen trafen die Beamtenschaft in unterschiedlicher Weise. Am stärksten betroffen war die Exekutive, wo rigoroser durchgegriffen wurde als in der Verwaltung. Bereits bei seinem Amtsantritt am 16. März hatte der aus der Steiermark stammende neue Polizeidirektor Innsbrucks, SS-Obersturmbannführer Konstantin Kammerhofer, an alle Beamte und Mitarbeiter einen Aufruf gerichtet, in dem er u. a. feststellte:

»Ich erwarte von Ihnen allen, soweit sie künftig im Polizeidienst bleiben, daß sie mit mir durch den restlosen persönlichen Einsatz für den Nationalsozialismus und für die Durchführung seiner Gesetze, der Landeshauptstadt Tirol eine wahre, deutsche und volksverbundene Polizei aufbauen. Dem Volksschädling und Lumpen die Faust, dem aufrechten deutschen Volksgenossen Freund und Ratgeber in allen Lebenslagen [...].«[160]

Anläßlich der Vereidigung auf den Führer am 18. März unterstrich er, daß diejenigen, die nur ihre schwere Pflicht verrichtet hätten, im Dienst bleiben könnten, während diejenigen, die sich über das normale Maß hinaus gegen »Volksgenossen« engagiert hätten, entfernt würden.[161] Insgesamt wurden zwischen 1938 und 1945 bei der Polizeidirektion Innsbruck 111 Personen versetzt und 128 Personen gemaßregelt, in der Gendarmerie wurde gegen 27% der Belegschaft Maßnahmen ergriffen. In der Exekutive und im Terrorapparat arbeiteten im selben Zeitraum insgesamt 211 Beamte und Angestellte aus dem »Altreich«.[162] Das Landecker Bezirksgendarmeriekommando wußte nach dem Krieg zu berichten, daß in führenden Positionen nur Deutsche zum Zug gekommen wären, die »mit ihrem preußischen Gehabe« die Bevölkerung »kopfscheu« gemacht hätten.[163] Bei diesem Bericht ist jedoch auch zu berücksichtigen, daß die Gendarmerie nach 1945 bemüht war, ihre Rolle zu verharmlosen, was verständlich wird, wenn man bedenkt, daß 1945 die Tiroler Gendarmerie extrem stark nazifiziert war.[164] Weiters muß auch ein generelles Mißtrauen gegenüber Landfremden ins Kalkül gezogen

(22) 1.-Mai-Feier in Hall. Selbstdarstellung der politischen Leiter der NSDAP, der SA und des Reichskriegerbundes.

(23) Gauleiter Hofer bei der Besichtigung des aufgehobenen Stiftes Wilten. In Tirol gingen die Nationalsozialisten besonders rigoros gegen die Kirche vor.

(24) Acht Tonfilmwagen bereisten die entlegensten Bergdörfer des Gaues Tirol-Vorarlberg und versorgten die Bevölkerung mit Unterhaltungs- und Lehrfilmen. Die Filmabende erfreuten sich größter Beliebtheit und stärkten die Attraktivität des NS-Regimes.

Unter Gauleiter Hofer erfuhr das Schießstandwesen eine massive Aufwertung.

(25) Hofer als Landesoberschützenmeister.

(26) Hofer beim Tiroler Landesschießen 1944 (ganz vorne).

Zur stärkeren Bindung der Bevölkerung an den Nationalsozialismus bemühte sich die Tiroler NSDAP besonders um Förderung von Brauchtum und Tradition, die in Verbindung mit NS-Symbolik und entsprechenden Inhalten für die eigenen politisch-weltanschaulichen Ziele genutzt wurden. Mühelos konnte man sich auch der Traditionen des Schützenwesens bedienen, um der Diktatur in den Augen eines Großteils der Bevölkerung den Anschein von Legitimität und Bodenständigkeit zu verleihen.

(27) Brauchtumspflege bei HJ und BDM. HJ-Fest am Landeshauptschießstand in Innsbruck 1939.

(28) Ob für Gott, Kaiser, Dollfuß oder den Führer - sie marschierten mit. Festzug beim Tiroler Landesschießen 1943/44.

4. Exekutive und Justiz

werden, was zu einem bisweilen gespannten Verhältnis zwischen deutschen und Tiroler Exekutivbeamten führte. Verantwortlich dafür waren ferner nicht nur Mentalitätsunterschiede, Abweichungen im Arbeitsstil und eine durchaus aufreizende und herablassende Art so mancher deutscher Beamter, die den Stolz der Tiroler verletzte, die Deutschen wurden auch als harte Konkurrenz bei der Neuvergabe von Posten und Positionen empfunden, sodaß sich viele Tiroler Exekutivbeamte übergangen und zurückgesetzt fühlten.

Auch bei der Polizei und Gendarmerie sorgten Entlassungen und gesteigerter Arbeitsaufwand für erheblichen Personalmangel. Besonders in Innsbruck wurden viele Polizisten außer Dienst gestellt. Treibende Kraft war der Kommandant der städtischen Polizei Oberinspektor Walter, der schon seit 1933/34 Parteimitglied und deshalb aus dem Polizeidienst entfernt worden war. Nach dem »Anschluß« zeigte er sich besonders fanatisch und rachsüchtig. Er sorgte dafür, daß einige Polizisten nicht nur wie vorgesehen entlassen, sondern nach Dachau überstellt wurden.[165] Unter den Häftlingen der ersten beiden Transporte ins Konzentrationslager Ende Mai und im Juni 1938 befanden sich insgesamt 21 Exekutivbeamte.[166] Die systematische Säuberung der Exekutive erfolgte durch die Berufsbeamtenverordnung. Der entsprechende Untersuchungsausschuß war zusammengesetzt aus dem Vorsitzenden Oberpolizeirat Dr. Graf aus Wien, dem Polizeidirektor Oberpolizeirat Dr. Franzelin, dem Chef der Kriminalpolizei Regierungsrat Dr. Gasser und dem stellvertretenden Gestapochef Regierungsrat Dr. Spann. Die vorbereitenden Arbeiten für die Sonderkommission übernahm Dr. Herbert Mannlicher, der bereits 1931 der Innsbrucker SS beigetreten und nach dem Juliputsch 1934 ins Reich gegangen war, wo er u. a. bei Hofer im Flüchtlingshilfswerk Berlin tätig geworden war. Mit 28. März begann er seinen Dienst als Leiter des dritten Kriminaloberkommissariats (Kapitalverbrechen) in Innsbruck.[167] Im Juni 1939 wußte Gendarmerieoberstleutnant Albert zu berichten, daß die Innsbrucker Exekutive

»mit 100 Männern unter dem Sollstand steht und nur mit Anspannung aller Kräfte imstande ist, die eigenen Aufgaben im eigenen Polizeigebiete zu bewältigen. Die Reviere sind bekanntermaßen so schwach besetzt, daß in Innsbruck Polizeibeamte im Straßendienst zu einer seltenen Erscheinung geworden sind«.[168]

Besonders prekär gestaltete sich die Situation in Kitzbühel, wo im Mai 1939 praktisch kein Polizeibeamter für den eigentlichen ordnungspolizeilichen Dienst zur Verfügung stand. Von den vier Polizeibeamten war einer ausschließlich für die Preisüberwachung zuständig, zwei hatten sich Unterschlagungen schuldig gemacht und einer war nach der BBV außer Dienst gestellt worden. Auch in Hötting, Landeck und Schwaz traten diesbezügliche Probleme zum Vorschein, die ortspolizeilichen Geschäfte übernahm deshalb die Gendarmerie. In Kitzbühel war aber nicht einmal das möglich, da im Vergleich zur Zeit vor dem »Anschluß« die Kitzbüheler Gendarmerie nur mehr über die Hälfte ihrer Kräfte verfügte. Auch eine zeitliche Abordnung von Wachtmeistern der Schutzpolizei Innsbruck kam nicht in Frage, da auch sie »eine überaus große Anzahl von Fehlstellen« aufzuweisen hatte. Auch die Polizeidirektion Innsbruck meldete eine »starke Unterbesetzung«.[169] Einige Gendarmeriebeamte, die aus ihren Stellen entfernt worden waren, konnten in dieser angespannten Lage wieder in den Dienst zurückkehren. So versah etwa ein Gendarmeriebeamter aus Nauders, der mit 31. Jänner 1939 nach § 4 der BBV pensioniert und dessen Urteil nach einem Überprüfungsverfahren umgewandelt worden war, im Frühjahr 1940 wieder Dienst in seinem Heimatdorf.[170] Ein ähnliches Beispiel auf höherer Ebene stellt der Fall des Schwazer Gendarmeriebezirksinspekteurs dar, der nach seiner Enthebung im Zuge der Machtübernahme im Dezember 1938 wieder eingesetzt wurde und 1940 die Parteimitgliedschaft erwarb.[171] In einer Besprechung, an der u. a. Gaupersonalamtsleiter Braunsdorff und Major Stolze von der Schutzpolizei im Reichsinnenministerium teilnahmen, war man übereingekommen, daß Gendarmen, die durch die BBV gemaßregelt worden waren, wieder eingestellt werden konnten, wenn sie »als untergeordnete Organe als Verführte zu betrachten sind« und ein dementsprechendes Verhalten nach dem »Anschluß« an den Tag gelegt hatten. Die Wiederangestellten sollten allerdings vor allem ins »Altreich« abkommandiert werden, um den Unmut der nationalsozialistisch eingestellten Bevölkerung nicht zu erregen. Schwer Belastete blieben von dieser Vereinbarung ausgenommen.[172]

Die Justiz

Bereits in den Jahren vor dem »Anschluß« war das Justizwesen in Tirol von innen her ausgehöhlt worden. Nach dem Verbot der NSDAP im Juni 1933 hatte sich gezeigt, daß in den Bezirksgefängnissen zum Teil unglaubliche Zustände herrschten. In Kufstein konnten sich mit Einverständnis des Bezirksrichters Jung Dutzende Nazis mit ihren gefangenen Parteigenossen besprechen, in einem anderen Bezirksgefängnis rauch-

4. Exekutive und Justiz

ten und plauderten die einsitzenden Nationalsozialisten ungestört vor dem Gebäude mit vorübergehenden Passanten.[173] Im landesgerichtlichen Gefängnis in Innsbruck wurden Nazihäftlinge von Justizwachebeamten durch die Weitergabe und Einholung vertraulicher Informationen begünstigt. Am Landesgericht Innsbruck waren so häufig pronazistische Einstellungen anzutreffen, daß es als »Eiterbeule in Tirol« bezeichnet wurde. Die Staatsanwaltschaft fühlte sich in ihrem Bemühen, konsequent gegen NS-Umtriebe vorzugehen, von der Ratskammer sabotiert.[174]

Nach der Machtübernahme nahmen die Nationalsozialisten sofort personelle Veränderungen vor. Der erste Staatsanwalt Dr. Ernst Grünewald, der Vorsteher des Bezirksgerichts Innsbruck Oberlandesgerichtsrat Dr. Richard Glätzle und Staatsanwalt Franz Riccabona wurden neben einigen Bezirksrichtern verhaftet und einige Tage festgehalten. Der bekannt deutschnational eingestellte Senatspräsident des Obersten Gerichtshofes und frühere Präsident des Landesgerichts Innsbruck i. R., Dr. Anton Larcher, trat vom 16.–21. März als Vertreter des neuen Regimes auf und vereidigte das Justizpersonal auf Adolf Hitler.[175] Auf leitenden Posten wurden zehn Richter und drei Staatsanwälte der Oberstaatsanwaltschaft Innsbruck entfernt[176] und größtenteils von »Illegalen« ersetzt. Am 15. und 16. März mußten Oberlandesgerichtspräsident Dr. Josef Moll, Oberlandesgerichtsvizepräsident Dr. Rudolf Riccabona und Landesgerichtspräsident Dr. Ludwig Praxmarer ihr Pensionsgesuch einreichen. Die Landesgerichtsräte Dr. Leo Berwanger (Reutte) und Dr. Alois Hartlieb (Steinach) wurden mit gekürzten Bezügen in den Ruhestand versetzt. Von den Säuberungen betroffen waren weiters noch die Oberlandesgerichtsräte Dr. Josef Ziegler und Gottfried Jenewein, der Vizepräsident des Landesgerichts Innsbruck Dr. Anton Petzer, der Justizwachekommandant des landesgerichtlichen Gefangenenhauses Innsbruck Johann Laufenböck sowie die Justizsekretäre in Zell am Ziller, Landeck und Innsbruck.[177] Allerdings stand mit Landesgerichtsrat Skorpil noch im August 1938 einer der prominentesten Gegner, so die Diktion Hofers, als Richter in Dienst. Er hatte sich freiwillig zu einem rassenpolitischen Rechtslehrgang für künftige Erbgesundheitsrichter in den Gauen der »Ostmark« gemeldet. Der Gauleiter legte dagegen Beschwerde ein und zeigte sich empört, daß so etwas vorkommen konnte.[178] Nach telefonischer Weisung des österreichischen Justizministeriums vom 22. März 1938 waren schließlich von den Nationalsozialisten kommissarisch neu bestellt worden:

Oberlandesgerichtspräsident Dr. Hermann Greinz, Oberlandesgerichtsvizepräsident Dr. Maximilian Haupt, Landesgerichtspräsident

Dr. Wilhelm Sandbichler, Landesgerichtsvizepräsident Josef Federa, den Vorsteher des Bezirksgericht Innsbruck Dr. Georg Bickel, Oberstaatsanwalt in Innsbruck Dr. Johann Moser und der leitende Staatsanwalt Dr. Karl Stettner.[179]

Sandbichler, Federa, Moser, Stettner und der zum Landesgerichtssekretär ernannte Walter Dillersberger waren »illegale« Nationalsozialisten gewesen.[180] Laut Hofers Bericht an Bürckel waren im September 1938 von 100 Richtern zehn Parteimitglieder und weitere 25 nationalsozialistisch gesinnt. Die restlichen 65 bezeichnete er »als mehr oder weniger klerikal oder sonst politisch unzuverlässig«.[181] Zu den personellen Veränderungen in der Justiz führte der Gauleiter weiter aus:

»Es wurden deshalb nach dem Umbruch von den nationalsozialistischen Richtern zusammen mit den nationalsozialistischen Rechtsanwälten die zehn ärgsten klerikalen Hetzer kurzerhand entfernt und von den nationalsozialistischen Richtern diejenigen, welche als alte illegale Kämpfer sich bewährt hatten, von der damaligen Gauleitung kommissarisch zur Besetzung der wichtigsten, leitenden Richterposten vorgeschlagen und vom Justizministerium auch bestellt, obwohl Klerikale und Liberale schon damals ein Kesseltreiben dagegen veranstalteten. Seit damals sind daher ausnahmslos verläßliche und verdiente illegale Parteigenossen an den Spitzenposten der Justiz, ausgenommen Oberlandesgerichtspräsident Dr. Hermann Greinz und Oberlandesgerichtsvizepräsident Hofrat Maximilian Haupt, die zwar nicht eigentliche Parteigenossen, aber sonst verläßlich sind.«[182]

Die Person des neuen Landesgerichtspräsidenten wurde vom Ministerium für innere und kulturelle Angelegenheiten folgendermaßen beschrieben:

»Greinz ist zwar nicht Mitglied der NSDAP, genießt aber ihr volles Vertrauen und kann daher in politischer Richtung als einwandfrei bezeichnet werden.«[183]

Daß an der Spitze des Oberlandesgerichts ein »Parteiloser« stand, kam dem Gauleiter nicht ungelegen, schien damit doch nach außen die »Unabhängigkeit« der Justiz gewahrt. Durch den unerwarteten Tod von Greinz am 19. Oktober 1938 war GL Hofer von der Sorge erfüllt, daß einer der nicht so stramm nationalsozialistisch ausgerichteten Richter diesen Posten einnehmen könnte. Er schlug deshalb eine rasche Bestellung des Oberlandesgerichtsrats Karl Wolf, eines bei der NS-Richterschaft hochangesehenen Nationalsozialisten, vor.[184] Die Ernennung zog sich aber durch das Ausschreibungsverfahren derart in die Länge, daß die Partei, mit den Verhältnissen am Oberlandesgericht unzufrieden,

den Reichskommissar ersuchte, »daß hier endlich hart durchgegriffen wird«.[185] Dr. Oskar Stritzl, seit 1934 Vizepräsident des Landesgerichts für Zivilstrafsachen in Wien, übernahm schließlich die Leitung des Oberlandesgerichts Innsbruck mit 2. März 1939[186] und setzte die Nazifizierung der Justiz entschieden fort, wobei es ihm zudem noch gelang, das Oberlandesgericht Innsbruck »vom Zuzug fremder Richter und Beamten nahezu freizuhalten«.[187] Im Juni 1939 konnte Stritzl dem Justizminister das beste Einvernehmen zwischen Partei und Justiz, respektive Gauleiter und Oberlandesgerichtspräsident, melden, da die Vorstände der großen Justizbehörden und viele Justizbeamte des höheren Dienstes engagierte Nationalsozialisten waren, nicht wenige davon »illegale« Parteigenossen, die führende Positionen oder Dienstgrade in der Partei und ihren Gliederungen einnahmen.[188] Trotzdem ergaben sich zwischen dem Gauleiter und den Tiroler Justizbehörden immer wieder Reibereien, da diese Hofer nicht willfährig genug waren und seine Wünsche und Machtkompetenzen bisweilen auch auf Grenzen stoßen konnten.[189] Dieser Umstand ist einerseits Ausdruck des für das NS-Regime typischen Kampfes um Einflußsphären bzw. des Unwillens der Justizbehörden gegen willkürliche Eingriffe in ihren Kompetenzbereich. Andererseits waren die Gerichte bestrebt, für die Einhaltung der geltenden Rechtsvorschriften zu sorgen, auch wenn sie inhaltlich nicht hinterfragten, was für ein »Recht« sie da eigentlich exekutierten. Jedenfalls mußte es durch dieses Selbstverständnis der Justiz zwangsläufig zu Auseinandersetzungen mit der überaus korruptionsanfälligen Partei und dem Gauleiter kommen, der sich an keine Normen, und seien sie auch vom NS-Staat selbst gesetzt, gebunden fühlte.[190]

5. Die kommunale Verwaltung

Bereits in der Nacht vom 11. auf den 12. März wurden eine ganze Reihe Bürgermeister von den »illegalen« Ortsgruppenleitern und örtlichen Parteiformationen abgesetzt bzw. vorübergehend festgenommen.[191] Am 14. März löste die LHM nach § 39 des Verfassungsübergangsgesetzes von 1934 die Gemeindevertretungen auf und beauftragte die Bezirkshauptmannschaften innerhalb von acht Tagen Vorschläge für einstweilige Amtsverwalter als kommissarische Bürgermeister zu bestellen, die die bisherigen Aufgaben der Bürgermeister, des Gemeinderates und Gemeindetages übernehmen sollten. Weiters wies die LHM die Bezirkshauptmannschaften an, sofortige Änderungen in der Gemeindeführung nur in Ausnahmefällen im Einverständnis mit der Kreisleitung vorzunehmen.[192] Mit Erlaß vom 26. April 1938 wurden die Bezirkshauptmannschaften schließlich aufgefordert, den kommissarischen Bürgermeistern einen Beirat zur Seite zu stellen, den diese bei allen wichtigen Angelegenheiten vor der Entscheidungsfindung anzuhören hatten. Die Bildung von Gemeinderäten und Gemeindetagen wurde untersagt. Bei der Ernennung der Beiräte sollte zur Herstellung der »engsten Zusammenarbeit und Verbindung zwischen dem Bürgermeister und der politischen Ortsleitung« in Einklang mit den Ortsgruppen vorgegangen werden, der Ortsgruppenleiter selbst sollte jedoch nicht im Beirat sitzen. Darüber hinaus hatten im Beirat, dessen Sitzungen – bis zu fünf pro Jahr – nicht öffentlich waren, möglichst alle »Stände« und auch Gliederungen der Partei vertreten zu sein.[193] Der von Bürgermeister und Ortsgruppenleitung erstellte Beirat mußte sodann der BH zur Bestätigung vorgelegt werden. Diese stützte sich dabei auf den § 175 der autoritären Tiroler Gemeindeordnung von 1935. Zur Erläuterung führte die BH gegenüber den Bürgermeistern aus:

»Sie werden in allen wichtigen Angelegenheiten den Gemeindebeirat anzuhören haben, aber Sie sind nicht an die Meinung desselben gebunden.«[194]

Die Regelung der Gemeindeorganisation wurde schließlich in der »Deutschen Gemeindeordnung« festgelegt. Die Einführungsverordnung vom 15. September 1938 bestimmte, daß die Bürgermeisterstellen bis 1. April 1939 definitiv besetzt werden mußten.[195] Ihr zufolge hatte der Kreisleiter als Beauftragter der Partei, in Innsbruck war dies der Gauleiter selbst, entscheidendes Mitspracherecht bei der Besetzung und Abberufung der Bürgermeister, Beigeordneten und Gemeinderäte sowie der Erlassung der Hauptsatzung. In den Städten hießen die Beigeordneten Stadträte und die Gemeinderäte Ratsherren. Das Innsbrucker Stadtoberhaupt durfte sich Oberbürgermeister und der erste Beigeordnete Bürgermeister nennen. Der Beauftragte der Partei, also der Kreisleiter, berief die Gemeinderäte und beriet sich mit ihnen in einer nicht öffentlichen Sitzung über die vorzuschlagenden Beigeordneten und den Bürgermeister. Der Gauleiter genehmigte die Vorschläge nach sorgfältiger Überprüfung durch seinen Beauftragten für Kommunalpolitik. Während der Landrat die Bürgermeister vereidigte, nahm dies im Falle der Beigeordneten und Gemeinderäte der neue Bürgermeister selbst vor. Die Amtsdauer der Gemeinderäte betrug sechs Jahre, der Bürgermeister konnte ebenfalls für sechs Jahre oder auf Lebenszeit berufen werden.[196] Entsprechend dem Führerprinzip galt der Bürgermeister als alleinverant-

5. Die kommunale Verwaltung

wortlicher Führer der Gemeinde, deren Politik am Land von ihm, dem Ortsgruppenleiter und dem Ortsbauernführer bestimmt wurde. Die Beigeordneten und Gemeinderäte hatten, wie bereits erwähnt, dem Bürgermeister lediglich beratend zur arbeitsmäßigen Entlastung zur Seite zu stehen. Der Bürgermeister verfügte zwar über die Vollzugsgewalt in der Gemeinde, er war jedoch der strengen Kontrolle von Partei und staatlicher Behörde, der gegenüber er alleinverantwortlich war, unterworfen. Die Gemeindeaufsicht übte der Landrat aus, wobei auch die Vermögensgebarung einer stärkeren Kontrolle durch die Entsendung von Gemeinderevisoren ausgesetzt war.[197] Die Entscheidungen des Bürgermeisters fanden praktisch stets unter den Augen des lokalen Parteibeauftragten im Gemeindegremium statt, sodaß er logischerweise eng an die Ziele der Partei orientiert wurde. Die Einheit von Partei und Staat sollte auf Gemeindeebene zwar nicht durch Personalunionen gewährleistet werden, in einigen Gemeinden übernahmen dennoch Ortsgruppenleiter den Bürgermeisterposten.[198] Kontrolliert wurden die Gemeinden vom »Deutschen Gemeindetag«, der dem Reichsinnenministerium als Instrument autoritärer Reglementierung der kommunalen Verwaltungen unterstand[199] und dafür zu sorgen hatte, daß die angeordneten Maßnahmen und Gesetze reibungslos exekutiert wurden. In Tirol-Vorarlberg wurde als erstem Gau der »Ostmark« in Innsbruck eine Dienststelle des »Deutschen Gemeindetags« im Spätherbst 1939 eingerichtet.[200] Der gemeinsame Aufbau der Dienststelle des »Deutschen Gemeindetags« mit dem Gauamt für Kommunalpolitik stellte das Gauamt, das ständig von Geldnöten geplagt war, auf eine solidere finanzielle Grundlage.[201] Im März 1939 wurden die Bürgermeister offiziell eingesetzt, da die Neuordnung der Kommunalvertretungen bis 1. April 1939 abgeschlossen sein mußte. Die feierliche Einsetzung des ersten Tiroler Gemeinderats fand am 28. Februar 1939 in Kitzbühel statt, wo Bürgermeister Erwin Müller für die Gemeindevertretung Kitzbühels versprach, »sich nur vom Geiste der nationalsozialistischen Weltanschauung leiten zu lassen.«[202] Wie gingen aber nun die Umbesetzungen der Bürgermeisterstellen nach der Machtübernahme der Nationalsozialisten genauer vor sich?

In den Gemeinden waren die »illegalen« Ortsgruppenleiter bei der Neubestellung der Bürgermeister maßgeblich beteiligt. NS-Funktionäre übernahmen nicht nur in der Nacht des »Umbruchs«, sondern auch in den nächsten Tagen und Wochen die Eigeninitiative, überdies hatten die Bezirkshauptmannschaften zuverlässige Beamte ihres Amtsbezirks und vor allem die Ortsgruppenleiter aufgefordert, ihnen Vorschläge zu unterbreiten. Der OGL von Arzl bei Imst fuhr denn gleich mit der alten

Gemeindeführung und seinen Kandidaten zum Bezirkshauptmann und schilderte ihm die Lage in seinem Dorf. Da der Gemeindesekretär »illegale« Parteigenossen denunziert hatte, wurde er von Bezirkshauptmann und KL Kienel ebenso abgesetzt wie der Bürgermeister, da dieser »ohne eingeführten Gemeindesekretär die Gemeindegeschäfte zu besorgen nicht in der Lage war«. Ein Rechnungsoberreferendar wurde daraufhin auf Vorschlag des Ortsgruppenleiters zum neuen Bürgermeister ernannt.[203] Zuweilen begaben sich die Kreisleiter persönlich in die Gemeinden, um Bürgermeister zu bestätigen oder sie, meist auf Betreiben des Ortsgruppenleiters, abzusetzen.[204]

Im Pitztal hielt der angesehene Bezirksforstinspektor Hermann Figala[205] auf Ersuchen von KL Kienel unter Beiziehung des Ortsgruppenleiters von Jerzens als profunder Kenner der Verhältnisse der dortigen Gemeinden Ausschau nach Bürgermeistern. In St. Leonhard wurde der bisherige Bürgermeister, den Figala für politisch und wirtschaftlich unfähig hielt, abgesetzt und, da von den 12 eingeschriebenen Parteimitgliedern niemand die Eignung zur Führung der Amtsgeschäfte mit sich brachte, auf Figalas Vorschlag hin von einem im Dorf angesehenen Mann, der Bauer, Schuster, Kassier der Raika und des Viehvereins sowie Vertreter des Gewerbebundes war, eingenommen. Der neue Bürgermeister bekleidete gleichzeitig auch das Amt des Ortsbauernführers.[206] Die von den Bezirkshauptmannschaften beauftragten Ortsgruppenleiter und Beamten wie Figala hatten einige Mühe, fähige Nationalsozialisten für die Gemeindearbeit ausfindig zu machen. Der OGL von Roppen mußte das Amt des Bürgermeisters vorübergehend selbst bekleiden, da er kein Parteimitglied im Ort auftreiben konnte, der das nötige Rüstzeug dazu gehabt hätte. Er konnte deshalb gegenüber der BH für den zu bildenden 13köpfigen Beirat nur mit drei Parteigenossen, einschließlich seiner Person, aufwarten.[207] Es ist daher nicht verwunderlich, daß es trotz der Bestellung eines neuen kommissarischen Bürgermeisters vorkommen konnte, daß der bisherige Bürgermeister die Amtsgeschäfte einstweilen weiterführte.[208] Die abgelösten Gemeindevorsteher mußten mancherorts einfach in irgendeiner Form berücksichtigt werden, um eine geregelte Gemeindearbeit sicherzustellen. Der aus dem Amt geschiedene Bürgermeister von Ötz wurde deshalb zunächst als Gemeindesekretär weiterverwendet und arbeitete auch im Beirat der Gemeinde weiter.[209] Da qualifizierte Parteigenossen schwer zu finden waren, ganz besonders in den Kleingemeinden[210], blieb eine doch recht beachtliche personelle Kontinuität an der Spitze der Gemeinden gewahrt. Leute wie Figala waren bemüht, ebenso gemäßigte wie geachtete Persönlichkeiten

5. Die kommunale Verwaltung

mit gutem Ruf für das Amt des Bürgermeisters zu gewinnen, auch wenn sie politisch noch in vielerlei Hinsicht »aufzuklären« waren. Diese (noch) Nicht-Parteigenossen mußten dann wie etwa im Fall der Bürgermeister von Mils oder Imsterberg versprechen, ihr Amt künftig auch wirklich im Sinne des NS-Staates auszuüben.[211] Es zeigte sich auch, daß viele der bisherigen Bürgermeister durchaus zu einem Arrangement mit den neuen Machthabern gewillt waren. Einige von ihnen waren bereits vor dem »Anschluß« in gutem Verhältnis zu den »illegalen« Ortsgruppenleitern gestanden, was sich jetzt bezahlt machte.[212] Ob der Bürgermeister auf seinem Posten bleiben konnte, hing maßgeblich davon ab, inwieweit er sich aktiv gegen den Nationalsozialismus engagiert hatte. War dies der Fall, so wurde er, wie etwa der Altbürgermeister von Ötz, der sich dem Vorwurf der NS-Feindlichkeit und eines besonderen Nahbzw. finanziellen Abhängigkeitsverhältnisses zum früheren Amtswalter der Vaterländischen Front ausgesetzt sah, enthoben. Die Bürgermeister der Bezirksstädte und der Gauhauptstadt wurden ausnahmslos ausgetauscht und durch bewährte Parteigenossen ersetzt. Dadurch gelangten einige Altbürgermeister wie Hans Reisch, Emanuel Turri oder Josef Gollner, die bereits frühzeitig für die NSDAP eingetreten waren, wieder in ihr Amt.[213] In den Landgemeinden, speziell in den kleineren, gestaltete sich der personelle Wechsel allerdings nicht so radikal.[214] Im Gerichtsbezirk Rattenberg amtierten nach dem »Anschluß« fünf der elf Bürgermeister weiterhin in ihren Gemeinden und 1942 waren in immer noch 42 der über 250 Gemeinden Tirols dieselben Bürgermeister wie vor dem 11. März 1938 tätig.[215]

Bei dieser Gelegenheit sei auch auf das Stadtmagistrat Innsbruck hingewiesen, wo einzig Magistratsdirektor Dr. Hans Fankhauser und von den sieben Magistratsabteilungsleitern lediglich der Baudirektor abgelöst wurden. Eine Neubesetzung an Führungsstellen ergab sich ansonsten nur insofern, als früheres Leitungspersonal an höhere Positionen berufen wurde wie etwa der stellvertretende Magistratsdirektor Dr. Anton Schuler, der bekanntlich zum Regierungsdirektorstellvertreter aufgestiegen war.[216] Mit gutem Grund hatte Bürgermeister Denz bei der Übernahme der Amtsgeschäfte der Loyalitätskundgebung der Beamtenschaft, bei deren »weitaus größtem Teil« er NS-Einstellung ortete, triumphierend festgestellt: »Der Stadtmagistrat ist braun! Der Stadtmagistrat ist nationalsozialistisch [...].«[217]

Auch nach Aufhebung der Personalunion von Kreisleiter und Bezirkshauptmann blieb der Einfluß der Partei in der Person des Kreisleiters und Ortsgruppenleiters bei der Besetzung von Bürgermeisterstellen aufrecht, wenngleich dem Treiben der Ortsgruppenleiter nun engere Grenzen gesetzt wurden. Die personelle Bereinigung am Dorf hatte nicht nur zu peinlichen Pannen geführt, sondern auch Lücken hinterlassen, die von den Nationalsozialisten nicht so leicht geschlossen werden konnten.[218] Die Bezirkshauptmannschaften waren bestrebt, den Wünschen der Partei nachzukommen. Deshalb beugten sie sich oft Interventionen der Kreisleiter zugunsten von Ortsgruppenleitern, die mit Bürgermeistern in Konflikt geraten waren, stellten jedoch eigene Nachforschungen an[219] und unterstützten den Bürgermeister, wenn dieser ungerechtfertigter Weise vom Ortsgruppenleiter attackiert wurde.[220] Im Dorf gab es zwischen dem Repräsentanten der Partei, der sich eigentlich nicht in die Gemeindearbeit einmischen sollte, und dem staatlichen Vertreter nicht nur Konflikte persönlicher Natur, sondern auch sehr oft Probleme aufgrund der unscharfen Kompetenzabgrenzungen. Die Partei hatte ein Mitspracherecht in allen Personalangelegenheiten, neben den gesetzlichen Vorschriften sollte es aber »im allgemeinen der gefühlsmäßigen Beurteilung überlassen bleiben [...], welche Fragen im gegenseitigen Einverständnis zu lösen sind«.[221] Da es örtlichen Parteifunktionären vielfach gelungen war, die Leitungen der Gemeinden selbst zu besetzen bzw. ihre Günstlinge an die Gemeindespitze zu hieven, ohne daß die dafür notwendige Qualifikation vorhanden war, hatten sich in den Gemeindestuben zum Teil untragbare Zustände entwickelt.[222] Anfang Juli 1938 gab der neue Gauleiter und Landeshauptmann Hofer die Weisung, daß Neubestellungen von Bürgermeistern nur noch mit seiner Genehmigung zu erfolgen hatten. Die Absicht, die Amtsausübung aller Bürgermeister, die ohne seine Zustimmung oder die seines Vorgängers Christoph agierten, für ungültig zu erklären, erwies sich als undurchführbar, da zu viele Bürgermeister davon betroffen gewesen wären. Im Bezirk Imst etwa war diese Zustimmung in keinem einzigen Fall eingeholt worden.[223] Nachdem im Juli 1938 der organisatorische Aufbau des Gauamts für Kommunalpolitik einigermaßen als abgeschlossen galt, durfte die Ernennung von Bürgermeistern nur mehr mit Genehmigung des kommunalpolitischen Apparats der Partei erfolgen.[224] Das Gauamt sollte auch auf Gemeindeebene vor den Verwaltungsdienststellen die führende Rolle haben. Bei allen kommunalpolitischen Vorgängen, die an Hofer herangetragen werden mußten, war das Gauamt maßgeblich eingeschaltet.[225] Der Geschäftsführer und spätere Gauhauptstellenleiter des Gauamts für Kommunalpolitik, Heinz Mader, durchleuchtete sodann mit seinem Mitarbeiterstab[226] die kommunalen Führungen und trachtete danach, fachlich kompetente Bürgermeister einzusetzen, die, wenn möglich, Parteigenossen sein sollten.

5. Die kommunale Verwaltung

Dadurch gelang es zwar, die Qualifikation der Gemeindevorsteher etwas zu heben, prinzipiell blieb dieses Problem aber weiterhin virulent. Trotz der Umbesetzungen waren in den Augen des Gauamts Ende Juni 1939 immer noch ein Fünftel aller Bürgermeister fachlich ihrer Aufgabe nicht gewachsen. Monatlich liefen aus den Gemeinden rund 200 Anfragen im Gauamt ein. Um die Gemeindevertreter in ihrer Arbeit zu unterstützen und um ihnen auch die Richtlinien der Partei nahezubringen, hielt das Gauamt neben den laufend kreisweise stattfindenden Bürgermeisterkonferenzen auch Gemeindesekretärschulungen ab.[227] Der untenstehende Ausschnitt aus dem Bericht des Tiroler Gauamtes für Kommunalpolitik an das Hauptamt in München gibt die Situation kurz vor Kriegsbeginn wieder:

»In den Tagen des Umbruches im März 1938 wurden sämtliche Bürgermeister des Gaues ausgewechselt.[228] Diese Auswechslung brachte an verschiedenen Stellen wohl bewährte Nationalsozialisten, aber fachlich weniger geeignete Parteigenossen an die Spitze der Gemeinden. In der Folge waren die Bemühungen der Kreisleiter darauf abgestellt, allmählich wieder auch fachlich stärkere Männer an diese Stellen zu setzen. Um diese Bestrebungen in eine einheitliche Richtung zu bringen, wies der Gauleiter die Kreisleiter an, in Hinkunft als Beauftragte der NSDAP nur mehr mit Zustimmung des Gauleiters tätig zu werden. Zur Bearbeitung dieser Zustimmung berief mich der Gauleiter im Juli v. J. zum Geschäftsführer des Gauamtes für Kommunalpolitik. In der Folge habe ich gemeinsam mit meinen Kreisamtsleitern die gesamte personelle Besetzung der Gemeinden durchgearbeitet und bin heute zu einem Resultat gekommen, das nach meiner Schätzung etwa bis zu 80% als stetig zu bezeichnen ist.«[229]

Die Einberufung vieler Gemeindesekretäre verschlechterte diese Situation noch mehr. Im Herbst 1941 mußte Mader feststellen, daß eine ganze Reihe von Bürgermeistern »fachlich nicht gut orientiert« war und die laufende Arbeit in den Gemeinden nur »recht und schlecht« abgewickelt wurde, während größere Aufgaben wie die Aufstellung der Haushaltserlässe und Steuern bis zur Rückkehr des Gemeindesekretärs auf die lange Bank geschoben wurden. Hinzu kam, daß die Bezahlung der Bürgermeister und Gemeindebeamten derart unzureichend war, daß dies, so Mader, zur »Auswahl der Untüchtigsten« führe.[230]

Zusammenfassend kann festgehalten werden, daß es in der ersten Phase der Machtübernahme unter führender Beteiligung der Kreisleiter und Ortsgruppenleiter zu Serienenthebungen von Bürgermeistern gekommen ist. Die Partei sicherte sich den bestimmenden Einfluß auf die Bürgermeisterbesetzung durch die zeitweise Personalunion von Kreisleiter und Bezirkshauptmann, den Aktivitäten der Ortsgruppen und schließlich durch die Tätigkeit des Gauamtes für Kommunalpolitik. Die Ablösung erfahrener Bürgermeister durch unqualifizierte Parteigenossen führte jedoch zu Turbulenzen und teilweise unbefriedigenden Verhältnissen in den Gemeinden. Um diese Entwicklung einzubremsen, aber ebenso auch aus Mangel an sachkundigen Parteimitgliedern, die mit der Führung der Gemeindegeschäfte betraut hätten werden können, kamen verstärkt respektierte Dorfpersönlichkeiten, die nicht in der Partei waren, zum Zug. Die Sachzwänge einer geordneten Gemeindeverwaltung machten die Heranziehung eines Personenkreises, der über ein entsprechendes Qualifikationsprofil verfügte, unabdingbar. Dieser Umstand weist unter anderem auch auf den niederen sozialen Status der »illegalen« Parteigenossen in den kleinen Landgemeinden hin, in der Dorfhierarchie waren sie eher am unteren Ende angesiedelt. Diese personellen Engpässe und die Anpassungsbereitschaft von Altbürgermeistern bewirkten auf Gemeindeebene, neben den feststellbaren Brüchen, auch nicht zu unterschätzende personelle Kontinuitäten.

6. Das Verhalten der Beamtenschaft

Die Anfälligkeit gegenüber dem Nationalsozialismus und seinen Parolen hatte sich innerhalb der Tiroler Beamtenschaft bereits während der Aufstiegsphase der Partei und in den Jahren des »Ständestaates« gezeigt. Vor allem in den frühen Zwanziger Jahren und während der Weltwirtschaftskrise sahen sich die Beamten einem starken Personalabbau bei gleichzeitigen Realeinkommensverlusten gegenüber.[231] Das anhaltende »österreichische Beamtenelend« machte auch die Tiroler Beamten für Versprechungen des Nationalsozialismus empfänglich.[232] Viele erhofften sich vom Nationalsozialismus die Verbesserung ihrer materiellen Situation, ihre Erwartungen erfüllten sich nach dem »Anschluß« aber nur zum Teil. Mit der Einführung des Deutschen Beamtengesetzes am 1. Oktober 1938 und den Bestimmungen des Reichsbesoldungsrechts war durch die Flut der Erlässe eine größere Arbeitsbelastung verbunden, weniger eine echte Verbesserung der Gehalts- und Arbeitsbedingungen. Der Übergang vom Status eines Landes- zu dem eines Reichsbeamten brachte eine Reihe von Nachteilen mit sich, wie langsamere Beförderungsmöglichkeiten und Abschaffung althergebrachter Sonderzulagen, was speziell die unteren Beamtengruppen traf. Dazu gesellte sich die Verlängerung der Arbeitszeit, die Verkürzung des

6. Das Verhalten der Beamtenschaft

Urlaubsanspruchs und die Aufhebung der Überstundenbezahlung. Den deutschen Behörden waren die österreichischen Beamten zu gemütlich, weshalb sie ein schnelleres Arbeitstempo einforderten. Von den Reichsangleichungen waren die Beamten allerdings unterschiedlich betroffen, man kann von einer Bevorzugung des gehobenen und hohen Dienstes auf Kosten des unteren Dienstes sprechen. Im niederen Dienst herrschte gedrückte Stimmung, da kaum Aufstiegschancen bei schlechter Bezahlung bestanden. Der mittlere Dienst hatte nun bessere Beförderungsmöglichkeiten, die großen Unterschiede zum hohen Dienst waren jedoch ein wesentlicher Unzufriedenheitsfaktor. Deutliche materielle Besserstellung und dementsprechende Genugtuung verspürten die höheren und gehobenen Beamten.[233] Allen Beamten gemeinsam war, daß die Standesunterschiede in materieller Hinsicht zwischen ihnen und den Arbeitern/Angestellten weiter bestehen blieben bzw. sich noch weiter vertieften.[234] Von ihrer Mentalität her betrachtet, war die Mehrheit der Tiroler Beamten in nationalen, obrigkeitsstaatlichen, zum Teil sogar noch in monarchistisch geprägten Traditionen gefesselt. Der Austrofaschismus verstärkte und bekräftigte die Ablehnung einer pluralistischen Demokratie in der Beamtenschaft. Loyalität und Dienstwilligkeit gegenüber jeglicher Obrigkeit war ihr längst vor dem »Anschluß« in Fleisch und Blut übergegangen. Ein Bericht der Innsbrucker Gestapo, demzufolge sich die Haltung der Tiroler Beamten zum Nationalsozialismus im Juni 1938 angeblich nicht wesentlich von der vor dem »Anschluß« unterschied, stufte 45% als Nationalsozialisten, 10–20% als Sympathisanten und 35–40% als klerikal, marxistisch oder neutral-indifferent ein. Die wirklich kämpferischen, ideologisch überzeugten Nationalsozialisten sollen allerdings nur einen Anteil von 15% ausgemacht haben. Bei den Sympathisanten sah die Gestapo die Gefahr, daß sich diese bei Enttäuschung ihrer persönlichen (Karriere)Erwartungen zu »Meckerern« und »Hetzern« entwickeln könnten. Die klerikalen und politisch indifferenten Beamten betrachtete sie als potentielle »heimliche Saboteure«, für eine offene Opposition hielten sie diese aber nicht fähig.[235] Die Mehrheit der katholisch-konservativen Beamten arbeitete jedenfalls gut und angepaßt für den Nationalsozialismus weiter. Sicherlich ist dabei die konkrete Sorge um Stellung und Existenz im NS-Staat ebenso zu berücksichtigen wie die Tatsache, daß gerade die öffentlich Bediensteten einem großen Druck durch das Regime ausgesetzt waren und es für die Beamten als relativ immobiler Gruppe wenig Ausweichmöglichkeiten in andere Berufszweige gab. Auch die große Zahl der Opfer unter den Tiroler Beamten soll hier nicht übersehen werden.

Tabelle 29[236]
Maßnahmen, die zwischen 1938 und 1945 in Tirol bei der Landeshauptmannschaft, der Bundespolizeidirektion, dem Landesgendarmeriekommando, der Bundesbahndirektion, der Finanzlandes- und Postdirektion, dem Landesarbeitsamt, der Arbeiterkammer, den Schulen und beim Innsbrucker Stadtmagistrat gegen Beamte, Angestellte und Arbeiter ergriffen wurden

Maßnahmen	Beamte	Angestellte	Arbeiter
KZ	52	2	7
Haft	153	7	9
Entlassungen	181	33	18
Pensionierungen	224	—	—
Enthebungen	104	—	—
Versetzungen	272	6	1
Hinrichtungen	5	—	—

Dennoch muß die überdurchschnittliche Anpassungsfähigkeit gerade der Tiroler Beamten hervorgehoben werden. Für die Nationalsozialisten war eine Parteimitgliedschaft leitender Beamter zwar sehr wünschenswert, sie stellte aber keine unabdingbare Voraussetzung dar. Dazu war die Diktatur viel zu sehr auf den alten Beamtenapparat angewiesen.[237] Das Parteibuch erleichterte aber die berufliche Karriere ganz erheblich. Gerade von Beamten, die besondere Vergünstigungen zugestanden bekamen, etwa bei Beförderungsmöglichkeiten, erwarteten die Machthaber, daß diese der Partei oder einer ihrer Gliederungen beitraten. Ob aus Furcht, Druck, Überzeugung oder aus Opportunismus, jedenfalls stürmten Tirols Beamte nach dem »Anschluß« in einem gewaltigen Ausmaß die NSDAP, was die Ergebnisse der Entnazifizierungsmaßnahmen zwischen 1945 und 1948 in Tirol verdeutlichen.[238] Dieter Stiefel bemerkt in seiner Darstellung der Entnazifizierung in Österreich dazu:

»Hier fällt vor allem Tirol ins Auge, wo 1947 jeder dritte und 1948 noch jeder vierte öffentlich Bedienstete ein ehemaliger Nationalsozialist war, und das, obwohl hier die Zahl der durch die Entnazifizierung Ausgeschiedenen (8.095) etwa die Hälfte des Personalstands von 1948 erreicht hatte und damit von allen Bundesländern relativ am höchsten war.«[239]

Obwohl mit Stichtag 15. September 1946 in Tirol ein Viertel aller öffentlich Bediensteten wegen ihrer NS-Vergangenheit entlassen worden

6. Das Verhalten der Beamtenschaft

waren und das Land somit bei der Entnazifizierung mit Ausnahme der sowjetischen Zone das rigoroseste Vorgehen an den Tag legte, blieben von den im Dienst Befindlichen immer noch fast die Hälfte (46%) registrierungspflichtig, was in Österreich den absoluten Spitzenwert darstellte. In Tirol war es also den Nationalsozialisten im Vergleich zu allen anderen Bundesländern am nachhaltigsten gelungen, den öffentlichen Dienst zu durchdringen.[240] Ein Blick auf die einzelnen Zweige des öffentlichen Dienstes zeigt einen besonders hohen Grad der Nazifizierung bei der Exekutive und im Schulbereich. Im Juni 1945 waren 76% der Gendarmen in Tirol und Vorarlberg ehemalige Nationalsozialisten.[241] 60–80% der Lehrerinnen und Lehrer waren Mitglied der NSDAP gewesen.[242]

Noch einmal kurz zusammenfassend kann festgestellt werden, daß das NS-Regime mit der Mehrheit des alten Beamtenapparats der politischen Verwaltung weiterarbeiten konnte. Sogar ein großer Teil der leitenden Beamten der LHM setzte nach dem »Anschluß« seinen Dienst loyal und fleißig fort. Der Nationalsozialismus konnte sich Massenentlassungen und eine wirkliche Großsäuberung wie es ihm vorgeschwebt hätte, schon allein mangels routinierter Fachleute nicht leisten, da er aus Stabilitätsgründen an einer funktionstüchtigen Verwaltung äußerst interessiert war. Die Bürokratie erwies sich schließlich auch als Säule des Systems, ohne die sich der Nationalsozialismus nicht so lange hätte halten können. Neben Säuberungen setzten die Nazis deshalb auf gezielte, kollektive Einschüchterung und appellierten an den opportunistischen Instinkt der Beamten. Dabei sorgten NS-Beamte in Schlüsselpositionen dafür, daß die Verwaltung die gewünschte Richtung erfuhr. In freigewordene Positionen rückten Beamte der hiesigen Verwaltung und wieder in Dienst gestellte, gemaßregelte NS-Beamte nach. Darüber hinaus wurden junge Beamtenanwärter, die sich als »Illegale« oder »alte Kämpfer« betätigt hatten, in die Verwaltung eingebaut und gefördert. Sie sollten für die Zukunft der Garant einer nationalsozialistisch geführten Beamtenschaft sein, weshalb sie sehr rasch in führende Stellungen vordrangen. Nicht zuletzt an ihnen lag es, die NS-Taktik bei der Gleichschaltung der Verwaltung durchzuführen, die darin bestand, die nichtnationalsozialistischen Beamten anstelle einer schwer zu bewerkstelligenden Massenentlassung zu überwachen und zu kontrollieren. Mit Ausnahme des Polizei- und Terrorapparats sowie der Reichssonderverwaltungen spielten deutsche Beamte in Tirol keine derart dominierende Rolle, die es erlauben würde, von einer »Überfremdung« der öffentlichen Behörden Tirols zu sprechen. Die allgemein formulierte These von Gerhard Botz, die von einem Zweckbündnis zwischen der NS-Führungsschicht und der traditionellen Beamtenschaft ausgeht, kann für Tirol vollinhaltlich bestätigt werden.[243] Die Vorgangsweise bei der Gleichschaltung der Tiroler Verwaltung und das dabei eingeschlagene Tempo weichen nicht wesentlich von der Entwicklung in den anderen österreichischen Gauen ab. Die Verhältnisse in Tirol passen in den gesamtösterreichischen Trend: die Bürokratie blieb ein überaus stabilisierender Faktor im NS-Herrschaftssystem. Sowohl in der staatlichen als auch in der kommunalen Verwaltung fand ein umfangreicher Personalwechsel statt, im ganzen gesehen wurden sie aber nicht grundlegend verändert. Wie in den anderen österreichischen Gauen räumten die Nationalsozialisten an der Spitze der untersten staatlichen Verwaltungsebene stärker auf, sodaß etwa in Wien, Niederösterreich, der Steiermark, Salzburg und Tirol (fast) alle Bezirkshauptleute ausgewechselt und durch ideologisch überzeugte Nationalsozialisten, meist »Illegale« oder »alte Kämpfer« ersetzt wurden.[244] Bewährte Nationalsozialisten waren auf den Spitzenpositionen der Verwaltung überrepräsentiert, ihr Anteil an der Gesamtbeamtenschaft blieb allerdings gering. Selbst zur konsequenten Besetzung der Führungspositionen in der Verwaltung verfügte das Regime über zuwenig NS-Beamte. Dies gilt umso mehr für Tirol, wo die Kontinuität bei höheren Positionen um ein Vielfaches ausgeprägter war als in den anderen Gauen. Während etwa in der Steiermark von 21 Hauptabteilungsleitern der LHM 19 ihrer Funktion enthoben wurden[245], blieben in Tirol zwei Drittel bis zur völligen organisatorischen Neugliederung der Verwaltung 1940 im Amt. Nach Auflösung der alten Verwaltungsstrukturen und Errichtung des Reichsgaus schritt die NS-Durchdringung der Bürokratie zügig voran, doch finden sich immer noch fast die Hälfte der Abteilungsleiter des Schuschnigg-Regimes in führenden Positionen. Auch die personelle Besetzung der Verwaltung des Reichsgaus Tirol-Vorarlberg bestätigt, daß die NS-Machthaber in Tirol auf die Übernahme des Gros der traditionellen Beamtenschaft angewiesen waren. Dies verweist auch auf die Nazifizierung bzw. stark angestiegene Sympathie eines Teils der Tiroler Beamtenschaft für den Nationalsozialismus bereits vor dem »Anschluß«. Darüber hinaus waren viele Tiroler Beamte, selbst leitende, nicht so stark belastet, als daß diese bei entsprechender Kooperationsbereitschaft nicht weiterarbeiten hätten können. Gesinnungstreue und politische Überzeugung im Beamtenapparat waren in Tirol eher noch eine Spur unterentwickelter als in den anderen Gauen. Dem im öffentlichen Dienst besonders harten politischen Druck, der spezifischen Be-

6. Das Verhalten der Beamtenschaft

amtenmentalität, der traditionell antidemokratischen Gesinnung, verstärkt durch die Säuberung republikanisch eingestellter Beamter im »Ständestaat« und dem Anklang des NS-Appells zu Staatstreue und Pflichterfüllung stand ein ausgeprägter Hang nicht nur zur Existenzsicherung, sondern zur Erklimmung der Karriereleiter und Ausnützung der sich plötzlich eröffnenden Aufstiegschancen gegenüber. Der Nationalsozialismus hatte diesbezüglich, und auch dies machte seine Attraktivität aus, einiges zu bieten. Hinzu kam, daß nach den vielen Jahren des Beamtenabbaus und des Beamtenelends, während der Zeit des Nationalsozialismus ein großer Teil der Anziehungskraft des Beamtenstatus in der sozialen Absicherung bestand, sofern natürlich keine andersgearteten politischen Aktivitäten gesetzt wurden. Auch wenn vor allem die unteren Beamten in ihren Hoffnungen auf eine materielle Besserstellung im Dritten Reich enttäuscht worden waren, so hatten sie das Wenige doch sicher. Überdies wurden sie durch das Regime in ihrem Selbstbewußtsein durch die geschickt eingesetzte Betonung ihrer staatspolitischen Wichtigkeit gestärkt. Neben diesem Aspekt der Jobsicherheit darf nicht vergessen werden, daß die Beamten nach Ausbruch des Krieges eher in den Genuß von Unabkömmlichkeitsstellungen kamen, was ihnen die Möglichkeit gab, nicht an die Front gehen zu müssen. Weiters ist GL Hofers Politik der »offenen Arme« in Betracht zu ziehen. Er forderte und förderte den Parteibeitritt, um Tirol-Vorarlberg als Mustergau präsentieren zu können. Zieht man all diese Aspekte in Betracht, so wird verständlich, warum sich so viele Tiroler Beamte anpaßten und nach dem »Anschluß« ein Ansturm auf die Parteimitgliedschaft einsetzte. Der Anteil der »Reichsdeutschen« in der Tiroler Verwaltung stieg nach Schaffung der neuen Verwaltungseinteilung 1940, durch Krieg und den empfindlichen Mangel an qualifizierten Beamten an. Entgegen allen bisherigen Behauptungen und Vermutungen war das deutsche Element in der Bürokratie keineswegs dominant, wenngleich sich immer wieder Reibereien mit der hiesigen Beamtenschaft ergaben und Mentalitätsunterschiede sichtbar wurden. Vor allem aber sahen die Tiroler Beamten in den »Reichsdeutschen« eine lästige und bedrohliche Konkurrenz, sodaß sich nicht zuletzt deshalb ein ausgeprägtes Gefühl der Überfremdung breit machte. Die staatliche und kommunale Verwaltung in Tirol blieb eine Angelegenheit der Tiroler, jede Untersuchung dieses außerordentlich gut funktionierenden Herrschaftsbereichs muß daher in erster Linie von den hiesigen Menschen, Verhältnissen, Mentalitäten, Traditionen usw. ausgehen und darf entsprechende Erklärungsmuster nicht mit Verweis auf Berlin beschränken. In Tirol präsentiert sich der

Nationalsozialismus auch auf der wichtigen Ebene der Verwaltung als bodenständiges Regime mit großer Anziehungskraft auf die heimische Beamtenschaft und nicht als etwas von außen Oktroyiertes.

VI. Für Gott und Führer? Die katholische Kirche zwischen Anpassung und Verfolgung

Das Verhältnis zwischen katholischer Kirche und Nationalsozialismus gestaltete sich in Tirol sehr widersprüchlich. Bis zum »Anschluß« nahmen die meisten österreichischen Bischöfe eine scharf antinationalsozialistische Haltung ein. Dazu kam das enge Verhältnis zwischen Kirche und »Ständestaat«, dessen Wegbereiterin, Hauptstütze und Nutznießerin sie gewesen war. Andererseits fanden katholische Kirche und Nationalsozialismus in ihrer antidemokratischen, antiparlamentarischen, antisemitischen und antisozialistischen Tradition eine Reihe gemeinsamer Berührungspunkte. Um ihre Interessen zu wahren und ihre bisherige Vorzugsstellung in der Gesellschaft weiter aufrecht erhalten zu können, nahm die Kirchenführung nach dem 12. März 1938 in atemberaubendem Tempo einen radikalen Positionswechsel vor.[1] Der neuen staatlichen Obrigkeit, der man Gehorsam schulde, wurde Beifall gezollt und Legalität attestiert. Auf der Suche nach einem Ausgleich mit dem NS-Regime stellte sich die katholische Kirche »restlos hinter den großen deutschen Staat und seine Führer« und unterwarf sich schließlich dem Regime mit der »Feierlichen Erklärung«, die nicht nur eine schlichte Empfehlung an die österreichischen Katholiken bei der Volksabstimmung mit JA zu stimmen darstellte, sondern auch die Zerschlagung der Selbständigkeit Österreichs rechtfertigte und die Funktionäre des »christlichen Ständestaats«, von denen bereits sehr viele in den Gefängnissen einsaßen, völlig kompromittierte.[2] Fürsterzbischof Waitz, der für Tirol die »Feierliche Erklärung« unterzeichnete, war ein bedeutender Vertreter der Linie innerhalb der österreichischen Bischöfe gewesen, welche die geistigen Grundlagen für die Legitimation des Austrofaschismus geschaffen hatten. Nach dem »Anschluß« war er führend beteiligt am Zustandekommen der Bischofserklärung und am Versuch, einen Konsens mit dem NS-Regime zu finden.[3] Einem beträchtlichen Teil des Tiroler Klerus ging der rasante Kurswechsel aber zu schnell und die Anbiederung an den Nationalsozialismus zu weit, sodaß er eine kritische bis sogar ablehnende Haltung gegenüber der bischöflichen Anschlußerklärung einnahm.[4] Allerdings zeigte der Klerus seine innere Positionierung von ganz wenigen Ausnahmen abgesehen nicht öffentlich. Alle Bemühungen der führenden Repräsentanten der katholischen Kirche das Auskommen mit dem Nationalsozialismus zu finden, sollten sich aber ebensowenig erfüllen wie die Hoffnungen, von Österreich aus das »Altreich« zu missionieren und die verhärteten Fronten zwischen Regime und Kirche aufzubrechen. Der NS-Staat wähnte sich stark genug, von einem Bündnis mit der Kirche absehen zu können, was große Konzessionen – etwa auf dem Gebiet der Jugenderziehung, des Eherechts usw. – erfordert und den Totalitätsanspruch des Nationalsozialismus eingeschränkt hätte. In Tirol wurde daher der Kulturkampf zwischen Kirche und NS-Diktatur besonders hart und verbissen geführt. Einerseits hing das mit der extrem kirchenfeindlichen und kompromißlosen Haltung GL Hofers zusammen, andererseits war gerade in Tirol die Machtstellung und der Einfluß der Kirche auf die Bevölkerung überaus stark. Der Nationalsozialismus sah in Tirol die Kirche als größten und gefährlichsten Gegner an, dessen Organisationsstruktur im Gegensatz zu allen anderen nichtnationalsozialistischen Institutionen intakt geblieben war. Der spätere Gestapochef von Tirol, Werner Hilliges, drückte dies so aus:

»Da es in Tirol und Vorarlberg keinerlei nennenswerte kommunistische oder marxistische Gegner und auch keine Judenfrage gab, blieb als einziger politischer Gegner der römisch-katholische Klerus und sein überaus starker Einfluß auf die Bevölkerung übrig. Dieser politische Gegner war aber seiner Natur nach nicht kämpferisch in dem Sinne, wie es der eigentliche Staatsfeind, als den wir im wesentlichen immer die Linksopposition betrachteten, war. Er leistete vielmehr im wesentlichen einen passiven, aber äußerst wirksamen Widerstand und machte weite Volkskreise gegen ein tieferes Erfassen der nationalsozialistischen Weltanschauung immun.«[5]

Auch wenn die Kirche die Gegnerschaft zum Nationalsozialismus nicht suchte und in ein teilweises Oppositionsverhältnis geradezu gedrängt wurde, war ein Konflikt zweier ideologischer Systeme, die jeweils einen absoluten Anspruch an die Menschen stellten, von vorneherein logische Konsequenz. Wollte der Nationalsozialismus seine totalitäre Herrschaft durchsetzen, mußte er die Kirche aus ihren führenden gesellschaftlichen Positionen verdrängen und die ideologische und soziale Kontrolle, die die Kirche am Lande noch weitgehend ausübte, aufbrechen. Dazu gesellte sich seitens der Nationalsozialisten noch ein ausgeprägtes Rachebedürfnis, das sich aus dem Nahverhältnis zwischen Kirche und dem Dollfuß-Schuschnigg-Regime ergab. Mit energischem Willen schritten die Nationalsozialisten deshalb zur Entkonfessionalisierung aller Lebensbereiche, indem sie sich als Vollstrecker traditioneller Forderungen des Liberalismus gebärdeten oder im Sinne der Entprovinzialisierung am Land sittliche Moralvorstellungen der Kirche zurückdrängten.[6]

1. Der Kulturkampf

Nach der Volksabstimmung gab die NSDAP ihre Zurückhaltung gegenüber der Kirche sehr bald auf. Übergriffe und Eingriffe ins kirchliche Leben mehrten sich, allerdings setzte der systematische Kampf erst nach dem Scheitern der Verhandlungen zwischen Reichskommissar Bürckel und dem österreichischen Episkopat ein. Die Besprechungen, die auf ein Vorkonkordat hinzielten, wurden zwar noch bis Jänner 1939 weitergeführt, doch ab Herbst 1938, besonders in Folge der Auswirkungen rund um die Erstürmung des erzbischöflichen Palais in Wien, brach der Konflikt zwischen Staat und Kirche offen aus.[7] Inhaltlich zielte der Nationalsozialismus auf eine Säkularisierung des öffentlichen Lebens ab. Die damit verbundenen Tendenzen der Modernisierung – die Einführung von Zivilehe und Ehescheidung seien hier nur als ein Beispiel genannt – wurden in Teilen der Bevölkerung durchaus begrüßt. Die Eingriffe in die Machtdomänen der Kirche erfolgten mit großer Brutalität und Rücksichtslosigkeit. Dies zeigte sich insbesonders beim Kampf gegen den Religionsunterricht und der Brechung des kirchlichen Einflusses im Schulwesen, das einem einheitlichen staatlichen Schulsystem weichen mußte. Alle 34 geistlichen Lehranstalten wurden geschlossen und in staatliche Schulen übergeleitet oder für Partei, staatliche Dienststellen oder Wehrmacht nutzbar gemacht, das geistliche Lehrpersonal entlassen und der Religionsunterricht arg beschnitten.[8] 1940 fand der nicht mehr im Zeugnis aufscheinende, unbenotete Freigegenstand »Konfessionslehre«, für den sich teilnahmewillige SchülerInnen schriftlich anzumelden hatten, nur mehr in der Pflichtschule statt. Mit Stand von September 1940 nahmen an den Tiroler Volksschulen knapp 18% und in den Hauptschulen knapp 43% der SchülerInnen nicht mehr am Konfessionsunterricht teil. Zudem verfügte am 1. April 1942 nur mehr die Hälfte aller in der Seelsorge tätigen Tiroler Priester über die Erlaubnis der NS-Behörden zur Unterrichtserteilung.[9] Die Machthaber schränkten den Einfluß der Kirche auch im Bereich der außerschulischen Betreuung der Kinder und Jugendlichen drastisch ein. Im Mai 1938 wurden die katholischen Jugendvereine und Pfadfinder sowie alle nicht rein religiösen katholischen Jugendvereine aufgelöst.[10] Die katholische Jugendbetreuung erfolgte nun in den noch zugelassenen Kongregationen und der Pfarrjugend, um die sich die Kirche durch verstärkte Seelsorgetätigkeit wie Jugendgottesdienste, Christenlehre, Exerzitien oder Einkehrtage kümmerte. Für die Hitlerjugend entwickelten sie sich zu echten Konkurrenzunternehmen, sogar Angehörige der HJ waren in der Pfarrjugend anzutreffen.[11] Die staatliche Jugendorganisation hatte keinen so leichten Stand, da Teile der Elternschaft aus religiösen Gründen der HJ sehr zurückhaltend gegenüberstanden. Dadurch und wegen des Mangels an gut ausgebildeten HJ-Führern drohte die Partei nach eigenen Angaben, im Kampf um den Einfluß auf die ländliche Jugend noch mehr ins Hintertreffen zu geraten.[12] In einigen Orten kam es in dieser Frage zu einer richtigen Spaltung in zwei Lager, die in Schlägereien zwischen HJ und Pfarrjugend ausarten konnte. Diese hatte in den Augen der Partei »provokatorisches Auftreten«, da sie Trutzlieder mit Texten absang, die Gott als ihren Führer hervorhoben und versuchte, »ein kleines Abzeichen mit dem Tiroler Adler als Symbol einer illegalen Jugendorganisation« zu propagieren. GL Hofer drängte beim Reichskommissar deshalb auf die Auflösung von Pfarrjugend und Kongregationen.[13] Im Mai 1939 verfügte die Gestapo Innsbruck Sondermaßnahmen, mit denen die Pfarrjugend und die Kongregationen, die einige Attraktivität auf die Jugendlichen ausstrahlten und denen auch Eltern die Treue hielten, immer genauer kontrolliert und aus der Öffentlichkeit verbannt werden konnten.[14] Anfang Dezember 1940 wurden diese schließlich in Tirol verboten, darüber hinaus auch jegliche religiöse Betreuung der Jugend mit Ausnahme des schulischen Religionsunterrichts, des Firmunterrichts und der Teilnahme an normalen Gottesdiensten. Als einzige katholische Jugendgruppe verblieben nur mehr die Ministranten, die auf den Stand von Februar 1938 reduziert wurden.[15] Die Eingaben Bischof Ruschs in Berlin hatten auch deshalb keine Chance, da der RFSS Heinrich Himmler für GL Hofers Vorgehen Stellung bezog. Da seiner Meinung nach die Arbeit der HJ durch die Pfarrjugend schwer beeinträchtigt wurde, war der Gau Tirol-Vorarlberg zu derartig radikalen Schritten gezwungen, um den bestimmenden Einfluß der katholischen Kirche auf die Jugend zu mindern.[16]

Neben der Entkonfessionalisierung des Schulwesens[17], dem massiven Zurückdrängen des kirchlichen Einflusses auf die Erziehung der Ju-

1. Der Kulturkampf

gend, der Abschaffung kirchlicher Feiertage, der Behinderung althergebrachter Feiern, der Usurpierung katholischen Brauchtums[18], der Demontage der katholischen Pfarr- und Vereinsbibliotheken[19] und den schweren Eingriffen ins katholische Presse- und Verlagswesen[20], stellte das Enteignungsprogramm des Regimes ein zentrales Moment des Kulturkampfes in Tirol dar und offenbarte die materiellen Bereicherungsabsichten der Machthaber sowie die ökonomischen Motive der Kirchenverfolgung. Bereits im Sommer 1938 begann die große Welle der Klöster- und Stiftsaufhebungen anzulaufen. Am 19. August 1938 war durch den Staatskommissar für die Privatwirtschaft ein kommissarischer Verwalter für das Zisterzienserstift Stams eingesetzt worden, nachdem dem Stift Mißwirtschaft und finanzielle Unregelmäßigkeiten vorgeworfen worden waren. Tatsächlich hatte der Gauleiter ein Auge auf den riesigen Grundbesitz des Stiftes geworfen. Hofer bezeichnete die Verpachtung von Bauernhöfen durch das Stift als »eine Art von Leibeigenschaft«. Zur Abdeckung der Schulden des Stiftes beabsichtigte er, die Höfe an die deutsche Umsiedlungsgesellschaft zu verkaufen und vom Erlös, den er auf 600.000 RM schätzte, noch 100.000 RM als »Steuerstrafe« zurückzuhalten.[21] Nach der Besetzung des Stiftes durch die Gestapo am 23. Juli 1939 wurde der gesamte Besitz des Stiftes wegen »volks- und staatsfeindlicher Betätigung«, die der RFSS mit Erlaß des Reichsinnenministeriums vom 2. September 1939 feststellte, zugunsten des Landes Tirol eingezogen. Die gesetzliche Grundlage bei dieser und ähnlichen Klosteraufhebungen stellte die Verordnung über die Einziehung volks- und staatsfeindlichen Vermögens im Lande Österreich vom 18. November 1938 dar. Die Patres und Laienbrüder hatten das Stift, das in der Folge als Auffanglager für Südtiroler Umsiedler diente, binnen Stunden zu verlassen und durften nur ihr persönliches Hab und Gut mitnehmen.[22] Wie schon im Falle des Stiftes Stams, so nahm das Regime auch bei anderen Klöstern, insbesondere bei der Einziehung des Besitzes des Innsbrucker Servitenklosters, Sittlichkeitsvergehen und aus solchen Gründen veranlaßte Verhaftungen als Vorwand für ihr Vorgehen gegen die Orden.[23] Die NS-Behörden hatten im »Altreich« Sittlichkeitsprozesse gegen Kirchenangehörige dazu verwendet, strafrechtliche Vorgänge propagandistisch gegen die Kirche auszunützen, diese moralisch zu diskreditieren und ihre Glaubwürdigkeit in der katholischen Bevölkerung zu untergraben. Doch bereits bei den großen Sittlichkeitsprozessen gegen katholische Ordensangehörige und Priester 1936/37 in Deutschland hatten sich die gehegten Hoffnungen nicht erfüllt, denn das Kirchenvolk glaubte mehrheitlich an die Unschuld der Angeklagten.[24]

Diese Erfahrungen hatten die Nationalsozialisten in Österreich vorsichtiger werden lassen. Schon beim Vorgehen gegen Tiroler Geistliche, denen in Dutzenden Fällen Unzucht und Kinderschändung zur Last gelegt worden war, hatte sich auch in Tirol eine ungünstige Auswirkung für die NSDAP in der Öffentlichkeit gezeigt. Die Verhaftung des Kooperators von Grins ließ die Religionsfrage im Dorf entbrennen, die Menschen vermuteten eine Festnahme aus politischen Gründen. Durch eine entwendete Muttergottesstatue entstand das Gerücht, daß diese sich auf den Weg gemacht hätte, den unschuldigen Kooperator zurückzuholen. KL Bernard mußte sich persönlich nach Grins begeben, um die Bevölkerung zu beruhigen.[25] In Fieberbrunn ergab sich nach der Festnahme des dortigen Kooperators wegen sexueller Verfehlungen ein ähnliches Bild. Die Bevölkerung argwöhnte Machenschaften der Partei und sammelte sogar für ihn. Die Aufklärungsrede von Gaupresseamtsleiter Pisecky geriet zum Fiasko. Die Veranstaltung war schlecht organisiert, die Ortsgruppe zeigte weder Interesse noch Unterstützung und der Ortsgruppenleiter erschien gar nur in Zivil. Der Erfolg des Besuches fiel deshalb äußerst mäßig aus, sodaß die mißmutige Stimmung der Dorfbewohner, die allerdings auch im Mangel an Kartoffeln und Butter begründet lag, keineswegs zerstreut werden konnten.[26] Das NS-Regime ging deshalb dazu über, tatsächliche oder vorgeschobene Sittlichkeitsdelikte von Geistlichen nicht mehr in allen Einzelheiten in der Öffentlichkeit auszuschlachten, sondern eher als internes Druckmittel gegen die Kirche zu verwenden, um sie gefügig zu machen. Zu diesem Zweck überwachte der SD Geistliche und Ordensangehörige, ging allen Gerüchten akribisch nach und spionierte deren Lebensweise aus. Auch bereits strafverjährte Fälle wurden wieder zur Anzeige gebracht. Durch das Zusammentragen möglichst vieler Unzuchtdelikte, von denen der Großteil jeglicher Grundlage entbehrte, schaffte sich das Regime die Handhabe zum Griff nach Kircheneigentum. Das Innsbrucker Servitenkloster wurde als »Lasterhöhle erster Ordnung« Anfang November 1938 geschlossen[27] und mit dem gesamten Vermögen durch eine Verfügung der Innsbrucker Gestapo vom 21. September 1939 wegen homosexueller sowie volks- und staatsfeindlicher Betätigung zugunsten des Landes Tirol beschlagnahmt.[28] Ursprünglich hatte sich die Innsbrucker Gestapo mit der Absicht getragen, ihre Dienststellen in den Räumlichkeiten des Klosters unterzubringen, schließlich aber dem Vorschlag des Gauleiters zugestimmt, sich in der Herrengasse niederzulassen.[29] Bereits im Sommer 1939 wurde die »Dienststelle Umsiedlung Südtirol« im Gebäude des Servitenklosters eingerichtet.[30]

1. Der Kulturkampf

Eine weitere Methode, der sich das NS-Regime bediente, um sich den umfangreichen Besitz der Klöster anzueignen, bestand in der Aufsetzung eines »Kaufvertrags« unter Anwendung erpresserischer Machenschaften. Der Abt des Prämonstratenser-Chorherrenstiftes Wilten wurde am 26. August 1939 von vier Gestapobeamten gezwungen, sofort handschriftlich der Abtretung des Stiftes für einen »Verkaufspreis«, der eine monatliche Rente von RM 120,- für 10 Stiftsherren vorsah, zuzustimmen, andernfalls die Zwangsausweisung ohne jegliche Versorgungsanspüche festgelegt worden wäre.[31] Die beschlagnahmten Klöster und ihr Besitz, den Landesfinanzreferent und Gauhauptmann Gustav Linert übernahm, wurden zu einem großen Teil der Gauselbstverwaltung zugeführt. Die Räumung der Klöster wurde über seinen Auftrag und den des ehemaligen Kommandanten der städtischen Polizei Gustav Walter, der nach Einsetzung durch Hofer die Verwaltung der Klöster Wilten, Stams und »Zur ewigen Anbetung« in Innsbruck ausübte, von Regierungsoberinspekteur August Hanspeter vorgenommen.[32] Dieser war der Leiter der Abteilung Gaubetriebe und hauptsächlich mit der praktischen Durchführung und Übernahme des beschlagnahmten Kirchenbesitzes betraut. Zunächst erfolgte in der Person des Leiters des Denkmalamtes, Graf Trapp, eine Sichtung durch die Abteilung II der Reichsstatthalterei in bezug auf den künstlerischen Wert, sodann die Einlagerung alles Brauchbaren im Stift Wilten, das Hofer auch zur Landesbibliothek, welche die geraubten Klosterbestände aufnahm, erklärte. Die kostbarsten Kirchengegenstände verwahrte Regierungsoberinspekteur Alexander Moschen[33], Leiter der Gebäudeverwaltung, die 1939 im Rahmen der Abteilung Gaubetriebe eingerichtet worden war, bis Kriegsende im Safe des Landhauses. Weniger wertvolles Gut wie Meßkleider wurden der NSV und dem Landestheater überlassen.

»Ich bitte höflich daran erinnern zu dürfen, daß Sie mir anläßlich des seinerzeitigen Abstechers in Vorarlberg Meßgewänder aus dem beschlagnahmten Kloster Bregenz zusagten. Die Versorgungslage mit Rohstoffen in meiner Schneiderei für das Landestheater und die Gaubühnen ist so prekär geworden, daß mir diese Meßgewänder sehr zustatten kämen, wobei sie sich besonders zur Umarbeitung für historische Kostüme ausgezeichnet eignen würden«[34], führte etwa der Direktor des Tiroler Landestheaters gegenüber dem Leiter der Abteilung II der Reichsstatthalterei aus.

Weiters erfolgten Zuweisungen an diverse Gaubetriebe durch Linert, Moschen und Hanspeter. Hofer behielt sich aber die prinzipielle Verfügungsgewalt über den gesamten beschlagnahmten Kirchenbesitz selbst vor. In Walters Verwaltung des Stiftes Wilten, das als Lagerstätte für das geraubte Kirchengut verwendet wurde, kam es zu einigen Unregelmäßigkeiten, die nicht zuletzt auf das Fehlen eines Inventarisierungsverzeichnisses zurückzuführen sind. Dementsprechende Aufzeichnungen erfolgten erst bei der Zuweisung an die Gauanstalten. Darüber hinaus machte sich Walter mutwilliger Beschädigungen und der unbefugten Abgabe von Wertgegenständen an Privatpersonen schuldig.[35]

Das gegen die Kirche gerichtete Enteignungsprogramm der Nationalsozialisten resultierte aus der ideologischen Gegnerschaft mit der Kirche, der es die wirtschaftliche Basis zu entziehen galt. Doch sind die ökonomischen Motive der Machthaber nicht zu unterschätzen, bot die Beschlagnahme kirchlichen Eigentums doch die Möglichkeit zu materieller Bereicherung und räumlicher Nutzung kirchlicher Objekte für Partei, NS-Gliederungen, Wehrmacht und staatliche Institutionen. So mußte etwa das Innsbrucker Redemptoristenkloster an Post und Militär zwangsvermietet werden, bis die »Braunen Schwestern« einzogen. Ins Studienkolleg der Herz Jesu Misssionare wurde ein Schülerheim und die Ortsgruppenleitung Hötting einquartiert, der RAD zog ins Waisenhaus der Barmherzigen Schwestern in Kitzbühel, im Provinzhaus der Barmherzigen Schwestern vom Heiligen Kreuz in Hall und im Exerzitienhaus der Missionare vom Kostbaren Blut in Kleinholz richteten sich Militär, Heeresbau- und Heeresstandortverwaltung bzw. die Reichsfinanzverwaltung ein, später dienten diese als Lazarett.[36] Das Innsbrucker Kapuzinerkloster war an die Telegraphenbaudirektion, das Kloster »Zur ewigen Anbetung« in Innsbruck ans Reichsbauamt und an das Oberversicherungsamt verpachtet.[37] Insgesamt wurden in Tirol 18 Klöster beschlagnahmt oder zwangsvermietet.[38] Auch das Canisianum, das nach der Schließung der Innsbrucker Theologischen Fakultät mit 20. September 1938 und der Entlassung ihrer Professoren die Lehrenden aufnahm und als Diözesanseminar eingerichtet wurde, mußte für 28.000 RM Jahresmiete dem Oberfinanzpräsidium zur Verfügung gestellt werden.[39] Mit diesen Maßnahmen beeinträchtigte das Regime die Ausbildung des Klerikernachwuchses außerordentlich. Von einiger Bedeutung war auch die Zerschlagung der kirchlichen Sozialeinrichtungen und die Übernahme ihrer Gebäude und Vermögen durch Staat und Partei, was aber schon allein für die Realisierung des NS-Sozialprogramms unabdingbar war. Um den ihr gestellten Aufgaben rasch nachkommen zu können, war die NSV auf diesen Raubzug angewiesen. Schließlich sollte ja so schnell wie möglich die dominante Stellung der Kirche im Wohlfahrtswesen

1. Der Kulturkampf

gebrochen und ein weiterer Schritt zu ihrer Verdrängung aus der Öffentlichkeit gesetzt werden. Einzig und allein die NSDAP durfte als öffentlicher Wohltäter auftreten. Die Auflösung der katholischen Vereine mit Ausnahme derer, die sich rein religiös betätigten, betraf sämtliche katholische ArbeiterInnenvereine, Gesellenvereine, Jugendvereine und Hochschulkorporationen, deren beträchtliche Vermögenswerte in die DAF, die NSV oder andere Gliederungen wie der HJ eingebracht wurden.[40] Auch der Besitz nichtkirchlicher Stiftungen, Fonds, Wohlfahrts- und Fürsorgevereine wurde vom Land Tirol sowie den Gemeinden und Gliederungen der Partei übernommen.[41] Bis März 1940 waren im Tiroler Bereich der Apostolischen Administratur Innsbruck-Feldkirch 38 ArbeiterInnenvereine, elf Kinder- und Jugendheime, acht Gesellenvereine, neun Hochschulkorporationen und fünf Ferienheime aufgelöst worden.[42] Bereits Ende Mai 1938 waren auf Befehl Bürckels »schlagartig« alle Tiroler Geschäftsstellen des Karitasverbandes und der Kolpingfamilie mit kommissarischen Leitern besetzt und deren Bankkonten gesperrt worden.[43] Die Liquidierung der Kolpingfamilie und die Einziehung ihres Besitzes erfolgte am 6. September 1938, der Tiroler Karitasverband wurde am 30. November 1939 aufgelöst und sein beachtliches Vermögen der NSV zugeführt.[44] Nicht nur den karitativen kirchlichen Vereinigungen, auch den katholischen Kindergärten, die in rascher Folge ab Sommer 1938 in die NSV bzw. HJ überführt wurden[45], entzog das Verbot der Durchführung öffentlicher Sammlungen die finanzielle Basis.[46] Räumlichkeiten wurden auch von den Gemeinden und Ortsgruppenleitungen in Anspruch genommen. Die Enthebung der Kindergartenordensschwestern erfolgte mit der Begründung, daß »Ordensleute mit dem nationalsozialistischen Gedankengut kaum vertraut sein dürften und daher die Jugend mit diesem Geiste nicht befruchten können«.[47] Da die deutsche Jugend ganz und gar dem Führer zu gehören hatte, sollte sie von klein auf in seinem Sinne erzogen werden.[48] Hinter der Errichtung neuer Kindergärten und der Übernahme der katholischen stand nicht nur die Absicht, die Kirche aus der Kinderbetreuung zu verdrängen und die Kinder ideologisch zu erfassen, auch die Eltern hoffte man dadurch enger ans Regime zu binden:

»Die Errichtung nationalsozialistischer Kindergärten, besonders in den Landgemeinden, ist eine gesundheitspflegerische und eine politische Aufgabe. Wenn wir in einem Dorfkindergarten 50 Kleinkinder haben, dann sind nicht nur diese, sondern 50 Väter und Mütter mit einer praktischen Einrichtung der Bewegung verbunden!«[49]

Die bevölkerungspolitische Intention sorgte im Kindergartenwesen für eine bessere gesundheitliche Betreuung der Kinder, andererseits war der massive Ausbau von Kindergärten auch eine absolute wirtschaftliche Notwendigkeit für den Nationalsozialismus, nachdem entgegen allen ideologischen Grundsätzen der Arbeitseinsatz der Mütter immer weiter ausgedehnt wurde. Die Kinder mußten untergebracht und versorgt werden, um die Frauen entsprechend den wirtschaftspolitischen Bedürfnissen des Regimes freizubekommen. Ein Jahr nach der Machtübernahme gab es im Gau Tirol-Vorarlberg 50 NSV-Dauerkindergärten, vier NSV-Kindererholungsheime, zwei Müttererholungsheime, zwei Sommererholungsheime für Jugendliche und ein Erholungsheim für Kleinkinder.[50] Von Ende August 1939 bis Ende Juni 1940 stieg die Anzahl der Dauerkindergärten von 64 auf 81, die ca. 7.000 Kinder betreuten. Dazu kamen mit Stand von Sommer 1939 noch 80 Erntekindergärten hinzu.[51] Zu diesen Zahlen ist zu bemerken, daß bis März 1940 allein im Tiroler Gebiet der Apostolischen Administratur Innsbruck-Feldkirch 35 von Ordensschwestern betreute Kindergärten von der NSV zwangsweise übernommen worden waren.[52]

Ein weiteres Beispiel für das Zurückdrängen der Kirche aus der öffentlich-rechtlichen Sphäre in den Privatbereich stellt die Vertreibung aus dem Gesundheitswesen dar.[53] So beklagte etwa ein Bericht des SD die klerikalen Zustände an der Innsbrucker Universitätsklinik, für die hauptsächlich die geistlichen Schwestern die Verantwortung tragen würden, da sie Patienten zu Gottesdiensten, Beichten u.ä. zu animieren suchten und bei Mißerfolg gegen NS-Ärzte und Patienten zu kleinen Schikanen griffen. Die Räume wären schlecht beflaggt und statt Führerbilder hingen Heiligenbilder an den Wänden.[54] 1940 wurden daher die Barmherzigen Schwestern von der Frauenklinik und 1941 von der chirurgischen Abteilung verwiesen.[55] Im April 1939 und mit Jahresanfang 1941 mußten sie auch aus dem Krankenhaus Kufstein und dem Gemeindespital Wörgl weichen.[56] An die Stelle der geistlichen Schwestern traten die blauen (geschlossene Anstalten) und braunen (Gemeindedienst) Schwestern.[57] Während den Barmherzigen Schwestern die Führung einer Krankenpflegeschule des Ordens in Zams untersagt wurde[58], erfolgte durch Eröffnung von NSV-Schwesternschulen in Innsbruck und Wörgl (Jänner 1939) sowie in Landeck, Schwaz, Zams und Kufstein (um das Frühjahr 1940)[59] eine Professionalisierung des Schwesternberufs, den Frauen als »Treuhänderinnen der Bewegung und Trägerinnen deutschen Volkstums« ausüben konnten. Die neuen Krankenschwestern sollten von der Idee des Nationalsozialismus »besessen«

sein und ihn in die Herzen der »Volksgenossen« hineinlegen.[60] Die jungen Frauen waren aufgerufen, diesen Beruf zu wählen, »weil er die Eigenschaften entfalten läßt, die den Urgrund fraulicher Wesensart bilden und ihnen noch über den Lebenskreis einer Mutter hinaus Wirkungsmöglichkeiten gibt, die bis in die Tiefen des Volkes hinein reichen«.[61] Trotz alledem gaben diese gewaltsamen Säkularisierungsmaßnahmen einer ganzen Reihe junger Tirolerinnen die Gelegenheit, einem qualifizierten und attraktiven Beruf nachzugehen, der bis dahin vorwiegend Ordensschwestern vorbehalten war. Die geistlichen Krankenschwestern wurden aber nicht restlos aus diesem Berufsfeld verdrängt, da sie billiger kamen, Mangel bestand und selbst nationalsozialistisch gesinnte Ärzte manchmal für sie eintraten.[62]

2. Die Haltung der katholischen Kirche zum Nationalsozialismus

Der Nationalsozialismus führte einen harten Kulturkampf gegen die katholische Kirche aus ideologischen, wirtschaftlichen und politischen Gründen. Für das NS-Regime besaß das österreichische Konkordat keine Geltung mehr, da der Staat Österreich, der dieses abgeschlossen hatte, nach nationalsozialistischer Auslegung staatsrechtlich zu bestehen aufgehört hatte. Dem Regime war es dadurch möglich, die antiklerikalen Maßnahmen viel weitgehender zu fassen als im »Altreich«. In der »Ostmark« wurde daher der Kulturkampf ungleich intensiver ausgetragen als in Deutschland. Durch die Übertragung eines großen Teils kirchlicher Agenden an die Gaubehörde, vor allem nach dem Abzug des Reichskommissars für die Wiedervereinigung, standen die Bischöfe in einem Abhängigkeitsverhältnis zum Gauleiter. Dieser war die zentrale Instanz, die in Österreich Kirchenpolitik betrieb, folglich hing von seiner Persönlichkeit ganz wesentlich die Ausgestaltung des Verhältnisses zwischen Staat und Kirche sowie die Schärfe des Kulturkampfes ab. Der Tiroler Gauleiter war ein besonders kirchen- und dialogfeindlicher Mann, der noch dazu in einem denkbar schlechten Verhältnis zu Paul Rusch stand, der kurz nach dem Scheitern der Verhandlungen zwischen Kirche und Nationalsozialismus zwecks Herstellung eines modus vivendi am 15. Oktober 1938 zum neuen Administrator der Apostolischen Administratur Innsbruck-Feldkirch ernannt worden war.[63] Der 35jährige Jesuit, bis dahin Regens des Innsbrucker Priesterseminars, wurde mit allen Rechten und Pflichten eines residierenden Bischofs eingesetzt und dies ohne vorherige Fühlungnahme und Abstimmung mit staatlichen Organen. GL Hofer, der sich übergangen fühlte und generell sehr empfindlich auf die Beeinträchtigung seiner Kompetenzen reagierte, versagte ihm deshalb die Anerkennung und verbot sämtlichen Dienststellen von Partei und Staat, Rusch zu empfangen oder dienstlichen Schriftverkehr mit ihm zu unterhalten.[64] GL Hofer, der die Erhebung Innsbrucks zum Bischofssitz ohne Zustimmung staatlicher Stellen als »unfreundlichen Akt« ansah, verschärfte daraufhin quasi als Gegenreaktion die Gangart. Die Übernahme des Canisianums wurde beschleunigt, die staatlichen Zuschüsse aus dem Religionsfonds für die Apostolische Administratur ebenso eingestellt wie die Gehälter für Rusch, den Provikar und zwei Sekretärinnen. Der neue Bischof hatte mehrmalige Vorladungen bei der Gestapo und seine Delogierung aus der Dienstwohnung zu überstehen.[65] SD und GL Hofer sahen in Rusch den Exponent einer aktivistischen Richtung innerhalb des Klerus von Tirol-Vorarlberg und betrachteten ihn weiters als Kopf einer Bewegung in der österreichischen Kirche, die in Kirchenbelangen einen konfrontationsfreudigeren Kurs zu steuern bereit war. Jung, dynamisch und taktisch geschickt, galt dieser dem Gauleiter als »ausgesprochener Scharfmacher«. Nicht zufällig übernahm Tirol deshalb auch eine Vorreiterrolle bei der Vertreibung der Jesuiten, die als besonders gefährliche Gegner des Nationalsozialismus empfunden wurden.[66] Der SD beklagte Ruschs Einfluß innerhalb des österreichischen Klerus und die Ausstrahlungskraft seiner bischöflichen Tätigkeit bis nach Wien.[67] Der Gauleiter versuchte deshalb, Bischof Rusch gegen den »unpolitischen« und »friedfertigen« Vorarlberger Weihbischof Tschann[68] auszuspielen. Für Hofer repräsentierten Tschann und der Vorarlberger Klerus den »relativ gut gesinnten Teil der Geistlichkeit«.[69] Die Berichte der Vorarlberger Bezirkshauptmannschaften an die Gestapo Innsbruck aus den Jahren 1938/39 stuften den größten Teil der Vorarlberger Geistlichkeit als loyal ein und betonten immer wieder, daß sie sich »sachlich ruhig und ohne Meinungsäußerung nach außen« verhielt und somit den wiederholten Anweisungen Tschanns, sich jeder politischen Einmischung zu enthalten, Folge leistete.[70] Während Tschann eher vermittelnd wirkte und den Frieden in der katholischen Bevölkerung zu wahren suchte, legte Rusch in kirchlichen Angelegenheiten ein offensiveres Verhalten an den Tag, weshalb ihn Hofer auch an höherer Stelle als Lügner und Demagogen verunglimpfte.[71] Ob dies nun Klösterschließungen, die Bedrängnis des Religionsunterrichts oder vor allem das Verbot der religiösen Betreuung der Jugend betraf, Rusch zeigte sich widersetzlich und hielt nicht hinter den Berg, wenn einzelne

2. Die Haltung der katholischen Kirche zum Nationalsozialismus

Eingriffe des Staates in die Seelsorge eine bestimmte Schmerzgrenze überschritten. Für den sehr um seine Macht besorgten Hofer waren Ruschs Beschwerden bei Berliner Zentralstellen ein großes Ärgernis, mußte er sich doch für seine besonders aggressive Kirchenpolitik, die bei weitem das im Reich übliche Maß überschritt, rechtfertigen. Hofer legitimierte seine Kirchenpolitik damit, daß konsequentes Vorgehen im Gau Tirol-Vorarlberg, wo sich das weltanschauliche Ringen gegen den Katholizismus so schwer gestaltete, unabdingbar war. Das devote Verhalten von Weihbischof Tschann galt Hofer als der Beweis dafür, daß ein Nachgeben von staatlicher Seite weder zielführend noch wünschenswert war. Der Schriftverkehr Tschanns mit Hofer ist auch unter Berücksichtigung der Tradition des früher im Verkehr mit den Behörden geübten Amtsstils[72] als außerordentlich unterwürfig zu bezeichnen und kam deshalb sowohl dem landesfürstlichen Machtverständnis des Gauleiters als auch seiner Auffassung vom Verhältnis zwischen Kirche und Nationalsozialismus entgegen. Huldvoll gewährte er Tschann im Gegensatz zum widerspenstigeren Rusch einige Zugeständnisse, so etwa bei der Wiederbesetzung von Katechetenstellen in der Schule.[73] Auf der einen Seite diente dem Gauleiter die Position Tschanns dazu, gegenüber Berliner Zentralstellen die Zufriedenheit und Loyalität dieses Teils der Kirche mit dem Nationalsozialismus im Gau zu dokumentieren und sich gegen jede Kritik allzu kirchenstürmerischen Vorgehens zu schützen, auf der anderen Seite konnte sie die Richtigkeit seiner radikalen Kirchenpolitik untermauern und richtungsweisend auch für das »Altreich« sein. Aus diesem Grund schaltete sich auch RFSS Heinrich Himmler persönlich in die Auseinandersetzung ein und unterstützte die kirchenpolitischen Maßnahmen des Gauleiters für einen erfolgreichen Kampf um die weltanschauliche Hegemonie. Trotz energischeren Auftretens von Rusch bei NS-Übergriffen in Kirchenfragen verfolgten die Bischöfe Rusch und Tschann prinzipiell dieselbe Linie. Sie lehnten jeden Widerstand gegen das NS-Regime ab, da sie dies nicht als eine Angelegenheit der Kirche ansahen. Trotz der zunehmenden antiklerikalen Maßnahmen suchten sie den Konsens mit dem Regime und forderten von ihrem Klerus Disziplin und Einhaltung der staatlichen Vorschriften. Im Mittelpunkt ihres Denkens und Handelns stand das Bestreben, Identität, Interessen und Freiräume der Kirche zu wahren und abzusichern. Auf einer Dekanatskonferenz in Feldkirch im September 1940 hatte Bischof Rusch die Richtlinien seiner Haltung gegenüber dem NS-Staat offengelegt. Der Tiroler Klerus sollte keine wie immer gearteten politischen Aktivitäten entfalten und sich entsprechend den Wünschen der Machthaber auf die seelsorgerischen Tätigkeiten beschränken. Als Vorbild galten Rusch die Kirchenväter zur Zeit des römischen Kaisers »Apostata«, die nicht über die Beschneidung kirchlicher Rechte gejammert, sondern dem römischen Staat gegenüber loyal geblieben und das Gute anerkannt hatten. Ruschs Ziel war eine Versöhnung von Kirche und Nation. Er hielt ein Auskommen mit dem Nationalsozialismus prinzipiell für möglich, für ihn war deshalb eine partikularistische Haltung seitens der Kirche gegenüber dem Regime unangebracht.[74] Ruschs Einstellung ist auch aus der staatskirchlichen Tradition im österreichischen Katholizismus, der durchaus innerhalb der Kirche vorzufindenden Anschlußideologie und den teilweisen Berührungen zwischen Regime und Kirche in Ideologie und Interessenslage zu verstehen. Der Krieg gegen die Sowjetunion als heiliger Krieg gegen den gottlosen Bolschewismus und der Patriotismus innerhalb der Kirche trugen wesentlich dazu bei, daß die Kirche während der ganzen NS-Herrschaft ein partieller, systemstabilisierender Bündnispartner blieb.[75] Wenn sich Bischöfe und Klerus mutig öffentlich zu Wort meldeten, blieb, von wenigen Ausnahmen abgesehen, ihr Engagement auf die Interessen und die Wahrung der Rechte der Kirche oder die Verteidigung des katholischen Glaubens beschränkt. Grundsätzliche Kritik am Dritten Reich als Herrschaftssystem gab es nicht.[76] Auch in Tirol gelang es dem NS-Regime, das moralisch-sittliche Wächteramt der Kirche in erstaunlichem Maß zu neutralisieren. Bischof und Klerus bezogen außer in raren Einzelfällen zur NS-Politik und den NS-Verbrechen keine Stellung. Die Diskriminierung der jüdischen Mitbürger, das Judenpogrom vom 9. November 1938, die Deportation von Juden, Sinti und Roma sowie die erbarmungslose Verfolgung von Oppositionellen, ja sogar die Hetzjagd auf diejenigen, zu denen sie noch kurze Zeit vorher in engstem Verhältnis gestanden hatten, nahmen sie schweigend hin. Erklärungsmuster für dieses bestürzende Verhalten liegen im Schock nach dem Sturm auf das Wiener Erzbischöfliche Palais, in der traditionellen kirchlichen Judenfeindschaft und in der Einschätzung der Lage des Christentums, das in ärgster Bedrohung gesehen wurde. Rolf Steininger vertritt in diesem Zusammenhang die Meinung, daß der Katholizismus allzu sehr die eigene Gefährdung, in viel zu geringem Maße aber die elementare Bedrohung der Juden vor Augen hatte:

»Die katholische Kirche dachte damals in erster Linie an sich selbst, nicht etwa an die Juden, sie dachte an die Einheit der Organisation, man wollte keinen ›Kulturkampf‹.«[77]

2. Die Haltung der katholischen Kirche zum Nationalsozialismus

Der Hirtenbrief des Salzburger Fürsterzbischofs Sigismund Waitz, der immer noch als Oberhirte für den Tiroler Bereich östlich des Zillers und des Achensees zuständig war, zeigt deutlich die Trennlinie zwischen Widerstand und Anpassung auf. Aus diesem Schreiben vom 15. Oktober 1941 geht klar hervor, wo von seiten der Kirchenführung eine ausgeprägtere Opposition gegen das Regime zu erwarten war:

»Wir Katholiken müssen heute oft der äußeren Gewalt weichen. Wo es sich um irdische Dinge handelt, können wir dulden und schweigen. Wo es aber um den Glauben geht, dort gibt es kein Weichen, sondern nur ein Stehen oder Sterben.«[78]

Individuell legten Priester und Katholiken aber eindrucksvolles Zeugnis für ihren Glauben ab.[79] Die Priester gehörten zu jener Berufsgruppe, die in Tirol am nachhaltigsten verfolgt wurde. Sehr bald waren sie intensiver Beobachtung ausgesetzt, da sie mit ihren Predigten ein Propagandainstrument in der Hand hatten, mit dem sie umzugehen wußten. Die Gauleitung legte besonderen Wert auf ihre Observation, da sie sehr bald bemerkte, daß die politische Stimmung in den Ortsgruppen vielfach mit dem Verhalten der Geistlichen in Zusammenhang stand.[80] Doch nicht nur die Kirchenpredigt, auch der persönliche Umgang und sonstige Äußerungen, v. a. Stellungnahmen zum Nationalsozialismus, sollten vom Ortsgruppenpropagandaleiter ans Gaupropagandaamt gemeldet werden.[81] Die »Hetzpredigten« von Pfarrern waren eine der Hauptursachen für Verhaftungen[82], bei diesem Delikt gingen die Machthaber sehr kleinlich und penibel vor. So berichtete etwa das Kreisschulamt über den Pfarrer von Tannheim:

»Anzeige des Ortsgruppenleiters P. v. 13. 2. 39 wegen abfälliger Äußerungen in der Kirche; unter der Tarnung einer Glaubensstunde geführte Zusammenkünfte mit Burschen und Verteilung von kath. Büchern (Anzeige der Gendarmeriestation Tannheim v. 9. 8. 39); [...]; Vorladung wegen Kanzelmißbrauches durch das Landgericht; Umgehung und Mißachtung der Bestimmungen über die Führung der Pfarrjugend (Anzeige v. 30. 8. 39 des Gefolgschaftsführers H.).«[83]

Nur zu oft fanden sich Denunzianten im Dorf, doch nicht immer ließen sich Bürgermeister und Dorfnazis herab, ihren Pfarrer zur Anzeige zu bringen. Für Konfliktstoff in den Gemeinden war jedenfalls ausgiebig gesorgt.[84]

Im Bereich des Bundeslandes Tirol befanden sich zwischen 1938 und 1945 119 von ca. 570 Weltpriestern in Haft, sodaß fast jeder fünfte

Weltpriester einmal eingekerkert war. Unter Hinzurechnung der Ordensgeistlichen erhöht sich die Zahl der Verhafteten auf über 200. Davon wurden 13 in Konzentrationslager eingewiesen und elf Tiroler Geistliche dabei zu Tode gebracht.[85] Dennoch kann man, wie es Helmut Tschol ausdrückt, nur von einem katholischen Widerstand »besonderer Art«[86] sprechen, der gleichsam als Reaktion auf die Kirchenverfolgung zu verstehen ist. Nur wenige Katholiken lehnten sich in einem »aktiven, engeren Sinn«[87] von Widerstand gegen das Regime auf. Im Grunde genommen wurde die NS-Herrschaft bis 1945 weder von Bischof und Klerus noch vom katholischen Kirchenvolk trotz vehementer Ablehnung der NS-Kirchenpolitik wirklich in Frage gestellt oder abgelehnt. Kirchenführung und Kirchenvolk begnügten sich in Tirol mit einer passiven Nichtanpassung an totalitäre Ansprüche des Nationalsozialismus, eine Verhaltensweise, die jedoch in ihrer Bedeutung in Anbetracht der Qualität und des Anspruchs des Naziterrorregimes nicht gering zu veranschlagen ist. Der Gefährlichkeit dieser Resistenz und ideologischen Konkurrenz war sich das Regime voll bewußt, nicht zuletzt deshalb ging es in der Religionsfrage besonders intolerant und brutal vor. Die Entfernung religiöser Wandbilder und Kruzifixe, die Ansetzung von HJ-Appellen während des Gottesdienstes, die Störung katholischer Zeremonien, die Abschaffung religiöser Feiertage, die massenhaften Verhaftungen und Maßregelungen von Geistlichen, die Schließung katholischer Schulen samt Entfernung von Geistlichen und Schulschwestern, die Aufhebung und Beschlagnahme von Klöstern, Kapellen, Kirchen und sonstigem Kirchenbesitz, die Mißhandlung katholischer Jugendlicher durch die HJ, die Auflassung katholischer Vereine und das Verbot der außerschulischen Jugendbetreuung[88] führten in der gläubigen Bevölkerung zu Spannungen, Unzufriedenheit, Unruhe und gelegentlich sogar dazu, »daß in verschiedenen Tälern offene Kundgebungen gegen Partei und Staat durchgeführt wurden«.[89] Bittschriften, Vorsprachen, Unterschriftenlisten, Schulstreiks und öffentliche Unmutskundgebungen zeugten von der tiefen Verankerung des Glaubens und dem bedeutenden Einfluß der Kirche auf die ländliche Bevölkerung Tirols. Ein Inlandsbericht des SD-Oberabschnitts Donau Ende 1939 unterstrich, daß in Tirol die NS-Kirchenpolitik von Anfang an auf relativ wenig Resonanz und Akzeptanz gestoßen war. Während der Bericht vermerkte, daß antikirchliche Tendenzen in der ostmärkischen Bevölkerung durchaus populär wären und die Kirche selbst schon ganze Gaue als verloren betrachte, stellte er weiters fest, daß als »wirklich katholisches Land lediglich Tirol« bezeichnet werden könne.[90] Bereits Ende 1938 hatte die

2. Die Haltung der katholischen Kirche zum Nationalsozialismus

BH Bregenz die Stimmung der Bevölkerung in der Glaubensfrage, und dies dürfte durchaus für den gesamten Gau gegolten haben, folgendermaßen eingeschätzt:

»Man kann oft hören, daß die NSDAP als solche viel mehr Anhänger haben würde, wenn man in religiösen Belangen loyaler vorgehen würde. Gerade die Landbevölkerung hält jähe zur Religion, obwohl sie in wirtschaftlichen und auch in politischen Belangen mit der heutigen Regierung einverstanden ist.«[91]

Auch der Pfarrer von Buchboden in Vorarlberg charakterisierte diese Entwicklung in einem Gespräch mit Bezirksschulinspektor Geiger auf ähnliche Weise:

»Ich für meine Person kann mich nur freuen darüber, wenn recht radikal in allen Belangen vorgegangen wird, die Religion und Kirche betreffen. Um so schneller kommt dann der Tag der Entscheidung. Der Nationalsozialismus war auf dem besten Wege, das ganze Walservolk schnell für sich zu gewinnen. Denn was da in der kurzen Zeit seit dem Umbruch geschehen ist und was der Nationalsozialismus auch in unserem Tal geleistet und gebessert hat, das muß man unbedingt anerkennen und das hat auch unsere Bauern mitgerissen. Seit man aber auch alles Seelische aufrührt, womit unser Bergvolk von alters her verwachsen ist, seit man dem katholischen Leben und Herkommen besonders auf dem Gebiet der Erziehung rücksichtslos immer härter auf den Leib rückt, ist unser Bergvolk stutzig und störrisch geworden.«[92]

Daß eine kritische Distanz zu Maßnahmen des Nationalsozialismus in religiösen Angelegenheiten durchaus vereinbar war mit sonstiger Sympathie zum Regime, bezeugt auch die Aussage eines Tiroler Bauern nach einer NS-kritischen Kanzelpredigt des Pfarrers: »Was jetzt geschieht, ist schon recht, aber daß die Pfarrer jetzt so verfolgt werden, ist nicht schön [...].«[93] Durchaus repräsentativ für Tirol auch der Bericht des Oberlandesgerichtspräsidenten Greinz vom Juni 1940, der in dieselbe Richtung weist:

»Eine Sonderstellung nimmt in meinem Bezirk das ehemalige Osttirol ein, dessen Bevölkerung sehr religiös ist und an dem Brauchtum der katholischen Kirche festhält, ohne aber dem Staate und der Bewegung im allgemeinen ablehnend gegenüber zu stehen.«[94]

Die Reaktion der Tiroler Bevölkerung auf die NS-Kirchenpolitik unterstreicht, daß die Machthaber begründeten Respekt vor einem ideologisch einflußreichen Gegner haben mußten, der sich als einzige nichtnationalsozialistische Großinstitution einer Gleichschaltung hatte entziehen können. Als sekundärer Herrschaftsträger, »der seine Interessen via Sozialisation und auf der Ebene der Beeinflussung der Normen und Werte durchsetzte«[95], förderte die Kirche potentiell das Entstehen oppositioneller Regungen und wußte ihren politisch-ideologischen Einfluß auf die Landbevölkerung aufrecht zu erhalten. In diesen Zeiten der Bedrängnis und Entflechtung von politischer Macht gewann die Kirche deutlich an moralischem Ansehen in der Gesellschaft. Dies bedeutete aber keineswegs, daß der Nationalsozialismus nicht durchaus auch Erfolge zu verbuchen gehabt hätte. Nach dem »Anschluß« schnellten nach massiver Abfallpropaganda der Nationalsozialisten die Kirchenaustritte in Tirol in die Höhe.

Tabelle 30[96]
Religionsaustritte in Tirol 1938/39

Religions-gemeinschaft	insgesamt: 1938	1. Hj. 1939	Austritte auf 1000 Gläubige 1938
Katholische Kirche	2.706	1.485	8,7
Evangelische Kirche	142	156	27,9
Altkatholische Kirche	9	1	38,0
Israelitische Rel.-Gem.	4	0	11,1
Gesamt	2.861	1.642	

Allein 1938 traten 2.706 Personen, davon 912 Frauen, aus der katholischen Kirche aus. Mit dieser Austrittsrate von 0,87% der Gläubigen lag Tirol hinter Wien, der Steiermark und Salzburg gleichauf mit Oberdonau und noch vor Niederdonau und Vorarlberg. Während sich bereits im ersten Halbjahr 1939 in allen österreichischen Gauen eine Abnahme der Austrittszahlen im Vergleich zu 1938 abzeichnete, legten Tirol und Vorarlberg noch zu.[97] Versuche von Pfarrern, öffentlich gegen die Abfallbewegung zu protestieren, etwa durch Verlesen der Namen der Ausgetretenen von der Kanzel herab mit der Warnung vor dem Umgang mit diesen »Gottesleugnern«, wurden von der Partei energisch unterbunden.[98] 1939 und 1940 nahmen die Austritte in Tirol nicht zuletzt aufgrund der Einführung der Kirchenbeiträge[99] deutlich zu und erreichten bis 1941, wo bereits der Höhepunkt der Austrittswelle merkbar überschritten war, einen Anteil an der Gesamtbevölkerung von drei Prozent. Während in den Landgemeinden kaum ein halbes Prozent der Bevölkerung vom Katholizismus abfiel, wurde die Kirche in den Städten empfindlich getroffen. Zwischen 1938 und 1941 machte die Austrittsquote in Innsbruck acht Prozent aus. Ab 1941/42 führte die zunehmende Verunsicherung der Bevölkerung durch die Kriegslage zu einem allgemeinen Stimmungsumschwung. Im Jahre 1943 waren fast ebensoviele Eintritte wie Austritte zu registrieren.[100] Auch die Abmeldungen vom Religionsunterricht sind ein Indikator dafür, daß das dichte katholische Milieu in Tirol zumindest zeitweilig feine Risse zeigte.

Abschließend ist festzustellen, daß der radikal antiklerikale Kurs der Tiroler NSDAP die ländliche Bevölkerung merklich irritierte und zurückstieß, Konfliktlinien brachen verstärkt auf und das Mißtrauen gegenüber dem Nationalsozialismus wuchs. Die NS-Kirchenpolitik wirkte sich daher vor allem bei den Bauern eher kontraproduktiv aus. Mutiges Auftreten und offener Protest seitens der Gläubigen treten an einer ganzen Reihe von Beispielen offen zutage und zeugen vom religiösen Beharrungsvermögen vieler Tirolerinnen und Tiroler. Besonders hervorzuheben ist in diesem Zusammenhang das bewundernswerte Verhalten eines standhaften Katholiken, des Oberforstwarts Karl Mayr aus Baumkirchen, der sich aus religiösen Gründen sogar gegenüber dem Kreisleiter weigerte, seine Kinder zur HJ zu schicken. Er nahm seine Verhaftung in Kauf und kam schließlich im KZ Sachsenhausen um.[101] Die Aktionen der Bevölkerung blieben jedoch in ihrem Umfang gering, waren mehrheitlich nicht geplant und traten von Zeit zu Zeit impulsiv in Form emotionaler Erregung auf. Selten waren sie Ausdruck direkter Kritik an der NS-Herrschaft oder von Widerstand »im strengen, politischen Wortsinn«.[102] Heftige Ablehnung der NS-Kirchenpolitik und die Fortdauer eines bestimmten Maßes an Loyalität gegenüber dem Regime schlossen sich keineswegs aus. Im Rückblick zeigte sich Bischof Rusch von den Tiroler Gläubigen ein wenig enttäuscht, da er bei ihnen jenen Mut und jene Charakterstärke vermißte, deren es sich sonst rühmte.[103] Sicherlich wirkte sich die Tradition innerhalb der katholikschen Kirche, jegliche staatliche Obrigkeit zu respektieren und ihr zu gehorchen, sehr erschwerend für einen Widerstand aus, sowohl für die Gläubigen als auch für die Geistlichen selbst. Doch erstickte Rusch die Ansätze zu aktiverem Widerstand, die unter jungen Klerikern und an der katholischen Basis durchaus auch vorzufinden waren, durch seinen »mäßigenden Einfluß«[104] selbst. Weder einfache Katholiken noch die Priesterschaft wurden zum Widerstand von oben angeregt bzw. ermuntert oder fanden einen diesbezüglichen Rückhalt durch die Kirchenführung. Aus einer von Erika Weinzierl durchgeführten Erhebung, die auch Tiroler Pfarrer umfaßte, geht deutlich hervor, daß die Geistlichen sich diesbezüglich allein auf sich gestellt und im Stich gelassen gefühlt haben.[105]

VII. »Sie müssen auch froh und freudig sein!« – Aspekte nationalsozialistischer Kulturpolitik

An dieser Stelle kann keine eingehende Darstellung und Analyse nationalsozialistischer Kulturpolitik erbracht werden. Im folgenden sollen die Absichten des Regimes auf den Gebieten der Brauchtumspflege, des Films, Rundfunks und Theaters untersucht werden, um den Stellenwert und Nutzen kulturpolitischer Aktivitäten für das NS-System, speziell was die gesellschaftliche Gleichschaltung und Gewinnung bzw. Neutralisierung der Bevölkerung betrifft, zu erkennen.

1. Brauchtum und Geschichte

In der Kulturpolitik der Tiroler NSDAP nahm die Förderung und Pflege des Brauchtums eine führende Stellung ein. Das besondere Bemühen um eine nationalsozialistische Tiroler »Heimatkultur« erleichterte die Gewinnung der Bevölkerung, drängte den Einfluß der katholischen Kirche zurück, stärkte den Gedanken der »Volksgemeinschaft« und brachte durch die Vielzahl von Festen und Feierlichkeiten eine bunte Vielfalt in das allgemeine Grau des Alltags. Positiv besetzte Begriffe wie »Heimat«, die bereits vor dem »Anschluß« militarisiert worden waren, wurden in nicht mehr zu übersteigendem Maße erhöht und sorgten für die Emotionalisierung der Bevölkerung, um deren Solidarisierung unter dem Banner des Nationalsozialismus herzustellen. Die Verbindung von Elementen des traditionellen Brauchtums mit NS-Inhalten und faschistischer Symbolik förderte nicht nur die steigende Identifikation der Tiroler Bevölkerung mit den Machthabern, sondern führte auch zu einer effektiveren Verankerung der NS-Ideologie im Bewußtsein der Menschen. So war die Tracht als »ureigenes Gewand eines Dorfes oder Tales«, in der sich der Stolz der Gemeinschaft widerspiegelte[1], nicht mehr nur Ausdruck Tiroler Identität, sondern auch Demonstration der

Zugehörigkeit zur »Volksgemeinschaft« und zum NS-Staat. Juden war demgemäß das Tragen von Trachten natürlich untersagt. Der Traditionsforschung und Traditionspflege wurde mit einem großen organisatorischen und finanziellen Aufwand nachgegangen. Die Gauleitung urgierte in Berlin wegen der besonderen Lage des »Grenzgaus« eine Erhöhung des Volkstumspropagandaetats.[2] Lenkungsinstanz der Tiroler und Vorarlberger Volkstumsarbeit war die »Mittelstelle Deutsche Tracht« mit Gertrud Pesendorfer an der Spitze.[3] Die Volkskundlerin bekleidete weiters die Position einer Gausachbearbeiterin für das Brauchtum und Volkstum in Tirol-Vorarlberg und wurde von der Reichsfrauenführerin im März 1939 zur Reichsbeauftragten für die Trachtenarbeit ernannt. Ihre Aktivitäten trugen wesentlich zur führenden Stellung des Gaus in der Heimat- und Volkstumsarbeit bei. Vor allem von ihrer Tätigkeit im Tiroler Volkskunstmuseum gingen wesentliche Impulse zur Pflege und Wiederbelebung bäuerlichen Brauchtums im Rahmen der NS-Interpretation aus. Neben der Einführung von Kursen für die Jugend im Weben, Spinnen, Stricken, Trachtenschneiden und der Förderung im Aussterben begriffener Handwerke, tagten im Volkskunstmuseum regelmäßig die »Gauarbeitsgemeinschaft für deutsche Volkskunde« und die »Gaumittelstelle Deutscher Bauernhof«.[4] Die Tiroler Nationalsozialisten belebten altes Brauchtum auch dadurch, daß der Standschützenverband Gemeinden, die über keine Tracht verfügten, half, eine solche zu entwerfen oder zu rekonstruieren.[5] Alte Volkstänze und in Vergessenheit geratene Bräuche wurden wieder gepflegt, denn die Erhaltung von Eigenarten des Brauchtums, so der Gauleiter, »vermehrt Stolz und Kraftgefühl, fördert die Erkenntnis des urdeutschen Ursprungs unseres Stammes und verkittet ihn immer enger mit der großen Familie des gesamten Volkes«.[6] Ein Beispiel dafür, wie die Partei als »Hüterin aller völkischen Güter« auftrat, sind die Erntedankfeiern, die etwa in Waidring

»weit mehr als die Hälfte der Ortsbewohner als Teilnehmer vereinigte und bei der ein Festzug veranstaltet wurde mit Vorreitern in altbäuerlichen Trachten, mit einem Erntewagen, mit einer Dreschergruppe, einem Wagen, der die Verarbeitung von Hanf und Flachs vorführte, einem Wagen auf dem eine Almhütte aufgebaut war und vieles andere mehr. Wie überall im Gau nahmen die Formationen der Bewegung, die Musik, die Schützen und die Altsoldatenverbände in Trachten und mit Fahnen teil; die Frauenschaftsgruppen erschienen durchwegs in Volkstrachten, die das Bild besonders belebten; am Dorfplatz war der Erntekranz aufgerichtet«.[7]

1. Brauchtum und Geschichte

Gaupropagandaleiter Lezuo unterstrich die Bedeutung des Bauern an diesem seinen »Ehrentag«, denn »gerade der Tiroler Bauer hat, auch wenn es ihm erst jetzt bewußt wird, immer schon nach Grundsätzen gelebt, die auch nationalsozialistische Grundsätze sind«.[8]

Auf die Umfunktionalisierung alten Brauchtums muß noch näher eingegangen werden. Wie im Falle einiger katholischer Feste wurde auch bei Feiern der Arbeiterbewegung der ursprüngliche Inhalt völlig verdrängt und unter formaler Beibelassung der äußeren Hülle durch NS-Programmatik ersetzt. Der 1. Mai, der traditionelle Festtag einer klassenbewußten Arbeiterschaft, wurde von den Nationalsozialisten als Tag der Zerrissenheit, des Klassenkampfes und der internationalen Hetze abgelehnt. Trotzdem spielten die Feiern zum 1. Mai in der Selbstdarstellung des Nationalsozialismus eine herausragende Rolle als Frühlings- und Volksfest, das die symbolische Überwindung der Klassengegensätze durch den Nationalsozialismus demonstrierte. ArbeiterInnen und ArbeitgeberInnen marschierten friedlich vereint, Seite an Seite durch die Straßen der Tiroler Städte. Diese als große Spektakel inszenierten Feiern der »Volksgemeinschaft« sollten das Bild sozialer Ruhe und Gleichheit suggerieren und die starken sozialen Gegensätze innerhalb der Gesellschaft verdecken helfen. Dabei wurden Erwartungen und Hoffnungen der Bevölkerung angesprochen und ihr das Gefühl vermittelt, daß für jeden – Tüchtigkeit, Fleiß und Loyalität gegenüber dem Regime vorausgesetzt – ausreichend Aufstiegschancen vorhanden wären. Wichtige Elemente dieses Tages »der Freude, der Ehre und der Wiedererweckung des deutschen Volkes« kamen aus dem ländlichen Brauchtum, das als Sinnbild der »Volksgemeinschaft« und der Zusammengehörigkeit der Dorfbewohner stark in den Vordergrund gestellt wurde. In der Gauhauptstadt veranstalteten die Betriebe am Vortag des 1. Mai Ausflüge mit anschließenden Kameradschaftsabenden. Am Festtag marschierten dann Betriebsführer und Gefolgschaft, die männlichen Gefolgschaftsmitglieder vor den weiblichen, eine Tafel mit dem Namen der »Betriebsgemeinschaft« vorantragend, geschlossen von Sammelplätzen zum Adolf-Hitler-Platz. Dazu gesellten sich noch Abordnungen der Wehrmacht und sämtlicher Parteiformationen. Die Belegschaft öffentlicher Ämter hatte sich natürlich in ihrer Gesamtheit zu beteiligen. Der Maibaum war bereits ein bis zwei Tage vorher als Symbol volkstümlicher Lebensfreude im Frühjahr in einer Großkundgebung feierlich eingeholt und gesetzt worden. Neben dem Gemeinschaftsempfang einer Hitlerrede, an der am 1. Mai 1938 an die 20.000 ArbeiterInnen teilnahmen, war eben diese besondere Betonung bzw. Neubelebung ländlichen Brauchtums Ausdruck des Bemühens der Nationalsozialisten, den Kampftag der Arbeiterbewegung seines ursprünglichen Sinnes zu entkleiden und ihn durch bewußtes Anknüpfen an bäuerliche Traditionen für die Verbreitung und Propagierung des Volksgemeinschaftsgedankens zu nützen. Vorführungen von Volkstrachtvereinigungen, »urwüchsige Volkstänze«, Eierlauf der Mädchen, Maibutter ausschellen u. ä. m., unterstrichen den »arteigenen Maibrauch im Tiroler Land« als »sinnbildhaften Ausdruck [...] nationalsozialistischer Weltanschauung«. Da die zahlreichen Festivitäten im nationalsozialistischen Alltag beitragen sollten, die Zustimmung zum System zu festigen und auch als teilweiser Ersatz für die nur unzureichend eingelösten sozialen Versprechungen der Machthaber dienten, erhielt der 1. Mai den ausgeprägten Charakter eines Volksfestes für jung und alt, Betriebsführer und Gefolgschaft. Neben den bereits erwähnten Angeboten gab es noch jahrmarktähnliche Einrichtungen, Freibier für FabriksarbeiterInnen oder auch ein spezielles Kulturprogramm zur Hebung und Vertiefung der »Volksgemeinschaft«.[9]

Besonderes Augenmerk richteten die Nationalsozialisten in Tirol auf das Zurückdrängen der katholischen Feiertagskultur und des christlichen Brauchtums. Dabei lag der Akzent auf einer Rückführung der Bräuche auf deutsch-germanische Ursprünge[10] und die Unterlegung nazistischer Ideologeme. Die Partei als junge Bewegung ohne eigentliche Tradition hatte einen schweren Stand gegen die katholische Kirche, die ihrem totalen weltanschaulichen Erfassungsanspruch im Weg war. Eifersüchtig versuchte die NSDAP alles Brauchtum für sich zu reklamieren und die Kirche aus ihren Bastionen zu verdrängen. Im Jänner 1939 hielt die Gauleitung fest:

»Die katholische Kirche versucht nach wie vor, sich die Menschenführung zu erhalten. In getarnter Form versuchen noch immer die Träger der katholischen Kirche ihren politischen Einfluß bei der Bevölkerung geltend zu machen. Dies gelingt auch noch zum Teil, da die Bevölkerung im Gau Tirol-Vorarlberg größtenteils weltanschaulich noch eng an die kath. Kirche gebunden ist. Besonders verwurzelt hat sich die kath. Kirche dadurch, daß sie geschickt das Volksbrauchtum ausschließlich für die eigenen Ziele mißbraucht. In dem Maß, wie es gelingt, dieses Brauchtum von der Kirche zu lösen und an die Bewegung zu binden, wird es auch möglich sein, den Einfluß der Kirche zu brechen. Besondere Dienste auf diesem Gebiet wird der Tiroler Standschützenverband leisten.«[11]

Um eine Konkurrierung der NS-Feierlichkeiten auszuschalten, wurden kirchliche Erntedankfeiern ebenso untersagt wie das Anzünden von

1. Brauchtum und Geschichte

Bergfeuern bei den Herz-Jesufeiern.[12] Die erste Sonnwendfeier unter dem NS-Regime am Jahrestag des Parteiverbots stand ganz im Zeichen des »Anschlusses« und des Sieges. Die Feuer sollten verkünden, »daß das deutsche Volk sich wieder geeint hat und einer besseren Zukunft entgegensieht«.[13] Die auf vorchristliche Zeit zurückgehenden Sonnwendfeiern, die das Christentum übernommen hatte, wurden nun ganz in nationalsozialistischem Sinne instrumentalisiert. Die Tiroler Nazis entzündeten hunderte Bergfeuer, Hakenkreuze leuchteten auf den Bergen und lebende Feuerschlangen zogen zu Tale. Der Tiroler Bevölkerung bot sich ein beeindruckendes Spektakel. Von der Nordkette flammte eine Feuerschrift »1933-1938 – Durch Kampf zum Sieg« auf, zwischen der Seegrube und der Höttinger Alm loderte ein 300m hohes Hakenkreuz. Um Mitternacht fanden Talfeiern statt, an denen alle Formationen der Partei teilnahmen und sich in riesigen Fackelzügen durch Innsbruck wälzten. Der neue symbolische Gehalt der Sonnwendfeiern bestand in der Interpretation des Feuers als Sinnbild der Bewegung und der glühenden Liebe zu Volk und Führer sowie als Sinnbild der Läuterung durch Kampf und Not. Das gebändigte Feuer wurde positiv aufgefaßt als Symbol für die unbedingte und vorrangige Pflicht zur Unterordnung.[14] Neben dieser neuen Sinngebung der Sonnwendfeiern enthielten diese ein Jahr später angesichts der sich zuspitzenden außenpolitischen Konflikte bereits den Appell an die Kriegsbereitschaft der Tirolerinnen und Tiroler:

»Die Feuer in Tirol brannten zu allen Zeiten immer dann, wenn das Land aufgerufen werden mußte und immer waren sie dann ein Zeichen der Zuversicht, daß wir Tiroler in der Lage sein werden, unsere Last selbst zu meistern [...]. Andreas Hofer hat auf den Bergen seines Landes Feuer abbrennen lassen, als Tiroler Bauern als erste darangingen, französischen Generälen eine Niederlage auf deutschem Boden beizubringen.«[15]

Wenngleich die Nationalsozialisten in der Usurpierung kirchlicher Festlichkeiten durchaus erfolgreich waren,[16] gelang es ihnen nicht, eine Gegenkultur zu den tiefverwurzelten, das Leben der Menschen von Geburt bis zum Tod begleitenden Zeremonien und Bräuche der katholischen Kirche zu errichten. Die Bemühungen des NS-Regimes, die Taufe, Ehe oder das Begräbnis zu germanisieren und mittels eigener Kulte zu vereinnahmen, schlugen fehl. Die tiefe Verbundenheit einer Glaubensgemeinschaft mit ihrer jahrtausendalten Tradition war einfach zu stark. Bisweilen nahmen die diesbezüglichen Anstrengungen der Nationalsozialisten geradezu groteske Formen an:

Am 16. April 1938 fand im Saal des Tiroler Landhauses durch die Trauung des Sturmbannführers Max Primbs die erste SA-Hochzeit Österreichs statt, an der u.a. neben dem Gauleiter die Standartenführer der SA und Führer der SS teilnahmen. Der Saal war mit einem goldenen Hoheitsabzeichen auf dunkelrotem Tuch geschmückt, davor stand ein Tisch, auf dem Hitlers »Mein Kampf« und ein SA-Dolch lagen. Ein Trupp SA-Männer hatte breitbeinig in drei Gliedern Aufstellung genommen. Als das Brautpaar den Saal betrat, wurde Händel gespielt und ein SA-Mann trug ein selbst verfaßtes Gedicht vor. Der SA-Brigadeführer nahm den Ringwechsel vor und fragte das Paar:

»Blut und Boden sind die Grundlagen des nationalsozialistischen deutschen Volkes. So wie der Bauer sorgt für die Saaten der Felder, so habt ihr zu sorgen für die Saat, die Deutschlands Zukunft heißt. Und so frage ich euch, ob ihr gewillt seid, als Nationalsozialisten eine Lebensgemeinschaft aufzubauen, die Keimzelle sein soll für kommende Geschlechter.«

Nach dem Jawort wandte sich der Brigadeführer erneut an das Brautpaar: »Für euch ist die Zukunft und mit euch sei der Glaube an das ewige Deutschland!« Daraufhin übergab er der jungen Braut den SA-Dolch »in treue Hände«, den sie dem ältesten Sohn bei seinem Eintritt in die Reihen der SA auszuhändigen hatte. Nach der Überreichung von Hitlers »Mein Kampf« und einer abschließenden Ansprache spielte die Musik zum Abschluß gedämpft die ersten Strophen des Deutschland- und Horst-Wessel-Liedes, die von allen Anwesenden schweigend und mit erhobener Hand angehört wurden.[17]

Die NS-Trauungen fanden bei der Bevölkerung aber ebensowenig Anklang wie die NS-Begräbnisse, die den Tod als Eintritt ins Reich der Ahnen zelebrierten. Auch der Versuch, die katholischen Taufen durch NS-Geburtsfeiern zu verdrängen, blieb ohne Erfolg. Diese Geburtsfeiern sollten in der Regel zu Hause stattfinden. Auf einem Tischchen, schlicht geschmückt mit »heimischem Grün«, stand ein Familienleuchter mit blauen (Bub) oder roten (Mädchen) Kerzen sowie die Bilder der Ahnen; eine Führerbüste konnte aufgestellt werden. Bei der Feier nahmen NS-Frauenschaft, politische Hoheitsträger und bei einem größeren Rahmen auch eine Gruppe des RAD, der HJ oder eine Singschaft des BDM teil. Die deutschen Namen hatten sehr sorgfältig ausgewählt zu werden, sollten sie doch das Kind als leuchtendes Vorbild auf dem Lebensweg begleiten. Neben den Vornamen berühmter Deutscher schienen den Machthabern Namen wie Geralda, Godela, Holda, Hilke, Starkfried, Stillfried, Siegfried, Makart oder Medardus angebracht. Hebräische Vornamen wie Simon, Thomas, Daniel, Ruth, Susanne usw. sollten unbedingt vermieden werden, denn:

»Es liegt ein Abgrund zwischen der Welt, die aus den hebräischen Vornamen zu uns spricht und jenen, in der unsere Vorfahren zu Hause waren.«

Die Geburtsfeier war zugleich Ahnenkult und Mutterehrung. Der Sitz der Mutter wurde deshalb besonders herausgestellt, NS-Frauenschaft und BDM hatten für einen entsprechenden Rahmen, der die Würdigung der Mutter betonte, zu sorgen. Die Feier wurde mit einem Lied eröffnet, die Kerzen angezündet und die Namensgebung durch den Vater bzw. den Sippenältesten vorgenommen. Dabei konnte er standardisierte Floskeln verwenden wie:

»Du liebe Frau hast uns als viertes Kind in unserer Lebenskameradschaft den kleinen Jungen, den wir ... nennen, geschenkt. Dieser kleine Junge soll im Sinne seines Namens ... nicht nur für uns, sondern für das deutsche Volk durch sein Leben gehen, um einst, wenn er groß geworden, Nationalsozialist und Kämpfer für Führer und Vaterland zu werden.«

Nach Beglückwünschung durch die deutsche Jugend, wurden der Mutter Blumen oder das Lebensbuch überreicht, der politische Hoheitsträger übernahm sodann die Mütterehrung, indem er ihr den Dank der Gemeinschaft aussprach und ihr Führerworte zuteil werden ließ wie:

»Die Arbeit ehrt den Mann wie die Frau; das Kind aber adelt die Mutter. Was der Mann einsetzt an Heldenmut, setzt die Frau ein in ewig geduldigem Leiden und Ertragen. Jedes Kind, das sie zur Welt bringt, ist eine Schlacht, die sie besteht für das Sein oder Nichtsein ihres Volkes.«

Die Paten hatten ihr Versprechen dem Kinde beizustehen durch Handschlag zu bekräftigen, auch ein Lebensbaum konnte überreicht werden. Mit diversen Sprüchen und Liedern endete schließlich die Geburtsfeier.[18]

Doch trotz all dieser grotesk anmutenden Bemühungen konnten die Nationalsozialisten in diese Domänen der Kirche nicht eindringen. Der Lebenszyklus der Tirolerinnen und Tiroler blieb auch während der NS-Zeit durch die Riten der katholischen Kirche abgedeckt. Bereits in der Auseinandersetzung um die Abhaltung der Fronleichnamsprozessionen hatte die NSDAP das Beharrungsvermögen von Kirche und katholischer Bevölkerung zu spüren bekommen. Sie hatte zwar den althergebrachten Kult nicht prinzipiell untersagt, durch Schikanen wie Verbot des Beflaggens mit kirchlichen Fahnen und der Verbannung der Prozessionen von Hauptverkehrswegen sowie der Verhinderung des Mitmarschierens von Schützen und Dorfmusik suchten die NS-Machthaber dieses kirchliche Brauchtum aber einzuschränken, wo es nur möglich war. So sorgten etwa SA-Appelle für provokante Gegenkundgebungen.[19] Damit war zwar ein weiterer Schritt zur Verdrängung der Kirche aus der Öffentlichkeit gesetzt, jedoch zeigten sich weite Teile der gläubigen Bevölkerung »gefährlich aufgebracht« (»Gehen tun wir auf jeden Fall. Wir lassen uns nicht einsperren mit unserem Herrgott«).[20] »Allgemeine Unruhe« und »Unzufriedenheit« kennzeichneten die Stimmung der katholischen Landbevölkerung.[21] Dieser Konflikt führte denn auch zu einer schweren Krise im Schützenwesen. In vielen Orten weigerten sich Musikkapellen, denen verboten worden war, bei der Prozession zu spielen, bei Veranstaltungen der Partei mitzuwirken oder wollten überhaupt ihre Musikinstrumente abgeben. Erst die Drohung mit dem KZ machte sie wieder gefügig.

»Im Oetztal ist es sogar soweit gekommen, daß der Schützenhauptmann unter der Begründung, daß er als Katholik mit einem Staat, der gegen die Kirche vorgehe, nichts zu tun haben wolle, die Teilnahme am Kreistag verweigerte und sogar das ganze Oetztal aufforderte, unter Hinweis auf die Beschränkung der Prozessionen nicht zum Kreistag zu gehen. Die Bevölkerung, die in den Landkreisen zum großen Teil konfessionell gebunden ist, ist mit der Haltung der Schützen und Kapellen vollkommen einverstanden«, meldete der SD im Frühsommer 1939.[22]

Zur Vertiefung ihrer Ideologie in der Bevölkerung und zu Legitimationszwecken beriefen sich die Nationalsozialisten in mit viel Aufwand zelebrierten Feiern auf die Tiroler Geschichte und ausgewählte Persönlichkeiten. Die Verknüpfung der Tiroler Landesgeschichte mit dem Nationalsozialismus ließ das diktatorische Regime als Vollstrecker der Tiroler Freiheitsbemühungen erscheinen, verschaffte diesem die erwünschte Geschichtlichkeit und erhöhte so die Akzeptanz der Bewegung in der Öffentlichkeit. Der Tiroler Nationalheld Andreas Hofer, den die Partei als »mythischen Sohn Tirols im Geiste wahren Deutschtums ehrte«[23], wurde als von Habsburg verratener »militärischer Führer«, der an das Tiroler Volk glaubte, es einigte und zum Widerstand sowie heroischen Einsatz trieb, um Gesamtdeutschland zur Befreiung der Nation wachzurütteln, dargestellt.[24] Nicht zuletzt anläßlich seines Todestags am 20. Februar präsentierte sich der Nationalsozialismus als Wahrer und Erfüller seines Erbes:

»Andreas Hofer, das leuchtende Symbol deutscher Kraft und Stärke, das verpflichtende Vorbild heldischen Geistes, hat erst durch den Nationalsozialismus seine gerechte Würdigung gefunden, denn der Führer des ruhmreichen Tiroler Freiheitskampfes hat sein Herzblut nicht vergossen für eine Enklave Deutschlands, nein, er gab sein Leben hin als Bekenntnis zum gesamten, großen Deutschtum! Und mit der Heimholung Österreichs ins Reich aller Deutschen, ins Reich Adolf Hitlers, hat allein die große Sehnsucht Andreas Hofers ihre Erfüllung gefunden.«[25]

Die vielen offiziellen Parteiveranstaltungen, Appelle, NS-Erinnerungstage etc. waren wesentlicher Bestandteil der Ästhetisierung des Alltags im Nationalsozialismus. Dabei entwickelte sich ein völlig neuer Typus eines bis ins Religiös-mythische überhöhten Feierkultes, in dem der Nationalsozialismus auf sich selbst Bezug nahm. Im Mittelpunkt standen die Blutzeugen der Bewegung als Märtyrer und der illegale Kampf.[26] Die Durchführung derartiger Großveranstaltungen und Ehrungen lag hauptsächlich in Händen der SA, die ansonsten im Machtgefüge des NS-Systems an Bedeutung und Einfluß verloren hatte.

2. Der Standschützen-Verband des Gaues Tirol-Vorarlberg

Der größte Stellenwert in der Volkstumsarbeit im »Grenzgau« Tirol-Vorarlberg wurde aber den Schützen beigemessen. Die Indienstnahme des so traditionsreichen Schützenwesens ist ein Musterbeispiel für die Förderung des Althergebrachten in einer »Trägerfunktion für das Neue, Nationalsozialistische«.[27] Nach dem Ersten Weltkrieg war die alte Schießstandordnung aufgehoben und die Schießstände geschlossen worden. Erst allmählich hatte sich das Schützenwesen durch die Neugründung der Gilden wieder erholt, Ende 1925 war ein Landesschützenverband gegründet worden. In der Zwischenkriegszeit waren aber nicht alle Schießstände wieder eröffnet worden, es gab auch keinen geschlossenen Verband der Trachtenschützen.[28] Erst nach dem »Anschluß« erfuhr das Schützenwesen wieder eine massive Aufwertung. Besonders GL Hofer zeigte sich sehr initiativ bei der Wiederbelebung und Umstrukturierung des Tiroler Schützenwesens zur »Pflege der soldatischen

Tradition und des alten Brauchtums.«[29] Die drei großen Arbeitsbereiche des mit 1. Oktober 1938 errichteten »Tiroler Standesschützenverbandes« umfaßten Erziehung zur Wehrhaftigkeit, weltanschauliche Schulung und Brauchtumspflege.[30] Mit der Organisation des Standschützenverbandes und seiner Aktivitäten konnte die Tiroler NSDAP als Wahrer anerkannter Tiroler Sitten an Bevölkerungsgruppen herankommen, die ihr sonst nicht so leicht zugänglich gewesen wären. Dies erweiterte das Spektrum an Möglichkeiten für die Absicht der Partei, alle »Volksgenossen« vom 10jährigen Pimpf bis zum Greis zu erfassen. Anläßlich seiner Dienstreise zum Reichspropagandaamt Tirol-Vorarlberg brachte ORR Wielucki den tieferen Sinn des Standschützenverbandes auf den Punkt:

»Ein besonderes Mittel zur propagandistischen Erfassung ist die Leitung und Förderung der Bestrebungen des Standschützen-Verbandes. Dieser stellt eine Art Hilfsorganisation der NSDAP dar, über die die Bevölkerung leichter anzusprechen ist als über die offiziellen Organisationen der NSDAP.«[31]

Mit der nationalsozialistischen Förderung des Schützenwesens war, wie bereits hingewiesen, ein Anknüpfen an die Tiroler Geschichte und ihre großen Persönlichkeiten wie Andreas Hofer oder Michael Gaismair verbunden. Diese »Führergestalten« des Tiroler Bauerntums und die vergangenen Kämpfe der Schützen wurden ausgiebig gewürdigt und in eine NS-Tradition gestellt.[32] So konnte sich der Nationalsozialismus auch hier als Vollender Tiroler Tradition und Geschichte in eine historische Kontinuität bringen und verschaffte sich durch diese »Aktualisierung der Geschichte«[33] Legitimität. Ein Beispiel dafür ist etwa der Landecker Kreisappell im Juli 1939, auf dem die Bevölkerung durch GL Hofer und RFSS Heinrich Himmler auf einen kommenden Krieg eingestimmt wurde. Beide beriefen sich auf die glorreiche Tiroler Vergangenheit und das Brauchtum der Väter. Dabei standen die Schützen und der Rekurs auf ihre militärische Leistung zur Zeit Andreas Hofers und während des Ersten Weltkriegs im Mittelpunkt. Laut Himmler waren sie »als Träger des Brauchtums und des alten wehrhaften Geistes« fest mit der Partei verbunden. GL Hofer fuhr fort:

»[...] und da steht ihr, meine Standschützen, der Beweis in lebendigem Fleisch und Blut, daß die Menschen unseres Gaues, daß vor allem unsere Bergbauern in der ruhmreichen Vergangenheit fest und stark wurzeln, [...] daß gerade ihr Standschützen entschlossen seid, den Brauch der Väter und ihren wehrhaften Geist zu wahren und zu pflegen, eure Arbeit aber einzufügen in das große Werk

2. Der Standschützenverband des Gaues Tirol-Vorarlberg

der Festigung des Reiches und der Nation für die Zukunft [...]. Die Bewegung fußt auf dem guten Alten und baut das gewaltig Neue. Dabei soll es unser Stolz sein, daß wir im Gau Tirol-Vorarlberg das härteste Werkzeug in der Hand des Führers sind.«[34]

Der Gauleiter erinnerte an den Einsatz der Schützen, die, von Habsburg im Stiche gelassen, bereits vor über 200 Jahren Frankreichs Pläne durchkreuzt hätten und forderte diese auf, Brauchtum und soldatischen Geist bei Jungen und Alten zu pflegen: »[...] es wird Euch dies wohl nicht schwer fallen, denn wo auf den Schützenständen die Stutzen knallen, da werden keine Waschlappen herangezogen!«[25]
War das erste Tiroler Landesschießen noch »Synthese [...] zwischen stolzer Vergangenheit und gewaltiger Gegenwart« gewesen, so stand das zweite Tiroler Landesschießen, das einen Monat nach Kriegsausbruch abgewickelt wurde, ganz im Zeichen des Wehrwillens und der »Volksgemeinschaft«:

»Als Schützen können wir feststellen, daß der Führer immer ins Schwarze trifft. Wir wollen es dem Führer nachleben, wir wollen ganze Kerle sein und uns auch bemühen, immer ins Schwarze zu treffen. Die Bauern dieses herrlichen Landes, die Schützen Tirols und Vorarlbergs, sie haben seit Jahrhunderten für den rechten Geist in diesem Land gesorgt. Wir wollen es auch heute unseren Vätern gleichtun, kein Opfer und keinen Einsatz scheuen. Wir wollen mit der einen Hand den Pflug halten, mit der anderen aber die Waffe. Bei uns in Tirol heißt es: wir kapitulieren nicht, wir schießen!« (GL Hofer am 1. Oktober 1939 bei der Eröffnung des 2. Tiroler Landesschießen)[36]

Die Neuorganisation des Schützen- und Brauchtumswesens war jedoch nicht ohne Konflikte vor sich gegangen. Einen argen Schnitzer, der sich »stimmungsmäßig verheerend« auswirkte und den Parteigliederungen Probleme bei der Mitgliederwerbung bescherte[37], beging die SA, als sie aus »Dummheit« Waffen Tiroler Schützen beschlagnahmte. Der Stillhaltekommissar prangerte dieses ungeschickte Verhalten an, da die Gewehre oft seit über 100 Jahren in Familienbesitz gestanden hatten und auch deshalb von so großer Bedeutung waren, da, so Hoffmann, die Tiroler die Eigenart hätten, »jedesmal eine Kerbe in den Schaft des Gewehres zu schneiden, wenn sie entweder ein Wild oder einen Italiener abgeschossen hatten«.[38] GL Hofer, der noch beim Tiroler Landesschützentag im September 1938 die Waffen in aller Öffentlichkeit feierlich zurückgeben wollte, erwirkte bei Reichskommissar Bürckel und Heydrich als Leiter der Sicherheitspolizei die Aufhebung der Beschlagnahme. Allerdings konnten nicht mehr alle Gewehre ausgehändigt werden, da die SA die beschlagnahmten Waffen nicht restlos der Gestapo übermittelt hatte. Einige Gewehre waren bereits an Schrotthändler verkauft worden. Ansonsten wurde die Rückstellung nur in solchen Fällen verweigert, bei denen es sich »um ganz besonders gefährliche und gewalttätige Gegner der NS-Bewegung« handelte.[39] Differenzen ergaben sich zwischen SS, SA und Gl. Hofer in der Frage des Eingliederungsmodus der Schützen- und Brauchtumsvereine. SA und SS forderten deren Überführung in ihre Organisationen des Reichskriegerbundes (Kyffhäuser: SS) bzw. des Deutschen Schützenverbandes (SA). In dieser Auseinandersetzung konnte sich Hofer eindeutig durchsetzen. Er lehnte die Auflösung der entsprechenden Vereine ab, um die volkstumspolitischen Empfindungen der Tirolerinnen und Tiroler nicht zu verletzen:

»Der Kyffhäuserbund will die Schützengilden praktisch mit Krieger- und Veteranenvereinen unter seiner Führung vereinen, der Deutsche Schützenverband hat andrerseits in den letzten Wochen durch die wahllose Entwaffnung der Schützenkompanien im Lande eine ziemliche Unruhe hervorgerufen und hat außerdem beispielsweise durch versuchtes Gleichschalten von Trachtenmusikkapellen diese schwer vor den Kopf gestoßen. Wenn man Schützen im Lande Tirol entwaffnet, das seit vielen hundert Jahren Waffenfreiheit besitzt, wenn man Trachtenkapellen ihre traditionellen Trachten auszieht und mit der SA-Uniform vertauschen will, so treibt man Gleichschaltung übelster Sorte und bringt das Volkstum um. [...] Die Erhaltung des Volkstums ist eine eminent wichtige politische Angelegenheit, ist eine reine Frage der Menschenführung und kann daher nur vom Hoheitsträger gewahrt bleiben.«[40]

Damit nahm der Gauleiter wohl aus gutem Grund Rücksicht auf die diesbezügliche Stimmung in der Tiroler Bevölkerung. In erster Linie handelte er aber aus machtpolitischem Kalkül, als er eine einheitliche Zusammenfassung des gesamten Tiroler Brauchtums, d. h. sämtlicher Schützen-, Trachten-, Schuhplattler-, Volkstanzvereine und Trachtenmusikkapellen, unter seiner Führung verlangte. Der Stillhaltekommissar, der zuerst für eine Eingliederung der Schützenkompanien in den Reichskriegerbund eingetreten war, unterstützte Hofer schließlich bei Hauptamtsleiter Friedrichs vom Stab des Stellvertreters des Führers, da Hofers Vorschlag

»in jeder Weise den Interessen der Partei entspricht, den Menschenführungsanspruch der Partei sicherstellt und im übrigen die einzige Gewähr dafür gibt, daß

2. Der Standschützenverband des Gaues Tirol-Vorarlberg

die katholischen Pfaffen aus den Tiroler Heimatverbänden, in denen sie sich heute vollkommen zu Hause fühlen, ausgeschalten werden«.[41]

Obwohl die Eingliederung des Schützenwesens in den Reichskriegerbund bereits im Juli 1938 durch Hitler selbst bestätigt[42] und Hofers Vorstoß trotz Unterstützung des Reichskommissars beim Stab Heß[43] zunächst abgelehnt worden war, gelang es dem Gauleiter, sich durch Abkommen mit dem Führer des Deutschen Schützenverbandes, SA-Gruppenführer Schorlemer, und Reichskriegerführer Generalmajor Reinhard durchzusetzen.[44] Nur einen Monat vor dieser Entscheidung hatte Bormann Bürckel noch wissen lassen

»daß der Stellvertreter des Führers seine Zustimmung zu Ihrem Vorschlag nicht zu erteilen vermag, denn der Führer selbst hat bereits seine Zustimmung zur Eingliederung der Schützenvereine usw. in den Reichskriegerbund gegeben und es ist unmöglich, daß der Stellvertreter des Führers eine Entscheidung des Führers selbst umstößt; es erscheint aber weiterhin ebenso unmöglich, dem Führer die Aufhebung einer erst kürzlich getroffenen Entscheidung vorzuschlagen, denn Entscheidungen des Führers sollen keinesfalls von heute auf morgen geändert werden«.[45]

Der polykratische Charakter des NS-Herrschaftssystems mit seinem Kompetenzenwirrwarr und seinen ausgeprägten Macht- und Interessenskämpfen verschiedener Fraktionen tritt am Beispiel der Auseinandersetzung um die Organisation des Brauchtums in Tirol deutlich hervor und unterstreicht, daß selbst Führerbefehle innerhalb kürzester Zeit wieder zurückgenommen werden konnten.

Der so neugegründete Standschützenverband galt als korporatives Mitglied des Deutschen Schützenverbandes, wobei gediente Soldaten neben ihrer Mitgliedschaft im Tiroler Standschützenverband Einzelmitglieder des Reichskriegerbundes werden konnten. Die Führung oblag GL Hofer, die Kreisverbände wurden von den Kreisleitern, die Ortsverbände von den Ortsgruppenleitern der NSDAP geleitet. Als Stellvertreter von Landesoberschützenmeister Hofer fungierte der Kreisleiter von Innsbruck, SA-Standartenführer Dr. Max Primbs, in der Eigenschaft als Landesschützenmeister.[46] Die bisherigen Schützen- und Brauchtumsvereine wurden also nicht aufgelöst, sondern, wie es bereits bis 1919 der Fall war, einheitlich organisiert. Ihr Vermögen konnte weiterhin vom Ortsverband verwaltet werden, jedoch erfuhren vor allem die Vereinsvorstände eine politische Überprüfung.[47] Als Führer und Unterführer der Schützenkompanien in den Orten sollten nämlich »unbedingt verläßliche Nationalsozialisten« bestellt werden.[48] Die Schützenvereine waren aber schon zu einem nicht unbeträchtlichen Teil nationalsozialistisch ausgerichtet. Die BH Reutte meldete, daß die Schützengilden bereits vor dem »Anschluß« im Gegensatz zu den Krieger- und Veteranenvereinen ins Lager des Nationalsozialismus gestoßen waren.[49] Von einzelnen Ausnahmen abgesehen hielt die BH Imst die Führung ihrer 29 Schützenvereine für politisch zuverlässig.[50] Jedoch gab es von seiten einer ganzen Reihe von Obmännern wegen der Aufhebung der Rechtspersönlichkeit ihrer Verbände durch die Eingliederung einige Widerstände.[51]

GL Hofer konnte jedenfalls durch diese Vereinbarungen seine Machtkompetenz und den Anspruch der Politischen Organisation auf die Menschenführung behaupten, andererseits durfte er mit größerer Zustimmung für seine organisatorische Lösung in der Bevölkerung rechnen. Das Konstrukt des de jure von der Partei getrennten Standschützenverbandes diente dem Regime bei der Loyalitäts- und Herrschaftssicherung in Tirol als ein sehr wirkungsvolles Instrument. Der Gauleiter setzte sich öffentlichkeitswirksam sehr massiv für den Standschützenverband ein. So ließ er alte Schießstände herrichten und großzügig neue erbauen. Dabei wurden die Schießstände nicht nur für den Sport, sondern auch als »Gemeinschaftsstätten«, wo sich Familien, ja das ganze Dorf trafen, genutzt. Die Schießstätte als »Stolz des Dorfes« und »Mittelpunkt einer tätigen Gemeinschaftspflege« verursachte aber nur zum Teil höhere Kosten, da die Mitglieder ihre Schießstände in freiwilliger Gemeinschaftsarbeit selbst herrichteten.[52] Des weiteren wurde durch den persönlichen Ehrgeiz von GL Hofer in Innsbruck die größte Schießstätte Deutschlands gebaut. Bei auftretendem Arbeitskräftemangel anläßlich des Ausbaus des Landesschießstandes verdonnerte er die gesamte männliche Beamtenschaft der Reichsstatthalterei zum Arbeitseinsatz. Täglich hatten 20-25 Beamte und Angestellte in zwei Arbeitsgruppen ihren Dienst, der sich auch über Samstag und Sonntag erstreckte, zu verrichten.[53] Die Begeisterung hielt sich dabei in Grenzen, wie etwa die Reaktion eines Beamten zeigt: »Bitte ich kann nicht gehen, da ich noch immer in meinen Füßen den Muskelkater habe und zudem meine schönen einzigen Paar Schuhe anhabe. Bitte mich zu entschuldigen.«[54] Das Tiroler Landesschießen, das der Gauleiter einführte und das im Jahresrhythmus stattfand, entwickelte sich zur größten und herausragendsten Schießveranstaltung des Reiches. Die Bedeutung des mit beachtlichem Pomp und Aufwand abgewickelten Landesschießens, bei dem Tausende Schützen in ihren Trachten durch die Stadt defilierten und das als riesiges Volksfest gefeiert wurde, ist auch an der stetig wachsenden Teilnehmerzahl abzulesen:

Tabelle 31[55]
Teilnehmer am Tiroler Landesschießen 1938–1943

1938:	6.735	1941:	16.005
1939:	8.586	1942:	21.914
1940:	10.225	1943:	30.432

Im Februar 1939 umfaßte der Standschützenverband Tirol-Vorarlberg ca. 50.000, 1940 bereits 100.000 Mitglieder.[56] Bei seiner Förderung des Schützenwesens hatte GL Hofer neben der Traditionspflege immer auch den Krieg vor Augen. Folgerichtig versuchte er als letztes Aufgebot gegen Kriegsende die Schützen als »Volkssturm« zu nützen, um sie in Anlehnung an die Vergangenheit zur vielbeschworenen Verteidigung der Heimat heranzuziehen.[57]

3. Film, Rundfunk und Theater

Ein sehr hoher Stellenwert in der NS-Kulturpolitik wurde nicht nur dem Theater, sondern auch der Ausnutzung moderner Massenmedien wie Rundfunk und Film eingeräumt. Dabei stand mehr die Unterhaltungsfunktion als die direkte, offene NS-Indoktrinierung im Vordergrund. Um die Menschen von ihren Sorgen und Alltagsproblemen abzulenken, unternahmen die Nationalsozialisten große organisatorische und finanzielle Anstrengungen. Es galt, nicht nur die Realität zu überdecken und ihr einen rosa Anstrich zu verleihen, sondern auch ein reales Bedürfnis der Bevölkerung nach Entspannung und Unterhaltung zu befriedigen. Überdies hatte die propagierte »Kultur für die Massen« einen Beitrag zur optimalen Reproduktion der Arbeitskraft zu leisten, stand also im Dienst der Leistungsmaximierung. Jeder »Volksgenosse« sollte am kulturellen Leben partizipieren können, sich dadurch erholen, entspannen und die verbrauchten Kräfte sammeln, um wieder frohgemut ans harte Tagwerk zu gehen. In diesem Sinn erhielt gerade das »Unpolitische« und scheinbar Harmlose eminent politische Funktion.

Der Film

Der Filmsektor war weniger von NS-Propagandafilmen als vielmehr von leicht verdaulichen, unbeschwerten, lustigen oder spannenden Produktionen gekennzeichnet. In den ersten Wochen nach dem »Anschluß« war der Anteil der ideologiebetonten Filme noch größer gewesen. Das Regime brachte etwa mit den Leni Riefenstahl Dokumentationen über den Nürnberger Parteitag 1934 und die Olympiade 1936 in Berlin sofort Höhepunkte nazistischer Filmpropaganda auf die Leinwand. Am 18. März erfolgte in Innsbruck die festliche Erstaufführung von »Hitlerjunge Quex« im »ehrenden Gedenken an die ersten Kämpfer für unsere völkische Freiheit« mit dem Beiprogramm »Der Führer in Linz«, »Der Einmarsch deutscher Truppen in Wien und in den Landeshauptstädten« sowie »Die Heldengedenkfeier in Berlin«.[58] Die direkte politische und ideologische Beeinflussung erfüllten in erster Linie die Wochenschau und das Beiprogramm. Als Vorspann sahen die Besucher in der Folge kurze Propagandafilme wie »Der Tag der Freiheit« (Reichsparteitag 1935), »Die ewige Wache« (Trauerfeierlichkeiten zum 9. November), »Wir erobern Land« (Reichsarbeitsdienst) oder »Die Rückkehr der Spanien Freiwilligen von der Legion Condor«.[59] Durch das Kino wurden die Menschen auf den herannahenden Krieg eingestimmt. Drei Wochen vor Kriegsbeginn bereitete der im Vorprogramm laufende, groß angekündigte Film »Der Westwall«, der eine Dreiviertelstunde dauerte, schon psychologisch auf eine militärische Konfrontation und einen Mehrfrontenkrieg vor.[60] Doch ansonsten bildeten die offen nationalsozialistischen Propagandafilme eine absolute Minderheit im Spielfilmprogramm der öffentlichen Freilichttheater Tirols. Beispiele für derartige abendfüllende Produktionen sind etwa »Kameraden auf See« (ein Film der »nationalen Freiheit und Ehre aus dem Leben der deutschen Kriegsmarine«), die Verfilmung eines deutschen Frontkämpferschicksals in »Pour le mérité« oder die filmische Umsetzung des Horst-Wessel-Buches unter dem Titel »Hans Westmar«, ein Film über »das heroische Sinnbild des nationalsozialistischen Kämpfers schlechthin.«[61] Nur vereinzelt wurden Unterhaltungsfilme mit besonders starker Betonung der NS-Ideologie gezeigt. Der Großteil der Produktionen hatte allerdings nicht nur affirmativen Charakter, sondern vermittelte »unpolitisch« und unterhaltsam auf subtile Weise Klischees, Stereotypen, Einstellungen und Werthaltungen, – in diesem Zusammenhang sei nur auf die Darstellung des Frauenbildes verwiesen – die mit der NS-Weltanschauung in Einklang standen. Daß dem Publikum ganz bewußt eine heile Welt vorgegaukelt und Fluchtmöglichkeiten aus der Wirklichkeit angeboten wurden, ist evident. Zu diesem Zweck wurde der deutsche und auch österreichische Film staatlicherseits stark gefördert und die Produktion beträchtlich angekurbelt, die amerikanischen Filme hinge-

3. Film, Rundfunk und Theater

gen immer mehr aus dem Programm verdrängt und durch die heimische Kost ersetzt. Bis Kriegsbeginn fanden nur mehr relativ wenige, ausgesuchte amerikanische Spielfilme den Weg in die Innsbrucker Kinos.[62] Auch Tirol bot die Kulisse für einige Spielfilme der Nazifilmindustrie. Im Jänner 1939 lief mit »Frau Sixta« ein Film über »Heimat, Liebe, Enttäuschung und Verzicht« in den Innsbrucker Kinos, der im Kühtai gedreht worden war.[63] In ihrem Bemühen, die deutschen Filme mit den beliebtesten Schauspielern zu besetzen, gewannen die Filme an »politischer Schlagkraft« und erhöhten die »Identifikationsbereitschaft des Publikums«.[64] Die Stars unzähliger Produktionen der NS-Zeit, die auch heute noch häufig im ORF ausgestrahlt werden und sich unter Ausblendung des Hintergrunds der Produktionszusammenhänge nach wie vor großer Beliebtheit erfreuen, konnten auch in Innsbruck von einem sehr großen Publikum gesehen werden. Durch den völligen Umbau und die Modernisierung der Kammerlichtspiele, die dadurch über eine Bühnenplattform für Vorträge, Varieté usw. verfügten, wurde der Fassungsraum des Kinos von 250 auf 500 Sitze verdoppelt.[65] Die Eröffnung fand am 15. Dezember 1938 mit dem Film »Heimat« unter Mitwirkung von Zarah Leander und Heinrich George statt.[66] Neben diesen Schauspielern durften die Tiroler Kinogeher v. a. Heinz Rühmann, Maria Andergast, Hans Moser, Willy Birgel, Attila und Paul Hörbiger, Hans Albers, Paula Wessely, Lil Dagover, Vera Tschechowa, Brigitte Horney, Marika Röck, Jan Kiepura, Magda Schneider, Luis Trenker, Luise Ullrich oder Willy Forst bewundern.

Da der Film als »Kunstform der Zeit« als eines der effizientesten Beeinflussungsinstrumentarien der Partei angesehen wurde, der auch »die Volksgenossen, welche abseits der Städte und großen Verkehrswege leben«, erfassen helfen sollte, errichtete die Gauleitung eine Gaufilmstelle, die Pg. Ritzer leitete. Der Gaufilmstellenleiter der Kurmark, Pg. Teuchert, half beim Aufbau der Tiroler Gaufilmstelle, deren Einrichtung bis Ende Juli 1938 beendet war.[67] Die neueste Technik des Tonfilmwunders sollte politisch aufklärerisch »in jedes Dorf, in jedes Haus« getragen werden[68], die »Volksgenossen« freizeitmäßig betreuen helfen und die Jugend staatspolitisch schulen.[69] Acht rote Tonfilmwagen sorgten im Gau Tirol-Vorarlberg dafür, daß die Bevölkerung des entlegensten Bergdorfes mit dem »künstlerisch bedeutsamen Film« vertraut gemacht wurde. Von der Präsentation von Lehrfilmen war nach der Volksabstimmung sehr bald Abstand genommen worden, statt dessen wurden die TirolerInnen mit Filmen wie »Die Jugendsünde«, »Schimmelkrieg in Halledau«, »Schweigen im Walde«, »Das Weiberregiment«, »Urlaub auf Ehrenwort«, »Der Berg ruft« u. ä. versorgt. Betont ideologische Filme wie »Deutsches Land in Afrika« standen nur mehr selten am Spielplan, auch in den Außenbezirken erfolgte die propagandistische Beeinflussung über das Beiprogramm mit der »Politischen Monatsschau« und Beiträgen wie »Der Stapellauf der Tirpitz«, »Flieger, Funker, Kanoniere«, »Gebt mir vier Jahre Zeit«, »Durch Kampf zum Sieg«, »Festliches Nürnberg«, »Schnelle Straße« oder »400 bauen eine Brücke«.[70] Die Tätigkeit der Gaufilmstelle erwies sich trotz einiger Pannen als sehr zielführend und kam bei der Bevölkerung gut an, ja die Menschen strömten trotz schwieriger Wegverhältnisse geradezu in die Vorstellungen, hatten doch viele noch nie in ihrem Leben einen Tonfilm zu sehen bekommen.[71] Über die Hälfte der Bewohner des Gaus wohnte in Orten, wo kein Kino besucht werden konnte. Deshalb stellte die Ankunft der Filmwagen in einem Dorf jedesmal geradezu ein besonderes Ereignis dar. In manchen Orten gingen bis zu 50% der Dorfbewohner zu den Vorstellungen[72], die sich bei der Landbevölkerung, gerade wenn schöne Landschaftsfilme gezeigt wurden, großer Beliebtheit erfreuten.[73] Allerdings konnte es bei Übergriffen gegen katholische Geistliche oder wüsten Hetzreden gegen die Kirche vereinzelt zu regelrechten Boykotts von Vorstellungen der Gaufilmstelle kommen, ansonsten war deren Arbeit sehr erfolgreich.[74] Im März 1939 besuchten die Filmwagen trotz ungünstiger Witterungsverhältnisse 140 Orte des Gaus und zeigten 246 Vorführungen für ca. 44.000 Menschen.[75] Die Tiroler Bevölkerung war von diesem für sie so neuartigen Medium derart angetan, daß Klagen darüber laut wurden, daß einige Orte nur ein Mal im Monat von der Gaufilmstelle angefahren wurden.[76] Den Vorführungen, die gut beworben meist in der gemütlichen Atmosphäre des Dorfgasthauses stattfanden, wurde ein festlicher Charakter verliehen und der Raum mit den üblichen NS-Symbolen geschmückt.[77] Der Filmabend war stets begleitet von den Ausführungen eines politischen Funktionärs, der sich an Menschen wenden konnte, die sonst nie Parteiveranstaltungen besuchten.[78] Kerschbaumer schätzt die Wirkung der Tonfilmveranstaltungen nicht zu positiv ein, wenn er meint:

»Der Besuch und das anschließende gesellige Beisammensein standen unter Kontrolle der Machthaber, schwächten die Bindungen an die traditionellen Milieus sogar im entlegensten Winkel und stabilisierten so die NS-Herrschaft.«[79]

3. Film, Rundfunk und Theater

Der Rundfunk

Die NS-Kulturpolitik versuchten sich neben dem Medium Film auch den Rundfunk als Propagandamittel zunutze zu machen. Er galt als NS-Erziehungsmittel erster Ordnung, das auf die Menschen äußerst anziehend wirkte und sehr effektiv die »Volksgenossen« mit der NS-Weltanschauung vertraut machen konnte. Das Radio hatte nicht nur deshalb große Bedeutung, weil die geographischen Verhältnisse des Gaus der ideologischen Erfassung der Bevölkerung durch herkömmliche Mittel wie Versammlungen Grenzen setzte und die Tiroler NS-Presseerzeugnisse aufgrund ihrer qualitativen Mängel nur zu einer partiellen ideologischen Durchdringung der Bevölkerung imstande waren. Die Machthaber wußten auch um die Faszination technischer Errungenschaften wie Film und Rundfunk, an denen noch viele TirolerInnen kaum teilhaben konnten. Daher waren die Nationalsozialisten bemüht, die Anzahl der RundfunkteilnehmerInnen möglichst rasch zu erhöhen. In jedem Dorf gab es ein Gasthaus bzw. einen Gemeinschaftsraum, der mit einem Empfangsgerät ausgestattet war, um den von der Partei so favorisierten Gemeinschaftsempfang zu ermöglichen. In jeder Ortsgruppe war ein Parteigenosse dafür verantwortlich, daß das gemeinschaftliche Hörerlebnis gut organisiert wurde und sich Feststimmung verbreitete.[80] Auch bei diesen Anlässen eröffnete sich den politischen Funktionären die Gelegenheit zur festeren Verankerung des Nationalsozialismus im Dorf. Allerdings litt die Erfassung bzw. kulturpolitische Betreuung des Gaus Tirol-Vorarlberg durch den Rundfunk an technischen Schwierigkeiten, da die Sender Innsbruck und Bregenz nur ein Fünftel der Bevölkerung erreichten. In gewohnt übertriebener Manier urgierte GL Hofer die bevorzugte Behebung der desolaten Tiroler Empfangsverhältnisse, da sich diese »zu einer glatten Katastrophe auswirken«.[81] Hofer war an einer Entwicklung in Richtung eines eigenen Gausenders interessiert, auf alle Fälle wollte er eine Trennung des Tiroler und Vorarlberger Senders verhindern, da er dadurch seinen Einfluß geschmälert und die Gaueinheit destabilisiert sah.[82] Die gemeinsame Angliederung der Sender Innsbruck *und* Dornbirn an den Reichssender München konnte Hofer, der sogar ein zeitweiliges Weiterbestehen des rundfunkmäßigen Anschlusses des Gaus beim Reichssender Wien zur Verhinderung der Trennung der beiden Sender bevorzugte[83], trotz Unterstützung des Reichskommissars[84] nicht durchsetzen. Reichsrundfunk(kammer), Reichspostministerium sowie das Reichsministerium für Volksaufklärung und Propaganda sorgten dafür, daß wegen technischer, finanzieller, organisatorischer, künstlerischer und politischer Gründe der Sender Innsbruck an den Reichssender München, der Sender Dornbirn aber an den Reichssender Stuttgart angeschlossen wurde.[85] Jedenfalls hielt das Medium Rundfunk im Gau Tirol-Vorarlberg sehr rasch Einzug und verbreitete sich durch staatliche Förderung enorm schnell. Stand mit 1. April 1938 nur knapp jedem dritten Haushalt ein Radiogerät zur Verfügung, so besaß genau zwei Jahre später über die Hälfte der Haushalte bereits ein Rundfunkgerät:

Tabelle 32[86]
Radios und RundfunkteilnehmerInnen in Tirol bzw. im Gau Tirol-Vorarlberg 1938–1941

Gau Tirol-Vorarlberg	Rundfunk-teilnehmerInnen	Radios auf 100 Haushalte
1. 4. 1938	36.745	32,9
1. 4. 1940	59.603	51,9
1. 4. 1941	66.700[87]	
Tirol		
1. 4. 1940	39.800	50,6
1. 4. 1941	44.900	54,0

Das Theater

Auch im Dritten Reich stand das Theater im Mittelpunkt der Kulturpolitik, dabei sollte auch das Innsbrucker Stadttheater als typisches Aushängeschild der Hochkultur nun allen »Volksgenossen« zugänglich gemacht werden und »Unterhaltung, Erbauung und kulturellen Fortschritt« bieten.[88] Theater hatte in erster Linie »Volkstheater« zu sein. Dieser Anspruch erforderte die Sicherstellung eines Massenbesuchs und regelmäßige Vorstellungen am Land. Das NS-Kulturkonzept beinhaltete die Ausarbeitung eines Spielplans, die der »Volksgemeinschaft« deutsches Kulturgut näherbrachte und vordringlich ganz im Sinne der Tradition von »Brot und Spiele« für Abwechslung, Zerstreuung und Freude sorgte.[89] Aus diesem Grund war auch die DAF-Organisation »Kraft durch Freude« (KdF), für die eine ganze Reihe von Veranstaltungen reserviert wurde, fest in die neue Theaterkonzeption eingebunden. Nicht nur Betriebe, auch Parteiformationen wie HJ oder SS durften bzw. muß-

3. Film, Rundfunk und Theater

ten kostengünstig dem Innsbrucker Stadttheater einen Besuch abstatten. Durch KdF erhielten die TirolerInnen nicht nur große Preisermäßigungen für die Vorstellungen der im Stadttheater gastierenden »Exl-Bühne«, sondern auch für die Innsbrucker städtische Bühne selbst.[90] KdF nahm die Karten zu 70 Reichspfennigen ab, dies war dann auch der Eintrittspreis, und die Stadt Innsbruck bzw. die Gemeinden, deren Bewohner in den Genuß der Vorführungen des Theaters im »Dienst des ganzen Volkes« kamen, hatten einen Betrag von 31 Reichspfennigen pro Kopf der Einwohnerschaft zu entrichten.[91] Doch bevor die Nationalsozialisten ihre kulturpolitischen Intentionen in die Tat umsetzen konnten, mußten erst einmal kräftige Investitionen getätigt werden. Der Weiterbestand des Innsbrucker Stadttheaters war nämlich kurz vor dem »Anschluß« durch die ablehnende Haltung des Innsbrucker Gemeindetags, den finanziellen Abgang der Saison 1937/38 in der vereinbarten Höhe zu tragen, in Frage gestellt gewesen.[92] Da Reichsminister Goebbels eine »Spende« in der Höhe von 200.000 RM überwies, konnten Bürgermeister Denz und Gaukulturwart Dr. Ostheimer für die Weiterführung des Theaters und die Ausschreibung der neuen Spielleitung sorgen. 150.000 RM waren für den künstlerischen Wiederaufbau gedacht. Die Spielzeit wurde von sechs auf acht bis neun Monate erhöht und das Ensemble personell verstärkt. Die restlichen 25% kamen der Ausstattung des Innenraums und der technischen Erweiterung der Bühneneinrichtung zugute, sodaß das Theater nicht mehr nur 650 sondern unter Auflassung der Stehplätze 1.000 Sitzplätze faßte. Als neuer Intendant wurde der gebürtige Wiener Robert Hellwig, der 12 Jahre lang das Stadttheater Wilhelmshaven geleitet hatte und nun auch noch die gesamte Oberspielleitung übernahm, eingesetzt. Ihm zur Seite stand als stellvertretender Intendant und musikalischer Oberleiter der aus Innsbruck stammende Max Alexander Pflugmacher, der nach dem Ersten Weltkrieg ins Reich gegangen und als Operettenkomponist tätig geworden war. Sein Singspiel »Prinz Eugen« stand bereits im April 1936 am Innsbrucker Spielplan.[93] Der neue Intendant stellte dem Stadtthater ganze Waggonladungen aus seinem Privatfundus zur Verfügung, wegen der Transportkosten gab es allerdings noch eine Kontroverse mit dem Reichsverkehrsministerium, das keine Frachtermäßigung zugestehen wollte.[94] 1939 löste Pflugmacher Hellwig an der Spitze des Innsbrucker Stadttheaters, das Anfang der Wintersaison 1939/40 zum Landestheater unter Zusammenschluß mit der Gauwanderbühne Tirol-Vorarlberg ernannt und schließlich im Herbst 1942 zur Reichsgaubühne befördert wurde, ab.[95] Die Machtübernahme durch den Nationalsozialismus in Tirol wirkte sich auf den laufenden Spielplan nicht aus. Mit Ausnahme des Stücks »Elisabeth, Kaiserin von Österreich« gingen alle Produktionen weiterhin planmäßig über die Bühne und auch das noch vor dem »Anschluß« ausgearbeitete Programm konnte gespielt werden.[96] Die erste Aufführung unter dem NS-Regime war das von der alten Intendanz eingearbeitete Schillerdrama »Kabale und Liebe«, doch nun wurden die Klassiker in ein anderes Licht gerückt:

»Schiller hat das erste Wort im nationalsozialistischen Innsbrucker Stadttheater. Mit vollem Recht, denn zu einer Zeit, da noch kein einigendes Band Deutschland umschlang, wurde der Name Schiller zum Symbol und leuchtenden Fanal der ersehnten nationalen Einigung, die der Frühvollendete, der das Zeitalter der deutschen Erhebung nicht schauen durfte, in seiner Dichtung prophetisch ankündigt.«[97]

Schillers »Wilhelm Tell« wäre den Nationalsozialisten aber weit lieber gewesen, erschien dieses Stück geradezu als »Gebot der Stunde«. Ein Gastspiel des bayrischen Staatstheaters München brachte den Tell schließlich noch zeitgerecht vor der Volksabstimmung am 7. April 1938 als erste KdF-Veranstaltung im Innsbrucker Stadttheater zur Aufführung. Gaukulturwart Dr. Ostheimer faßte dieses Drama unter Anspielung auf die »Befreiung« Tirols durch den Nationalsozialismus so auf:

»Schillers ›Wilhelm Tell‹, ewiges Lied der Freiheit, ewiger Gesang eines Bergvolkes, das aus eigener Kraft die Ketten der Tyrannei sprengt, nie zuvor haben die Flammenworte des Dichters unsere Herzen mächtiger entzündet als an diesem Abend.«[98]

Die Aufführung galt als »Weckruf« für eine kommende Zeit, in der das Innsbrucker Theater »seine kulturelle Bestimmung an der Südmark des Reiches als wahre Volksbühne, die den Letzten und Geringsten in den Bann der deutschen Kultur zieht«, erfüllen sollte.[99] Mit Mozarts »Zauberflöte« als Abschlußvorstellung des Spieljahres 1937/38 am 31. März 1938 schied auch der bisherige Intendant Skuhra aus seinem Amt.[100] Bevor dann das städtische Theater seinen Betrieb wieder aufnahm, rief GL Hofer alle Tirolerinnen und Tiroler »zum vollen Besucheinsatz« ins erneuerte Theater, dessen Funktion er wie folgt umriß, auf:

»Schöner in seinem Äußeren, reicher in seinen künstlerischen Möglichkeiten soll unser Theater eine Kulturstätte ersten Ranges werden, durch und durch ge-

3. Film, Rundfunk und Theater

leitet in nationalsozialistischem Geist, im Geiste der Verehrung unserer großen deutschen Kunst und der freudigen Lebensbejahung des schaffenden Menschen.«[101]

Am 16. September 1938 war es dann soweit. Nach einem Vorspiel aus Richard Wagners »Meistersinger von Nürnberg« und der Rede des Geschäftsführers der Reichstheaterkammer GL Frauenfeld, eröffnete Hofer die neue Spielzeit 1938/39. Der Vorhang ging auf für Friedrich Forsters Führer- und Freiheitsdrama mit dem sinnigen Titel »Alle gegen einen – einer für alle«, das »blutvollstes Leben« verkündete und die historische Parallele zu den Ereignissen der Machtübernahme zog.[102] Für Gaukulturleiter Dr. Ostheimer entsprach diese Antrittsvorstellung, in der »ein großes Führerschicksal lebendige Gestalt annahm« voll und ganz einer der Hauptaufgaben des Theaters als »lebendigster Schule der Nation«. Mit der nachfolgenden Phantasieoperettenrevue »Frau Luna« war die andere Zielrichtung der Sprechbühne erfüllt, nämlich den Besuchern Freude, Lebensbejahung und Zerstreuung zu bieten: »Neben dem harten Ernst muß das Lachen stehen, so wie neben dem ehernen Dröhnen der Waffen die Glocken der Kunst nicht verstummen dürfen.«[103]

Tabelle 33[104]
Der Spielplan des Innsbrucker Stadttheaters 1938/39

Schauspiele

Alle gegen einen – einer für alle	Friedrich Forster
Uta von Naumburg	Felix Dhünen [105]
Thomas Paine	Hanns Johst[106]
Thron zwischen Erdteilen	Hanns Gobsch[107]
Der andere Feldherr	Hanns Gobsch
Der Untergang Karthagos	Wolfgang Eberhard Möller[108]
Das Frühstück zu Rudolfstadt	Rudolf Presber[109]
Ein idealer Gatte	Oscar Wilde
Emilia Galotti	Gotthold E. Lessing

Lustspiele/Komödien/Schwänke

Der Hochtourist	Curt Kraatz u. Max Real
Aimée	Heinz Courbier
Flitterwochen	Paul Hellwig
Eintritt frei	Just Scheu u. Horst Lommer
Ein ganzer Kerl	Fritz Peter Buch
Lauter Lügen	Hans Schweickart

Moral — Ludwig Thoma
Bunburry – Ernst sein ist alles — Oscar Wilde
Der Widerspenstigen Zähmung — William Shakespeare

Kurze Gastspiele:
Mama räumt auf — Ida Wüst und Ensemble
Spiel im Ernst — Lil Dagover und Ensemble

Operetten
Der Zarewitsch — Franz Lehar
Die lustige Witwe — Franz Lehar
Land des Lächelns — Franz Lehar
Waldmeister — Johann Strauß
Fanny Elßler — Johann Strauß
Die Dorothee — Arno von Vetterling
Liebe in der Lerchengasse — Arno von Vetterling
Die Maske in Blau — Fred Raymond
Polenblut — Oskar Nedbal
Die Frau ohne Kuß — Walter Kollo
Fürst ohne Land — Max Alexander Pflugmacher
Frau Luna — Paul Lincke

Kurze Operngastspiele:
Entführung aus dem Serail — Wolfgang Amadeus Mozart
Madame Butterfly — Giacomo Puccini
Die toten Augen — Eugen d'Albert
Norma — Vincenzo Bellini

Der Spielplan der städtischen Bühne 1939/40[110]

Schauspiele
Der Hochverräter — Curt Langenbeck
Österreichische Trilogie — Rudolf Oertel
Der Strom — Max Halbe
Peer Gynt — Dietrich Eckart
Via mala — John Knittel
Thors Gast — Otto Erler
Rose Berndt — Gerhart Hauptmann
Maria Stuart — Friedrich Schiller

Lustspiele/Komödien/Schwänke
Der Engel mit dem Saitenspiel — Alois Johann Lippl
Der Frontgockel — Hans Fitz
Kinder, Kinder — Hans Fitz
Bravo Herr Oberkellner — M. Vitus

Raub der Sabinerinnen	Franz u. Paul von Schönthau
Schwarzbrot und Kipfel	Werner von der Schulenburg
Der Vetter von Dingsda	E. Künnecke
Die guten Sieben	A. A. Zinn
Kleines Bezirksgericht	Otto Bielen
Die schöne Welserin	Josef Welser
Der Lügner	Carlo Goldoni

Kurzgastspiel des »Wiener Werkel«

Operetten
Wiener Blut	Johann Strauß
Die Fledermaus	Johann Strauß
Paganini	Franz Lehar
Land des Lächelns	Franz Lehar
Zwei glückliche Menschen	J. Müller u. A. L. Schmolz
Zwei Herzen im Dreiviertel Takt	Robert Stolz
Salzburger Nockerl	Fred Raymond
Schwabenstreiche	H. Kofler
Hofball in Schönbrunn	A. Pepöck u. J. Wenter

Opern
Tannhäuser	Richard Wagner
Fidelio	Ludwig van Beethoven
Rigoletto	Giuseppe Verdi
Boheme	Giacomo Puccini
Die verkaufte Braut	Friedrich Smetana
Cavalleria rusticana	Pietro Mascagni
Bajazzo	Ruggiero Leoncavallo

Betrachtet man die Programme 1938/39 und 1939/40, dann pflegte das Innsbrucker Theater »einen ehrgeizigen nationalen Spielplan«.[111] Anders ausgedrückt offenbart sich im Repertoire, das zur Aufführung gelangte, das Absinken der Innsbrucker Bühne zu einem Theater immer provinziellerer und niveauloserer Provenienz. Der Spielplan kann in drei Gruppen eingeteilt werden: in völkische und nationalsozialistische Sprechstücke, reine Unterhaltungsstücke, Komödien, Operetten sowie in ziemlich bescheidenem Ausmaß in Opern und gehobenere Sprechstücke, die umgedeutet und vereinnahmt wurden. Hervorzuheben ist, daß im Innsbrucker Theater bereits in Friedenszeiten die leichte, anspruchslose Kost den größten Platz einnahm. Nun hielt der »deutsche Humor« auf der Bühne Einzug, eine Unmenge an seichten Lustspielen, Komödien und Schwänken trug der Absicht der Machthaber zur Ablenkung und Präsentation einer heilen Welt Rechnung. Im Repertoire der ersten beiden Spieljahre unter NS-Herrschaft gelangten nur drei renommierte ausländische Komödienschreiber mit je einem Stück zur Aufführung: Shakespeare, Wilde und Goldoni. Besonderer Beliebtheit erfreute sich in diesem Zusammenhang die Operette, die geradezu prädestiniert war, die Botschaft »Die Welt ist schön« dem Publikum nahezubringen. Strauß und Lehar waren die meistgespielten Operettenkomponisten auf Innsbrucker Boden. Während dem Publikum im Spieljahr 1938/39 auf dem Gebiet der Oper nur einige Kurzgastspiele deutscher Opernhäuser geboten wurden, kamen nach der Aufstellung eines ständigen Opernensembles in der Saison 1939/40 fünf Opern und zwei Kurzopern auf die Bühne. Ende 1940 machte der beim Regime hoch im Kurs stehende Richard Strauß dem Tiroler Landestheater anläßlich der Aufführung der »Salome« seine Aufwartung.[112]

Das Schauspiel war fast vollkommen bestimmt vom »neuen Geschichtsdrama«. Anläßlich des Zusammenschlusses der Städtischen Bühne mit der Gaubühne Tirol-Vorarlberg zum Tiroler Landestheater wurde dessen kulturpolitische Sendung, die zur Verflachung, Ideologisierung und Verbannung alles Modernen im Tiroler Theater führen mußte, herausgestrichen:

»Die dichterischen und theatralischen künstlerischen Kräfte, die in Tirol in so reichem Maße sprießen, sollten gleichsam in einem Brennpunkt zusammengefaßt auf der Innsbrucker Bühne wirken, dadurch, daß sich das Theater voll und ganz auf eine dem Boden des Gaues und der Stadt artgemäße Kunstpflege besinnt. Es soll nicht ein Theater unter Theatern sein, sondern *das* Theater Tirols.«[113]

So beherrschen drittrangige deutsche Dramatiker, deren Stoffe und Inhalte bei den NS-Kulturpolitikern hoch im Ansehen standen, das Tiroler Theaterleben.[114] Kerschbaumer wies bereits darauf hin, daß die Darbietung anspruchsvoller Opern- und Sprechstücke, speziell der Klassiker, notwendig war, »weil nur durch sie ein repräsentatives Theaterleben und eine [...] Kulturfassade errichtet und durch dieses humanistische Mäntelchen Brutalität und ›Ausrottung‹ von Millionen Menschen getarnt werden konnte«.[115] Allerdings wartete das Tiroler Landestheater neben dem völkischen Schauspiel nur in einer verschwindend geringen Anzahl mit bedeutenderen Dramatikern auf. Neben einem Werk von Lessing und Schiller wurden 1938/39 und 1939/40 nur noch je ein Stück von Wilde und Hauptmann zur Aufführung gebracht. Während

3. Film, Rundfunk und Theater

das Landestheater der Ansicht war, mit Hauptmanns »Rose Berndt« gerade in schwieriger Zeit – ein dreiviertel Jahr nach Kriegsbeginn – seiner Rolle als »Wahrer und Vermittler deutschen Kulturguts« gerecht zu werden[116], wurde das intellektuell-aufklärerische und humanistische Bildungsziel der wenigen gespielten Klassiker herausgenommen und entsprechend den Prioritäten und (tagespolitischen) Bedürfnissen des Systems neue Akzente gesetzt. Schillers »Maria Stuart«, die wenige Wochen nach Kriegsausbruch gegeben wurde, mußte als anti-englisches Kampfstück zur Denunziation des Kriegsgegners herhalten:

»Englands haßerfüllte, neidvolle Tücke, sein heuchlerisch getarnter Vernichtungswille, verkörpert in Königin Elisabeth, sind sich durch die Jahrhunderte gleichgeblieben, haben nur Anlässe und Gegner gewechselt. Diese aus unserem unmittelbaren Erlebnis geschöpfte Kenntnis rückt uns das Meisterwerk des reifen Schiller näher als es die Ehrfurcht vor dem Klassiker und seiner Kunst vermöchte. Welch gewaltigen Hintergrund bilden nicht unsere kampferfüllten Tage für den funkensprühenden Streit der beiden Königinnen.«[117]

Diese totale Vereinnahmung und Vergewaltigung der ganz wenigen großen Dramatiker, die in Innsbruck gezeigt wurden, brachte Karl Paulin in seiner Besprechung des Ibsen Stückes »Peer Gynt«, das in einer Nachdichtung von Dietrich Eckart, »des dichterischen Herold des Dritten Reiches« zur Aufführung gelangte, offen zum Ausdruck:

»Ist es nicht mehr als merkwürdig, daß alle echten tiefen Bühnendichtungen im Scheinwerfer unserer Gegenwart wieder neues Leben gewinnen, daß die zeitgebundenen Hüllen abfallen und der ewig menschliche Kern schlackenlos erscheint? Ob wir Goethe, Schiller, Lessing, ob wir Shakespeare, Wilde, Shaw, Moliere oder Goldoni hören, sie alle tönen wie neu [...].«[118]

Das Programm der Innsbrucker Bühne wurde vom Publikum nicht besonders gut angenommen. Erst im November 1939 stellte sich erstmals seit dem »Anschluß« ein befriedigender Besuch ein. Der SD vermerkte ab Herbst 1939 durch die Aufführung eigener Opernproduktionen einen Aufstieg des Theaters in kultureller Hinsicht, jedenfalls schätzte er das Niveau höher ein als in der Vorsaison.[119]

Um auch die kulturellen Bedürfnisse der Menschen in den Bezirken zu befriedigen, stellten die Nationalsozialisten die Gauwanderbühne Tirol-Vorarlberg auf, die jedoch eher aus Mitgliedern der zweiten Garnitur des Innsbrucker Stadttheaters bestand und Volksstücke, Lustspiele, »zeitgenössische« Dramen und auch Mundartstücke auf dem Spielplan hatte.[120] Seit Oktober 1938 zog sie mit drei Spielgruppen durch den Gau. Die Aufführungen der Gauwanderbühne bot dem Tiroler Publikum in vertrautem Milieu und vertrauter Sprache unbeschwerte, anspruchslose Stunden als »Ausgleich und Ablenkung zur Erhaltung der Arbeitskraft und Stabilisierung der Herrschafts- und Unterdrückungsverhältnisse«.[121] Der »bodenständige deutsche Humor«, der durch die Förderung des Volksstückes bewahrt und verbreitet werden sollte, kam wohl am Land, nicht aber in den Kreisstädten an. Dort war das Publikum mit dem Niveau speziell der hochdeutschen Spielgruppe der Gauwanderbühne überhaupt nicht zufrieden, sodaß diese schließlich 1941 aufgelassen wurde und statt dessen Aufführungen des Tiroler Landestheaters in die Kreise kamen.[122] In der Saison 1938/39 absolvierte die Gauwanderbühne 528 Veranstaltungen, darunter eine Vielzahl von Varietés und Bunten Abenden, insgesamt 60 Orte wurden bespielt. Die Vorstellungen, die als besonderes Ereignis in einem feierlichen Rahmen gehalten waren, erfreuten sich stets eines guten Besuchs.[123] Im Schnitt kamen 230 Besucher zu den Vorführungen.[124] Die Pflege des Volksstücks erfuhr unter dem NS-Regime eine besondere Ausweitung. Volks- und Laienschauspiele wurden bewußt gefördert, nur wechselten zum Teil die Inhalte. Die Thierseer Volksschauspiele brachten keine religiösen, sondern nur mehr art- und blutverbundene Volksstücke zur Aufführung: »Von der irrigen Mystik des Gestern – zum Naturbekenntnis von heute – das ist die revolutionäre brauchtümliche Kultur in unserem Gau [...]«, so Gaupropagandaleiter Lezuo anläßlich der Eröffnung der Thierseer Laienspiele.[125] Die Innsbrucker Exl-Bühne, die ab 1941 unter der Leitung der vom »Geist der neuen Zeit« durchdrungenen Ilse Exl stand[126], konnte ihrem Repertoire an Komödien, Schwänken und Lustspielen treu bleiben. Sie wandte sich neben Anzengruber auch verstärkt den klassischen Tiroler Dramatikern Kranewitter und Schönherr[127], die die Nationalsozialisten völlig für sich reklamierten, zu. Die Betreiber der Exlbühne, die ihre Sommerspielzeit am Innsbrucker Stadttheater mit der Eröffnungsvorstellung »Ein Deutscher lügt nicht« starteten, durften sich ob ihrer Verdienste um die Heimatkultur des Danks des Führers sicher sein. Direktor Ferdinand Exl und Anna Exl wurden anläßlich des Tages der Deutschen Kunst von Adolf Hitler zum Empfang im Braunen Haus in München eingeladen.[128]

Zusammenfassend ist hervorzuheben, daß die NS-Kulturpolitik bei der ideologischen Erfassung und Beeinflussung der Tiroler Bevölkerung eine nicht zu unterschätzende Rolle spielte und Mängel der Propagandamaschinerie bis zu einem gewissen Grad auszugleichen vermochte.

3. Film, Rundfunk und Theater

Kultur degenerierte zum Instrument der Politik[129], die mit Hilfe der Volkstumspflege sowie der Inszenierung des Alltags die NS-Ideologie zu vermitteln suchte und dadurch ein bestimmtes Maß an Zustimmung zum System herzustellen wußte. Der Nationalsozialismus trat in Tirol als Hüter, Bewahrer und Vollender tirolischer Traditionen auf. Die althergebrachte Brauchtums- und Festkultur wurde vereinnahmt und unter Weglassung speziell der religiösen oder klassenbewußten Inhalte bei gleichzeitiger Betonung deutsch-germanischer Ursprünge bzw. spezifisch nationalsozialistischer Rituale und Symbolik im Sinne des Regimes uminterpretiert. Kino und Theater luden die Tiroler Bevölkerung zu unterhaltenden und unbeschwerten Stunden, in denen die im Gegensatz zur anderslautenden Propaganda disharmonische gesellschaftliche Wirklichkeit vergessen werden konnte. Das Niveau der Innsbrucker Bühne verflachte nach dem »Anschluß« aber derart, daß die NS-Machthaber gezwungen waren, diesem Umstand wenigstens in Ansätzen Rechnung zu tragen. Der rasante Anstieg der RundfunkteilnehmerInnen, gemeinschaftlicher Radioempfang und die Vorstellungen der Gauwanderbühne respektive der Gaufilmstelle sorgten für willkommene Abwechslung auch in den entlegensten Dörfern, verliehen dem Alltag einen feierlichen Anstrich und stärkten die »Volksgemeinschaft«. Durch diese verschiedenen kulturellen Anstrengungen und der bewußten Brauchtumspflege konnten unter Herausstellung der Heimatwerte die Menschen über ihr Herz und Gefühl angesprochen werden. Die Aktivitäten der Tiroler Nationalsozialisten im Kulturbereich trugen nicht unerheblich zur Legitimation des Regimes und zu dessen Herrschaftsstabilisierung bei. Im Kampf mit der katholischen Kirche um die kulturelle Hegemonie mußte die Tiroler NSDAP allerdings auch ihre Grenzen erkennen. Über die Betonung des Eigenständig-Tirolerischen in der Kultur, besonders intensiv zelebriert im und mittels des Tiroler Standschützenverbandes, konnte nicht nur eine bessere Integration der Bevölkerung ins NS-System erfolgen, sie war auch Ausdruck des gesteigerten Selbstbewußtseins des sich als Landesfürst gebärdenden Gauleiter-Reichsstatthalters bzw. generell der Provinz gegenüber der Zentralstelle Berlin. Der machtbewußte Gauleiter sicherte durch seine bodenständige Kulturpolitik nicht nur seine Herrschaft ab, sie trug trotz aller Schwächen und Pannen wesentlich dazu bei, daß sein brutales Regime in weiten Teilen der Bevölkerung nicht als etwas Fremdes, Aufgesetztes, sondern originär Tirolerisches empfunden wurde. Selbst ausgewiesenen Feinden des NS-Regimes wie dem vormaligen Direktor des Tiroler Bauernbundes, Oskar Hohenbruck, der Hofer attestierte, daß dieser nach Möglichkeit die Tiroler Eigenart zu erhalten bestrebt gewesen war[130], erschien der Gauleiter als aufrechter Tiroler Landespatriot. Doch nur unter Verkennung der Machtpolitik Hofers sowie unter Ausblendung der sonstigen Facetten nationalsozialistischer Kulturpolitik kann in seiner Person zuerst der Tiroler und dann der Nationalsozialist gesehen werden.

Zusammenfassende Bemerkungen

Als eigenständige Kraft hatte es die NSDAP in Tirol vermocht, das politische System und seine Institutionen zu unterwandern und zu schwächen. Voraussetzung dafür war die anhaltend schlechte ökonomische Entwicklung, die in der hohen Arbeitslosigkeit, dem niedrigen Bruttonationalprodukt, der schlechten sozialen Lage der Arbeiterschaft, der drückenden Verschuldung der Bauern und der großen Unzufriedenheit der Gewerbetreibenden zum Ausdruck kam. Der allmählich einsetzende Aufschwung im Laufe des Jahres 1937 kam zu spät, wirkte sich noch wenig merkbar auf den Lebensstandard aus und konnte die vorherrschende pessimistische Stimmung nicht beseitigen. Die Mehrheit der Tiroler Bevölkerung hatte ihr Vertrauen in die Lösungskapazitäten des »Ständestaates«, dessen autoritäre Politik Österreich außenpolitisch isoliert und innenpolitisch sturmreif gemacht hatte, längst verloren. In dieser Situation bot sich der Nationalsozialismus als dynamische Bewegung, die Arbeit, Brot und Rettung vor dem wirtschaftlichen und existentiellen Ruin bzw. der Stagnation versprach, als Retter an. Die Ereignisse vom 11. auf den 12. März 1938 offenbarten schließlich, auf welch schwachen Beinen die Regierung Schuschnigg nur mehr gestanden war. Praktisch ohne Gegenwehr brach das Regime binnen weniger Stunden völlig zusammen. Auf sich alleine gestellt, ohne den massiven Druck des Deutschen Reiches auf die österreichische Bundesregierung und der damit verbundenen Einmarschdrohung, wäre es aber auch der Tiroler NSDAP, die in Tirol als erstem Bundesland in Österreich die Macht übernommen haben will, nicht gelungen, das alte politische System zu stürzen.

Sehr bald nach der Machtübernahme stand die Partei in Tirol vor einer inneren Zerreißprobe, präsentierte sie sich doch als zerstrittener Haufen, tief erschüttert von heftigen Cliquenkämpfen. Während die ehemals illegalen Nationalsozialisten um Gauleiter Christoph zunächst die Gunst der Stunde nutzen konnten und die Schaltstellen in Partei und Staat besetzten, drängte der 1933 ins Reich geflüchtete, vormalige Gauleiter Hofer mit seinen Mitstreitern auf die Rückkehr und Übernahme des Gaus. Hofer, der in dieser bis aufs Blut geführten Auseinandersetzung mit seiner »Emigranten«-Clique die Oberhand behielt, schaltete energisch alle Gegner in der Partei aus, die offen gegen ihn aufgetreten waren oder eine kritiklose Unterordnung gegenüber seiner Politik ablehnten. Es gelang Hofer schließlich, die Partei im Gau einheitlich auszurichten und seine Gegner in Tirol und Vorarlberg kaltzustellen. Die NS-Herrschaft in Tirol war schließlich stark geprägt von der diktatorisch-autoritären Führung des mit den Allüren eines landesfürstlichen Herrschers auftretenden Gauleiters. Die politische Organisation der NSDAP war die eindeutig bestimmende Kraft im Land, die anderen Herrschaftsträger vermochten sich deutlich weniger in Szene zu setzen. Außer der Wehrmacht bewahrte nur der Terrorkomplex (SS, SD und Gestapo) seine Eigenständigkeit. Es wäre aber ein Irrtum, aus dem Fehlen eines Herrschaftsträgers Großwirtschaft in Tirol auf ein absolutes Primat der Politik vor der Ökonomie zu schließen und die Tiroler Gewerbetreibenden und Industriellen generell als NS-Opfer zu sehen.[1]

An die Grenze ihres Totalitätsanspruchs wurden die Nationalsozialisten von der katholischen Kirche geführt, die sich aufgrund ihrer tiefen Verwurzelung in der Tiroler Bevölkerung und ihres bedeutenden Einflusses auf die Menschen als »sekundärer Herrschaftsträger« einer Gleichschaltung zu widersetzen verstand. Die Auseinandersetzung des Nationalsozialismus mit dem Katholizismus wurde daher in Tirol mit besonderer Härte und Intensität ausgetragen. Der Tiroler Bischof sah es aber wie der gesamte österreichische Espiskopat nicht als Angelegenheit der Amtskirche an, gegen den Nationalsozialismus politischen Widerstand zu leisten. Viele Priester und Katholiken setzten sich jedoch unerschrocken für die Rechte der Kirche und ihren Glauben ein, oft unter schwersten Opfern sowie unter Einsatz des eigenen Lebens.

Von entscheidender Bedeutung für die Stabilität des Naziregimes war die erfolgreiche Integration der Beamtenschaft ins NS-Herrschaftssystem. Zunächst wurde die Bürokratie durch Eingriffe unmittelbar nach dem »Umbruch« und durch eine systematische Durchleuchtung mittels der Berufsbeamtenverordnung von politischen Gegnern und Beamten, die sich durch antinationalsozialistisches Engagement in den Augen der neuen Machthaber kompromittiert hatten, gesäubert und die höchsten Stellen der Verwaltung mit verläßlichen Nationalsozialisten besetzt. Darüber hinaus wurden gemaßregelte NS-Beamte wieder in Dienst gestellt, auch Beamte aus dem traditionellen Tiroler Verwaltungsapparat konnten vorrücken. Doch nicht nur das Gros der mittleren und unteren Beamten blieb im Amt, auch bei den hohen Beamten ist eine starke Kontinuität feststellbar. Die Förderung junger NS-Juristen und ihre Unterbringung auf Leitungsposten sollten die Nazifizierung der Tiroler Bürokratie, in der deutsche Beamte unterrepräsentiert blieben, beschleunigen. Auch auf der Ebene der Verwaltung erweist sich der Nationalsozialismus in Tirol als bodenständiges Regime. Die hohe Anpassungsbereitschaft der hiesigen Beamtenschaft sorgte jedenfalls dafür, daß sich das NS-Herrschaftssystem nicht zuletzt dank einer gut funktionierenden Verwaltung bis Kriegsende halten konnte.

Zum Verhältnis Partei und Staat läßt sich feststellen, daß im Interesse einer funktionsfähigen Verwaltung den Säuberungen Grenzen gesetzt waren. GL Hofer drosselte deshalb besonders im leitenden Bereich die Vorgangsweise der »Illegalen« unter Christoph, deren relativ weitgehende Rachemaßnahmen und ständige Eingriffe in den staatlichen Apparat in den ersten Wochen nach dem »Umbruch« zu einer Destabilisierung der Verwaltung zu führen drohten. Ferner waren staatliche Stellen sehr bemüht, Übergriffe der Partei in ihren Kompetenzbereich abzuwehren, was aber nur teilweise gelang. Dem staatlichen Bereich erwuchs in ureigenen Domänen Konkurrenz durch Parteiämter, den Gliederungen und angegliederten Massenorganisationen der Partei, durch Sonderverwaltungen oder Sonderbevollmächtigte, die ähnliche Aufgabenbereiche anvisierten, ohne daß die Zuständigkeiten zwischen Partei und Staat genau abgesteckt gewesen wären. Um eine entsprechend den NS-Zielvorstellungen funktionstüchtige Verwaltung zu etablieren, sicherte sich die Partei durch das Instrument der politischen Beurteilung bei Personalbesetzungen sowie durch Personalverflechtungen auf hohen Partei- und Staatsstellen weitgehenden Einfluß auf die Bürokratie. Trotz unübersehbarer Beharrlichkeit der bürokratischen Apparate kann in Tirol die Verwaltung nicht als eigener Herrschaftsträger, der die Partei ernstlich konkurriert hätte, angesehen werden. Die Aushöhlung der staatlichen Institutionen, die sich nicht zuletzt in ihrer Kompetenzentleerung und der Ausgliederung staatlicher Hoheitsbereiche und -funktionen manifestierte, hatte zu einem beträchtlichen Substanzverlust geführt, der NS-Herrschaft in Tirol deutliche Züge eines Maßnahmenstaates verliehen und die Führerstellung Gauleiter Hofers gestärkt. Allerdings war der Normenstaat zumindest bis 1940 noch in dem Maße intakt, daß auch der Gauleiter von einzelnen staatlichen Instanzen deutlich in die Schranken gewiesen werden konnte. Ob der für die NS-Herrschaft so typische Erosionsprozeß staatlicher Organisationen bis 1945 auch in Tirol so weitgehend vorangeschritten war, daß sich der Dualismus Partei – Staat aufgelöst und die Führergewalt durch völlige Durchdringung aller staatlichen Bereiche offen als Regierungsprinzip durchgesetzt hatte, muß erst noch näher untersucht werden.

Die partiellen Modernisierungsprozesse in Gesellschaft und Wirtschaft sind für das Verständnis des breiten Anklangs, dessen sich der Nationalsozialismus in Tirol erfreuen konnte, von großer Bedeutung. Anders ausgedrückt läßt sich im Sinne Hanischs von einer »Entprovinzialisierung der Provinz« sprechen, was eine tendenzielle Angleichung der ökonomischen und kulturellen Stellung der Provinz an die zu einer Provinzstadt hinabgesunkenen Metropole Wien meint. Während Wien seiner Vorrangstellung verlustig ging, bildeten sich in der österreichischen Provinz neue kulturelle und industrielle Zentren. In diesem Zusammenhang ist auf die Modernisierungstendenzen im wirtschaftlichen Bereich und eigentlich nicht intendierten Industrialisierungsimpulse hinzuweisen. Allerdings muß man sich hüten, feststellbare Modernisierungstendenzen als Charakteristik des NS-Systems anzusehen oder sie von vorneherein positiv einzuschätzen. Einerseits ist in vielen Bereichen der Gesellschaft eine mehr als rückschrittliche Entwicklung zu konstatieren. Als Beispiele dafür sind etwa die Eigentumsordnung, die Festschreibung der sozialen Unterschiede, die Zerschlagung der Mitbestimmungsmöglichkeiten in Staat, Gesellschaft und Betrieben, die krasse Einschränkung der Entwicklungsmöglichkeiten der Subjekte oder etwa die totale Ausbeutung von Menschen durch den Aufbau einer Sklavenwirtschaft zu nennen. Andererseits muß die Funktionalität dieser Modernisierungsimpulse, die ja auch mithalfen, Millionen Menschen möglichst effektiv und total zu überwachen, zu terrorisieren oder auszurotten, unterstrichen werden. Es handelt sich um Innovationen, die der Herrschaftssicherung galten und die Funktionsfähigkeit von Staat, Gesellschaft, Wirtschaft und Politik im Sinne der inhumanen Ziele des Nationalsozialismus gewährleisteten.

Besonders herrschaftssichernd und systemstabilisierend erwies sich die Stärkung der provinziellen Identität durch eine bewußte Betonung und Instrumentalisierung des Heimatbegriffes, die Konstruktion des Anderen, des Fremden als Gegensatz dazu und die Betonung eines angeblich selbständigen, von der Vorherrschaft Wiens befreiten Tirol. Die Anti-Wien Ressentiments hatten in der Provinz Tradition und wurden durch die innenpolitische Situation der Ersten Republik erheblich gestärkt. Dementsprechend freudig wurden in Tirol, wo sich die NS-Funktionäre auf eine breite Anti-Wien-Stimmung stützen konnten, die Loslösung von Wien nach dem »Anschluß« und die Übertragung einer Reihe von Kompetenzen der früheren Bundesregierung an den Gau begrüßt.

Die Zerschlagung des österreichischen Gesamtstaates, die im Interesse der lokalen NS-Führer lag, wurde geschickt in den die Öffentlichkeit seit langem bewegenden föderalistischen Diskurs eingebettet. Die provinzielle Identität erfuhr dadurch eine enorme Aufwertung, was die soziale Integrationskraft des NS-Systems in Tirol massiv stärkte. Geschickt verstand es Gauleiter Hofer, sich die Maske des besorgten Tiroler Landesvaters, der der Tiroler Eigenständigkeit endlich zum Durchbruch verholfen hatte, aufzusetzen. Die NS-Kulturpolitik im Gau spielte dabei eine wichtige unterstützende Rolle. Die Partei trat als Förderin des Brauchtums und des Volkstums sowie als Hüterin, Bewahrerin und Vollenderin Tiroler Traditionen auf. Damit wurde nicht nur eine intensive ideologische Erfassung und Beeinflussung möglich, das Regime vermochte sich dadurch als betont heimatverwurzelte Kraft präsentieren. Althergebrachtes nahm die Tiroler NSDAP in Beschlag, interpretierte es um bzw. verlieh ihm neue Inhalte. Die Pflege des Volksstücks, der Volks- und Laienspielgruppen, der Trachten, der in Vergessenheit geratenen Bräuche sowie die mit großem Aufwand betriebene Traditionsforschung, die emsige Tätigkeit des Volkskundemuseums, die Verknüpfung Tiroler Landesgeschichte mit dem Nationalsozialismus und die betonte Herausstellung der Heimatwerte, die Herz und Gefühl der Menschen ansprachen, dies alles waren feste Bestandteile einer propagierten nationalsozialistischen »Tiroler« Heimatkultur mit ihrem Schmuckstück, dem Standschützenverband als tiefstem Ausdruck des Eigenständig-Tirolerischen, an dessen Spitze sich Gauleiter Hofer quasi als Ur-Tiroler und Förderer heiligster Tiroler Traditionen präsentierte. Die Verbannung der katholischen Festkultur gelang aber nur zum Teil und die Errichtung einer NS-Gegenkultur zu den katholischen Riten wie Taufe, Ehe und Begräbnis, die den Lebenszyklus der Menschen begleiteten, scheiterte vollständig.

In der Zeit vom »Anschluß« bis zum Krieg kann in Tirol von keinem organisierten Widerstand gegen den Nationalsozialismus gesprochen werden.[2] Dieser konnte auf partielle sozialpolitische Verbesserungen und v. a. auf die rasche Beseitigung der Massenarbeitslosigkeit verweisen, die Mehrheit der Bevölkerung sah daher noch keine Veranlassung zu einem Bruch mit dem Regime. Dazu kam weiters die abschreckende Wirkung des allumfassenden und sehr effizient arbeitenden Terrorapparats. Gleich nach dem »Anschluß« formierte sich aber eine kleine, kampfbereite legitimistische Widerstandgruppe, die aus jungen Menschen bestand, deren Tätigkeit die Gestapo im Herbst 1938 bzw. nach deren Neuformierung im Sommer 1939 ein rasches Ende setzte.[3]

Während sich die Katholisch-Konservativen erst langsam vom Anschlußschock und den gegen sie ergriffenen Maßnahmen erholen und an die neue Rolle als Verfolgte gewöhnen mußten, verfügte die organisierte Arbeiterbewegung zwar bereits seit vier Jahren über Erfahrung in der Untergrundarbeit, sie war in Tirol aber traditionell schwach und nach Bürgerkrieg, Illegalität und langjähriger Arbeitslosigkeit schwer angeschlagen. Gerade in Tirol mit seiner kulturellen Hegemonie des Katholizismus, seinem schwachen Industrialisierungsgrad, seiner kleingewerblichen Wirtschaftsstruktur und seinem geringen Anteil an Industriearbeitern war das Klassenbewußtsein der Arbeiterschaft nur begrenzt ausgeprägt, sodaß auch die Immunität gegenüber dem Nationalsozialismus, der intensiv um sie warb, bei weitem nicht so stark sein konnte wie in anderen Gauen. Dies heißt zwar nicht, daß es dem Nationalsozialismus gelungen wäre, die Arbeiterschaft tiefgehend ins NS-System einzubinden, zu einem weitgehenden Stillhalten reichte es aber ähnlich wie bei den Bauern sehr lange aus. Aus der Mitte der Arbeiterschaft wurde eine oppositionelle Tätigkeit bald nach dem »Anschluß« wieder aufgenommen, sie blieb aber in Umfang und Intensität noch gering. Als besonders rührig erwies sich die zahlenmäßig sehr kleine Gruppe von Kommunisten, die als Menschen mit fester Gesinnung an den Sieg ihrer Idee glaubten. Oppositionelles Verhalten bestand v. a. in kritischen Bemerkungen, Verbreitung marxistischen Gedankenguts am Arbeitsplatz, wo auch Gesinnungsgenossen geworben wurden, weiters im Streuen und Kleben von Flugzetteln, in Plakatbeschmierungen, Schmähreden, Schmähschriften u. ä. Die katholische Kirche verstand es, sich als einzige Organisation, wenngleich aus den von ihr besetzten gesellschaftlichen Positionen weitestgehend verdrängt, gegenüber dem Nationalsozialismus zu behaupten und seinem Totalitätsanspruch entgegenzuwirken, andererseits versuchte sie sich von Anfang an, mit dem Regime zu arrangieren. Die überschäumende Begeisterungswelle war wenige Monate nach dem »Anschluß« bereits stark verflogen, seit Sommer/Herbst 1938 machte sich eine gewisse Anschlußmüdigkeit breit, genährt durch Kriegsangst[4], ablehnend aufgenommene sozial-, arbeits- und lohnpolitische Maßnahmen, Reibereien mit den »reichsdeutschen Brüdern« sowie durch den offen ausgebrochenen Kirchenkampf. Auch unpolitische Menschen zeigten häufiger ihre Unzufriedenheit. In den ersten beiden Jahren der NS-Herrschaft in Tirol fühlte sich das NS-Regime sehr sicher und ungefährdet, allerdings schritt es besonders ab 1939 schon deutlich rigoroser gegen oppositionelles bzw. nonkonformes Verhalten ein und griff immer häufiger auf seine Unterdrückungsmaschinerie zurück. Der Widerstand gegen den Nationalsozialismus blieb bis Kriegsbeginn im großen und ganzen individueller Natur. Zwar stieg die Unzufriedenheit deutlich, die Illoyalität gegenüber der NS-Herrschaft hatte deshalb aber kaum zugenommen, während das dichte Überwachungsnetz des NS-Regimes dafür sorgte, daß Ansätze zum Widerstand im Keim erstickt wurden. Da den politischen Gegnern und ihrem Kampf die breite Unterstützung durch die Bevölkerung versagt blieb, Katholisch-Konservative und Linke zudem noch getrennt voneinander agierten, kam zwischen 1938 und 1940 keine stärkere, organisierte Widerstandstätigkeit zustande. So fiel auch der Zulauf zur NSDAP nach dem »Anschluß« in Tirol im gesamtösterreichischen Vergleich am stärksten aus und hielt am längsten an.

Anmerkungen

Vorwort

[1] Siehe v. a. den Sammelband von Thomas Albrich/Klaus Eisterer/Rolf Steininger (Hrsg.), Tirol und der Anschluß. Voraussetzungen, Entwicklungen, Rahmenbedingungen 1918–1938 (Innsbrucker Forschungen zur Zeitgeschichte 3), Innsbruck 1988; weiters Widerstand und Verfolgung in Tirol 1934-1945. Eine Dokumentation, hrsg. vom Dokumentationsarchiv des österreichischen Widerstandes, 2 Bde., Wien–München 1984; siehe auch eine erste größere Gesamtdarstellung der NS-Zeit in Tirol bei Josef Riedmann, Das Bundesland Tirol 1918–1970 (Geschichte des Landes Tirol 4/II), Bozen-Innsbruck-Wien 1988, S. 969–1194; ferner v. a. die in der Folge zitierten Untersuchungen von T. Albrich, M. Gehler, G. Köfler, H. Tschol und H. Walser.

[2] Eine Geschichte der Schule während der NS-Zeit im Gau Tirol-Vorarlberg, an welcher der Autor momentan arbeitet, wird 1995 erscheinen.

[3] Der neueste Forschungsstand zur NS-Judenpolitik in Tirol und Vorarlberg findet sich in dem 1995 erscheinenden Band 2 der Veröffentlichungen des Instituts für Zeitgeschichte Innsbruck und des Jüdischen Museums Hohenems.

Einleitung

[1] Horst Schreiber, Wirtschafts- und Sozialgeschichte der Nazizeit in Tirol, (Geschichte & Ökonomie 3), Innsbruck 1994.

[2] Zum Verständnis des breiten und lange andauernden Anklangs der NS-Diktatur in der Tiroler Bevölkerung ist die Darlegung der sozioökonomischen Entwicklungslinien besonders wichtig; siehe dazu Schreiber, Nazizeit in Tirol.

[3] Siehe Peter Hüttenberger, Nationalsozialistische Polykratie, in: *Geschichte und Gesellschaft,* Heft 2 (1976), S. 417–442.

[4] Zum Verhältnis Partei und Wirtschaft bzw. zum Problem der Verflechtung zwischen politischer und ökonomischer Macht siehe Schreiber, Nazizeit in Tirol, u. a. S. 134ff.

I. Die nationalsozialistische Machtübernahme in Stadt und Land

1. Gerhard Jagschitz, Von der »Bewegung« zum Apparat. Zur Phänomenologie der NSDAP 1938 bis 1945, in: Emmerich Talos/Ernst Hanisch/Wolfgang Neugebauer (Hrsg.), NS-Herrschaft in Österreich 1938–1945 (Österreichische Texte zur Gesellschaftskritik 36), Wien 1988, S. 487–516; hier S. 487.
2. Franz-Heinz Hye, Die politischen Kräfte in Innsbruck 1918–1938, in: Tirol und der Anschluß, S. 143–168; hier S. 149; Harald Walser, Die illegale NSDAP in Tirol und Vorarlberg 1933-1938 (Materialien zur Arbeiterbewegung 28), Wien 1983, S. 29.
3. »Braun« als Farbe der Nationalsozialisten hatte sich noch nicht durchgesetzt.
4. VZ, 2. 10. 1920.
5. Dazu Michael Gehler, Studenten und Politik. Der Kampf um die Vorherrschaft an der Universität Innsbruck 1918–1938 (Innsbrucker Forschungen zur Zeitgeschichte 6), Innsbruck 1990, S. 185.
6. Hye in: Tirol und der Anschluß, S. 149f.
7. Walser, Illegale NSDAP, S. 30.
8. Hans Hanak, Aus der Anfangszeit der NSDAP in Innsbruck. Ein Beitrag zur Parteigeschichte Tirol-Vorarlberg, in: Adreßbuch der Gauhauptstadt Innsbruck für das Jahr 1944, Innsbruck 1944, S. XI–XIV; hier S. XI.
9. Ebd.
10. Organisationsabteilung an Suske 20. 6. 1928. BA, Slg. Schumacher 305/I.
11. Ebd., Landesleitung an Organisationsabteilung 22. 5. 1929.
12. Ebd., Suske an Reichsleitung 27. 9. 1930 und Proksch an Reichsleitung 29. 1. 1932.
13. Ebd. Proksch an Reichsleitung 26. 11. 1930.
14. Walser, Illegale NSDAP, S. 30.
15. Habicht an Strasser 28. 4. 1932. BA, Slg. Schumacher 305/I.
16. Ebd.
17. Ebd.
18. Ebd., Strasser an Habicht 19. 4. 1932.
19. Bruce F. Pauley, Der Weg in den Nationalsozialismus. Ursprünge und Entwicklung in Österreich, Wien 1988, S. 75.
20. Habicht an Strasser 28. 4. 1932. BA, Slg. Schumacher 305/1.
21. *Tiroler Anzeiger*, 13. und 27. 5. 1932; *IN*, 27. 5. 1932.
22. TLA, NSDAP Westgau, Karton 1/1/1.
23. Habicht an Gauleitung 13. 1. 1932, Landesleitung an Gauleitung 29. 4., 25. 5., 21. 6., 22. 6., 15. 7. 1932, Abteilung I an Landesleitung 24. 6. und 1. 8. 1932. TLA, NSDAP Westgau, Karton 1/1/1; weiters diverse Korrespondenz ebd., Karton 1/1/5, 1/1/7.
24. Ab Juni 1932 auch landwirtschaftlicher Gaufachberater und Leiter der Kulturabteilung.

I. Die nationalsozialistische Machtübernahme in Stadt und Land

25 Übernahm im Juni 1932 die Organisationsabteilung.
26 TLA, NSDAP Westgau, Karton 1/1/1.
27 Sammelakt Nationalsozialismus. TLA, Präs., Zl. XII–59, 181 ex 1933.
28 Ebd.
29 Walser, Illegale NSDAP, S. 5.
30 Josef Nussbaumer, Die »Tausend-Mark-Sperre« vom Mai 1933 und der Tiroler Fremdenverkehr, in: Tirol und der Anschluß, S. 307–330; hier S. 307f.
31 Walser, Illegale NSDAP, S. 25.
32 Michael Gehler, Die politische Entwicklung Tirols in den Jahren 1918 bis 1938, in: Zeitgeschichte Tirols, Innsbruck 1990, S. 55–87; hier S. 69.
33 Walser, Illegale NSDAP, S. 27 und 34.
34 Michael Gehler, »Wir werden es den Nazis zeigen!« Die Höttinger Saalschlacht vom 27. Mai 1932, in: Tirol und der Anschluß, S. 271–306.
35 Ebd., S. 271 und 278f.
36 Liste der bei der »Höttinger Saalschlacht« verletzten Nationalsozialisten. TLA, NSDAP Westgau, Karton 1/1/1.
37 Franz Pisecky, Tirol-Vorarlberg (Die deutschen Gaue seit der Machtergreifung 3), Berlin 1940, S. 13.
38 Wolfgang Rebitsch, Die Volkswehr und das Bundesheer in Tirol von 1918 bis 1938 (mit Berücksichtigung der Wehrverbände), phil. Diss. Innsbruck 1976, S. 316.
39 Bericht des Bürgermeisters 31. 5. 1932; Bericht des Bezirksgendarmeriekommandos Kitzbühel 22. 6. 1932. Sammelakt Nationalsozialismus. TLA, Präs., Zl. XII-59, 181 ex 1933.
40 Walser, Illegale NSDAP, S. 32.
41 Sammelakt Nationalsozialismus. TLA, Präs., Zl. XII–59, 181 ex 1933.
42 Ebd., vgl. u. a. die Ortsgruppen Rattenberg, Kramsach, Flirsch, Telfs, St. Anton, Ried.
43 Mitgliedsstandesmeldungen der Ortsgruppen. TLA, NSDAP Westgau, Karton 1/2.
44 Sammelakt Nationalsozialismus. TLA, Präs., Zl. XII–59, 181 ex 1933. Hier sei darauf verwiesen, daß sich die Nationalsozialisten in Osttirol recht schwer taten. Mit Stand vom 12. 5. 1938, also bereits zwei Monate nach der NS- Machtübernahme, gab es in dem 50 Gemeinden umfassenden Bezirk Lienz immer noch erst 20 Ortsgruppen bzw. Stützpunkte. Siehe Gauleitung Kärnten an Reichskommissar 12. 5. 1938. AdR, Rk, Karton rot 3.
45 Hanak an Gauleitung 30. 8. 1932. TLA, NSDAP Westgau, Karton 1/8.
46 Landeshauptmann an BKA 26. 7. 1933. AdR, BKA, Präsidium, Karton 504.
47 Walser, Illegale NSDAP, S. 34.
48 Habicht an Strasser 28. 4. 1932. BA, Slg. Schumacher 305/I.
49 Mitgliedsmeldung der Gauleitung Westgau vom 6. 5. 1932. TLA, NSDAP Westgau, Karton 1/1.
50 Ebd., Landesleitung an Gauleitung Innsbruck 28. 4. 1932.
51 Altersangaben der Mitglieder der Ortsgruppen Kufstein, Pillersee, Imst, Jen-

bach, St. Johann, Kirchbichl, Kitzbühel, Mayrhofen, Wörgl, Landeck. TLA, NSDAP Westgau, Karton 1/2; Bericht des Bezirksgendarmeriekommandos Tirol vom 5. 6. 1933. Sammelakt Nationalsozialismus. TLA, Präs. Zl. XII–59, 181 ex 1933; Gerhard Botz, Strukturwandlungen des österreichischen Nationalsozialismus (1904–1945), in: Isabella Ackerl u. a. (Hrsg.), Politik und Gesellschaft im alten und neuen Österreich. Festschrift zum 60. Geburtstag von Rudolf Neck, Bd. II, Wien 1981, S. 163–193; hier S. 180.

[52] Gerhard Botz, Wien vom »Anschluß« zum Krieg. Nationalsozialistische Machtübernahme und politisch-soziale Umgestaltung am Beispiel der Stadt Wien 1938/39, Wien–München 1978, S. 216 bzw. Botz in: Politik und Gesellschaft im alten und neuen Österreich, Bd. II, S. 181.

[53] Botz in: Politik und Gesellschaft im alten und neuen Österreich, Bd. II, S. 180ff.

[54] Listen der Mitglieder der Ortsgruppen Kufstein, Pillersee, Imst, Jenbach, St. Johann, Kirchbichl, Kitzbühel, Mayrhofen, Reutte, Schwaz, Wörgl, Landeck, Stand Mitte 1932. TLA, NSDAP Westgau, Karton 1/2.

[55] Heinz Fischer/Susanne Preglau-Hämmerle (Hrsg.), Beiträge zum politischen und sozialen System Tirols. Heile Welt in der Region? (Schriftenreihe der Michael-Gaismair-Gesellschaft 3), Bregenz 1983, S. 17.

[56] Ebd.

[57] Gerhard Botz, The Changing Patterns of Social Support for Austrian National Socialism (1918–1945), in: Stein Uglevik Larsen/Bernd Hagtvet/Jan Petter Myklebust (Hrsg.), Who were the Fascists. Social Roots of European Fascism, Bergen–Oslo–Tramsö 1980, S. 202–225; hier S. 216.

[58] Gerhard Botz, Arbeiterschaft und österreichische NSDAP-Mitglieder (1926–1945), in: Rudolf G. Ardelt/Hans Hautmann (Hrsg.), Arbeiterschaft und Nationalsozialismus in Österreich, Wien–Zürich 1990, S. 29–48; hier S. 38–40.

[59] Siehe auch Jürgen W. Falter/Dirk Hänisch, Wahlerfolge und Wählerschaft der NSDAP in Österreich von 1927 bis 1932, in: *Zeitgeschichte*, Heft 6 (1988), S. 223–244.

[60] Wilfried Beimrohr, Staat und Partei des Dritten Reichs in Tirol, in: Tirol 1938. Voraussetzungen und Folgen (Katalog zur Ausstellung des Tiroler Landesmuseums Ferdinandeum), Innsbruck 1988, S. 41–55; hier S. 46.

[61] Bericht der Tiroler Landesregierung vom 30. 1. 1932. DÖW 9.333.

[62] Pauley, Der Weg in den Nationalsozialismus, S. 233, Anm. 5; Walser, Illegale NSDAP, S. 33.

[63] Deutsche Touristen mußten für Reisen nach oder durch Österreich 1.000 Mark Gebühr entrichten.

[64] Vgl. ausführlich Walser, Illegale NSDAP, S. 40ff.

[65] Gendarmerieposten Vils 26. 5. 1933 und Gendarmeriekommando Reutte 30. 5. 1933. Sammelakt Nationalsozialismus. TLA, Präs., Zl. XII–59, 181 ex 1933.

I. Die nationalsozialistische Machtübernahme in Stadt und Land

[66] Anton Mörl, Erinnerungen aus bewegter Zeit 1932–1945 (Schlernschriften 143), Innsbruck 1955, S. 12.
[67] Brief vom 26. 10. 1933. Sammelakt Nationalsozialismus. TLA, Präs., Zl. XII–59, 181 ex 1933.
[68] Sammelakt Nationalsozialismus. TLA, Präs., Zl. XII–59, 181 ex 1933.
[69] Ausführlich bei Walser, Illegale NSDAP, S. 80–123.
[70] Bericht über die illegale Tätigkeit der Terror- und Sprenggruppe der SA, SS und Pg. Verfaßt von Kühter an Christoph, Feil und Waidacher 12. 4. 1938. TLA, NSDAP, Gauleitung T-V, Karton 9/VI/1/1.
[71] Harald Walser, Der Juli-Putsch 1934 in Tirol, in: Tirol und der Anschluß, S. 331–356; hier S. 334.
[72] Bericht über die illegale Tätigkeit der Terror- und Sprenggruppe der SA, SS und Pg. Verfaßt von Kühter an Christoph, Feil und Waidacher 12. 4. 1938. TLA, NSDAP, Gauleitung T-V, Karton 9/VI/1/1.
[73] Ebd.
[74] Ziegler hatte einen SA-Mann wegen Böllerbesitzes zu fünf Jahren Gefängnis verurteilt.
[75] Gehler, Studenten und Politik, S. 278ff und 365ff.
[76] Ebd., S. 372ff und 384ff.
[77] Walser, Illegale NSDAP, S. 80f.
[78] Habicht an Rodenbücher 2. 2. 1938. AdR, Rk, Karton 149.
[79] Ermittlungen der Bundespolizeidirektion 20. 1. 1948. TLA, 10 Vr 3136/47.
[80] Walser in: Tirol und der Anschluß, S. 334.
[81] Wurnig wurde für dieses Verbrechen zum Tode verurteilt.
[82] Walser in: Tirol und der Anschluß, S. 339–342.
[83] Walser, Illegale NSDAP, S. 134.
[84] Ermittlungen der Bundespolizeidirektion Innsbruck 20. 1. 1948; Aussage Christoph bei der Hauptverhandlung 25. 5. 1948. TLA, 10 Vr 3136/47.
[85] Aktennotiz Opdenhoff vom 27. 4. 1938 über die Vorsprache von acht Kreisleitern und zwei Mitgliedern der Gauleitung Tirol bei Bürckel. AdR, Rk, Karton 149.
[86] Bezirksgendarmeriekommando Innsbruck an BH Innsbruck 27. 2. 1936. Gendarmeriepostenkommando Arzl an Staatsanwaltschaft Innsbruck 26. 2. 1936. TLA, BH Innsbruck, Zl. 19/23 ex 1938.
[87] Vgl. die behördlich festgestellten Aktivitäten der NSDAP im Bezirk Innsbruck-Land. TLA, BH Innsbruck, Zl. 19/23 und 43/23 ex 1938.
[88] Walser, Illegale NSDAP, S. 76 und 138.
[89] Rebitsch, Die Volkswehr und das Bundesheer in Tirol, S. 405.
[90] Herta Weber-Stumfohl, Ostmarkmädel. Ein Erlebnisbuch aus den Anfangsjahren und der illegalen Kampfzeit des BDM in der Ostmark, Berlin 1939, S. 208.
[91] Siehe Walser in: Tirol und der Anschluß, S. 349.
[92] Gehler in: Die politische Entwicklung Tirols, S. 72.
[93] Rebitsch, Die Volkswehr und das Bundesheer in Tirol, S. 405 und *IN*,

11. 3. 1939; Francis L. Carsten, Faschismus in Österreich. Von Schönerer zu Hitler, München 1977, S. 282, gibt die Stärke der Tiroler SA mit 1.700 Mann für den April 1937 an.
[94] *IN*, 11. 3. 1939.
[95] Gehler in: Die politische Entwicklung Tirols, S. 72.
[96] Carsten, Faschismus in Österreich, S. 284.
[97] Rebitsch, Die Volkswehr und das Bundesheer in Tirol, S. 405 und vgl. Walser, Illegale NSDAP, S. 74.
[98] Rebitsch, Die Volkswehr und das Bundesheer in Tirol, S. 405.
[99] Bericht des Gaupresseamtes o. D. TLA, NSDAP, Gauleitung T-V, Karton 15/VI/1/27.
[100] Bericht des Amtes für Alte Kämpfer, Stand 17. 6. 1938. TLA, NSDAP, Gauleitung T-V, Karton 9/VI/1/1.
[101] Vgl. Walser in: Tirol und der Anschluß, S. 351f.
[102] Siehe Kapitel V.
[103] Bericht des Bezirksgendarmeriekommandos Landeck über die Entwicklung des NS 17. 4. 1946. DÖW 12.998.
[104] Rolf Steininger, Der Anschluß – Stationen auf dem Weg zum März 1938, in: Tirol und der Anschluß, S. 28; Norbert Schausberger, Der Griff nach Österreich. Der Anschluß, Wien 1978, S. 350ff.
[105] Hanns Haas, Der Anschluß, in: NS-Herrschaft in Österreich, S. 1–24; hier S. 5.
[106] Bundespolizeidirektion Innsbruck an Generaldirektion für öffentliche Sicherheit 31. 1. 1938. AdR, BKA, Inneres, 22 Tirol, Karton 5168.
[107] Ebd.
[108] Gerhard Botz, Die Eingliederung Österreichs in das Deutsche Reich. Planung und Verwirklichung des politisch-administrativen Anschlusses 1938–1940 (Schriftenreihe des Ludwig Boltzmann Instituts für Geschichte der Arbeiterbewegung 1), 3. Auflage, Wien 1988, S. 25.
[109] Gerhard Botz, Der 13. März 38 und die Anschlußbewegung. Selbstaufgabe, Okkupation und Selbstfindung Österreichs 1918–1945 (Zeitdokumente 14), Wien 1978, S. 14f.
[110] Siehe Ernst Hanisch, Westösterreich, in: NS-Herrschaft in Österreich, S. 437–456; hier S. 439ff.
[111] Steininger in: Tirol und der Anschluß, S. 30.
[112] Walser, Illegale NSDAP, S. 148f.
[113] Gendarmerieposten Landeck 1938. DÖW 12.998.
[114] Gendarmerieposten Kaltenbach 11.–13. 3. 1938. DÖW 13.006.
[115] Gendarmerieposten Steinach 1938. DÖW 12.997.
[116] Gendarmerieposten Kaltenbach 11.–13. 3. 1938. DÖW 13.006.
[117] Lageberichte des Gendarmeriepostenkommandos Imst, Februar 1938. TLA, BH Imst, Zl. 1043 XIII–27 ex 1938 .
[118] Walser, Illegale NSDAP, S. 148f.
[119] Gendarmerieposten Telfs 20. und 22. 2. 1938. DÖW 12.997.

I. Die nationalsozialistische Machtübernahme in Stadt und Land

[120] Schreiber, Nazizeit in Tirol, S. 134f.
[121] Haas in: NS-Herrschaft in Österreich, S. 13.
[122] Riedmann, Das Bundesland Tirol, S. 896.
[123] Siehe etwa TLA, BH Imst, Zl. 1043 XIII–27 ex 1938.
[124] Haas in: NS-Herrschaft in Österreich, S. 13.
[125] Walser, Illegale NSDAP, S. 149.
[126] Riedmann, Das Bundesland Tirol, S. 897.
[127] Attlmayr an Mörl 7. 3. 1938. TLA, BH Innsbruck, Zl. 19/23 ex 1938.
[128] Posten Axams über den Naziaufmarsch in Götzens, Axams und Birgitz 7. 3. 1938. TLA, BH Innsbruck, Zl. 43/23 ex 1938.
[129] Mörl an Landesgendarmeriekommando Tirol 8. 3. 1938. TLA, BH Innsbruck, Zl. 19/23 ex 1938.
[130] Ebd.; Posten Inzing 7. 3. 1938. TLA, BH Innsbruck, Zl. 43/23 ex 1938.
[131] Ebd.
[132] Attlmayr an Mörl 7. 3. 1938. TLA, BH Innsbruck, Zl. 19/23 ex 1938.
[133] Haas in: NS-Herrschaft in Österreich, S. 14.
[134] Ebd.
[135] Vgl. auch den Brief Schuschniggs an Mörl. Mörl, Erinnerungen, S. 76.
[136] Vgl. auch Raimund Klebelsberg, Innsbrucker Erinnerungen 1902–1952 (Schlernschriften 100), Innsbruck 1953, S. 122.
[137] Erwin A. Schmidl, März 38. Der deutsche Einmarsch in Österreich, 2. Auflage, Wien 1988, S. 28.
[138] Die Darstellung der Machtübernahme folgt nun im wesentlichen Zeitungsberichten der »*Innsbrucker Nachrichten*« vom 12. 3. 1938, 11. 3. 1939 und 21. 3. 1939.
[139] *IN*, 11. 3. 1939.
[140] *IN*, 21. 3. 1939.
[141] Ebd.
[142] Ebd.
[143] Mörl, Erinnerungen, S. 78
[144] Haas in: NS-Herrschaft in Österreich, S. 14.
[145] Erwin A. Schmidl, Die militärische Situation in Tirol im März 1938, in: Tirol und der Anschluß, S. 481–504; hier S. 490.
[146] Walser, Illegale NSDAP, S. 150.
[147] Gehler, Studenten und Politik, S. 407.
[148] *IN*, 12. 3. 1938.
[149] Ebd.
[150] Schmidl in: Tirol und der Anschluß, S. 490.
[151] *IN*, 21. 3. 1939.
[152] Haas in: NS-Herrschaft in Österreich, S. 15.
[153] *IN*, 21. 3. 1939.
[154] Vgl. auch Knöpflers Rede zur Gedenktafelenthüllung im Landhaus vom 6. 4. 1939. TLA, NSDAP, Gauleitung T-V, Karton 11/VI/1/16a.
[155] WiVerf, Bd. 2, S. 396f.

[156] *IN*, 12. 3. 1938 und 21. 3. 1939.
[157] Thomas Albrich, »Gebt dem Führer euer Ja!« Die NS-Propaganda in Tirol für die Volksabstimmung am 10. April 1938, in: Tirol und der Anschluß, S. 505–538; hier S. 507.
[158] *IN*, 12. 3. 1938.
[159] So Denz (*TBZ*, 6. 4. 1938) oder auch GL Hofer am Jahrestag des »Anschlusses«: »Wir hier im Gau Tirol-Vorarlberg können stolz sein, daß auch hier die nationalsozialistischen Kämpfer bis zur letzten Entscheidung durchhielten, ja von den Ereignissen des 11. März aus gesehen, als erste in der Ostmark hier in der Gauhauptstadt Innsbruck tatsächlich die Macht übernehmen konnten.« (*IN*, 14. 3. 1939).
[160] *IN*, 21. 3. 1939.
[161] Gendarmerieposten Kaltenbach 11.–13. 3. 1938. DÖW 13.006.
[162] Walser, Illegale NSDAP, S. 150.
[163] Gendarmerieposten Weißenbach. 12. 3. 1938. DÖW 12.964.
[164] Gendarmerieposten Rattenberg 11. 3. 1938. DÖW 12.966.
[165] Gendarmerieposten Zell am Ziller 11. 3. 1938. DÖW 13.005.
[166] Gendarmerieposten Telfs 11. 3. 1938. DÖW 12.997.
[167] Siehe Kapitel V.
[168] Gendarmerieposten Schwaz 12.–13. 3. 1938. DÖW 13.008.
[169] Gendarmerieposten Tannheim 11. 3. 1938, DÖW 12.963.
[170] Gendarmerieposten Gries am Brenner 11. 3. 1938. DÖW 12.997.
[171] Ebd.
[172] Gendarmerieposten Zell am Ziller 11./12. 3. 1938. DÖW 13.005.
[173] Gendarmerieposten Weißenbach 12. 3. 1938. DÖW 12.964.
[174] Schmidl, März 38, S. 123.
[175] Gendarmerieposten Kaltenbach 11.–13. 3. 1938. DÖW 13.006.
[176] Gendarmerieposten Neustift 12. 3. 1938. DÖW 12.987.
[177] Siehe dazu Schmidl in: Tirol und der Anschluß, S. 492f.
[178] Ebd., S. 494ff.
[179] Ebd., S. 498ff; vgl. auch Rebitsch, Volkswehr und Bundesheer in Tirol, S. 443.
[180] Schmidl in: Tirol und der Anschluß, S. 493.
[181] Ebd., S. 496.
[182] Hanisch in: NS-Herrschaft in Österreich, S. 442.
[183] Bezirksgendarmeriekommando Landeck, Verzeichnis aller Verhafteten 23. 3. 1938. DÖW 12.998.
[184] Ebd., Gendarmerieposten Landeck 1938.
[185] Gendarmerieposten Kaltenbach 11.–13. 3. 1938. DÖW 13.006.
[186] Gendarmerieposten Ischgl 1938. DÖW 12.960.
[187] WiVerf, Bd. 1, S. 225.
[188] Schmidl, März 38, S. 123f.
[189] Rebitsch, Volkswehr und Bundesheer in Tirol, S. 432.
[190] Gendarmerieposten Stams 11. 3. 1938. DÖW 12.985.

I. Die nationalsozialistische Machtübernahme in Stadt und Land

[191] Gendarmerieposten Zirl 11. 3. 1938. DÖW 12.996.
[192] Gendarmerieposten Ischgl 1938. DÖW 12.960.
[193] Gendarmerieposten Telfs 12. 3. 1938. DÖW 12.997.
[194] Gendarmerieposten Landeck 1938. DÖW 12.998.
[195] Gendarmerieposten Kitzbühel 10. 6. 1947. TLA, 10 Vr 3179/47.
[196] WiVerf, Bd. 2, S. 403.
[197] Vernehmung Tilzer 18. 7. 1946 und Zeugenaussage Schuler 27. 1. 1947. TLA, 10 Vr 2175/46.
[198] Zeugenaussage Dr. Falser 21. 1. 1947. TLA, 10 Vr 1547/46.
[199] Ebd., Vernehmung Netzers 20. 5. 1946.
[200] Aussage Tilzer 18. 7. 1946. TLA, 10 Vr 2175/46.
[201] Aussage Netzer 16. 7. 1946. TLA, 10 Vr 1547/46.
[202] Aussage Tilzer 18. 7. 1946. TLA, 10 Vr 2175/46.
[203] Vgl. die Aussage des stellvertretenden Ortsgruppenleiters und Geschäftspartners des Landecker Kreisleiters, Gloss, laut dem KL Tilzer ihm genaue Angaben gemacht hätte, wen er in St. Anton zu verhaften habe. TLA, 10 Vr 2175/46.
[204] Aussage Hundegger 20. 1. 1947. TLA, 10 Vr 1547/46.
[205] Vgl. etwa WiVerf, Bd. 2, S. 398f und 410.
[206] WiVerf, Bd. 1, S. 528ff und Bd. 2, S. 402f.
[207] Aussage Skorpil 28. 2. 1947. TLA, 10 Vr 2505/46.
[208] Ebd., Aussage Ernst Martin 13. 11. 1947.
[209] Aussage Mumelter 27. 7. 1946 und Martin 12. ? .1946. TLA, 10 Vr 2505/46.
[210] Botz, Wien, S. 57.
[211] VLA, Präs., Zl. 335 ex 1939. Zum Bereich der Stapo Innsbruck gehörte ursprünglich auch Osttirol. Bereits Ende April hatte der Innsbrucker Gestapochef die Absicht geäußert, Osttirol in staatspolitischer Hinsicht von der Stapostelle Klagenfurt aus leiten zu lassen, um damit für Innsbruck eine wesentliche Arbeitserleichterung zu schaffen. GL Christoph lehnte dies jedoch ab, um nicht die Gebietseinteilung der Gaue zu präjudizieren. TLA, Präs., Zl. 287 I 5 ex 1938.
[212] *IN*, 16. 3. 1938; vgl. Lebenslauf Harster. TLA, NSDAP, Gauleitung T-V, Karton 21/VI/2/4.
[213] Siehe u. a. Aussage Marius Hradeczky 25. 7. 1946. TLA, 10 Vr 2505/46.
[214] Elisabeth Klamper, NS-Terror, in: WiVerf, Bd. 1, S. 520–527; hier S. 521.
[215] TLA, 10 Vr 3179/47; zur Person Hilliges siehe TLA, 10 Vr 1745/47.
[216] Bezirksgendarmeriekommando Landeck, Verzeichnis aller Verhafteten 23. 3. 1938. DÖW 12.998.
[217] BH Innsbruck an Gestapo Innsbruck 26. 4. 1938 (Verzeichnis der Personen, die in den Gerichtsbezirken seit 11. 3. 1938 in Schutzhaft sind). TLA, BH Innsbruck, Zl. 1480/23 ex 1938.
[218] Bericht des Gendarmeriepostens Schwaz vom 15. 4. 1938. TLA, BH Schwaz, Zl. 1688/23 ex 1938.
[219] Bericht des Gendarmeriepostens Schwaz vom 27. 3. 1938. TLA, BH

Schwaz, Zl. 1468/23 ex 1938.
[220] Aussage Posch 22. 9. 1948. TLA, 10 Vr 3179/47.
[221] Aussage Schretter 25. 4. 1946. TLA, 10 Vr 1185/46.
[222] Erinnerungen des Kreisgeschäftsführers von Lienz, Toni Wachtlechtner, an die Machtübernahme. TLA, NSDAP, Gauleitung T-V, Karton 11/VI/1/16a.
[223] Vgl. etwa die Verhaftungen in Innsbruck-Land. TLA, BH Innsbruck, Zl. 1480/23 ex 1938; vgl. auch die Verhaftungen in Kitzbühel. TLA, 10 Vr 3179/47.
[224] BH Innsbruck an Gestapo Innsbruck 26. 4. 1938 (Verzeichnis der Personen, die im Gerichtsbezirk Telfs seit 11.3.1938 in Schutzhaft sind). TLA, BH Innsbruck, Zl. 1480/23 ex 1938.
[225] Ebd, Gerichtsbezirk Hall.
[226] Ebd.: z. B. in Igls, Telfs-Pfaffenhofen; siehe auch Lienz: Erinnerungen Wachtlechtners an die Machtübernahme. TLA, NSDAP, Gauleitung T-V, Karton 11/VI/1/16a.
[227] Gad Hugo Sella, Die Juden Tirols. Ihr Leben und Schicksal, Tel Aviv 1979, S. 67f und 41.
[228] Franz Huter (Hrsg.), 100 Jahre medizinische Fakultät Innsbruck 1869 bis 1969. II. Teil, Geschichte der Lehrkanzeln, Institute und Kliniken (Forschungen zur Innsbrucker Universitätsgeschichte VII), Innsbruck 1969, S. 260ff; Herbert Rosenkranz, Verfolgung und Selbstbehauptung. Die Juden in Österreich 1938–1945, München 1978, S. 39f; WiVerf, Bd. 2, S. 355; Gretl Köfler, Die Verfolgung der Juden, in: WiVerf, Bd. 1, S. 420–425; hier S. 423.
[229] Gendarmerieposten Telfs 12. 3. 1938. DÖW 12.997.
[230] Köfler in: WiVerf, Bd. 1, S. 423.
[231] BH Innsbruck an Gestapo Innsbruck 26. 4. 1938 (Verzeichnis der Personen, die im Gerichtsbezirk Telfs seit 11. 3. 1938 in Schutzhaft sind). TLA, BH Innsbruck, Zl. 1480/23 ex 1938.
[232] Bericht des Gendarmeriepostenkommandos Schwaz vom 27. 3. 1938. TLA, BH Schwaz, Zl. 1468/23 ex 1938; Bericht des Gendarmeriepostenkommandos Schwaz vom 15. 4. 1938. TLA, BH Schwaz, Zl. 1688/23 ex 1938.
[233] Erinnerungen Wachtlechtners an die Machtübernahme. TLA, NSDAP, Gauleitung T-V, Karton 11/VI/1/16a.
[2344] Köfler in: WiVerf, Bd. 1, S. 422f.
[235] Wiverf, Bd. 2, S. 393.
[236] Vgl. den Bericht des Gendarmeriepostens Gries am Brenner 23. 3. 1938. TLA, BH Innsbruck, Zl. 1480/23 ex 1938.
[237] BH Innsbruck an Gestapo Innsbruck 26. 4. 1938 (Verzeichnis der Personen, die im Gerichtsbezirk Innsbruck seit 11. 3. 1938 in Schutzhaft sind). TLA, BH Innsbruck, Zl. 1480/23 ex 1938.
[238] Verzeichnis über jene Personen, die seit 11. 3. 1938 von den Gendarmerieposten des Bezirkes verhaftet und in die Gefängnisse der Bezirksgerichte Landeck und Ried i. T. sowie in die Gemeindearreste Landeck eingeliefert

I. Die nationalsozialistische Machtübernahme in Stadt und Land

wurden. DÖW 12.998.
[239] Vgl. dazu die ausführlichen Beschreibungen der Gendarmerieposten bezüglich der Verhaftungen im Bezirk Innsbruck-Land. TLA, BH Innsbruck, Zl. 1480/23 ex 1938.
[240] Vgl. WiVerf, Bd. 2, S. 391ff.
[241] Aussage Tilzer 16. 7. 1946. TLA, 10 Vr 2175/46.
[242] Gendarmerieposten Kitzbühel 30. 9. 1947. TLA, 10 Vr 3179/47.
[243] Vgl. WiVerf, Bd. 2, S. 412.
[244] Ebd.
[245] Zu Langenecker siehe etwa die auf sein Betreiben hin erfolgte Überstellung der Reichsbahnbeamten Alois Weixler und Dr. Franz Mendl nach Dachau. WiVerf, Bd. 2, S. 406f.
[246] Aussage Mumelter 27. 7. 1946. TLA, 10 Vr 2505/46.
[247] Vgl. WiVerf, Bd. 1, S. 530 und 536.
[248] WiVerf, Bd. 2, S. 379 und 396.
[249] Kurzschriftprotokoll Aussage Ludwig T. vom 22. 11. 1947. TLA, 10 Vr 1745/47. Es ist klar, daß es sich nur um einen groben Annäherungswert handelt, man denke nur an Mehrfachverhaftungen derselben Person. Vgl. Zahlenangaben für Vorarlberg bei Meinrad Pichler, Verfolgung und Widerstand: Eine Bilanz, in: Von Herren und Menschen. Verfolgung und Widerstand in Vorarlberg 1933–1945, hrsg. von der Johann-August-Malin-Gesellschaft (Beiträge zu Geschichte und Gesellschaft Vorarlbergs 5), Bregenz 1985, S. 258–261.
[250] Vgl. dazu das Kapitel V und auch WiVerf, Bd. 2, S. 415ff.
[251] WiVerf, Bd. 2, S. 413ff.
[252] Vgl. Kapitel IV (Ereignisse in Imst und Kitzbühel).
[253] SD-Bericht vom 9. 2. 1939. Institut für Zeitgeschichte Wien, MF, T-84/14, 40683.
[254] Harster an alle Bezirkshauptmannschaften 15. 4. 1938. TLA, BH Schwaz, Zl. 1468/23 ex 1938.
[255] *IN*, 2. 7. 1938.
[256] Karl Stadler, Österreich 1938–1945 im Spiegel der NS-Akten, Wien-München 1966, S. 28f.
[257] Heydrich an Bürckel 4. 9. 1938. DÖW 9.417.
[258] Mörl, Erinnerungen, S. 78.
[259] Dies wird in den folgenden Kapiteln noch zu zeigen sein. Bezüglich der Wirtschaft verweise ich auf Schreiber, Nazizeit in Tirol.
[260] Vgl. dazu etwa: Die Geschichte der Juden in Tirol von den Anfängen im Mittelalter bis in die neueste Zeit (Sturzflüge 15/16), Bozen 1986.
[261] Elimech S. Rimalt, The Jews of Tyrol, in: Josef Fraenkel (Hrsg.), The Jews of Austria. Essays on their life, history and destruction, London 1967, S. 375–384; hier S. 381f; weiters Köfler in: WiVerf, Bd. 1, S. 420, die von ca. 200 Glaubensjuden und 700 Rassejuden, entsprechend den Nürnberger Rassegesetzen, ausgeht. Detailliertere Zahlen wird demnächst Thomas

Albrich vorlegen.
[262] Rimalt in: The Jews, S. 383; Herbert Rosenkranz, Verfolgung und Selbstbehauptung, S. 93.
[263] Köfler in: WiVerf, Bd. 1, S. 422; siehe die Liste aller beschlagnahmten Vermögenswerte der Staatspolizeistelle Innsbruck. WiVerf, Bd. 1, S. 433ff.
[264] Köfler in: WiVerf, Bd. 1, S. 422; vgl. auch TLA, Präs., Zl. 686 XII 57 ex 1938.
[265] Franz Hölbing, 300 Jahre Universitas Oenipontana. Die Leopold Franzens Universität zu Innsbruck und ihre Studenten, Innsbruck 1970, S. 71; Gerhard Oberkofler, Bericht über die Opfer des Nationalsozialismus an der Universität Innsbruck, in: *Zeitgeschichte,* Heft 4 (1981), S. 142–149.
[266] Gendarmeriestation Mayrhofen an Landrat Schwaz 20. 5. 1939. TLA, BH Schwaz II, Zl. 2701/23 ex 1939.
[267] Köfler in: Tirol und der Anschluß, S. 176f und Köfler in: WiVerf, Bd. 1, S. 422.
[268] Dazu Fußnote 3, Vorwort.
[269] Vgl. z. B. TLA, BH Schwaz II, Zl. 2701/23 ex 1939; BH Imst, Zl. 4783 I 3 ex 1938; TLA, BH Innsbruck, Zl. 2725/98 ex 1938 und TLA, Präs., Zl. 411 XII 57 ex 1939.
[270] *DVZ,* 1. 4. 1938; siehe auch *DVZ,* 30. 4. 1938 und WiVerf, Bd. 1, S. 465f.
[271] Dazu Fußnote 3, Vorwort.
[272] Köfler in: WiVerf, Bd. 1, S. 422.
[273] Siehe Fußnote 3, Vorwort.
[274] Herbert Rosenkranz, Reichskristallnacht. 9. November 1938 in Österreich, (Monographien zur Zeitgeschichte), Wien–Frankfurt–Zürich 1968, S. 17ff; Michael Gehler, Spontaner Ausdruck des »Volkszorns«? Neue Aspekte zum Innsbrucker Judenpogrom vom 9./10. November 1938, in: *Zeitgeschichte,* Heft 1/2 (1990/91), S. 2–21; hier S. 17.
[275] Anklageschrift der Staatsanwaltschaft Innsbruck gegen Hans Aichinger und Gottfried Andreaus 16. 8. 1946. TLA, 10 Vr 104/46.
[276] Ebd., Bericht der Sicherheitsdirektion Ibk 7. 9. 1945.
[277] Vernahme Gerhard Lausegger in der Bundespolizeidirektion Ibk 1. und 2. 6. 1946. TLA, 10 Vr 2366/46.
[278] WiVerf, Bd. 1, S. 461.
[279] Gehler in: *Zeitgeschichte,* Heft 1/2 (1990/91), S. 4.
[280] WiVerf, Bd. 1, S. 458f.
[281] Rosenkranz, Verfolgung und Selbstbehauptung, S. 141; Sella, Die Juden Tirols, S. 47f. und 57; Gehler in: Zeitgeschichte, Heft 1/2 (1990/91), S. 5.
[282] Bericht der Sicherheitsdirektion Ibk 7. 9. 1945. TLA, 10 Vr 104/46; Sella, Die Juden Tirols, S. 57f.
[283] WiVerf, Bd. 1, S. 453.
[284] Rosenkranz, Verfolgung und Selbstbehauptung, S. 161.
[285] Sella, Die Juden Tirols, S. 48.
[286] Gehler in: *Zeitgeschichte,* Heft 1/2 (1990/91), S. 16f.

[287] Siehe Botz, Wien, S. 400.
[288] Vgl. aber Rosenkranz, Verfolgung und Selbstbehauptung.
[289] Köfler in: WiVerf, Bd. 1, S. 424; Jonny Moser, Österreichs Juden unter der NS-Herrschaft, in: NS-Herrschaft in Österreich, S. 185–198; hier S. 190ff.
[290] Harster an Bezirkshauptmann Ibk 19. 11. 1938. TLA, Präs., Zl. 373 XII 58 ex 1939.
[291] Rosenkranz, Verfolgung und Selbstbehauptung, S. 161 und 333, Fußnote 19.
[292] Politischer Lagebericht der Gauleitung T-V, Jänner 1939. AdR, Rk, Karton rot 4.
[293] Köfler in: WiVerf, Bd. 1, S. 425.
[294] Vgl. DVZ, 24.8.1938; Gendarmerieposten Hohenems vom 19. 8. 1938. VLA, BH Feldkirch III, Zl. 20 ex 1938; siehe auch Zollamt Lustenau an BH Feldkirch 13. 12. 1938. VLA, BH Feldkirch III, Zl. 17 ex 1938.
[295] Sella, Die Juden Tirols, S. 159f; unter der Projektleitung von Thomas Albrich wird eine biographische Datenbank zur jüdischen Bevölkerung in Tirol und Vorarlberg vor 1945 unter besonderer Berücksichtigung der NS-Vertreibungs- und Vernichtungspolitik erstellt. Die bisherigen Forschungsergebnisse weisen bereits wesentlich höhere Opferzahlen aus.

II. »Das ganze Volk sagt: JA!« – Die Volksabstimmung am 10. April 1938

[1] Stefan Karner, Die Steiermark im Dritten Reich 1938–1945. Aspekte ihrer politischen, wirtschaftlich-sozialen und kulturellen Entwicklung, 2. Auflage, Graz–Wien 1986, S. 57.
[2] Botz, Wien, S. 115f; Gerhard Botz, Schuschniggs geplante »Volksbefragung« und Hitlers »Volksabstimmung« in Österreich, in: Anschluß 1938. Protokoll des Symposiums in Wien am 14. und 15. März 1978 (Veröffentlichungen der Wissenschaftlichen Kommission 7), Wien 1981, S. 220–243; hier S. 223.
[3] IN, 17. 3. 1938.
[4] Albrich in: Tirol und der Anschluß, S. 511.
[5] Schreiben Bürckel 22. 3. 1938. TLA, Präs., Zl. 907 I 5 ex 1938.
[6] Richtlinien für Haus-Wahlvertrauensmänner und -frauen 27. 3. 1938: Die Haus-Wahlvertrauensleute standen zwar am Ende der Hierarchie, erfüllten aber wichtige Funktionen. Sie sorgten in ihrem Bereich für die propagandistische Betreuung und das geschlossene Erscheinen zur Wahl. Sie machten Hausbesuche, stellten die Wahlberechtigten fest, vergewisserten sich, ob bereits in die Stimmliste Einschau genommen worden war, sorgten dafür, daß Radiosendungen in Gemeinschaftsempfang gehört wurden, machten auf Filmvorführungen aufmerksam, stellten etwaige Abwesenheit am Wahltag fest, überprüften, wer noch nicht zur Wahl geschritten war oder stellten ei-

nen Schleppdienst zusammen. TLA, NSDAP, Gauwahlleitung Tirol, Karton 44/1.
[7] Albrich in: Tirol und der Anschluß, S. 512.
[8] Bericht der vom 21.–23. 3. 1938 durchgeführten Inspektion der Gauwahlleitungen von Stabsleiter Globocnik und Dr. Hupfauer. AdR, Rk, Karton 9/1305.
[9] Situationsbericht aus Tirol vom 21. 3. 1938. AdR, Rk, Karton 9/1305.
[10] Bezüglich der personellen Besetzung siehe *IN*, 23. 3. 1938.
[11] TLA, NSDAP Gauwahlleitung Tirol, Karton 44/5.
[12] Telegramm Braunes Haus an Bürckel 23. 8. 1938. AdR, Rk, Karton rot 2; *IN*, 23. 3. 1938.
[13] Personelle Besetzung der Gauwahlleitung der NSDAP Tirol. TLA, NSDAP, Gauwahlleitung Tirol, Karton 44/5 und TLA, Präs., Zl. 719 III 10 ex 1939; *IN*, 21. 3. 1938. Als weitere Mitarbeiter der Hauptabteilung Organisation werden genannt: in der Abteilung 3 Josef Marinell, Adolf Huber, Richard Lorenzi, Dr. Karl Töpfl, Otto Salcher und Karl Vareschi; in der Abteilung 4 Rudolf Altenburger, Egon von Dierkes, Nachtmann und Hillebrand; in der Abteilung 6 Rudolf Stern, Ing. Höß, Hopfgartner, Weiss und Frechinger; in der Abteilung 7 Neuner. Weitere Mitarbeiter der Hauptabteilung Propaganda: in der Abteilung 3 Friedl Trojer; in der Abteilung 4 Dr. Rudolf Amorth; in der Abteilung 5 Adalbert Weidacher, Erich Werner Margstahler und Max Lokar; in der Abteilung 6 Kurt Baller, Alfred Minks und Arthur Matzinger.
[14] Albrich in: Tirol und der Anschluß, S. 513ff.
[15] Botz, Wien, S. 156.
[16] Rundschreiben der Wahlkreisleitung Innsbruck. TLA, BH Innsbruck III, Zl. 2861/4 ex 1939.
[17] Merkblatt des Sonderbeauftragten des Gauwahlleiters (Gaupresseamt). TLA, NSDAP, Gauleitung T-V, Karton 6/V/14.
[18] Albrich in: Tirol und der Anschluß, S. 517f.
[19] Gaupresseamt an Gaupropagandaamt 13. 5. 1938: Leistungsbericht der Druckereien und Zeitungen Tirols 11. 3.–10. 4. 1938 (hier auch die detaillierten Aufstellungen der anderen Tiroler Druckereien). TLA, NSDAP, Gauwahlleitung Tirol, Karton 44/13.
[20] Ebd.
[21] Theodor Venus, Von der »Ravag« zum »Reichssender Wien« in: NS-Herrschaft in Österreich, S. 301–318; hier S. 311; Botz, Wien, S. 157f.
[22] NSG 110 vom 18. 10. 1938. TLA, NSDAP, Gauleitung T-V, Karton 30/VI/4.
[23] Situationsbericht aus Tirol vom 21. 3. 1938 und Situationsbericht aus den Ländern vom 31. 3. 1938. AdR, Rk, Karton 9/1305 bzw. 9/1315.
[24] Albrich in: Tirol und der Anschluß, S. 525.
[25] Vgl. dazu Kapitel VII.
[26] Situationsbericht aus den Ländern vom 31. 3. 1938. AdR, Rk, Karton 9/1315.

II. Die Volksabstimmung am 10. April 1938

[27] Gaupresseamt an Gaupropagandaamt. Leistungsbericht der Druckereien und Zeitungen Tirols vom 11. 3. bis 10. 4. 1938. TLA, NSDAP, Gauwahlleitung Tirol, Karton 44/13.
[28] *TBZ*, 22. 3. 1938.
[29] *TBZ*, 22. und 30. 3. 1938.
[30] Siehe *TBZ*, 17. und 22. 3. 1938.
[31] *TBZ*, 30. 3. 1938.
[32] *TBZ*, 2. und 6. 4. 1938.
[33] *TBZ*, 2. 4. 1938.
[34] *TBZ*, 22. 3., 2. 4. und 6. 4. 1938.
[35] Siehe dazu Botz, Wien, S. 117ff; vgl. Maximilian Liebmann, Theodor Innitzer und der Anschluß. Österreichs Kirchen 1938, Graz 1982, S. 65ff.
[36] *IN*, 28. 3. 1938.
[37] Ebd.
[38] Herbert Rosenkranz, Verfolgung und Selbstbehauptung, S. 313, Anm. 31.
[39] Globocnik an Gerland 1. 4. 1938. AdR, Rk, Karton 9/1305; Stimmungsbericht aus den Ländern vom 31. 3. 1938. AdR, Rk, Karton 9/1315.
[40] *IN*, 2. und 5. 4. 1938; *TBZ*, 2. 4. 1938.
[41] *TBZ*, 2. 4. 1938.
[42] *TBZ*, 30. 3. 1938.
[43] Versammlungsberichte aus dem Kreis Schwaz vom 27. 3. 1938. TLA, NSDAP, Gauwahlleitung Tirol, Karton 44/7.
[44] Situationsbericht aus den Ländern vom 31. 3. 1938. AdR, Rk, Karton 9/1315; Situationsbericht aus Tirol vom 21. 3. 1938. Ebd., Karton 9/1305.
[45] Situationsbericht aus den Ländern vom 31. 3. 1938. Ebd., Karton 9/1315.
[46] Versammlungsberichte aus den Kreisen Schwaz, Landeck, Kitzbühel, Kufstein und Reutte vom 27. 3. 1938. TLA, NSDAP, Gauwahlleitung Tirol, Karton 44/7.
[47] TLA, NSDAP, Gauwahlleitung Tirol, Karton 44/7.
[48] Ebd., Stimmungsbericht aus Wattenberg vom 4. 4. 1938.
[49] Giselbrecht in der ersten Versammlung der Leitung der Nationalsozialistischen Betriebszellenorganisation (NSBO) vor Gewerkschaftsvertrauensleuten, NS-Betriebszellenleiter und Landesleiter der Fachgewerkschaften. *DVZ*, 16. 3. 1938.
[50] *DVZ*, 17. 3. 1938.
[51] NSBO-Reichsobmann Dr. Hupfauer bei der Arbeiterversammlung im Stadtsaal am 2. 4. 1938. TLA, NSDAP, Gauleitung T-V, Karton 6/V/14 bzw. *DVZ*, 4. 4. 1938.
[52] *IN*, 5. 4. 1938.
[53] *DVZ*, 28. und 29. 3. 1938; *IN*, 6. 4. 1938.
[54] *IN*, 1. und 6. 4. 1938.
[55] *DVZ*, 4. 4. 1938.
[56] Zu den Maßnahmen und der Abnahme der Arbeitslosigkeit siehe detailliert

Schreiber, Nazizeit in Tirol, S. 33ff.
[57] *DVZ*, 31. 3. 1938.
[58] Albrich in: Tirol und der Anschluß, S. 521f; Riedmann, Das Bundesland Tirol, S. 974.
[59] *DVZ*, 29. 3. 1938.
[60] Globocnik an Gerland 1. 4. 1938 mit den Stimmungsberichten vom 28. und 30. 3. 1938. AdR, Rk, Karton 9/1305.
[61] Albrich in: Tirol und der Anschluß, S. 522.
[62] *DVZ*, 2. 4. 1938.
[63] *DVZ*, 25. 3. 1938.
[64] *IN*, 2. 4. 1938; *DVZ*, 1. 4. 1938.
[65] *IN*, 2. 4. 1938.
[66] Inspektionsreise Hupfauer und Globocnik 21.-23. 3. 1938. AdR, Rk, Karton 9/1305.
[67] Situationsbericht aus den Ländern vom 31. 3. 1938. Ebd., Karton 9/1315.
[68] Vgl. dazu Botz, Wien, S. 142ff; Helmut Konrad (Hrsg.), Sozialdemokratie und »Anschluß«. Historische Wurzeln, Anschluß 1918 und 1938, Nachwirkungen, Wien–München–Zürich 1978, S. 94ff; zur Person Renners siehe etwa Anton Pelinka, Karl Renner. Zur Einführung, Hamburg 1989.
[69] Albrich in: Tirol und der Anschluß, S. 524ff sowie *IN* und *DVZ* im angegebenen Zeitraum.
[70] Dieter Schrage, Die totalitäre Inszenierung der Massen: Volksabstimmung vom 10. April 1938, in: Wien 1938, Wien 1988, S. 98–113; hier S. 101f und S. 111.
[71] Siehe in der Folge Albrich in: Tirol und der Anschluß, S. 528f und *DVZ*, 6. 4. 1938.
[72] Bericht über die Arbeitsleistung der Hauptabteilung Organisation der Gauwahlleitung Tirol vom 6. 5. 1938. TLA, NSDAP, Gauwahlleitung Tirol, Karton 44/5
[73] *DVZ*, 9. 4. 1938; »Tag der Volksgemeinschaft«, »Eintopfessen«, »Stand der Vorbereitungsarbeiten für den Tag der Volksgemeinschaft«. TLA, NSDAP, Gauleitung T-V, Karton 6/V/14.
[74] *DVZ*, 9. 4. 1938.
[75] Ebd.; ferner »Tag des Großdeutschen Reichs am 9. 4. 1938«. TLA, NSDAP, Gauwahlleitung Tirol, Karton 44/4.
[76] *IN*, 8. 4. 1938.
[77] Siehe den genauen Wortlaut des Textes in der *DVZ*, 9. 4. 1938.
[78] *DVZ*, 12. 4. 1938; *IN*, 11. 4. 1938.
[79] Siehe *DVZ*, 12. 4. 1938.
[80] Ebd.
[81] Statistische Nachrichten, 16. Jg., 1938, S. 111ff und eigene Berechnungen.
[82] Auf ein NEIN entfielen 369 JA, was aber noch immer unter dem österreichischen Durchschnitt von 373 zu 1 lag.
[83] Riedmann, Das Bundesland Tirol, S. 982

[84] Ebd.
[85] Berechnet nach: Statistische Nachrichten, 16. Jg., 1938, S. 111ff.
[86] Botz, Volksabstimmung und Volksbefragung, in: Anschluß 1938, S. 241; Albrich in: Tirol und der Anschluß, S. 530f.
[87] Vgl. Albrich in: Tirol und der Anschluß, S. 531.
[88] Wilhelm Wadl/Alfred Ogris, Das Jahr 1938 in Kärnten und seine Vorgeschichte. Ereignisse-Dokumente-Bilder, Klagenfurt 1988, S. 86.
[89] Bericht vom 21. 3. 1938 aus Tirol. AdR, Rk, Karton 9/1305.
[90] Botz, Wien, S. 181.
[91] Leistungsbericht über die Arbeitsleistung der Hauptabteilung Organisation der Gauwahlleitung Tirol vom 6. 5. 1938. TLA, NSDAP, Gauwahlleitung Tirol, Karton 44/5.
[92] *DVZ*, 4.1938.
[93] Ebd.
[94] Ortswahlleitung Ischgl an Kreisleitung Landeck 10. 4. 1938. TLA, BH Landeck II, Zl. 937 ex 1938.
[95] 1934 gab es in Tirol 250.500 Personen der Geburtsjahrgänge 1918–1833 (plus 883 unbekannt). Bei einer jährlichen Sterberate von ca. 1,4% wurde die über 19jährige Bevölkerung daher mit 236.472 angenommen. Nachdem nur 219.717 Personen zur Wahl am 10. April zugelassen worden waren, ergibt sich eine Differenz von 16.755 Personen (– 7,1%). Der Großteil dieser von der Abstimmung Ausgesperrten waren »Politische«, da es 1938 in Tirol höchstens 700 Juden (das wären 0,3% der zur Wahl Zugelassenen) im Sinne der Nürnberger Rassegesetze gab.
Berechnet nach: Die Ergebnisse der österreichischen Volkszählung vom 22. 3. 1934. Tirol, Statistik des Bundesstaates Österreich, Heft 11, Wien 1935.

III. Los von Wien – Die Entstehung des Reichsgaues Tirol-Vorarlberg

[1] Botz, Eingliederung, S. 32ff, 53, 61, 65.
[2] Botz, Wien, S. 199.
[3] Botz, Eingliederung, S. 71.
[4] Ebd., S. 72.
[5] Botz, Wien, S. 194.
[6] Opdenhoff an Friedrichs 26. 3. 1938. BA, Slg. Schumacher 304.
[7] Ebd.
[8] Stuckart an Lammers 26. 4. 1938. BA, R 43 II/1359.
[9] Frick an Ostertag 12. 5. 1938. BA, R 43 II/1358.
[10] Botz, Eingliederung, S. 83f.
[11] Stuckart an Lammers 26. 4. 1938. BA, R 43 II/1359.

[12] Aktennotiz Opdenhoff für Bürckel 2. 4. 1938 und siehe auch Opdenhoffs Bericht über seine diesbezüglichen Reiseeindrücke in den Bundesländern. BA, Slg. Schumacher 304.
[13] Scharizer an Hofer 24. 4. 1938. AdR, Rk, Karton 149.
[14] Telegramm Plankensteiner an Bürckel 22. 4. 1938. Ebd., Karton 148/4000.
[15] Werner Dreier, Vorarlberg und die Anschlußfrage, in: Tirol und der Anschluß, S. 183–220; hier S. 184ff.
[16] Ebd., S. 187.
[17] Denkschrift vom 7. 5. 1938, unterzeichnet von Mähr, Sollhardt, Rhomberg und Vogel. AdR, Rk, Karton rot 3.
[18] Ebd.
[19] Denkschrift zur Frage des Gaues Vorarlberg. AdR, Rk, Karton rot 3.
[20] Berichte der deutschen Kreisleiterberater. Ebd., Karton 148/4000.
[21] Botz, Eingliederung, S. 78ff, 86 und 89.
[22] Helfried Pfeifer, Die Ostmark. Eingliederung und Neugestaltung. Historisch-systematische Gesetzessammlung nach dem Stande vom 16. April 1941, Wien 1941, S. 89 und 91; Margit Schönherr, Vorarlberg 1938. Die Eingliederung Vorarlbergs in das Deutsche Reich 1938/1939, Dornbirn 1981, S. 87.
[23] Schönherr, Vorarlberg 1938, S. 84.
[24] Verfügung Bürckel vom 2. 11. 1938. AdR, Rk, Ordner 4510/1.
[25] Vgl. etwa Niederschrift des Baubezirksleiters von Lienz Ing. Papsch vom 18. 5. 1938 an Opdenhoff mit Bitte um Weiterleitung an den Führer. Ebd., Karton rot 3.
[26] BGM Lienz an Rk 13. 5. 1938. AdR, Rk, Karton rot 3.
[27] TLA, Präs., Zl. 812 III ex 1939.
[28] Presseamt Bürckel an Bürckel 8. 6. 1938. AdR, Rk, Ordner 4510/1.
[29] Ebd., Aktennotiz Presseamt des Rk vom 8. 6. 1938.
[30] TLA, Präs., Zl. 1778 III 10 ex 1938 und BH Imst, Zl. 3820 I 3 ex 1938.
[31] Rk an Hofer 6. 7. 1938. TLA, Präs., Zl. 812 III 10 ex 1939.
[32] Ebd., Bürckel an Hofer 6.7.1938.
[33] Hofer an Bürckel 21. 7. und 26. 7. 1938. AdR, Rk, Ordner 4510/1.
[34] Stremitzer an Präsidium der LHM Tirol 26. 7. 1938. TLA, Präs., Zl. 812 III 10 ex 1939.
[35] Botz, Eingliederung, S. 103.
[36] Anordnung Seiß-Inquart vom 27. 7. 1938. BA, R 43 II/1310b.
[37] Ebd., Schreiben vom 11. 8. 1938.
[38] Botz, Eingliederung, S. 103.
[39] Schreiben Stremitzer 26. 7. 1938. TLA, Präs., Zl. 812 III 10 ex 1939.
[40] Ebd., Niederschrift bezüglich der Abtrennung von Osttirol vom 27. 7. 1938 bei der LHM Tirol in Innsbruck.
[41] Pfeifer, Die Ostmark. S. 91.
[42] Das Deutsche Hoheitsgebiet Österreich, Gau Tirol 2. 5. 1938 bzw. Gau- und Kreiseinteilung der NSDAP 29. 4. 1938. AdR, Rk, Karton rot 3.

III. Los von Wien – Die Entstehung des Reichsgaues Tirol-Vorarlberg 303

[43] Ebd., Vorschlag zur gebietlichen Einteilung des Gaues Vorarlberg und des Gaues Tirol. Niederschrift vom 4. 5. 1938.
[44] In bezug auf Reutte wurden Überlegungen angestellt, es an den Gau Schwaben zu schlagen. Siehe auch Schreiben und Vorschläge des Assistenten am Geographischen Institut der Universität Wien, Dr. Walter Strzygorski, an Bürckel 24. 5. 1938, der für die Planungsbehörde des Reichsstatthalters einen Entwurf für die Neueinteilung Österreichs in Gaue und Kreise ausgearbeitet hatte. AdR, Rk, Karton rot 3.
[45] AdR, Rk, Ordner 1770/8; Gemeindeamt Unterperfuß an Landrat Innsbruck 25. 8. 1939. TLA, BH Innsbruck III, Zl. 3144/8 ex 1939; Riedmann, Das Bundesland Tirol, S. 989.
[46] *Verordnungsblatt für den Amtsbereich des Landeshauptmanns für Tirol* 1938, Nr. 14, S. 17–20; Pfeifer, Die Ostmark, S. 92; siehe auch Sammelrundschreiben der Gauleitung T-V 12. 12. 38: Im Dezember 1938 stand nach der Verordnung des Landeshauptmanns von Tirol am 15. 10. 1938 die endgültige Einteilung der Tiroler Verwaltungsbezirke fest. An Veränderungen ergaben sich:
Bezirk IMST: Ohne die Gemeinden Gramais, Pfafflar; ohne die Ortsteile Kühtai, Tilfuß; mit der Gemeinde Wildermieming
Bezirk INNSBRUCK: Ohne die Gemeinden Kolsaß, Kolsaß-Berg und Wildermieming; mit den Ortsteilen Kühtai und Tilfuß
Bezirk KUFSTEIN: Ohne die Gemeinden Steinberg und Bruck am Ziller
Bezirk LANDECK: Ohne die Gemeinde Kaisers; ohne Ortsteil Piller
Bezirk REUTTE: Ohne die Gemeinde Jungholz; mit den Gemeinden Kaisers und Pfafflar
Bezirk SCHWAZ: Mit den Gemeinden Kolsaß, Kolsaß-Berg, Steinberg und Bruck am Ziller.
AdR, Rk, Karton rot 18.
[47] Bezirkshauptmann Landeck an Landeshauptmann Tirol 8. 10. 1938. TLA, BH Reutte, Zl. 354–001/4 ex 1939–1945.
[48] Ernst Hanisch, Nationalsozialismus in der Provinz. Salzburg im Dritten Reich (Salzburg Dokumentationen 71), Salzburg 1983, S. 77f.
[49] In Vorarlberg gab es schon mehr Probleme mit Dorfbewohnern, die sich in ihrer lokalen Identität verletzt fühlten. Eine ganze Reihe von Bauern traten dort auch deshalb zur Bildung von Ortsgruppen der Partei bei, um so leichter eine selbständige Gemeinde zu bleiben. Siehe VLA, Miscellen 111.
[50] Stimmungsbericht der BH Bludenz an Gestapo vom 30. 5. 1938. VLA, Präs., Zl. 41 ex 1939.
[51] Ebd., Stimmungsbericht der BH Bregenz an Gestapo vom 2. und 9. 7. 1938.
[52] Ebd., vgl. Stimmungsberichte der BH Bludenz und Bregenz.
[53] Hofer an Knissel 30. 3. 1939. AdR, Rk, Ordner 4510/1.
[54] Lagebericht der Gauleitung T-V, Jänner 1939. Ebd., Karton rot 4.
[55] Pfeifer, Die Ostmark, S. 534f; Schönherr, Vorarlberg 1938, S. 89.
[56] Plankensteiner an Hofer 21. 9. 1939. VLA, Miscellen 214/8.

57 Kopf versuchte auch in Stuttgart, München und beim Reichsprotektor und früheren Außenminister von Neurath Unterstützung zu finden. Siehe Walser, Illegale NSDAP, S. 160.
58 Siehe dazu Schönherr, Vorarlberg 1938, S. 90ff.
59 Stuckart an Lammers 26. 4. 1938. BA, R 43 II/1358.
60 Ebd.; siehe auch Frick an Lammers 12. 5. 1938, wo der Reichsinnenminister nach Absprache mit Bürckel eine fixe Angliederung Vorarlbergs und Salzburgs an Tirol vorschlägt.
61 Schönherr, Vorarlberg 1938, S. 91.
62 Plankensteiner an Hofer 21. 9. 1939. VLA, Miscellen 214/8.
63 Ebd.
64 Vgl. Botz, Eingliederung, S. 116–123.
65 Abschrift an SD-Führer des SS-Oberabschnitts Österreich vom 18. 5. 1938. DÖW 11.455.
66 Plankensteiner an Hofer 21. 9. 1939. VLA, Miscellen 214/8.
67 Siehe Schönherr, Vorarlberg 1938, S. 95ff.
68 Pfeifer, Die Ostmark, S. 552ff; Rundschreiben Hofers vom 2. 2. 1940. TLA, BH Reutte, Zl. 353–005/5 ex 1939–1945.
69 Plankensteiner an Wächter 18. 2. 1939. VLA Präs., Zl. 57 ex 1939. Schneider war am 2. 5. 1938 der Vorarlberger LHM zur Bearbeitung der Reichsverteidigungsangelegenheiten und als Berater in der Verwaltung zugeteilt worden. Mit Erlaß des RMdI vom 22. 8. 1938 trat er in die BH (Landrat) Bregenz ein, zuständig für Kommunalfragen und Reichsverteidigung und war am 3. 5. 1939 als Leiter der Abteilung IIa wieder in die LHM Vorarlberg übergewechselt. VLA, BH Bregenz I, Zl. 1294 ex 1939
70 Frick an Hofer 13. 12. 1939. VLA, Miscellen 214/8.
71 Pfeifer, Die Ostmark, S. 552ff.
72 Frick an Hofer 13. 12. 1939. VLA, Miscellen 214/8.
73 Siehe genauer bei Schönherr, Vorarlberg 1938, S. 101; allerdings bedarf es zur Feststellung des tatsächlichen Anteils deutscher Beamter in der Vorarlberger Verwaltung noch eingehender Untersuchungen.
74 Vgl. Schreiben Plankensteiners an Wächter 8. 2. 1939. VLA, Präs., Zl. 57 ex 1939. Mit Ausnahme von Schneider und Didlaukies waren bis Februar 1939 kaum »Reichsdeutsche« in der Vorarlberger Verwaltung zu finden.
75 Plankensteiner an Reichsstatthalter 27. 7. 1938. Ebd., Zl. 22 ex 1939.
76 Ebd., Plankensteiner an Reichsstatthalter 27. 7. 1938.
77 Ebd., Meldung der Daten der Bezirkshauptleute an Wächter Ende Februar 1939. Es handelte sich um folgende Mitgliedschaften: FM-SS, FM-NSKK, FM-NSFK, RLB, RDB, NSRB und NSV.
78 Klaus Eisterer, Französische Besatzungspolitik. Tirol und Vorarlberg 1945/46 (Innsbrucker Forschungen zur Zeitgeschichte 9), Innsbruck 1991, S. 376f, Fußnote 22; Hermann Brändle, Sozialdemokraten und Revolutionäre Sozialisten, 1933–1938, in: Von Herren und Menschen, S. 29–43; hier S. 31.

III. Los von Wien – Die Entstehung des Reichsgaues Tirol-Vorarlberg

[79] Plankensteiner an Wächter 10. 8. 1938. VLA, Präs., Zl. 22 ex 1939.
[80] Ebd., Scheikl an Plankensteiner 9. 9. 1938.
[81] Ebd., Plankensteiner an Staatskommissar 3. 1. 1939.
[82] Ebd., Scheikl an LHM Vorarlberg 16. 1. 1939.
[83] Plankensteiner an Staatskommissar 10. 8. 1938 sowie 20. 1. 1939. VLA, Miscellen 211/21 und Präs., Zl. 22 ex 1939.
[84] Aktenvermerk Kopf über Telefonat mit Scheikl 20. 1. 1939. VLA, Präs., Zl. 22 ex 1939.
[85] Ebd., Hofer an Stuckart 28. 2. 1939.
[86] Ebd., Aktenvermerk Kopf über Telefonat mit Scheikl 20. 1. 1939; Plankensteiner an Wächter 26. 1. 1939; RR Schneider, den Scheikl zunächst ins Spiel brachte und den Kopf nach anfänglicher Ablehnung akzeptierte – Kopf konnte seine Behauptung, genügend Leute zur Besetzung von Spitzenposten im eigenen Land zu haben, nicht unter Beweis stellen –, sagte schließlich ab und bewarb sich für St. Johann im Pongau.
[87] Ebd., Schreiben vom 28. 2. 1939.
[88] Ebd., Erlaß des RMdI 10. 6. 1939 und RMdI an Plankensteiner 10.6.1939.
[89] Erlaß des RMdI 10. 6. 1939 und 31. 10. 1939. VLA, Präs., Zl. 22 ex 1939.
[90] Reichsstatthalter an RMdI 6. 9. 1940. TLA, Präs., Zl. 31 I 5 ex 1939.
[91] In Lustenau kam es deshalb zu Demonstrationen von Nationalsozialisten. Formationen der Partei besetzten das Gemeindeamt, den Konsumverein sowie die Molkerei und forderten die Absetzung von »Systemleuten«. Daraufhin wurden elf Personen entlassen und ebensoviele Nationalsozialisten eingestellt. VLA, Präs., Zl. 759 ex 1938.
In Bludenz machten sich aufgebrachte Nationalsozialisten Luft, indem sie ein Fenster des Rathauses mit dem Slogan »Hinaus mit den schwarzen Schweinen« beschmierten. Bericht der BH Bludenz an Gestapo vom 13. 6. 1938. VLA, Präs., Zl. 41 ex 1939.
[92] Stimmungsberichte der BH Bregenz vom 18. 6. 1938 und des Gendarmeriepostens Dornbirn an die BH Feldkirch vom 2. 8. 1938. VLA, Präs., Zl. 41 ex 1939.
[93] Schönherr, Vorarlberg 1938, S. 60.
[94] Siehe Meinrad Pichler, Politische Verfolgungen der ersten Tage, in: Von Herren und Menschen, S. 71ff.
[95] Ebd., S. 84.
[96] Botz, Eingliederung, S. 108ff.
[97] Egbert Mannlicher, Wegweiser durch die Verwaltung, Berlin 1942, S. 359.
[98] Mit 20. Juni 1942 wurden jedoch die staatliche Verwaltung und Kreisselbstverwaltung Reuttes zusammengelegt. TLA, BH Reutte, Zl. 354–004/3 ex 1939–1945.
Gauhauptstellenleiter Mader stellte für den Bereich der Kreisselbstverwaltung im August 1941 gegenüber dem Hauptamt für Kommunalpolitik die Behauptung auf, daß sich die Zusammenfassung der Behörde des Landrats zu einem verwaltungsmäßigen Ganzen gut ausgewirkt und keinen Nachteil

für die Kreisselbstverwaltung mit sich gezogen hätte, da so im Gegensatz zum »Altreich« die Auseinanderentwicklung der Staats- und Selbstverwaltung auf der Kreisstufe verhindert worden wäre. BA, NS 25/370a.

[99] Reichsstatthalter an Landrat Kitzbühel 8. 7. 1940. TLA, BH Reutte, Zl. 353-000/10 ex 1939–1945.
[100] So hatte sich der Reuttener Landrat bei der LHM darüber beschwert, daß die Baubezirksleitung seine Anordnungen glattweg ignoriere und sich als Staat im Staate gebärde. Landrat an Präsidium der LHM 3. 1. 1939: TLA, BH Reutte, Zl. 354-001/1 ex 1939–1945.
[101] Landrat Nagele an Jung 27. 3. 1939. TLA, BH Reutte, Zl. 354-001/9 ex 1939–1945.
[102] Botz, Eingliederung, S. 108ff.
[103] Peter Hüttenberger, Die Gauleiter. Studie zum Wandel des Machtgefüges in der NSDAP (Schriftenreihe der Vierteljahreshefte für Zeitgeschichte 19), Stuttgart 1969, S. 195ff.
[104] Reichsinnenminister an Landeshauptmänner 2. 5. 1939. BA, R 43 II/1358.
[105] Botz, Eingliederung, S. 111.
[106] Hofer an Rk 9. 12. 1938. AdR, Rk, Ordner 4510/1.
[107] Vgl. Hanisch, Salzburg, S. 178.
[108] Hofer an Lammers 9. 8. und 15. 11. 1939. BA, R 43 II/1389a.
[109] Seldte an Lammers 27. 4. 1939. BA, R 43 II/1358.
[110] Botz, Eingliederung, S. 124 und Hanisch in: NS-Herrschaft in Österreich, S. 444f.
[111] Die westlichen Gebiete gehörten verwaltungsmäßig zur Reichsbahndirektion Augsburg, die östlichen zu München.
[112] Vgl. etwa Hanisch in: NS-Herrschaft in Österreich, S. 445.
[113] Hofer an Lammers 3. 5. 1941. BA, R 43 II/1349b.
[114] Hanisch, Salzburg, S. 184.
[115] Hofer an Lammers 3. 5. 1941. BA, R 43 II/1349b.
[116] Schnellbrief des persönlichen Referenten Hofers, Dr. Neuner, vom 19. 3. 1941. TLA, Reichsstatthalter II, RD 147 ex 1940/41.
[117] Vgl. den Artikel von Otto Stolz in den *IN*, 19. 6. 1939.
[118] Ebd.

IV. »Über Gräber vorwärts« – Die NSDAP im Aufbau

[1] Botz, Wien, S. 194f; Botz, Eingliederung, S. 96.
[2] Opdenhoff an Friedrichs 26. 3. 1938. BA, Slg. Schumacher 304.
[3] Botz, Eingliederung, S. 93f.
[4] Aktennotiz Opdenhoffs Mitte März 1938. AdR, Rk, Karton 149.
[5] Ebd., Fernschreiben des Rk 23. 3. 1938.

IV. Die NSDAP im Aufbau

[6] Ebd., Scharizer an Hofer 24. 4.1938.
[7] Ebd., Hofer an Marrenbach 6. 4. 1938.
[8] Ebd., Aktennotiz Opdenhoff 27. 4. 1938.
[9] Ebd.
[10] Vgl. Sella, Die Juden Tirols, S. 67f.
[11] Aktennotiz Opdenhoff 28. 4. 1938. AdR, Rk, Karton 149.
[12] Opdenhoff an Friedrichs 29. 4. 1938. BA, Slg. Schumacher 304.
[13] Ebd., Opdenhoff an Friedrichs 29. 4. 1938 und Aktennotiz Opdenhoff 9. 5. 1938.
[14] Scharizer an Hofer 24. 4. 1938. AdR, Rk, Karton 149.
[15] Aktennotiz Opdenhoff 9. 5. 1938. BA, Slg. Schumacher 304.
[16] Hofer an Wehofsich 8. 5. 1939. AdR, Rk, Karton 149.
[17] Radomir Luza, Österreich und die großdeutsche Idee in der NS-Zeit (Forschungen zur Geschichte des Donauraumes 2), Wien–Köln–Graz 1977, S. 63.
[18] Botz, Eingliederung, S. 97f.
[19] Jagschitz in: NS-Herrschaft in Österreich, S. 500.
[20] Habicht an Rodenbücher 2. 2. 1938. AdR, Rk, Karton 149; siehe weiters Hofer an Himmler 8. 2. 1938. BA, NS 19/1133: In diesem Schreiben ersucht Hofer ein weiteres Mal, in die SS aufgenommen zu werden. »Ich stelle daher über Ihre Aufforderung nochmals an Sie die Bitte der Aufnahme in die SS, wobei ich Sie allerdings bitte zu berücksichtigen, daß ich bereits vor der Machtübernahme im Altreich Gauleiter des Führers war und daß es keinen Gauleiter aus dieser Kampfperiode gibt, der, soweit er der SS angehört, nicht SS-Gruppenführer ist. Jede andere Einstufung würde mich praktisch hinter alle rangjüngeren Gauleiter stellen.«
[21] Ernennungsdekret Hitlers vom 9. 6. 1938. AdR, BKA, Präs., Karton 504.
[22] Niederschrift Opdenhoffs o. D., ungefähr Anfang Mai. BA, Slg. Schumacher 304.
[23] Ebd., Aktennotitz Opdenhoff 9. 5. 1938.
[24] Ebd., Opdenhoff an Friedrichs 29. 4. 1938.
[25] TLA, NSDAP, Gauwahlleitung Tirol, Karton 44/1.
[26] Christoph an Hofer 10. 6. 1938. AdR, Rk, Karton 149.
[27] Aussage Leuprechts vom 25. 2. 1948. TLA, 10 Vr 3136/47.
[28] Berichte der deutschen Kreisleiterberater. AdR, Rk, Karton rot 2.
[29] Ebd.
[30] Christoph an Rk 28. 2. 1939. AdR, Rk, Karton 149.
[31] AdR, Rk, Karton rot 17.
[32] Siehe in der Folge Lebenslauf Parson, Eidesstattliche Erklärung Hofers vom 11. 10. 1948, Urteil des Volksgerichts Innsbruck 18. 5. 1949. DÖW 11.416.
[33] Ebd.
[34] Telegramm Gerlands 25. 5. 1938. AdR, Rk, Ordner 4510/1.
[35] IN, 27. und 30. 5. 1938.
[36] IN, 4. 6. 1938.

[37] *DVZ*, 27. 5. 1938.
[38] *IN*, 30. 5. 1938.
[39] Vgl. die personelle Besetzung der Gauwahlleitung im Kapitel »Volksabstimmung« sowie das Verzeichnis der Angestellten der Gauleitung T-V vom 2. 6. 1939 in TLA, NSDAP, Gauleitung T-V, Karton 2/IV/12 und vgl. die Korrespondenz im Karton 2, v. a. II/1, aus der sich eine große Anzahl der Mitglieder der Gauleitung namentlich herauslesen läßt.
[40] *DVZ*, 13. 6. 1938: Von den Gauamtsleitern, die von Hofer am 12. Juni im Raatssal der Hofburg angelobt wurden, schieden zwei bis Oktober bereits aus, nämlich auf eigenes Verlangen der Gauamtsleiter für Erziehung, Adolf Leuprecht, mit 24. 9. 1938 und der Gauamtsleiter des Rechtsamtes, Max Prantl, mit 27. 9. 1938, der auf Wunsch des Gauleiters Anfang 1939 Direktor der Sparkasse Innsbruck wurde. TLA, Präs., Zl. 1854 I 5 ex 1939; *IN*, 13. 6. 1938; Sammelrundschreiben der Gauleitung Tirol, Folge 15/38. AdR, Rk, Karton rot 18; Brack an Rk 14. 1. 1939. AdR, Rk, Karton 148/400.
[41] Luza, Großdeutsche Idee, S. 94.
[42] Die Gaufrauenschaftsleiterin wurde am 14. 2. 1898 als Tochter eines Forstbeamten in Wien geboren. Sie stammte aus einer Tiroler Familie und verbrachte ihre Jugend in Kufstein und Innsbruck. Seit 1932 bei der Partei, war sie »alte Kämpferin« und »Illegale«. Nachtmann war mit dem Obersturmführer Herbert Nachtmann verheiratet. Am 9. Mai 1941 starb sie. *IN*, 12. 5. 1941.
[43] Siehe den untenstehenden Anhang mit Kurzbiographien der Gauamtsleiter.
[44] Dr. Karl Lapper war Träger des goldenen Ehrenzeichens der NSDAP und des Ehrenzeichens der HJ. 1930 bekleidete er das Amt eines Ortsgruppenleiters in Kufstein, 1932/33 fungierte er als Kreisleiter. Nach seiner Flucht nach Deutschland arbeitete er in der HJ-Reichsjugendführung, in der er ab 1936 Chef des Presse- und Propagandaamtes war. Lapper, Mitglied des Reichstags, kehrte für die Volksabstimmung in die Presseführung der Partei nach Tirol zurück, im Juni 1939 berief ihn Goebbels für einen Sonderauftrag auf dem Gebiet des Filmwesens ins Propagandaministerium. *IN*, 16. 9. 1939.
[45] Protokoll Christoph 22. 11. 1947. TLA, 10 Vr 3136/47.
[46] Ernst Foradori wurde am 6. Juni 1905 in Bozen als Sohne eines Kaufmannes geboren. Seit 1931 war er Mitglied der NSDAP und flüchtete nach seiner SA-Betätigung in der Verbotszeit nach Deutschland. 1938 zum Gaudozentenführer ernannt, wurde er schließlich als außerplanmäßiger Professor für Logik und Erkenntnistheorie berufen. Im November 1941 fiel er an der Ostfront. *IN*, 16. 12. 1941.
[47] Sammelrundschreiben Gauleitung Tirol, Folge 21/38. AdR, Rk, Karton rot 18.
[48] Siehe Adreßbuch der Gauhauptstadt Innsbruck 1941, S. 1.
[49] In der Gauwahlleitung scheinen lediglich noch Fleiss, Sterzinger, Neuner und Giselbrecht auf.
[50] Siehe dazu TLA, 10 Vr 3136/47 sowie Christophs Gauwahlleitung im Kapi-

IV. Die NSDAP im Aufbau

tel »Volksabstimmung«, die Hofersche Gauleitung nach seiner Rückkehr und die kurzbiographischen Angaben zu den Gauamtsleitern.

51 DÖW 9.333; Karl Höffkes, Hitlers politische Generale. Die Gauleiter des Dritten Reiches, Tübingen 1986, S. 143f; *DVZ*, 27. 5. 1933.
52 DÖW 11.416 und Lebenslauf Parson 30. 3. 1939. TLA, NSDAP, Gauleitung T-V, Karton 21/VI/2/4.
53 TLA, 10 Vr 3136/47; siehe auch Höffkes, S. 47f.
54 Personalakt im BDC.
55 Lebenslauf 27. 11. 1941. LBS, I/49 Stammbuch; Tätigkeitsliste vom 7. 7. 1939. LBS, I/41. Anfang Oktober 1940 übernahm der Kreisleiter von Kitzbühel das Gaupersonalamt. Braunsdorff blieb weiterhin an der Spitze des Gauorganisationsamtes. *IN*, 3. 10. 1940.
56 Tätigkeitsliste vom 28. 7. 1939. LBS, I/41; Lebenslauf 17. 11. 1938. LBS, I/49 Stammbuch.
57 Tätigkeitsliste 6. 7. 1939. LBS, I/41; Lebenslauf 28. 5. 1938. LBS, I/49 Stammbuch; TLA, 10 Vr 1031/45.
58 Tätigkeitsliste und Stammbuch Lebenslauf vom 8. 6. 1938. LBS, I/10.
59 Tätigkeitsliste 6. 7. 1939. LBS, I/41; Lebenslauf 22. 6. 1938. LBS, I/49 Stammbuch.
60 Tägigkeitsliste und Stammbuch Lebenslauf o.D. LBS, I/10; Lebenslauf Stettner. TLA, NSDAP, Gauleitung T-V, Karton 21/VI/2/4.
61 Tätigkeitsliste 8. 7. 1939. LBS, I/41; Stammbuch Lebenslauf 26. 5. 1938. LBS, I/49; TLA, 10 Vr 2869/47.
62 Lebenslauf Elsensohn. TLA, NSDAP, Gauleitung T-V, Karton 21/VI/2/4.
63 LBS, I/10; Lebenslauf Malfatti. TLA, NSDAP, Gauleitung T-V, Karton 21/VI/2/4; TLA, 10 Vr 2250/47; *IN*, 10. 5. 1939.
64 Stammbuch Lebenslauf 1. 9. 1938 und LBS, I/49 Personenstandsangaben; weiters *IN* 27. 3. 43.
65 TLA, 10 Vr 1571/46; *IN*, 3. 4. 1939.
66 TLA, 10 Vr 802/46.
67 Stammbuch Lebenslauf 27. 5. 1938. LBS, I/49.; Tätigkeitsliste. LBS I/41.
68 Tätigkeitsliste 30. 6. 1939. LBS, I/41; Lebenslauf 14. 7. 1938. LBS I/49; TLA, 10 Vr 3210/47.
69 Luza, Großdeutsche Idee, S. 498f.
70 Telegramm Bürckel an Reichspropagandaamt 30.5.1938. AdR, Rk, Karton rot 2.
71 Braunsdorff an Rk 11. 7. 1938. Ebd., Karton 157/4510/1.
72 Reichsleitung an Rk 6. 5. 1938. Ebd., Karton rot 3.
73 Telegramm Braunes Haus an Rk 23. 8. 1938. Ebd.
74 Zusammengetragen aus umfangreicher Korrespondenz in AdR, Rk, Ordner 4510/1 und Karton rot 4; weiters ebd., Hofer an Rk 23. 8. 1938; *IN*, 23. 3., 23. 5., 11. 10. und 28. 11. 1938.
75 Posch wurde zwar mit 1. 6. 1938 auch zum Kreisleiter von Kufstein ernannt, doch mit 8. 6. 1938 berief Hofer Ploner, der sich als Kreisgeschäftsführer im

Reich aufhielt, nach Kufstein. Aussage Ploner vom 8. 10. 1947. TLA, 10 Vr 2625/47.
[76] Telegramm Braunes Haus an Rk 23. 8. 1938. AdR, Rk, Karton rot 3.
[77] Ebd., Berichte der deutschen Kreisleiterberater.
[78] Ebd., Hofer an Rk 23. 8. 1938.
[79] Hofer II an Kanzlei des Gauleiters 9. 2. 1939. AdR, Rk, Karton 157/4510/1.
[80] *IN*, 7. 11. 1938.
[81] Siehe in der Folge TLA, 10 Vr 1185/46.
[82] Ebd.
[83] In Wirklichkeit lag ein Antrag Hofers auf Verbannung Schretters in der Kanzlei des Reichskommissars in Wien mit der Begründung, daß der Kreisleiter ansonsten von der empörten Bevölkerung erschlagen werden würde. Aussage Frau Schretter 16. 9. 1946. TLA, 10 Vr 1185/46.
[84] TLA, 10 Vr 1185/46.
[85] Berichte der deutschen Kreisleiter. AdR, Rk, Karton rot 2.
[86] Dienststelle für den Parteiaufbau beim Rk an Gaupersonalamt 17. 12. 1938. AdR, Rk, Karton 148/4000.
[87] Knissel an Stellvertreter des Führers 24. 1. 1939. AdR, Rk, Karton 157/4510/1.
[88] Aussage Alois Neuner 22. 9. 1948. TLA, 10 Vr 3179/47.
[89] Ebd., Aussage Parson 22. 9. 1948.
[90] Ebd., Aussage Hilliges 12. 4. 1948.
[91] Rede Hofers vom 12. 3. 1939. TLA, NSDAP, Gauleitung T-V, Karton 21/VI/2/1.
[92] Pisecky, Tirol-Vorarlberg, S. 14.
[93] WiVerf, Bd. 2, S. 416f.
[94] BH Imst an LHM 3. 5. 1938 und Bericht des Gendarmeriepostens Imst 27. 4. 1938. TLA, Präs., Zl. 1377 XII ex 1938.
[95] TLA 10 Vr 2625/47, 3729/47, 2986/46, 3558/46, 1185/46, 3179/47; 17 Vr 1322/57.
[96] Im folgenden, wenn nicht anders angegeben, Berichte der deutschen Kreisleiterberater. AdR, Rk, Karton rot 2.
[97] Politischer Lagebericht der Gauleitung T-V, Jänner 1939. AdR, Rk, Karton rot 4.
[98] Berichte der deutschen Kreisleiter. Ebd., Karton rot 2.
[99] Geheimbericht über den Parteiaufbau in der Ostmark, Meiler 3. 8. 1938. BA, Slg. Schumacher 302/I.
[100] Bienussa an Meiler 10. 3. 1939. AdR, Rk, Karton rot 25.
[101] Luza, Großdeutsche Idee, S. 78ff.
[102] Schreiben Maders vom 28. 6. 1938. BA, NS 25/370a.
[103] TLA, BH Landeck III, Zl. 660 ex 1939.
[104] Baum an Meiler 4. 7. 1938 und Aktennotiz Frankenreiter vom 28. 7. 1938. AdR, Rk, Karton rot 25.
[105] Geheimbericht Meiler 3. 8. 1938. BA, Slg. Schumacher 302/I.

IV. Die NSDAP im Aufbau

[106] Politischer Lagebericht der Gauleitung T-V, Jänner 1939. AdR, Rk, Karton rot 4.
[107] Geheimbericht Meiler 3. 8. 1938. BA, Slg. Schumacher 302/I.
[108] Ebd.
[109] Hofer an Knissel 1. 9. 1938. AdR, Rk, Karton 157/4510/1.
[110] TLA, BH Landeck III, Zl. 660 ex 1939.
[111] Josef Bürckel, Der Parteiaufbau in der Ostmark. Anordnungen und Verfügungen, Wien 1939, S. 26ff; Politischer Lagebericht der Gauleitung T-V, Jänner 1939. AdR, Rk, Karton rot 4.
[112] Jagschitz in: NS-Herrschaft in Österreich, S. 501.
[113] Nur Graz hatte drei Standarten.
[114] Besprechung über den SS-Oberabschnitt Österreich 26. 4. 1938. BA, NS 33/182.
[115] Ebd.
[116] SS-Hauptamt an SS-Oberabschnitt Donau 15. 9. 1938 bzw. 24. 4. 1939 BA, NS 33/182 und NS 33/196.
[117] Siehe Kapitel V.
[118] Politischer Lagebericht der Gauleitung T-V, Jänner und März 1939. AdR, Rk, Karton rot 4.
[119] Ebd.
[120] Hofer an Rk 19. 12. 1938. AdR, Rk, Karton 157/4510/1.
[121] Politischer Lagebericht der Gauleitung T-V, März 1939. Ebd., Karton rot 4.
[122] Berichte der deutschen Kreisleiter. AdR, Rk, Karton rot 2.
[123] Ebd.
[124] Gebietliche Gliederung der NSDAP Gau T-V, Stand vom 15. 6. 1939. TLA, Präs., Zl. 1432 I 3 ex 1939; TLA, NSDAP, Gauleitung T-V, Karton 2/II/2.
[125] Ebd.; siehe auch alphabetisches Verzeichnis der Ortsgruppen der NSDAP, Gau T-V, Stand 1. 1. 1942. TLA, BH Reutte, Zl. 353-000/2 ex 1939–1945.
[126] Schreiben an den Gauinspekteur 24. 9. 1938. AdR, Rk, Karton 162/4512.
[127] Politischer Lagebericht der Gauleitung T-V, März 1939. AdR, Rk, Karton rot 4.
[128] Sammelrundschreiben der Gauleitung T-V, Folge 11/39. AdR, Rk, Karton 18.
[129] Ebd., Sammelrundschreiben der Gauleitung T-V, Folge 15/39.
[130] Ebd., Sammelrundschreiben der Gauleitung T-V, Folge 12/38.
[131] *N*, 10. 6. und 2. 7. 1938.
[132] Hofer an Knissel 1. 9. 1938. AdR, Rk, Karton 157/4510/1.
[133] Politischer Lagebericht der Gauleitung, Jänner und März 1939. AdR, Rk, Karton rot 4.
[134] Hüttenberger in: *Geschichte und Gesellschaft* 2 (1976), S. 432.
[135] Siehe in der Folge Wolfgang Benz, Herrschaft und Gesellschaft im nationalsozialistischen Staat. Studien zur Struktur- und Mentalitätsgeschichte, Frankfurt a. M. 1990, v. a. S. 29–62.
[136] Ebd., S. 49.

[137] TLA, Präs., Zl. 342 I 5 ex 1940; Meldung Hofer vom 1. 9. 1941 und Bestätigung Hofer o. D. LBS, I/10.
[138] TLA, 10 Vr 4740/47.
[139] Vergleiche z. B. Reichspostdirektion Innsbruck an GL Hofer 8. 2. 1939. TLA, NSDAP, Gauleitung T-V, Karton 2/IV/3; siehe Auseinandersetzung zwischen Kreisleitung Wörgl und der Reichsbahndirektion Innsbruck. TLA, NSDAP, Gauleitung T-V, Karton 2/IV/11; siehe dazu auch Karton 2/IV/13.
[140] TLA, NSDAP, Gauleitung T-V, Karton 2/IV/3.
[141] Ebd., Metzler an Kanzlei des Gauleiters 8. 2. 1939.
[142] Sammelrundschreiben der Gauleitung T-V, Folge 3/39 und Folge 7/39. AdR, Rk, Karton rot 18.
[143] TLA, NSDAP, Gauleitung T-V, Karton 2/IV/3.
[144] Bezirkshauptmann Imst an Präsidium LHM 9. 6. 1938. TLA, Präs., Zl. 1923 I 3 ex 1938.
[145] Politischer Lagebericht der Gauleitung, Jänner 1939. AdR, Rk, Karton rot 4. Auf die Bedeutung der gerade in Tirol sehr einflußreichen und mächtigen katholischen Kirche, die sich als »sekundärer Herrschaftsträger« im Sinne Hanischs (Hanisch, Salzburg, S. 166) trotz aller Repressalien zu wehren wußte und als einzige von den Nationalsozialisten unabhängige Institution nicht gleichgeschaltet werden konnte, wird in Kapitel VI eingegangen.
[146] Klamper in: WVerf, Bd. 1, S. 522.
[147] Jagschitz in: NS-Herrschaft in Österreich, S. 508.
[148] Dem Adjutant des Reichskommissars wurde der Brief dieses verbürgt »einwandfreien Nationalsozialisten« als Stimmungsbericht zugesandt. Österreichische Legion an Drum 18. 8. 1938. AdR, Rk, Karton 164/4605.
[149] Die spezifischen Ursachen für die Mitgliederentwicklung der NSDAP in Tirol bedürfen noch einer eingehenden Untersuchung.
[150] Berechnet nach BA, Slg. Schumacher 303/I; Schema und Zahlen für Österreich Botz, Wien, S. 212.
[151] Zahlende Mitglieder Stand 21. 11. 1938. BA, Slg. Schumacher 303/.
[152] BA, Slg. Schumacher 303/I.
[153] Dieter Stiefel, Entnazifizierung in Österreich, Wien–München–Zürich 1981, S. 87; Botz, Wien, S. 210f.
[154] Siehe Tabelle 19; Bevölkerungsanteil (1934) berechnet nach Statistisches Handbuch der Republik Österreich, Bd. XV, Wien 1935, S.3.
[155] Gerhard Botz, Die österreichischen NSDAP-Mitglieder. Probleme einer quantitativen Analyse aufgrund der NSDAP-Zentralkartei im Berlin Document Center, in: Reinhard Mann, Die Nationalsozialisten. Analyse faschistischer Bewegungen, Stuttgart 1980, S. 98–137; hier S. 126; weiters Gerhard Botz, Arbeiterschaft und österreichische NSDAP-Mitglieder (1926–1933), in: Arbeiterschaft und Nationalsozialismus, S. 33f und 43.
[156] BA, Slg. Schumacher 303/I und 373; Stiefel, Entnazifizierung, S. 116.
[157] Botz, Wien, S. 211.
[158] Stiefel, Entnazifizierung, S. 98f.

[159] BA, Slg. Schumacher 303/I und eigene Berechnungen nach Slg. Schumacher 376; Stiefel, Entnazifizierung, S. 34; Luza, Großdeutsche Idee, S. 87 (mit kleinen Korrekturen) und S. 155; Zahlen für 1938 errechnet durch Vergleich mit der Wohnbevölkerung 1934; Zahlen für Februar 1942 und Mai 1943 durch Vergleich mit der Wohnbevölkerung 1939; Zahlen für November 1947 durch Vergleich mit der Bevölkerungszahl, angegeben bei Luza, Großdeutsche Idee, S. 329; vgl. dazu Eisterer, Französische Besatzungspolitik, S. 213: Der Autor errechnet mit Stand 15. 9. 1946 für Tirol, Vorarlberg und den Gesamtgau jeweils einen 14% Anteil der registrierten Nationalsozialisten an der Bevölkerung. Auch Eisterer zeigt den in Tirol-Vorarlberg deutlich höheren Anteil der registrierten Nationalsozialisten an der Bevölkerung im Vergleich zu den anderen Besatzungszonen Österreichs.

V. Adolf Hitler treu und gehorsam – Die staatliche und kommunale Verwaltung

[1] Schreiben von Regierungsdirektor Riebel 22. 3. 1938. TLA, Präs., Zl. 990 I 5 ex 1938.
[2] Verfügung des Reichsstatthalters 16. 3. 1938. Ebd., Zl. 720 I 5 ex 1939.
[3] Botz, Wien, S. 235f.
[4] IN, 25. 3. 1938.
[5] TBZ, 24. 3. 1938.
[6] Zitiert nach Botz, Wien, S. 234.
[7] Regierungsdirektor an Reichsstatthalterei 20. 6. 1938. AdR, BKA, Präsidium, Karton 120.
[8] Auf universitärem Boden waren fünf Professoren und zwei Dozenten von der Vereidigung ausgeschlossen.
[9] Verzeichnis aller nach § 7 vom U-Ausschuß bei der LHM Behandelten. Zl. 819 I 5 ex 1942; weiters TLA, Präs., Zl. 1312 I 5 ex 1939.
[10] TLA, Präs., Zl. 1312 I 5 ex 1939.
[11] Schreiben der LHM 12. 5. 1938. TLA, Präs., Zl. 990 I 5 ex 1938.
[12] WiVerf, Bd. 2, S. 367f.
[13] WiVerf, Bd. 1, S. 440.
[14] In der Folge Schreiben der LHM 9. 5., 21. 5., 27. 5., 5. 7., 9. 7. 1938, 21. 12. 1939 und Schreiben der Gestapo Innsbruck 13. 6. 1938. TLA, Präs., Zl. 1959 I 3 ex 1941.
[15] Aussage Mangutsch 30. 9. 1946. TLA, 10 Vr 1185/46.
[16] Schreiben der BH Kitzbühel 13. 5. 1938. TLA, Präs., Zl. 720 I 5 ex 1939.
[17] Gendarmerieposten Kitzbühel 30. 9. 1947. TLA, 10 Vr 3179/47.
[18] Aussage Hundeggers 20. 1. 1947. TLA, 10 Vr 1547/46.
[19] TLA, 10 Vr 3729/47.
[20] Martin 12. ?. 1946. TLA, 10 Vr 2505/46.

[21] Verzeichnisse der gesäuberten Beamten: TLA, Präs., Zl. 720 I 5 ex 1939, Zl. 990 I 5 ex 1938, Zl. 819 I 5 ex 1942, Zl. 1959 I 3 ex 1941; siehe auch Tiroler Amtskalender 1938.

[22] Hussak 31. 3. 38. TLA, Präs., Zl. 990 I 5 ex 1938; weiters ebd., Zl. 819 I 5 ex 1942.

[23] TLA, 10 Vr 3210/47.

[24] Von den Beamten des höheren Dienstes mit Stand 10. 3. 1938 waren Mitte April 1938 verhaftet oder beurlaubt:
Tirol 28,3%, Burgenland 26,7%, Vorarlberg 21,7%, Oberösterreich 17,9%, Kärnten 17,8%, Steiermark 15,1%, Niederösterreich 9,6% und Salzburg 5,0%. Berechnet nach dem Reisebericht eines höheren deutschen Verwaltungsbeamten, vermutlich an RMdI, über die Beamtenschaft bei den österreichischen Landeshauptmannschaften, April 1938. DÖW 14.902.

[25] Siehe ebd.

[26] TLA, Präs., Zl. 129 III 10 ex 1939, Zl. 1867 I 5 ex 1939 und Zl. 108 I 5 ex 1942; Tiroler Amtskalender 1938.

[27] Vorher SAUER.

[28] Vorher KÜMPER.

[29] Vorher MÜLLER.

[30] Personalakt Riebel. AdR, BKA, Präs., Karton 506; weiters TLA, Präs., Zl. 349 I 5 ex 1939.

[31] Steidle an Fey 28. 7. 1933. TLA, 10 Vr 1284/47.

[32] Aussage Pattis 17. 7. 1947. TLA, 10 Vr 3277/47.

[33] Gaupersonalamtsleiter Braunsdorff an Staatskommissar für die Privatwirtschaft 1. 6. 1939. DÖW 16.381.

[34] Ebd., SD des RFSS, Oberabschnitt Donau an Staatskommissar für die Privatwirtschaft 26. 4. 1939.

[35] In der Folge: TLA, Präs., Zl. 108 I 5 ex 1942 und Zl. 31 I 5 ex 1942; Tiroler Amtskalender 1938.

[36] Gaupersonalamt Mai 1939 und LHM an RMdI 7. 2. 1939. TLA, Präs., Zl. 108 I 5 ex 1942.

[37] Von August bis Oktober 1945 war Jaksic Bezirkshauptmann von Imst, 1946–1955 stellvertretender Landesamtsdirektor. 100 Jahre Bezirkshauptmannschaften in Tirol, hrsg. von der Tiroler Landesregierung, Innsbruck 1972.

[38] TLA, 10 Vr 4740/47.

[39] TLA, Präs., Zl. 108 I 5 ex 1942 und Zl. 31 I 5 ex 1942.

[40] Zusammengestellt nach TLA, Präs., Zl. 129 III 10 ex 1939 und Zl. 720 I 5 ex 1939.

[41] Verzeichnis aller nach § 7 vom U-Ausschuß bei der LHM Behandelten. Zl. 819 I 5 ex 1942.

[42] Riebel an Wächter 18. 6. 1938. TLA, Präs., Zl. 720 I 5 ex 1939.

[43] TLA, Präs., Zl. 265 I 5 ex 1939.

[44] Ebd.

V. Die staatliche und kommunale Verwaltung

[45] Liste sämtlicher höherer Verwaltungsbeamter. DÖW 14.903g.
[46] LHM an Reichsstatthalter 7. 7. 1938. TLA, Präs., Zl. 723 I 5 ex 1939.
[47] Adreßbuch der Gauhauptstadt Innsbruck 1941.
[48] Vergleich mit den im Tiroler Amtskalender 1938 angeführten Beamten der Präsidialabteilung bis zur Abteilung VIII.
[49] Siehe TLA, Präs., Zl. 1867 I 5 ex 1939, Zl. 391 I 3 ex 1939 und Zl. 31 I 5 ex 1942.
[50] Siehe die Berichte der Bezirkshauptmannschaften. TLA, Präs., Zl. 990 I 5 ex 1938 und Zl. 720 I 5 ex 1939.
[51] Aussage Falser 21. 1. 1947. TLA, 10 Vr 1547/46.
[52] Ebd., Aussage Netzer 16. 7. 1946.
[53] TLA, 10 Vr 3179/47.
[54] Personalakt Kravogl. AdR, BKA, Präs., Karton 120; weiters TLA, Präs., Zl. 990 I 5 ex 1938.
[55] Bericht der BH Innsbruck 25. 3. 1938. TLA, Präs. Zl. 990 I 5 ex 1938.
[56] Ebd., Berichte der Bezirkshauptmannschaften.
[57] TLA, Präs., Zl. 990 I 5 ex 1938.
[58] Ebd., Bericht der LHM 3. 5. 1938.
[59] Ebd., Personalstand der BH Schwaz 8. 7. 1938.
[60] Ebd., Bericht der LHM 12. 5. 1938.
[61] Ebd., Personalstand der BH Imst 11. 7. 1938.
[62] Ebd., Personalstand BH Imst September 1939; weiters TLA, Präs., Zl. 3228 I 5 ex 1939, Zl. 325 I 3 ex 1939 und Zl. 489 I 5 ex 1939.
[63] Bericht der BH Kufstein 6. 4. 1938. TLA, Präs., Zl. 990 I 5 ex 1938.
[64] Personalstand der LHM im Mai 1939. TLA, Präs., Zl. 1867 I 5 ex 1939; weiters TLA, BH Reutte, Zl. 353 000/5 ex 1939 - 1945.
[65] Bericht der BH Landeck 25. 3. 1938. TLA, Präs., Zl. 990 I 5 ex 1938.
[66] Aussage Falser 21. 1. 1947. TLA, 10 Vr 1547/46.
[67] Bericht der BH Reutte 13. 4. 1938. TLA, Präs., Zl. 990 I 5 ex 1938.
[68] Aussage Mangutsch 30. 9. 1946. TLA, 10 Vr 1185/46.
[69] TLA, Präs., Zl. 1959 I 3 ex 1941.
[70] TLA, Präs., Zl. 146 I 5 ex 1939.
[71] Bericht der BH Schwaz 2. 4. 1938. TLA, Präs., Zl. 990 I 5 ex 1938.
[72] TLA, Präs., Zl. 317 I 5 ex 1939.
[73] Bericht der BH Lienz 7. 4. 1938. TLA, Präs. Zl. 990 I 5 ex 1938.
[74] Siehe Bericht vermutlich an RMdI 13. 4. 1938. DÖW 14.902.
[75] Niederschrift Telefonat Christoph mit Wächter 23. 4. 1938. TLA, Präs., Zl. 1327 I 5 ex 1938.
[76] Personalakt Kravogl. AdR, BKA, Präs., Karton 120; weiters TLA, BH Imst, Zl. 3035 I 3 ex 1938.
[77] Niederschrift Telefonat Christoph mit Wächter 23. 4. 1938. TLA, Präs., Zl. 1327 I 5 ex 1938.
[78] Ebd., Hofer an Seyß-Inquart 2. 6. 1938.
[79] Besprechung bei Hofer 30. 6. 1938. TLA, Präs., Zl. 1327 I 5 ex 1938.

80 Ebd., Hofer an Seyß-Inquart 10. 8. 1938.
81 Tschiderer an Riebel 23. 7. 1938. TLA, Präs., 990 I 5 ex 1938.
82 Aktenvermerk der Kanzlei des Gauleiters 11. 7. 1938. TLA, Präs., Zl. 1327 I 5 ex 1938.
83 Zusammengestellt nach TLA, Präs., Zl. 718 I 5 ex 1939, Zl. 31 I 5 ex 1942 und Zl. 1327 I 5 ex 1938; TLA, BH Reutte, Zl. 354 002/1 ex 1939–1945; Aufbau und Bewährung. Der Kreis Imst zwei Jahre unter nationalsozialistischer Führung, hrsg. anläßlich des zweiten Kreisappels im Kriegsjahre 1940, Imst 1940, S. 41; 100 Jahre Bezirkshauptmannschaften.
84 Lebensalter im Anschlußjahr.
85 TLA, 10 Vr 2206/47.
86 Ebd.
87 Aussage Hirnigel 5. 7. 1947. TLA, 10 Vr 2206/47.
88 TLA, 10 Vr 3187/47.
89 Liste junger NS-Beamter und ihrer politischen Beurteilung durch das Gaupersonalamt. TLA, Präs., Zl. 108 I 5 ex 1942.
90 TLA, 10 Vr 2404/47.
91 TLA, Präs., Zl. 108 I 5 ex 1942.
92 Hofer an Scheikel 4. 7. 1938. TLA, Präs., Zl. 1327 I 5 ex 1938.
93 TLA, Präs., Zl. 990 I 5 ex 1938, Zl. 1327 I 5 ex 1938 und Zl. 812 III 10 ex 1939.
94 Vg. Tiroler Amtskalender; Personalstandsverzeichnis der BH Innsbruck 11. 3. 1938. TLA, BH Innsbruck, Zl. 2847/3 ex 1938.
95 Bericht der LHM 12. 5. 1938. TLA, Präs., Zl. 990 I 5 ex 1938.
96 Tiroler Amtskalender, hinzugerechnet Otto Hosp.
97 TLA, Präs., Zl. 108 I 5 ex 1942.
98 Ebd.
99 Schnellbrief RMdI an LHM 26. 8. 1938. TLA, Präs., Zl. 723 I 5 ex 1939.
100 Ebd., Verfügung des RMdI 14. 12. 1938.
101 Ebd., Regierungsdirektor Riebel an GL und Landeshauptmann Hofer 3. 12. 1938.
102 Ebd., Jung an Regierungspräsident Koch 3. 1. 1940.
103 Siehe dazu Schreiber, Nazizeit in Tirol, S. 241ff.
104 Zusammengestellt aus TLA, Präs., Zl. 723 I 5 ex 1939, Zl. 1867 I 5 ex 1939 und Zl. 3228 I 5 ex 1939.
105 Baeck an Regierungsamtsmann Pattis 29. 7. 1939. TLA, Präs. Zl. 723 I 5 ex 1939.
106 *Reichsgesetzblatt* I, 1938, S. 607.
107 Ebd., S. 607f.
108 Ebd., S. 608.
109 Siehe Merkblatt zur Durchführung der Verordnung. TLA, Präs., Zl. 819 I 5 ex 1942.
110 Ebd.
111 LHM an Wächter 22. 7. 1938. TLA, Präs. Zl. 819 I 5 ex 1942.

V. Die staatliche und kommunale Verwaltung 317

[112] TLA, Präs., Zl. 819 I 5 ex 1942; zu Wurmhöringer siehe auch TLA, 10 Vr 369/46.
[113] Ebd.
[114] Mäser an Betriebsobmann E-Werk Bludenz 18. 1. 1939. VLA, Miscellen, Zl. 211/21.
[115] Ebd., Mäser an Wächter 31. 3. 1939.
[116] Ebd., Mäser an Wächter 11. 7. 1939.
[117] Aktenvermerk Unterredung Major Stolze RMdI und Braunsdorff 23. 4. 1940. TLA, NSDAP, Gauleitung T-V, Karton 2/IV/7.
[118] Nichtvollstreckung wegen erheblich gestiegenem Personalmangel, Militärleistung des Betroffenen oder seiner Söhne.
[119] Wächter an Mäser 5. 4. 1939. VLA, Miscellen, Zl. 211/21; vgl. auch Fall des Landesregierungskommissärs Hermann Scheidle. TLA, Präs., Zl. 500 I 5 ex 1938.
[120] Mäser an Wächter 15. 4. 1939. VLA, Miscellen, Zl. 211/21.
[121] Ebd., Schreiben Mäser 12. 3. 1939.
[122] WiVerf, Bd. 2, S. 404f.
[123] Siehe Kapitel IV.
[124] Verzeichnis der beim Untersuchungsausschuß der LHM Tirol anhängigen Verfahren. TLA, Präs., Zl. 819 I 5 ex 1942.
[125] Ebd., Bericht der LHM 28. 6. 1939.
[126] Ebd.
[127] Ebd., Bericht Rupitz 22. 11. 1938.
[128] Braunsdorff an Bürckel 4. 8. 1939. TLA, NSDAP, Gauleitung T-V, Karton 2/IV/7.
[129] Schreiben Reichsstatthalter 2. 12. 1938. TLA, Präs., Zl. 819 I 5 ex 1942.
[130] Hanisch, Salzburg, S. 75f.
[131] Personalakt Riebel, Gruber an RMdI März 1939. AdR, BKA, Präs., Karton 506.
[132] Ebd., RMdI an Reichsstatthalter Wien 23. 1. 1939.
[133] RMdI an Reichsstatthalter 23. 1. 1939, Gruber an RMdI März 1939. AdR, BKA, Präs., Karton 506; weiters TLA, Präs., Zl. 31 I 5 ex 1942.
[134] *IN*, 2. 9. 1939.
[135] Hofer an RMdI 12. 1. 1940. TLA, Präs., Zl. 3744 I 4 ex 1940.
[136] Personalbesetzungsliste der Reichsstatthalterei in Tirol und Vorarlberg. TLA, BH Reutte, Zl. 353 000/5 ex 1939–1945; Adreßbuch der Gauhauptstadt Innsbruck 1941.
[137] Erlaß des RMdI 21. 10. 1941. TLA, BH Reutte, Zl. 353 000/5 ex 1939–1945.
[138] Ein Beamter, der mehrere Dezernate bzw. eine Unterabteilung und ein Dezernat leitete, wurde nur einmal gezählt. Beamte, bei denen ich nicht sicher war, ob sie Deutsche waren, wurden von mir als solche gerechnet: Aus der Tiroler Bürokratie stammten: Schuler, Lauer, Odelga, Duftner, Ottenthal, Thun, Geiger, Edelmayer, Albert, Dullnig, Schreiber, Webhofer,

Prantl, Schädler, Marek, Leuprecht, Czermak, Kravogl, Lantschner, Hradetzky, Mayer, Luger, Zanker, Klingler, Falser, Altenburger, Kojetinsky Moritz, Hussak, Pack, Rohn, Kojetinsky Franz, Fischer, Müller, Lackinger, Wodicka, Thurner, Kofler, Lardschneider, Riedl, Stuefer, Kessler, Mayer, Piegger, Zwerger, Donnert, Handel-Mazetti, Kawrza.
»Reichsdeutsche«: Jähnig, Böhme, Traute, Tittel, Müser, Eisenzopf.
Vermutlich »Reichsdeutsche«: Poley, Newessely, Schwaiger, Grabmayer, Ratz, Rosche.

[139] Siehe umfangreiche Korrespondenz in TLA, Präs., Zl. 173 I 5 ex 1939 und 1019 I 5 ex 1940.
[140] Ausführlich siehe TLA, Präs., Zl. 173 I 5 ex 1939.
[141] Schreiben Mader 30. 7. 1938. BA, NS 25/370.
[142] Ebd.
[143] Schreiben der Kripo Innsbruck 12. 6. 1939. TLA, Präs., Zl. 2236 XII 57 ex 1939.
[144] LHM an RMdI 10. 1. 1939. TLA,Präs., Zl. 157 I 3 ex 1939.
[145] Ebd., Hofer an OLGpräsident Innsbruck 7. 2. 1939.
[146] LHM an RMdI 4. 1. 1940. TLA, Präs., Zl. 173 I 5 ex 1939.
[147] Vermerk Jung für Regierungspräsident 6. 12. 1939, LHM an RMdI 19. 1. 1940, Personalbogen Dr. Jähnig 10. 1. 1940, Bericht des Sonderprüfungsausschusses des Reichsprüfungsamtes für den höheren Verwaltungsdienst der Ostmark 15. 6. 1940. TLA, Präs., Zl. 108 I 5 ex 1942.
[148] Schreiben Hofer 2. 6., 11. 7. und 29. 7. 1939. Ebd., Zl. 173 I 5 ex 1939.
[149] Ebd., Hofer an RMdI im August 1939.
[150] Institut für Zeitgeschichte Wien, MF, T-84/13, 40984.
[151] Ebd., MF, T-84/13, 40739.
[152] Ebd., MF, T-84/13, 40984.
[153] Politischer Lagebericht der Gauleitung T-V Jänner 1939. AdR, Rk, Karton rot 4.
[154] Bericht des Sonderprüfungsausschusses für den höheren Verwaltungsdienst 15. 6. 1940. TLA, Präs., Zl. 108 I 5 ex 1942.
[155] Ebd.
[156] *DVZ*, 1. 6. 1938.
[157] *IN*, 22. 3. 1939.
[158] NSG 23. 6. 1938. TLA, NSDAP, Gauleitung T-V, Karton 12/VI/1/20.
[159] Siehe auch Kapitel III.
[160] *IN*, 18. 3. 1938.
[161] *IN*, 19. 3. 1938.
[162] Bericht der Sicherheitsdirektion für das Bundesland Tirol. DÖW 3.268 b/1.
[163] Bericht des Bezirksgendarmeriekommandos Landeck über die Entwicklung des NS 17. 4. 1946. DÖW 12.998.
[164] Vgl. Stiefel, Entnazifizierung, S. 156.
[165] WiVerf, Bd. 1, S. 528ff.
[166] WiVerf, Bd. 2, S. 391ff.

V. Die staatliche und kommunale Verwaltung

[167] TLA, 10 Vr 415/46.
[168] Albert an Riebel 6. 6. 1939. TLA, Präs., Zl. 1134 XII 57 ex 1939. Die Stärke des Gendarmerieeinzeldienstes unter Albert und der motorisierten Gendarmeriebereitschaft unter Hauptmann Hutmacher betrug zu diesem Zeitpunkt 520 Mann und sieben Offiziere. Die Schutzpolizei unter Major Traute verfügte über 188 Männer.
[169] TLA, Präs., Zl. 1852 III 10 ex 1939.
[170] TLA, Präs., Zl. 5780 XII 70 ex 1939.
[171] M. an LSR 16. 7. 1945. TLA, Reichsstatthalterei II, Zl. 202-55/32/M. ex 1945.
[172] Besprechung 23. 3. 1940. TLA, NSDAP, Karton 2/IV/7.
[173] Sammelakt Nationalsozialismus. TLA, Präs., Zl. XII-59, 181 ex 1933.
[174] Ebd., Staatsanwaltschaft Innsbruck an Fey 20. 6. 1933; zur Infiltrierung der Justiz durch die NSDAP siehe auch Mario Laich, Zwei Jahrhunderte Justiz in Tirol und Vorarlberg, Innsbruck 1990, S. 217ff.
[175] Laich, S. 227f.
[176] Dieter A. Binder, Einige Beobachtungen zur Geschichte von Justiz, Exekutive und Landesverwaltung während des Jahres 1938, in: Graz 1938 (Historisches Jahrbuch der Stadt Graz 18/19), Graz 1988, S. 109–124; hier S. 122; Bericht des OLGpräsidenten Innsbruck 1. 10. 1938. BA, R 22/3368.
[177] Laich, S. 234f.
[178] Schreiben Hofer 4. 8. 1938. AdR, Rk, Karton 157/4510/1; *Landbote* 6. 10. 1938; Bericht des OLGpräsidenten Innsbruck 1. 10. 1938. BA, R 22/3368; TLA, Präs., Zl. 2627 II 7 ex 1939.
[179] *IN*, 23. 3. 1938 und Laich, S. 229; siehe auch Laich, S. 242, Fußnote 19, bei dem sich ein namentliches Verzeichnis des dokumentarischen Berichtes zur Erfassung der Opfer des NS-Regimes im Justizbereich für Tirol, Vorarlberg und Salzburg findet. Demzufolge waren rund 26% der Richter von Entfernungen und Versetzungen betroffen gewesen.
[180] Siehe Binder in: Graz 1938, S.122, Fußnote 58.
[181] Zitiert nach ebd. in: Graz 1938, S.122.
[182] Ebd.
[183] Schreiben 26. 8. 1938. AdR, BKA, Präs., Karton 120.
[184] Hofer an Knissel 20. 10. 1938. AdR, Rk, Karton 157/4510/1.
[185] Ebd., Parson an Knissel 13. 12. 1938.
[186] *IN*, 23. 3. 1939.
[187] Laich, S. 238.
[188] Bericht des OLGpräsidenten 27. 6. 1939. BA, R 22/3368.
[189] Siehe dazu den Beitrag des Autors über Arisierungen in Tirol in dem 1995 erscheinenden Band 2 der Veröffentlichungen des Instituts für Zeitgeschichte und des Jüdischen Museums in Hohenems.
[190] Vgl. den Konflikt Hofers mit dem Senatspräsidenten des Oberlandesgerichtes Dr. Bruno Webhofer wegen der abgelehnten Räumungsklage des Landes Tirol gegen die Pfarre Mariahilf und den Rücktritt von Generalstaatsanwalt

Johann Moser wegen Differenzen mit dem Gauleiter. Laich, S. 237 und 240.
[191] Siehe Kapitel I.
[192] LHM an alle Bezirkshauptmannschaften 14. 3. 1938. TLA, BH Imst, Zl. 974 III 9 ex 1939; TLA, Präs., Zl. 1668 III 10 ex 1938.
[193] Rundschreiben der BH Innsbruck an alle Gemeindeämter Innsbruck-Land 4. 5. 1938. TLA, BH Innsbruck III, Zl. 3006/8 ex 1939.
[194] Bestätigungen der BH Imst 19. 5. 1938. TLA, BH Imst, Zl. 974 III 9 ex 1939.
[195] *IN*, 14. und 29. 3. 1939; AdR, Rk, Karton 25/1770/2/1.
[196] *DVZ*, 11. 3. 1939 und *IN*, 1. 4. 1939.
[197] TLA, Präs., Zl. 2517 III 10 ex 1938.
Nicht nur die Einführung einer professionelleren Gemeindegebarung, auch die Einführung des deutschen Personenstandrechts und die Errichtung von Standesämtern in allen Gemeinden mit Registrierung aller Geburten, Sterbefälle und Ziviltrauungen können als modernisierende Maßnahmen betrachtet werden. Riedmann, Das Bundesland Tirol, S. 992.
[198] Siehe etwa Bezirk Imst. Aufbau und Bewährung, S. 39.
[199] Gerhard Schulz, Die Anfänge des totalitären Maßnahmenstaates, in: Karl Dietrich Bracher/Wolfgang Sauer/Gerhard Schulz, Die nationalsozialistische Machtergreifung. Studien zur Errichtung des totalitären Herrschaftssystems in Deutschland 1933/34 (Schriften des Instituts für Politische Wissenschaft 14), Köln-Opladen 1960, S. 371–684; hier S. 459.
[200] SD-Bericht 29. 11. 1939. Wiener Institut für Zeitgeschichte, MF, T-84/14, 40760.
[201] Mader an Hauptamt für Kommunalpolitik 2. 8. 1939. BA, NS 25/370a.
[202] *IN*, 2. 3. 1939.
[203] Bericht des Ortsgruppenleiters Schnegg an BH Imst 17. 5. 1938. TLA, BH Imst, Zl. 974 III 9 ex 1939.
[204] Ebd., vgl. Gemeinde Sautens, BGM an BH Imst 29. 3. 1938 oder Gemeinde Umhausen, BGM an BH Imst 31. 3. 1938.
[205] Hermann Figala wurde am 25. 7. 1903 in Tarvis bei Villach geboren. Er war Forstmeister mit Hochschulausbildung. 1929 trat er der NSDAP und der SA bei. 1930 bis 1933 war er Osttiroler Bezirksleiter in Matrei. Ein Jahr später mußte er als Forstkommissär Lienz verlassen. Nach seiner Suspendierung wurde Figala nach Schwaz versetzt. Seit Ende 1936 bekleidete er das Amt eines Bezirksforstinspekteurs in Imst, hatte großen Einfluß in der Bevölkerung und galt als sehr tüchtig. SA-Sturmführer seit 9. 11. 1938, leitete Figala von 1939 bis Ende 1942 das Amt für Agrarpolitik in Imst. Figala, der dafür eintrat, daß »Aussprüche von Leuten, die im neuen Staat alles und jedes heruntersetzen wollen, aus den eigenen Reihen sogleich mit Fäusten beantwortet werden« (Aufbau und Bewährung, S. 59), soll schließlich eine Kehrtwendung gemacht haben, bekam er doch nach dem Krieg vom Bund Tiroler Freiheitskämpfer bestätigt, sich dem Widerstand angeschlossen zu haben. TLA, 10 Vr 1648/47.

V. Die staatliche und kommunale Verwaltung

[206] Bericht Figala 17. 3. 1938 und Gendarmerieposten St. Leonhard 15. 3. 1938. TLA, BH Imst, Zl. 974 III 9 ex 1939.
[207] Ebd., Bericht an die BH Imst o. D.
[208] Ebd., vgl. Gemeinde Sautens, Schreiben des Gemeindeamts 29. 3. 1938.
[209] Ebd., Bericht Gemeindeamt Ötz 28. 3. und 11. 5. 1938, Gemeindebeiratslisten und Bestätigungen durch die BH Imst 19. 5. 1938.
[210] Lagebericht II-22 der Gestapo Innsbruck 29. 6. 1938. Rot-Weiß-Rot-Buch. Gerechtigkeit für Österreich! Darstellungen, Dokumente und Nachweise zur Vorgeschichte und Geschichte der Okkupation Österreichs (nach amtlichen Quellen), 1. Teil, Wien 1946, S. 82.
[211] Bericht Figala 17. 3. 1938. TLA, BH Imst, Zl. 974 III 9 ex 1939.
[212] Ebd., Bericht Figala 17. 3. 1938; vgl. die Bürgermeister der Gemeinden Wenns und Jerzens.
[213] Vgl. Kapitel I und IN, 14. 3., 15. 3., 18. 3. und 21. 3. sowie 25. 5. 1938.
[214] Ein Musterbeispiel für die Kontinuität in den Gemeinden stellt die Besetzung des Bürgermeisterpostens von Mühlau dar, den der Kunstmühlenbesitzer Anton Rauch ungeachtet des jeweiligen politischen Systems über Jahrzehnte zu halten wußte. Siehe Schreiber, Nazizeit in Tirol, S. 30.
[215] Riedmann, Das Bundesland Tirol, S. 998.
[216] Vgl. Personalliste des Stadtmagistrats Innsbruck 1937 und 1939 in: Tiroler Amtskalender 1938 und Adreßbuch der Gauhauptstadt Innsbruck 1940.
[217] VZ, 14. 3. 1938.
[218] So wies Landeshauptmann Christoph noch im Mai 1938 alle Bezirkshauptmannschaften an, sich vor der Bestellung von Bürgermeistern mit der Abteilung VI der LHM, zuständig für die Aufsicht über die Gemeindevermögensverwaltung, ins Einvernehmen zu setzen, nachdem sich herausgestellt hatte, daß einer der kommissarisch eingesetzten Bürgermeister bereits vor Jahren wegen mangelnder Ordnung bei der Verwaltung des Geldvermögens amtsenthoben worden war. Christoph an alle Bezirkshauptmannschaften. TLA, BH Imst, ZL. 974 III 9 ex 1939.
Ein Bürgermeister wurde z. B. wegen kriminellen Vergehens verhaftet, was für die NS-Machthaber umso peinlicher war, als dieser sich zur Zeit der Festnahme noch offiziell im Amt befand. Hofer an Landräte 5. 1. 1939. TLA, BH Innsbruck III, Zl. 241/8 ex 1939.
Die Amtsführung des Bürgermeisters von Mieders, dem Parteilichkeit v. a. in wirtschaftlichen Angelegenheiten vorgeworfen wurde, spaltete die Gemeinde in rivalisierende Gruppen, sodaß eine neue Gemeindeverwaltung bestellt werden mußte, um das Dorf wieder zu befrieden. Gestapo Innsbruck an Landrat Hirnigel 2. 11. 1938 und Landrat Hirnigel an Gestapo Innsbruck 9. 3. 1939. TLA, BH Innsbruck II, Zl. 459/23 ex 1939.
[219] Vgl. die Auseinandersetzung um die Besetzung des Bürgermeisterpostens von Ötz im Mai 1938, wo der alteingesessene Ortsgruppenleiter, Besitzer des größten Hotels von Ötz, mit Unterstützung des Kreisleiters den nicht im Dorf geborenen Bürgermeister vergraulte. Dieser war vor dem »Umbruch«

aus Deutschland zugewandert und wollte nun die Vetternwirtschaft im Ort beenden. Schreiben der BH Imst 17. 5. 1938 und Bürgermeister an Kravogl 18. 5. 1938. TLA, BH Imst, Zl. 974 III 9 ex 1939. Vgl. auch den Konflikt in Umhausen Ende Mai 1938, wo der Ortsgruppenleiter den Bürgermeister ablehnte und auch die Zustimmung der BH fand, nachdem diese Erkundigungen über die Zustände im Dorf eingeholt hatte. Die BH lehnte jedoch sowohl den Kandidaten des Ortsgruppenleiters als auch diesen selbst für die Bekleidung des Bürgermeisteramtes ab und ersuchte den Kreisleiter die Bürgermeisterfrage vor Ort zu klären, da die Verhältnisse in Umhausen sehr »labil« waren. TLA, BH Imst, Zl. 974 III 9 ex 1939.

[220] Ebd., vgl. etwa Bürgermeister von Tarrenz an BH Imst 7. 6. 1938 und BH Imst an Bürgermeister von Tarrenz 21. 6. 1938: Die Polemik der Ortsgruppe gegen den Bürgermeister verlief im Sand, nachdem die BH den Bürgermeister aufforderte im Amt zu bleiben, da kein Grund bestehe, zurückzutreten, nur weil der Ortsgruppenleiter sich schlecht verhalte. Der Bürgermeister konnte sich in diesem Fall auch des Schutzes des Kreisleiters sicher sein.

[221] Bürgermeisterkonferenz 25. 7. 1938. TLA, BH Landeck III, Zl. 1149 ex 1938.

[222] Vgl. Mader an den persönlichen Referenten des Reichsleiters für Kommunalpolitik 28. 6. 1939. BA, NS 25/370a.

[223] Schreiben der LHM 6. und 9. 7. 1938. TLA, BH Imst, Zl. 974 III 9 ex 1939.

[224] Mader an Hauptamt für Kommunalpolitik 5. 8. 1938. BA, NS 25/370a.

[225] Ebd., Mader an Hauptamt für Kommunalpolitik 28. 6. 1939.

[226] Die Kreisamtsleiter für Kommunalpolitik waren übrigens zumeist ident mit den Bürgermeistern der entsprechenden Kreisstädte, in Innsbruck bekleidete Magistratsdirektor Öfner diesen Posten.

[227] Mader an Hauptamt für Kommunalpolitik 28. 6. 1939. BA, NS 25/370a.

[228] Diese Behauptung Maders stellt eine starke Übertreibung dar und entspricht nicht den Tatsachen.

[229] Mader an Hauptamt für Kommunalpolitik 28. 6. 1939. BA, NS 25/370a.

[230] Tätigkeitsbericht des Gauamts für Kommunalpolitik Oktober 1941. BA, NS 25/370a.

[231] Dieter Stiefel, Die große Krise in einem kleinen Land. Österreichische Finanz- und Wirtschaftspolitik 1929–1938 (Studien zu Politik und Verwaltung 26), Wien 1988, S. 78f und 89ff.

[232] Siehe Mörl, Erinnerungen, S. 24, 52, 65 und 79f.

[233] Luza, Großdeutsche Idee, S. 165.

[234] Gerhard Botz, Ideologie und soziale Wirklichkeit des »nationalen Sozialismus« in der »Ostmark«, in: Robert Schwarz, »Sozialismus« der Propaganda. Das Werben des »Völkischen Beobachters« um die österreichische Arbeiterschaft 1938/39 (Materialien zur Arbeiterbewegung 2), Wien 1975, S. 5–46; hier S. 23.

[235] Bericht an den SD-Wien 29. 6. 1938. Rot-Weiß-Rot, S. 81f.

[236] DÖW 3268 b/1.

[237] Stiefel, Entnazifizierung, S. 126.
[238] Ebd., S. 138f.
[239] Ebd., S. 139.
[240] Eisterer, Französische Besatzungspolitik, S. 228–230.
[241] Berechnet nach Stiefel, Entnazifizierung, S. 156: Im österreichischen Durchschnitt waren es nur 30%.
[242] Horst Schreiber, Die Tiroler Lehrerschaft im Nationalsozialismus, in: *Zeitgeschichte* Heft 3/4 (1994), S. 129–144.
[243] Gerhard Botz, Der 13. März 38 und die Anschlußbewegung. Selbstaufgabe, Okkupation und Selbstfindung Österreichs 1918–1945 (Zeitdokumente 14), Wien 1978, S. 22.
[244] Vgl. Hanisch, Salzburg, S. 38ff, 75ff und 175ff; Botz, Wien, S. 233ff; Karner, Steiermark, S. 99ff; Maren Seliger, NS-Herrschaft in Wien und Niederösterreich, in: NS-Herrschaft in Österreich, S. 397–416;
[245] Karner, Steiermark, S. 99.

VI. Für Gott und Führer? – Die Katholische Kirche zwischen Anpassung und Verfolgung

[1] Siehe Maximilian Liebmann, Kardinal Innitzer und der Anschluß. Kirche und Nationalsozialismus in Österreich 1938, Graz 1982, S. 109 und Botz, Wien, S. 119f: Die Wunsch- und Forderungsliste Kardinal Innitzers an Bürckel beleuchtet, worum es dem Episkopat ging, nämlich um die konfessionellen Schulen, den Religionsunterricht, das Kirchenvermögen, die katholische Presse, die Jugendseelsorge und um verhaftete Geistliche. Dafür war die Kirche zur Unterstützung des Nationalsozialismus bereit. Vgl. auch die erste Anordnung Innitzers nach dem »Anschluß« und die Anliegen des Kardinals bei seinem Antrittsbesuch bei Hitler.
[2] Walter Sauer, Österreichs Kirchen 1938–1945, in: NS-Herrschaft in Österreich, S. 517–536; hier S. 519ff; vgl. dazu Maximilian Liebmann, Theodor Innitzer und der Anschluß. Österreichs Kirchen 1938, Graz 1988, S. 65ff und 145ff.
[3] Vgl. Josef Gelmi, Kirchengeschichte Tirols, S. 232 und Liebmann, Theodor Innitzer, S. 28ff.
[4] Erika Weinzierl, Prüfstand. Österreichs Katholiken und der Nationalsozialismus, Mödling: St. Gabriel 1988, S. 88.
[5] Zitiert nach Helmut Tschol, Die katholische Kirche, in: WiVerf, Bd. 2, S. 1–9; hier S. 1.
[6] Sauer in: NS-Herrschaft in Österreich, S. 524.
[7] Botz, Wien, S. 345ff und 383ff.
[8] Siehe dazu die 1995 erscheinende Studie des Autors über die Schule in Tirol und Vorarlberg während der NS-Zeit.

9 Ebd.
10 Vgl. Niederschrift vom 11. 5. 1938 zwischen Generalvikar Tschann, Provikar Draxl und dem HJ-Bannführer Braun. VLA, BH Bregenz III, Zl. 1254 ex 1938; siehe auch Gerhard Wanner, Kirche und Nationalsozialismus in Vorarlberg, Dornbirn 1972, S. 56ff.
11 Politischer Lagebericht der Gauleitung T-V, Jänner 1939. AdR, Rk, Karton rot 4.
12 Ebd.
13 Hofer an Knissel 11. 1. 1939. AdR, Rk, Ordner 4510/1.
14 WiVerf, Bd. 2, S. 56f.
15 Ebd., S. 73f.
16 Himmler an Lammers 27. 1. 1942. BA, R 43 II/178a.
17 Siehe Fußnote 8.
18 Siehe Kapitel VIII.
19 Allein im Bereich der Apostolischen Administratur Innsbruck-Feldkirch wurden bis März 1940 ca. 150 derartige Büchereien aufgelöst. Siehe WiVerf, Bd. 2, S. 145ff.
20 Siehe WiVerf, Bd. 2, S. 150ff.
21 Hofer an RMdI 21. 3. 1939. AdR, Rk, Karton 137/2512/61; Hofer an Bürckel 7. 4. 1939. Ebd., Ordner 4510/1.
22 AdR, Rk, Karton 138/2512/82; SD-Abschnitt Innsbruck an RSHA Berlin 11. 12. 1939. DÖW 9.333; WiVerf, Bd. 2, S. 288f.
23 Siehe Bericht der Gestapo Innsbruck an Gauleitung T-V 12. 1. 1939. AdR, Rk, Karton 137/2512/61; siehe auch Liste und Bericht des SD-Oberabschnitts Donau an Bürckel vom 26. 4. 1939 über Sittlichkeitsdelikte Geistlicher aller Gaue. Die Zusammenstellung für Tirol war »fast lückenlos«. Ebd., Karton 136/2500.
24 Siehe dazu Hans Günter Hockerts, Die Sittlichkeitsprozesse gegen katholische Ordensangehörige und Priester 1936/37. Eine Studie zur nationalsozialistischen Herrschaftstechnik und zum Kirchenkampf (Veröffentlichungen der Kommission für Zeitgeschichte 6), Mainz 1971.
25 Bericht des Kreisgeschäftsführers von Landeck vom 19. 11. 1938. TLA, NSDAP, Gauleitung T-V, Karton 5/V/12.
26 Schreiben vom 14. 8. 1939. Ebd., Karton 4/V/6.
27 WiVerf, Bd. 2, S. 293f und *IN*, 4. 11. 1938.
28 Verfügung der Gestapo Ibk 21. 9. 1939. AdR, Rk, Karton 137/2512/53; der Pfarrer von Fügen brachte in seiner Gemeinde öffentlich zur Kenntnis, daß alle Anschuldigungen unwahr wären. *IN*, 6. 12. 1938.
29 Vgl. Aktenvermerk Hofer vom 23. 3. 1939. AdR, Rk, Karton 137/2512/53.
30 Helmut Alexander, Der lange Weg, in: Option, Heimat, Opzioni, Innsbruck 1989, S. 192–255; hier S. 218.
31 WiVerf, Bd. 2, S. 284ff. Der Verwalter des Stiftes war der NSDAP beigetreten, da er so am ehesten zu einem modus vivendi zu kommen und das Kloster vor dem Zugriff des Gauleiters zu bewahren hoffte. L. blieb bis

VI. Die katholische Kirche zwischen Anpassung und Verfolgung

März 1940 Stiftsverwalter und hatte bei Hofer eine zehntägige Räumungsfrist erwirken können, während der die Chorherren die kostbarsten Wertgegenstände zur Seite schafften. Niederschrift Vernahme A. L. in Bundespolizeidirektion Ibk 25. 4. 1947. TLA, 10 Vr 4695/47.

[32] Geboren am 20. 8. 1907 in Innsbruck, 1933 Eintritt in den Dienst der Landesregierung in die Gemeinderevisionsabteilung; Februar 1936–Februar 1937 in der Bundespolizeidirektion, ab 1939 Buchhalter in der Abteilung Landesbetriebe und Beförderung zum Regierungsoberinspekteur. Er bearbeitete alle wirtschaftlichen Agenden der Gaubetriebe, deren wirtschaftliche Führung ihm oblag. Parteibeitritt nach dem März 1938. Niederschrift und Beschuldigteneinnahme Hanspeter vom 17. 4. 1947. TLA, 17 Vr 4695/47; siehe in der Folge v.a. Bericht vom 2. 5. 1947, unterzeichnet Krb. a. P., Niederschrift Moschen vom 17. 4. 1947 und Niederschrift Linert vom 23. 4. 1947. TLA, 17 Vr 4695/47.

[33] Geboren am 20. 7. 1898 in Innsbruck, 1913 in den Landesdienst eingetreten, wo er bis 1938 zum Oberverwalter des Landesabgabenamtes aufstieg. Nach dem »Umbruch« Parteieintritt und Beförderung zum Regierungsoberinspekteur. Er übernahm 1939 die Gebäudeverwaltung innerhalb der Abteilung Gaubetriebe. Ebd., Niederschrift Moschen vom 17. 4. 1947.

[34] Pflugmacher an Schneider 27. 4. 1942. TLA, Reichsstatthalterei II, Zl. 200-05/3 ex 1945.

[35] Verschiedene Angestellte der Gauleitung bzw. des staatlichen Apparats wie Linert, Hanspeter, Walter oder Gaustellenleiter Walter Neuwirth bildeten auch eine Baugemeinschaft und ließen sich auf dem Grundbesitz des Klosters Wilten im Sellraintal ein Wochenendhaus mit den Baumaterialien und der Einrichtung aus Kirchenbesitz aufstellen. Bericht vom 2. 5. 1947, gezeichnet Krb. a. P. TLA, 17 Vr 5695/47.

[36] WiVerf, Bd. 2, S. 303f, 321, 323f und 350f.

[37] Niederschrift Linert vom 22. 4. 1947. TLA, 17 Vr 4695/47.

[38] Scherlacher, Widerstand und Verfolgung der Konservativen und der Kirche, S. 8f

[39] WiVerf, Bd. 2, S. 295ff. Das Canisianum bot nicht nur die begehrten Räumlichkeiten für das Oberfinanzpräsidium, die Zwangsvermietung sollte auch verhindern, daß es als versteckte theologische Fakultät weitergeführt werden konnte. AdR, Rk, Karton 137/2512/61; Beschwerde Canisianum an RMdI 26. 11. 1938, Bürckel an RMdI 26. 12. 1938, Min. f. inn. u. kult. Angel. an RM für Wissenschaft 14. 3. 1939 und Hofer an RMdI 21. 3. 1939. BA, R 43 II/178a; bezüglich der Schließung der Theologischen Fakultät, dieses »Fremdkörpers im deutschen Volk«, so Bürckel, siehe weiters Bürckel an Bormann 4. 7. 1939 und Protestschreiben von Fürsterzbischof Waitz an Bürckel 24. 7. 1938. AdR, Rk, Karton 136/2500; weiters WiVerf, Bd. 2, S. 295f.

[40] WiVerf, Bd. 2, S. 10ff; detailliert zum Komplex katholisches Vereinswesen siehe TLA, BH Reutte, Zl. 847/54 ex 1938; TLA, Präs., Zl. 636 XII 57 ex

1939 bzw. VLA, BH Bregenz III, Zl. 1774 und Zl. 1254 ex 1938; siehe weiters die zusammenhängende Darstellung bei Wanner, Kirche, S. 56ff und 139f sowie Scherlacher, Widerstand und Verfolgung der Konservativen und der Kirche, S. 13ff.
41 Siehe WiVerf, Bd. 2, S. 17f und die umfangreiche Auflistung der Wohlfahrts- und Fürsorgevereine, Stifte und Fonds, die Land Tirol, Stadt Innsbruck und die Gemeinden übernahmen. AdR, Rk, Karton 12/1610/3.
42 WiVerf, Bd. 2, S. 18.
43 Ebd., S. 137; Gestapo Innsbruck an Bezirkshauptmannschaften T-V 21. 5. 1938. TLA, BH Reutte, Zl. 1336/54 ex 1938.
44 WiVerf, Bd. 2, S. 147ff.
45 Ebd., S. 136ff und das Beispiel des Imster Kindergartens: TLA, Präs., Zl. 2458 I 6 ex 1938 und AdR, Rk, Karton 137/2512/13; siehe auch Auseinandersetzung um den Kindergarten und das Waisenhaus der Barmherzigen Schwestern in Kitzbühel: DÖW 3.268 b/1.
46 WiVerf, Bd. 2, S. 137 und 139ff.
47 Ebd., S. 314.
48 Aufbau und Bewährung, S. 11.
49 Sammelrundschreiben der Gauleitung T-V 6. 3. 1939. AdR, Rk, Karton rot 18.
50 *IN*, 11. 3. 1939.
51 *IN*, 26. 6. 1940 und *VB*, 23. 8. 1939.
52 WiVerf, Bd. 2, S. 142.
53 Dazu paßt auch die Enteignung der Privatheilanstalt der Barmherzigen Brüder in Kreckelmoos, dem einzigen Krankenhaus im Bezirk Reutte. Siehe WiVerf, Bd. 2, S. 295 und TLA, Präs., Zl. 2771 XII 57 ex 1939.
54 SD an Rk 5. 10. 1939. AdR, Rk, Karton 192.
55 WiVerf, Bd. 2, S. 311.
56 Ebd., S. 320ff.
57 *IN*, 22.4. und 28. 7. 1939.
58 WiVerf, Bd. 2, S. 317.
59 *IN*, 6. 6. und 19. 2. 40 und *DVZ*, 17. 1. 1939.
60 *IN*, 28. 7. 1939 und *DVZ*, 17. 1. 1939.
61 *IN*, 28. 7. 1939.
62 Siehe dazu DÖW 3.268 b/1.
63 Am 12. Dezember 1925 war der Weihbischof von Brixen und Generalvikar von Vorarlberg, Sigismund Waitz, zum Administrator der Apostolischen Administration Innsbruck-Feldkirch ernannt worden. Mit seiner Wahl am 10. 12. 1934 zum Fürsterzbischof von Salzburg wurde er gleichzeitig auch als apostolischer Administrator von Innsbruck-Feldkirch bestätigt. Da dadurch drei Bundesländer nur einen Oberhirten hatten, wurde 1936 Provikar Franz Tschann zum Generalvikar und Weihbischof für Vorarlberg ernannt. In Tirol wurden die Stimmen immer lauter, einen Bischof für Innsbruck zu berufen. Gelmi, Kirchengeschichte Tirols, S. 230-233.

VI. Die katholische Kirche zwischen Anpassung und Verfolgung

[64] GL Hofer an Braunsdorff, Riebel und Lezuo 5. 5. 1939. TLA, Präs., Zl. 221 I 6 ex 1939; Erika Weinzierl, Ecclesia semper reformanda. Beiträge zur österreichischen Kirchengeschichte im 19. und 20. Jahrhundert, Wien–Salzburg 1985, S. 206.

[65] WiVerf, Bd. 2, S. 175–184.

[66] Vgl. v.a. SD an Lammers 3. 5. 1940 und Hofer an Lammers 17. 7. 1941. BA, R 43 II/178a; zur Schließung der Theologischen Fakultät und des Jesuitenkollegs siehe etwa WiVerf, Bd. 2, S. 36ff.

[67] SD-Bericht vom 30. 10. 1939. Institut für Zeitgeschichte Wien, MF, T-84/14, 40882.

[68] Jakob Fried, Nationalsozialismus und katholische Kirche in Österreich, Wien 1947, S. 41.

[69] Hofer an Lammers 17. 7. 1941. BA, R 43 II/178a.

[70] Etwa der Bericht der BH Feldkirch vom 20. 2. 1939 und der BH Bregenz vom 1. 3. 1939. VLA, Präs., Zl. 41 ex 1939; siehe auch Wanner, Kirche, S. 40f.

[71] Hofer an Lammers 21. 3. 1942. BA, R 43 II/178a.

[72] Wanner, Kirche, S. 66.

[73] Tschann an Hofer 7. 2. 1941, beigelegt dem Schreiben Hofers an Lammers vom 17. 7. 1941; siehe auch Hofer an Lammers 21. 3. 1942 mit beigelegtem Telegramm Tschanns an Hofer. BA, R 43 II/178a.

[74] Wanner, Kirche, S. 39f.

[75] Ernst Hanisch, Der österreichische Katholizismus zwischen Anpassung und Widerstand, in: *Zeitgeschichte*, Heft 5 (1988), S. 171–179; hier S. 172; Sauer in: NS-Herrschaft in Österreich, S. 528f.

[76] Rolf Steininger, Katholische Kirche und NS-Judenpolitik, in: *Zeitschrift für katholische Theologie*, Heft 2 (1992), S. 166–179; hier S. 168.

[77] Ebd., S. 172.

[78] Hanisch in: *Zeitgeschichte*, Heft 5 (1988), S. 174.

[79] Siehe dazu WiVerf, Bd. 2, S. 175ff; weiters zu Neururer, Gapp und Lampert auch Helmut Tschol, Otto Neururer, Priester und Blutzeuge, Wien-München 1982; Gaudentius Walser, Dreimal zum Tode verurteilt. Dr. Carl Lampert. Ein Glaubenszeuge für Christus, Stein am Rhein–Salzburg, 1985; Maria Kempner, Priester vor Hitlers Tribunalen, München 1966; Zeugen des Widerstandes. Eine Dokumentation über die Opfer des Nationalsozialismus in Nord-, Ost- und Südtirol von 1938–1945, bearbeitet von Johann Holzner u. a., Innsbruck–Wien–München 1977.

[80] Sammelrundschreiben der Gauleitung T-V, Folge 9/38. AdR, Rk, Karton rot 18.

[81] Ebd.

[82] Vgl. etwa WiVerf, Bd. 2, S. 332ff; vgl. auch die Auseinandersetzungen in Trins, einem der »schwärzesten Dörfer« des Kreises Innsbruck, wo der Landrat ein »taktvolles Vorgehen« zur Gewinnung der Menschen empfahl. Die Wogen gingen hoch, als der ehemalige Führer der Ostmärkischen

Sturmscharen und Frontmilizführer von Trins, der sich nach dem »Anschluß« in seiner Eigenschaft als Organisationsleiter der Ortsgruppe als 150%iger Nationalsozialist gebärdete, den Ortspfarrer wegen Kanzelmißbrauchs anzeigte. Er drohte politischen Gegnern im Ort wahllos mit Dachau und der Gestapo. Der Bürgermeister und angesehene Trinser waren trotz ihrer Religiosität einer Zusammenarbeit mit der NSDAP nicht abgeneigt, fühlten sich durch solches Vorgehen aber abgestoßen. Landrat Hirnigel an KL Primbs 12. 12. 1939 und Landrat an LHM 16. 12. 1939. TLA, BH Innsbruck II, Zl. 167/23 ex 1940.

[83] Siehe Fußnote 8.
[84] Siehe als Beispiel TLA, BH Schwaz I, Zl. 2839/40 ex 1939 und BH Schwaz II, Zl. 1987/23 ex 1939.
[85] Riedmann, Das Bundesland Tirol, S. 1098.
[86] Tschol in: WiVerf, Bd. 2, S. 1.
[87] Ebd.
[88] Siehe etwa WiVerf, Bd. 2, S. 250ff.
[89] SD-Bericht 3. 7. 1939. Rot-Weiß-Rot, S. 84.
[90] Institut für Zeitgeschichte Wien, MF, T-84/14, 40606.
[91] Bericht der BH Bregenz 19. 12. 1938. VLA, Präs., Zl. 41 ex 1939.
[92] Bericht Geiger 9. 10. 1939. TLA, Reichsstatthalterei II a1 – 7, Zl. 3603 ex 1940/41.
[93] DÖW 3.268 b/1
[94] WiVerf, Bd. 2, S. 262.
[95] Hanisch in: *Zeitgeschichte*, Heft 5 (1988), S. 172.
[96] Zusammenstellung aus AdR, Rk, Karton 136/2505/1.
[97] Siehe ebd.
[98] Vgl. das Verhalten des Pfarrers von Namlos. TLA, BH Reutte, Zl. 111/11B 360 ex 1939-1945.
[99] Zur Einführung der Kirchensteuer siehe Wanner, Kirche, S. 220ff.
[100] Ebd., S. 26; WiVerf, Bd. 2, S. 135f.
[101] Siehe WiVerf, Bd. 2, S. 259 und 276.
[102] Hanisch in: *Zeitgeschichte* Heft 5 (1988), S. 176.
[103] Gelmi, Kirchengeschichte Tirols, S. 263.
[104] Wanner, Kirche, S. 41.
[105] Siehe etwa Erika Weinzierl, Österreichische Priester über den katholischen Widerstand gegen den Nationalsozialismus. Ergebnisse einer Umfrage, in: Arbeiterbewegung-Faschismus-Nationalbewußtsein. Festschrift zum 20jährigen Bestand des Dokumentationszentrum des österreichischen Widerstandes und zum 60. Geburtstag von Herbert Steiner, hrsg. von H. Konrad und W. Neugebauer, Wien–München–Zürich, S. 262–272: Auswertung einer Fragebogenaktion mit 10 Fragen zum Thema »Kirche und Nationalsozialismus«. Ca. 10% der Fragebögen wurden von Tiroler Geistlichen ausgefüllt.

VII. »Sie müssen auch froh und freudig sein!« – Aspekte nationalsozialistischer Kulturpolitik

1. Aufbau und Bewährung, S. 36.
2. Bericht über die Dienstreise Wiluckis vom 8./9. 12. 1941. BA, R 55/1211.
3. Gert Kerschbaumer, Faszination Drittes Reich. Kunst und Alltag der Kulturmetropole Salzburg, Salzburg 1988, S. 73.
4. *DVZ*, 16. 3. 1939.
5. Aufbau und Bewährung, S. 36.
6. Rede Hofers anläßlich des Innsbrucker Kreisappells. *IN*, 5. 6. 1939.
7. *IN*, 3. 10. 1938.
8. Ebd.
9. *IN*, 2. 5. 1938; *IN*, 6. 5. 1939; *TBZ*, 11.5.1938; *Landbote* 11. 5. 1939; siehe auch TLA, Präs., Zl. 1616 I 2 ex 1939.
10. Riedmann, Das Bundesland Tirol, S. 1004.
11. Politischer Lagebericht der Gauleitung T-V, Jänner 1939. AdR, Rk, Karton rot 4.
12. Vgl. WiVerf, Bd. 2, S. 97f. und 101.
13. *IN*, 15. 6. 1938.
14. *IN*, 20. 6. 1938.
15. Redemansuskript von GL Hofer für die Sonnwendfeiern in Götzens am 18. 6. 1939. TLA, NSDAP, Gauleitung T-V, Karton 21/VI/2/1.
16. Vgl. z. B. auch den »Brixentaler Antlaßritt« bei Riedmann, Das Bundesland Tirol, S. 1004.
17. Bericht über die SA-Hochzeit von Max Primbs 16. 4. 1938. AdR, Rk, Karton 164.
18. Gebt unseren Kindern deutsche Namen, hrsg. von der NSDAP, Gauschulungsamt Salzburg, Salzburg o. J.
19. Vgl. WiVerf, Bd. 2, S. 97–101 und 104; siehe dazu auch Wanner, Kirche, S. 165 und 180f.
20. WiVerf, Bd. 2, S. 100.
21. Ebd., S. 101.
22. SD-Berichterstattung für 1. 6.–1. 7. 1939. Rot-Weiß-Rot, S. 84f. Allerdings gab es auch Musikkapellen, wie etwa die Höttings, welche aus freien Stücken an den Fronleichnamsprozessionen nicht teilnahmen. Siehe WiVerf, Bd. 2, S. 97.
23. *IN*, 21. 2. 1939.
24. *DVZ*, 21. 2. 1939.
25. *IN*, 21. 2. 1939. Neu in den Vordergrund gestellt als »überragende Führergestalt« wurde Michael Gaismair. Zu dessen Vereinnahmung siehe Riedmann, Das Bundesland Tirol, S. 1004 oder etwa *Landbote*, 6. 10. 1938.
26. Siehe dazu Riedmann, Das Bundesland Tirol, S. 1004.
27. Karner, Steiermark, S. 190.

[28] Erich Egg/Wolfgang Pfaundler, Das große Tiroler Schützenbuch mit Ehrentafel der Tiroler Schützen, Wien–München–Zürich 1976, S. 170ff.
[29] Pisecky, Tirol-Vorarlberg, S. 17.
[30] Ebd.
[31] Bericht über die Dienstreise von ORR Wilucki vom 8./9.12.1941. BA, R 55/1211.
[32] Vgl. z. B. Pisecky, Tirol-Vorarlberg, S. 17 oder Aufbau und Bewährung, S. 28ff.
[33] Riedmann, Das Bundesland Tirol, S. 1004.
[34] *IN*, 24. 7. 1939.
[35] Ebd.
[36] *IN*, 2. 10. 1939.
[37] Berichte der deutschen Kreisleiterberater. AdR, Rk, Karton 148/4000; Hoffmann an Friedrichs 24. 8. 1938. BA, NS 6/380.
[38] Hoffmann an Friedrichs 24. 8. 1938. BA, NS 6/380.
[39] Ebd.; weiters Telegramm Heydrichs 17. 9. 1938 und Stabsgeschäftsführung des Rk an Adjutant und Gauamtsleiter Drum 14. 9. 1938 sowie Stab des Rk an Obersturmführer Schmitt 15. 9. 1938. AdR, Rk, Karton 13/1620/7.
[40] Hofer an Knissel 12. 7. 1938. AdR, Rk, Ordner 4510/1.
[41] Hoffmann an Friedrichs 24. 8. 1938. BA, NS 6/380.
[42] Adjutantur der Wehrmacht beim Führer und Reichskanzler an Reichskriegerführer Reinhard 19. 7. 1938. AdR, Rk, Ordner 4510/1.
[43] Ebd., Bürckel an Heß 15. 8. 1938.
[44] Ebd., Hofer an Knissel 17. 9. 1938.
[45] Ebd., Schreiben vom 26. 8. 1938.
[46] Ebd.; weiters Aktennotiz über die Vereinbarung über die Organisationsform des Tiroler Standschützenverbandes zwischen Schorlemer und Hofer in Anwesenheit des Schießreferenten der SA-Brigade 99 und des Geschäftsführers des Reichsbundes für Leibesübungen der Ostmark vom 14. 9. 1938, Satzungen des Tiroler Standschützenverbandes vom 26. 9. 1938. AdR, Rk, Ordner 4510/1; siehe auch TLA, 17 Vr 1322/57.
[47] Vgl. Gestapo Innsbruck an BH Reutte 21. 4. 1938. TLA, BH Reutte, Zl. 1070/54 ex 1938.
[48] Aktennotiz über die Vereinbarung über die Organisationsform des Tiroler Standschützenverbandes vom 14. 9. 1938. AdR, Rk, Ordner 4510/1.
[49] Ebd., BH Reutte an Gestapo Innsbruck 14. 5. 1938.
[50] BH Imst an Gestapo Innsbruck 28. 4. 1938. TLA, BH Imst, Zl. 2238 I 3 ex 1938.
[51] Vgl. GL Hofer an Gestapo, LHM Vorarlberg und Regierungsdirektor Riebel 19. 1. 1939. TLA, Präs., Zl. 636 XII 57 ex 1939.
[52] Vgl. z. B. Aufbau und Bewährung, S. 30ff. und Schießständeausbau im Gau T-V. Bericht des NSG o.D. TLA, NSDAP, Gauleitung T-V, Karton 14/VI/1/26.

VII. Aspekte nationalsozialistischer Kulturpolitik   331

53 Rundschreiben des persönlichen Referenten des Reichsstatthalters Dr. Neuner 11. 4. 1941. TLA, Amt der Tiroler Landesregierung, Abt. II, V.
54 Ebd., Neuwirth an Herrn Gauamtmann im Hause.
55 Erfahrungsbericht und Bestgewinnerliste vom 4. Landesschießen des Standschützenverbandes T-V in Innsbruck 29. 6.–7. 7. 1941. TLA, NSDAP, Gauleitung T-V, Karton 14/VI/1/26; Egg/Pfaundler, Schützen, S. 174f.
56 *IN*, 16. 2. 1939; Pisecky, Tirol-Vorarlberg, S. 19.
57 Siehe Thomas Albrich/Arno Gisinger, Im Bombenkrieg. Tirol und Vorarlberg 1943–1945 (Innsbrucker Forschungen zur Zeitgeschichte 8), Innsbruck 1990, S. 226.
58 *IN*, 18. 3. 1938.
59 Vgl. *IN*, 26. 3., 2. 4., und 19. 7. 1938 sowie 6. 6. 1939.
60 Vgl. *IN*, 10. 8. 1939.
61 Vgl. *IN*, 18. und 26. 3., 2. und 29. 4. sowie 30. 9. 1938 und 11. 2. 1939.
62 Vgl. das Filmprogramm der Tiroler Kinos 1938/39 in den *IN*; die amerikanischen Filmstars, die die TirolerInnen bewundern durften, waren Jeannette Mc Donald, Nelson Eddy, Shirley Temple, Tyrone Power, Clark Gable, Spencer Tracy und Jean Harlowe.
63 *IN*, 5. 1. 1939.
64 Kerschbaumer, Faszination, S. 189.
65 *IN*, 23. 7. 1938.
66 *IN*, 15. 12. 1938.
67 Bericht des Gaufilmstellenleiters Ritzer. TLA, NSDAP, Gauleitung T-V, Karton 7/V/23; *DVZ*, 26. 8. 1938.
68 Bericht Ritzers. TLA, NSDAP, Gauleitung T-V, Karton 7/V/23.
69 Kerschbaumer, Faszination, S. 199.
70 *IN*, 25. 8. und 16. 11. 1938 sowie 3. 1., 12. 6. und 14. 6. 1939.
71 Bericht Wieluckis über die Reichspropagandaämter der Ostmark 14. 1. 1939. BA, R 55/1211.
72 Pisecky, Tirol-Vorarlberg, S. 38.
73 SD-Bericht 3. 11. 1939. Institut für Zeitgeschichte Wien, MF, T-84/14, 40841.
74 SD-Bericht 1. 6.–30. 6. 1939. Rot-Weiß-Rot, S. 83.
75 Politischer Lagebericht der Gauleitung T-V, März 1939. AdR, Rk, Karton rot 4.
76 SD-Bericht 3. 11. 1939. Institut für Zeitgeschichte Wien, MF, T-84/14, 40841.
77 Kerschbaumer, Faszination, S. 199f.
78 Politischer Lagebericht der Gauleitung T-V, März 1939. AdR, Rk, Karton rot 4.
79 Kerschbaumer, Faszination, S. 200.
80 Sammelrundschreiben der Gauleitung T-V, Folge 17/38. AdR, Rk, Karton rot 18.
81 Hofer an Intendant Dr. Raskin 17. 12. 1938. AdR, Rk, Ordner 4510/1.

[82] »Abgesehen von den vorstehend angeführten Gründen ist gerade bei den besonderen Verhältnissen im Gau Tirol-Vorarlberg es dringend notwendig, daß Vorarlberg *nicht* neuerdings eine Sonderstellung eingeräumt erhält, nachdem mit vieler Mühe es nunmehr gelungen ist, die Einreihung Vorarlbergs in das Gauganze parteimäßig durchzuführen, jetzt zu einer Zeit, wo auch auf dem staatlichen Gebiet die Eingliederung Vorarlbergs angenommen werden soll, wiederum bei gewissen Kreisen den Anschein zu erwecken, als ob man doch ein gewisses Verständnis für die separatistischen Bestrebungen habe.«. Hofer an den Beauftragten für die ostmärkischen Sendeanlagen Koch 24. 3. 1939. AdR, Rk, Ordner 4510/1.

[83] Ebd., Hofer an Koch 24. 3. 1939.

[84] Ebd., Knissel an Raskin 20. 1. 1939.

[85] Ebd., vgl. Reichsrundfunkkammer an Reichskommissar 23. 1. 1939 und Propagandaministerium an Reichsstatthalter Seyß 26. 1. 1939; Karner, Steiermark, S. 487f, Anmerkung 42.

[86] Statistisches Jahrbuch für das Deutsche Reich 1938, 1939/40 und 1941/42.

[87] RundfunkteilnehmerInnen angegeben in 1.000.

[88] *IN*, 31. 5. 1939.

[89] Vgl. *IN*, 20. 6 1938.

[90] *IN*, 18. 7. 1938.

[91] *IN*, 3. 9. 1938.

[92] Vgl. *IN*, 10. 1. und 8. 3. 1938

[93] *DVZ*, 28.6.1938; *IN*, 20. 8. 1938; siehe auch TLA, NSDAP, Gauleitung T-V, Karton 7/V/23; in bezug auf Besetzung sonstiger Leitungen am Theater und den beträchtlichen Zuwachs an deutschen Schauspielern, aber auch an Nachwuchskünstlern aus den »Ostmarkgauen« siehe *IN* 20. 8., 27. 8. und 3. 9. 1938.

[94] Vgl. AdR, Rk, Karton 125/2423/2.

[95] Theater in Innsbruck. Überblick über drei Jahrhunderte, Innsbruck 1967, S. 130, 149 und 153.

[96] Vgl. *IN*, 19. 2. 1938, *IN* 8. 3.–13. 3. 1938 und jeweils die Kulturseite der *IN*.

[97] *IN*, 19. 3. 1938 (Karl Paulin).

[98] *IN*, 8. 4. 1938.

[99] Ebd., (Karl Paulin).

[100] *IN*, 29. 3. 1938.

[101] *IN*, 7. 9. 1938.

[102] *IN*, 17. 9. 1938.

[103] *IN*, 16. 9. 1938.

[104] Siehe Kulturseite der *IN* und speziell *IN*, 31. 5. 1939.

[105] »Ein Preislied [...] der Reinheit der deutschen Frau, die in Demut herrscht und verzichtend sich selbst besiegt.« Nationalsozialistisches Geschichtsdrama des »erstrangigen NS-Dichter« Dhünen. *IN*, 15. 12. 1938.

[106] Präsident der Reichsschrifttumskammer.

[107] Gobsch, ein Dichter, der »in seinen dramatischen Werken blutvolles Erleben

VII. Aspekte nationalsozialistischer Kulturpolitik

zeitnaher Geschehnisse bringt [...].« *IN*, 17. 10. 1938.
[108] Völkisches Drama über den Untergang der Punier, die keiner »heldischen Aufopferung« und soldatischen Ausrichtung mehr fähig waren. *IN*, 25. 10. 1938.
[109] Historisch verbrämtes Schauspiel aus deutscher Vergangenheit über den Sieg »einer selbstbewußten deutschen Kleinfürstin über feindliche Kriegsmänner.« *IN*, 22. 11. 1938.
[110] Siehe Kulturseite der *IN* der Jahrgänge 1939/40.
[111] Theater in Innsbruck, S. 130.
[112] Ebd., S. 148.
[113] *IN*, 5. 9. 1939 (Dr. Färber).
[114] Mit der Erstaufführung der »Österreichischen Tragödie« von Oertel in der »Ostmark« am Tiroler Landestheater glaubte das NS-Regime eine »kulturpolitische Tat« gesetzt zu haben. Dieses 1934 entstandene Spiel frei nach geschichtlichen Motiven verband einen Abschnitt aus der Geschichte der »deutschen Ostmark« mit dem Grundgedanken der Einigung aller Deutschen. Der Dichter selbst sah die Aufführung seines Werkes in Innsbruck »als Erinnerung an die Kampfzeit, als Denkmal einer Sehnsucht, die durch die Tat Adolf Hitlers ihre Erfüllung gefunden hat.« *IN*, 7. 11. 1939; vgl. auch *IN*, 9. 11. 1939.
[115] Kerschbaumer, Faszination, S. 183.
[116] *IN*, 17. 4. 1940.
[117] *IN*, 20. 10. 1939 (Karl Paulin).
[118] *IN*, 8. 1. 1940.
[119] Institut für Zeitgeschichte Wien, MF, T-84/14, 40841 und 40982f.
[120] *IN*, 29. 6. 1938.
[121] Kerschbaumer, Faszination, S. 202.
[122] Tätigkeitsbericht des Hauptamtes für Kommunalpolitik, Juli 1941. BA, NS 25/370a.
[123] TLA, DAF, Gauwaltung T-V, Karton 40/II/36.
[124] Berechnet nach Pisecky, T-V, S. 37f, der von Oktober 1938 bis September 1939 492 Veranstaltungen der Gauwanderbühne mit insgesamt 113.590 Besuchern angibt.
[125] Aus Lezuos Eröffnungsrede. TLA, NSDAP, Gauleitung T-V, Karton 21/VI/2/3.
[126] Elisabeth Koch, Die Entwicklung der Exlbühne, phil. Diss. Innsbruck 1967, S. 167.
[127] Doch auch deren Aufführungen konnten für das NS-Regime nicht immer ungefährlich sein, sahen sich doch z. B. Besucher bei Schönherrs Schauspiel »Glaube und Heimat« an die schwierige Lage der Südtiroler Umsiedler erinnert; vgl. SD Bericht vom 1.–31. 8. 1938. Rot-Weiß-Rot, S. 85; siehe auch Johann Holzner, Franz Kranewitter. »1860–1938«. Provinzliteratur zwischen Kulturkampf und Nationalsozialismus, Innsbruck 1985.
[128] *IN*, 27. 5. und 1. 7. 1938. Der Spielplan samt Kurzkommentar ist aufgelistet

bei Elisabeth Keppelmüller, Die künstlerische Tätigkeit der Exl-Bühne in Innsbruck und Wien von 1902 bis 1944«, phil. Diss. Wien 1947. Diese Dissertation und auch diejenige von Koch vermitteln einen zeitnahen Eindruck bezüglich Inhalt und Qualität der gespielten Stücke während der NS-Zeit, da sie der Diktion nationalsozialistischer Kulturkritiker sehr nahe kommen. Kochs Arbeit ist nach Eigenverständnis dem Geiste des führenden Tiroler NS-Kulturkritikers Karl Paulin »zutiefst verpflichtet«. Koch, Exlbühne, S. 1.

[129] Auch die Gründung einer Gaumusikschule, die allen »Volksgenossen« und Jugendlichen ab dem achten Lebensjahr offenstand, muß in diesem Zusammenhang gesehen werden. Sie diente nicht nur der Förderung musikalisch-künstlerischer Neigungen und Begabungen, sondern hatte »vor allen Dingen auch eine politisch-völkische Aufgabe und Verpflichtung«. *IN,* 14. 10. 1938.

[130] 75 Jahre Tiroler Bauernbund, Innsbruck 1979, S. 99.

Zusammenfassende Bemerkungen

[1] Siehe dazu Schreiber, Nazizeit in Tirol, S. 40ff.

[2] Siehe dazu und in der Folge WiVerf, Bd. 1, S. XIIIff und 3ff sowie Bd. 2, S. 251ff und 384ff; detailliert über den Widerstand in Tirol siehe Radomir Luza, Der Widerstand in Nord- und Osttirol 1938–1945, in: Anton Pelinka/Andreas Maislinger (Hrsg.), Handbuch zur neueren Geschichte Tirols, Bd. 2/1, Innsbruck 1993, S. 313–346.

[3] Vgl. auch Scherlacher, Widerstand und Verfolgung der Konservativen, S. 44ff.

[4] Vgl. etwa den Bericht der BH Landeck vom 4. 10. 1938. DÖW 12.998: »In Flirsch machte ein Arbeiter der dortigen Textilfabrik, der als rot eingestellt gilt, anderen Arbeitern gegenüber Äußerungen, daß der Führer diese Angelegenheit, die er uns eingebrockt habe, allein lösen solle; von den Tirolern würde niemand den Kopf für die Deutschen herhalten. Wir seien Österreicher und keine Deutschen. Der Führer hätte für Tirol, besonders für die Arbeiter hier, so gut wie nichts geleistet. Ich ließ diesen Mann sofort verhaften und habe ihn der Geheimen Staatspolizei zur Weiterbehandlung überstellt.«

Verzeichnis der Archivalien

1. Österreichisches Staatsarchiv, Allgemeines Verwaltungsarchiv, nunmehr ARCHIV DER REPUBLIK (AdR):

BKA, Staatsamt und Bundesministerium für Inneres, 22 Tirol, Karton 5168, 5168a
BKA, Präsidium, Karton 120, 504, 506
Reichskommissar für die Wiedervereinigung Österreichs mit dem Deutschen Reich (Rk), Karton 9, 12, 13, 17, 23, 24, 25, 26, 35, 36, 62, 72, 73, 74, 77, 78, 80, 106, 107, 125, 135, 136, 137, 138, 148, 149, 156, 157, 162, 164, 166, 169, 192
Karton rot 1, rot 2, rot 3, rot 4, rot 6, rot 17, rot 18, rot 21, rot 25

2. BUNDESARCHIV KOBLENZ/BRD (BA):

R	3		Reichsministerium für Rüstung und Kriegsproduktion
R	4		Generalinspektor für Wasser und Energie
R	7		Reichswirtschaftsministerium
R	11		Reichswirtschaftskammer
R	14		Reichsministerium für Ernährung und Landwirtschaft
R	16		Reichsbauernrat
R	22		Reichsministerium für Justiz
R	41		Reichsarbeitsministerium
R	43	II	Neue Reichskanzlei
R	55		Reichspropagandaamt
R	103		Reichsverband der Deutschen Presse
NS	19		Persönlicher Stab des Reichsführer-SS
NS	25		Hauptamt für Kommunalpolitik der NSDAP
NS	26		Hauptarchiv der NSDAP
NS	33		SS-Führungshauptamt

Sammlung Schumacher

3. BUNDESARCHIV/MILITÄRARCHIV, FREIBURG i. Br./BRD (MA):

Reich-Wehrmacht
RW 20 Rüstungsinspektionen im Reichsgebiet
RW 21 Rüstungskommandos im Reichsgebiet

4. DOKUMENTATIONSARCHIV DES ÖSTERREICHISCHEN WIDERSTANDES WIEN (DÖW):

3.268 b/1, 9.333, 11.416, 11.455, 14.902, 14.903g, 14.909, 16.381
Gendarmeriepostenchroniken Tirol, v. a. 12.960, 12.963, 12.964, 12.966, 12.985, 12.987, 12.997, 12.998, 13.005, 13.006, 13.008

5. INSTITUT FÜR ZEITGESCHICHTE, UNIVERSITÄT WIEN, MIKROFILMARCHIV (MF):

T-77/750, T-77/752, T-84/13, T-84/14

6. LANDESBILDSTELLE INNSBRUCK (LBS):

Lebensläufe und Tätigkeitslisten von Partei- und Staatsfunktionären

7. TIROLER LANDESARCHIV INNSBRUCK (TLA):

Präsidialakten/Präsidium Zl. XII–59, 181 ex 1933 (Sammelakt Nationalsozialismus)
Präsidialakten/Präsidium der Tiroler Landeshauptmannschaft (LHM, Präs.) 1938–1939 (und einzelne Akten der Reichsstatthalterei Tirol-Vorarlberg 1940–1942)
Akten der Bezirkshauptmannschaften (BH) Lienz 1938; Reutte 1938–1945; Innsbruck, Imst, Kitzbühel, Kufstein, Landeck, Schwaz 1938–1939
Akten des Landesschulrats für den höheren/weiterführenden Schulbereich und den Pflichtschulbereich (LSR A bzw. LSR B) 1938–1939 (und einige einzelne Akten 1940 bzw. 1940/41)
Bestand NSDAP:
Gauleitung Westgau bzw. Tirol-Vorarlberg, Karton 1
Gauleitung Tirol-Vorarlberg, Karton 2, 3, 4, 5, 6, 7, 8, 9, 11, 12, 14, 15, 21, 30
Gauwahlleitung Tirol-Vorarlberg, Karton 44
Deutsche Arbeitsfront (DAF), Gauwaltung Tirol-Vorarlberg, Karton 40, 43
Volksgerichtsakten (Vr):
10 Vr: 1031/45, 1745/45, 104/46, 108/46, 369/46, 415/46, 694/46, 802/46, 831/46, 1185/46, 1547/46, 1571/46, 2175/46, 2212/46, 2312/46, 2366/46, 2505/46, 4555/46, 336/47, 1284/47, 1648/47, 1745/47, 2206/47, 2250/47, 2404/47, 2625/47, 2832/47, 2869/47, 3136/47, 3179/47, 3187/47, 3210/47, 3277/47, 3729/47, 4740/47
17 Vr: 4695/47, 5695/47, 1322/57

8. VORARLBERGER LANDESARCHIV BREGENZ (VLA):

Präsidialakten/Präsidium der Landeshauptmannschaft Vorarlberg (LHM, Präs.) 1938–1939
Akten der Bezirkshauptmannschaften Bludenz, Bregenz, Feldkirch (BH) 1938–1939
Miscellen 111, 211/21, 214/8, 256/18

Gedruckte Quellen

Adreßbuch der Gauhauptstadt Innsbruck (1940–1944).
Amtsblatt für die Tiroler Schulen, hrsg. vom Landesschulrat für Tirol, Jg. 1938, Innsbruck 1939.
Amtsverzeichnis für den Reichsgau Tirol und Vorarlberg 1942/43.
Bürckel, Josef, Der Parteiaufbau in der Ostmark. Anordnungen und Verfügungen, Wien 1939.
Dokumentation zur österreichischen Zeitgeschichte 1928–1938, hrsg. von Christine Klusacek und Kurt Stimmer, Wien–München 1984.
Dokumentation zur österreichischen Zeitgeschichte 1938–1945, hrsg. von Christine Klusacek und Kurt Stimmer, Wien–München 1982.
Die Ergebnisse der österreichischen Volkszählung vom 22. 3. 1934. Tirol. Statistik des Bundesstaates Österreich, Heft 11, Wien 1935.
Gauverfügungsblatt, hrsg. von der NSDAP, Gauleitung Tirol-Vorarlberg, Ausgabe A (16. 3. 1941–1. 9. 1944); Ausgabe B (16. 3. 1941–15. 5. 1944).
Gebt unseren Kindern deutsche Namen, hrsg. von der NSDAP, Gauschulungsamt Salzburg, Salzburg o. J.
Landes-, Gesetz- und Verordnungsblatt für Tirol (1937–Juni 1938).
Pfeifer, Helfried, Die Ostmark. Eingliederung und Neugestaltung. Historischsystematische Gesetzessammlung nach dem Stande vom 16. April 1941, Wien 1941.
Reichsgesetzblatt 1938–1940.
Rot-Weiß-Rot-Buch. Gerechtigkeit für Österreich! Darstellungen, Dokumente und Nachweise zur Vorgeschichte und Geschichte der Okkupation Österreichs (nach amtlichen Quellen), 1. Teil, Wien 1946.
Statistische Nachrichten, 16. Jg., Wien 1938.
Statistische Übersicht für den Reichsgau Tirol-Vorarlberg 1941–1944, Wien 1941–1944.
Statistisches Handbuch der Stadt Innsbruck mit statistischen Daten bis 31. Dezember 1946, hrsg. vom Statistischen Amt der Stadt Innsbruck, Innsbruck 1950.
Statistisches Handbuch für die Republik Österreich, Bd. 13 ff., Wien 1932 ff.
Statistisches Jahrbuch für das Deutsche Reich 1938, 1939/40, 1941/42.

Tiroler Amtskalender 1938.
Verordnungsblatt für den Amtsbereich des Landeshauptmannes für Tirol (Juli 1938–März 1940).
Verordnungs- und Amtsblatt für den Reichsgau Tirol und Vorarlberg (April 1940–April 1945).

Zeitungen

Außerferner Bote ab 1938.
Der rote Adler 1933–1936 (?) und 1940–1944 (?).
Haller Kreisanzeiger ab 1938.
Imster Oberland ab 1938.
Innsbrucker Nachrichten 1938–1940; fallweise bis 1945.
Schwazer Kreisblatt ab 1938.
Tiroler Anzeiger 1932.
Tiroler Bauernzeitung 1938; Wochenblatt der Landesbauernschaft Alpenland 1938; Tiroler Landbote 1938–1939.
Tiroler Grenzbote ab 1938.
Volkszeitung 1938; Deutsche Volkszeitung 1938–1939.
Volkszeitung Jänner 1946.

Literaturverzeichnis

ACKERL, Isabella/Hummelsberger, Walter/Mommsen Hans, (Hrsg.), Politik und Gesellschaft im alten und neuen Österreich. Festschrift für Rudolf Neck zum 60. Geburtstag, Bd. II, Wien 1981.

ALBRICH, Thomas, »Gebt dem Führer euer Ja!« Die NS-Propaganda in Tirol für die Volksabstimmung am 10. April 1938, in: Thomas Albrich/Klaus Eisterer/Rolf Steininger (Hrsg.), Tirol und der Anschluß. Voraussetzungen, Entwicklungen, Rahmenbedingungen 1918–1938 (Innsbrucker Forschungen zur Zeitgeschichte 3), Innsbruck 1988, S. 505–538.

ALBRICH, Thomas/Gisinger, Arno, Im Bombenkrieg. Tirol und Vorarlberg 1943–1945 (Innsbrucker Forschungen zur Zeitgeschichte 8), Innsbruck 1992.

ALBRICH, Thomas/Eisterer, Klaus/Steininger, Rolf (Hrsg.), Tirol und der Anschluß. Voraussetzungen, Entwicklungen, Rahmenbedingungen 1918–1938 (Innsbrucker Forschungen zur Zeitgeschichte 3), Innsbruck 1988.

ALEXANDER, Helmut, »...keiner soll der rücksichtslosen Vergewaltigung anheimfallen.« Zur Auflösung des Tiroler Landtags im Februar 1934, in: Zeitgeschichte, Heft 3/4 (1994), S. 109–128.

ALEXANDER, Helmut, Der lange Weg, in: Option-Heimat-Opzioni. Eine Geschichte Südtirols. Katalog zur Ausstellung des Tiroler Geschichtsvereins Bozen, Innsbruck 1989, S. 192–255.

ALEXANDER, Helmut/Lechner, Stefan/Leidlmair, Adolf, Heimatlos. Die Umsiedlung der Südtiroler, hrsg. vom Tiroler Landesinstitut, Wien 1993.

ANSCHLUSS 1938. Protokoll des Symposiums in Wien am 14. und 15. März 1978 (Historische Kommission des Theodor Körner-Stiftungsfonds und des Leopold Kunschak-Preises zur Erforschung der österreichischen Geschichte der Jahre 1918 bis 1938, Veröffentlichungen 7), Wien 1981.

ARDELT, G. Rudolf/Hautmann Hans (Hrsg.), Arbeiterschaft und Nationalsozialismus in Österreich, Wien–Zürich 1990.

AUFBAU und Bewährung. Der Kreis Imst zwei Jahre unter nationalsozialistischer Führung, hrsg. anläßlich des zweiten Kreisappels im Kriegsjahre 1940, Imst 1940.

BEIMROHR, Wilfried, Staat und Partei des Dritten Reichs in Tirol, in: Tirol 1938. Voraussetzungen und Folgen. Katalog zur Ausstellung des Tiroler Landesmuseums Ferdinandeum vom 9. März bis 10. April 1988, Innsbruck 1988, S. 41–55.

BEIMROHR, Wilfried, Vorbemerkungen zu den Repertorien B 639–646, in: Repertorien B 639–646, Tiroler Landesarchiv Innsbruck 1987/88, S. 1–23.

BERGER, Karin, Zwischen Eintopf und Fließband. Frauenarbeit und Frauenbild im Faschismus – Österreich 1938–1945, Wien 1984.

BINDER, Dieter, Einige Beobachtungen zur Geschichte von Justiz, Exekutive und Landesverwaltung während des Jahres 1938, in: Graz 1938 (Historisches Jahrbuch der Stadt Graz 18/19), Graz 1988, S. 109–124.

BOTZ, Gerhard, Arbeiterschaft und österreichische NSDAP-Mitglieder (1926–1945), in: Arbeiterschaft und Nationalsozialismus in Österreich, S. 29–48.

BOTZ, Gerhard, The Changing Patterns of Social Support for Austrian National Socialism (1918–1945), in: Stein Uglevik Larsen/Bernd Hagtvet/Jan Petter Myklebust (Hrsg.), Who were the Fascists. Social Roots of European Fascism, Bergen–Oslo–Tramsö 1980, S. 202–225.

BOTZ, Gerhard, Die Eingliederung Österreichs in das Deutsche Reich. Planung und Verwirklichung des politisch-administrativen Anschlusses 1938–1940 (Schriftenreihe des Ludwig Boltzmann Instituts für Geschichte der Arbeiterbewegung 1), 3. Auflage, Wien 1988.

BOTZ, Gerhard, Gewalt in der Politik. Attentate, Zusammenstöße, Putschversuche, Unruhen in Österreich 1918–1938, 2. Auflage, München 1983.

BOTZ, Gerhard, Ideologie und soziale Wirklichkeit des »nationalen Sozialismus« in der Ostmark, in: Robert Schwarz: »Sozialismus« der Propaganda. Das Werben des »Völkischen Beobachters« um die österreichische Arbeiterschaft 1938/39 (Materialien zur Arbeiterbewegung 2), Wien 1975, S. 5–41.

BOTZ, Gerhard, Der 13. März 38 und die Anschlußbewegung. Selbstaufgabe, Okkupation und Selbstfindung Österreichs 1918–1945 (Zeitdokumente 14), Wien 1978.

BOTZ, Gerhard, Methoden und Theorieprobleme der historischen Widerstandsforschung, in: Arbeiterbewegung-Faschismus-Nationalbewußtsein, S. 137–152.

BOTZ, Gerhard, Nationalsozialismus in Wien. Machtübernahme und Herrschaftssicherung 1938/39, 3. Auflage, Wien 1988.

BOTZ, Gerhard, Die österreichischen NSDAP-Mitglieder. Probleme einer quantitativen Analyse aufgrund der NSDAP Zentralkartei im Berlin Document Center, in: Reinhard Mann (Hrsg.), Die Nationalsozialisten. Analyse faschistischer Bewegungen, Stuttgart 1980, S. 98–137.

BOTZ, Gerhard, Schuschniggs geplante »Volksbefragung« und Hitlers »Volksabstimmung« in Österreich. Ein Vergleich, in: Anschluß 1938, Wien 1981, S. 220–243.

BOTZ, Gerhard, Strukturwandlungen des österreichischen Nationalsozialismus (1904 bis 1945), in: Politik und Gesellschaft im alten und neuen Österreich, Bd. II, S. 163–193.

BOTZ, Gerhard, Wien vom »Anschluß« zum Krieg. Nationalsozialistische Machtübernahme und politisch-soziale Umgestaltung am Beispiel der Stadt

Wien 1938/39, Wien–München 1978.
BRACHER, Karl Dietrich, Die deutsche Diktatur. Entstehung, Struktur, Folgen des Nationalsozialismus, Köln 1969.
BRACHER, Karl Dietrich/Funke, Manfred/Jacobsen, Hans-Adolf (Hrsg.), Nationalsozialistische Diktatur 1933–1945. Eine Bilanz (Bonner Schriften zu Politik und Zeitgeschichte 21), Düsseldorf 1983.
BRACHER, Karl Dietrich/Sauer, Wolfgang/Schulz, Gerhard (Hrsg.), Die nationalsozialistische Machtergreifung. Studien zur Errichtung des totalitären Herrschaftssystems in Deutschland 1933/34 (Schriften des Instituts für Politische Wissenschaften 14), Köln–Opladen 1960.
BRACHER, Karl Dietrich, Voraussetzungen des nationalsozialistischen Aufstiegs, in: Die nationalsozialistische Machtergreifung, S. 1–370.
BRÄNDLE, Hermann, Sozialdemokraten und Revolutionäre Sozialisten 1933–1938, in: Von Herren und Menschen. Verfolgung und Widerstand in Vorarlberg 1933–1945 (Beiträge zu Geschichte und Gesellschaft Vorarlbergs 5), Bregenz 1985, S. 29–43.
BROSZAT, Martin u. a. (Hrsg.), Bayern in der NS-Zeit, 6 Bde., (Veröffentlichungen im Rahmen des Projekts »Widerstand und Verfolgung in Bayern 1933–1945«), München–Wien 1977–1983.
BROSZAT, Martin, Der Staat Hitlers. Grundlegung und Entwicklung seiner inneren Verfassung (dtv-Weltgeschichte des 20. Jahrhunderts 9), München 1969.
BRUCKMÜLLER, Ernst, Sozialgeschichte Österreichs, Wien–München 1985.
BUNDSCHUH, Werner/Walser, Harald (Hrsg.), Dornbirner Statt-Geschichten. Kritische Anmerkungen zu 100 Jahren politischer und gesellschaftlicher Entwicklung (Studien zur Geschichte und Gesellschaft Vorarlbergs 1), Bregenz 1987.
BUNDSCHUH, Werner, Kreist das »Blut der »Ahnen«?, in: Dornbirner Statt-Geschichten, S. 29–82.
BUTSCHEK, Felix, Die österreichische Wirtschaft 1938–1945, Wien 1978.
CARSTEN, Francis, Faschismus in Österreich. Von Schönerer zu Hitler, München 1977.
CHRISTOPH, Horst, Versäumte Gespräche, in: *Profil*, Heft 10 (1988), S. 86–89.
DANIMANN, Franz (Hrsg.), Finis Austriae. Österreich, März 1938, Wien 1978.
DREIER, Werner, Vorarlberg und die Anschlußfrage, in: Tirol und der Anschluß, S. 183–220.
EGG, Erich/Pfaundler, Wolfgang, Das große Tiroler Schützenbuch mit Ehrentafel der Tiroler Schützen, Wien–München–Zürich 1976.
EICHSTÄDT, Ulrich, Von Dollfuß zu Hitler. Geschichte des Anschlusses Österreichs 1933–1938 (Veröffentlichungen des Instituts für europäische Geschichte Mainz 10), Wiesbaden 1955.
EISTERER, Klaus, Französische Besatzungspolitik. Tirol und Vorarl-

berg 1945/46 (Innsbrucker Forschungen zur Zeitgeschichte 9), Innsbruck 1991.

EISTERER, Klaus/Steininger Rolf (Hrsg.), Die Option. Südtirol zwischen Nationalsozialismus und Faschismus (Innsbrucker Forschungen zur Zeitgeschichte 5), Innsbruck 1989.

FALTER, W. Jürgen/Hänisch, Dirk, Wahlerfolge und Wählerschaft der NSDAP in Österreich von 1927 bis 1932, in: *Zeitgeschichte*, Heft 6 (1988), S. 223–244.

FASCHISMUS in Österrreich und international. Jahrbuch für Zeitgeschichte 1980/81, Wien 1982.

FISCHER Heinz/Preglau-Hämmerle Susanne (Hrsg.), Beiträge zum politischen und sozialen System Tirols. Heile Welt in der Region? (Schriftenreihe der Michael-Gaismair-Gesellschaft 3), Bregenz 1983.

DER *FÖHN*, Heft 10/11 (Jänner 1988) und Heft 15 (Frühjahr 1991).

FRAENKEL, Josef (Hrsg.), The Jews of Austria. Essays on their life, history and destruction, London 1967.

FRAUENGRUPPE FASCHISMUSFORSCHUNG, Mutterkreuz und Arbeitsbuch. Zur Geschichte der Frauen in der Weimarer Republik und im Nationalsozialismus, Frankfurt a. M. 1981.

FRIED, Jakob, Nationalsozialismus und katholische Kirche in Österreich, Wien 1947.

GEHLER, Michael, Der Hitler-Mythos in den »nationalen« Eliten Tirols, dargestellt an Hand ausgewählter Biographien am Beispiel der Südtirolfrage und Umsiedlung, in: *Geschichte und Gegenwart*, Heft 4 (1990), S. 279–315.

GEHLER, Michael, Die politische Entwicklung Tirols in den Jahren 1918 bis 1938, in: Meinrad Pizzinini (Hrsg.), Zeitgeschichte Tirols, Innsbruck 1990, S. 55–87.

GEHLER, Michael, Spontaner Ausdruck des »Volkszorns«? Neue Aspekte zum Innsbrucker Judenpogrom vom 9./10. November 1938, in: *Zeitgeschichte*, Heft 1/2 (1990/91), S. 2–21.

GEHLER, Michael, Studenten und Politik. Der Kampf um die Vorherrschaft an der Universität Innsbruck 1918–1938 (Innsbrucker Forschungen zur Zeitgeschichte 6), Innsbruck 1990.

GEHLER, Michael, Tirol 1918 bis 1945. Ausgewählte Literatur zur Tiroler Zeitgeschichte, in: *Tiroler Chronist,* 30. März 1988.

GEHLER, Michael, »Wir werden es den Nazis zeigen!« Die Höttinger Saalschlacht vom 27. Mai 1932, in: Tirol und der Anschluß, S. 271–306.

GEHLER, Michael, Zwischen Anspruch und Wirklichkeit. Zur Rolle der Medien und Propaganda im Gau Tirol-Vorarlberg nach dem Anschluß, in: *Tiroler Heimat,* 53. Jahrbuch für Geschichte und Volkskunde, hrsg. von Fridolin Dörrer und Josef Riedmann, Innsbruck 1989, S. 105–133.

GEHLER, Michael, Zum Umgang mit einem Tabu: Eduard Reut-Nicolussi, Gauleiter Franz Hofer und die Südtirolfrage 1939–1945, in: *Tiroler Heimat* 57 (1993), S. 225–254.

DIE GEISTESWISSENSCHAFTLICHE FAKULTÄT IN INNSBRUCK 1938–1945. Politisch zuverlässig-rein arisch-Deutscher Wissenschaft verpflichtet (*Skolast* 1/2), Bozen 1990.

GELMI, Josef, Kirchengeschichte Tirols, Innsbruck–Wien–Bozen 1986.

Die GESCHICHTE DER JUDEN IN TIROL von den Anfängen im Mittelalter bis in die neueste Zeit (*Sturzflüge* 15/16), Bozen 1986.

GOSTNER, Erwin, 1000 Tage im KZ. Dachau–Mauthausen–Gusen (Edition Löwenzahn-Reihe Dokumente 01), Innsbruck 1986.

GRAZ 1938. Historisches Jahrbuch der Stadt Graz, Bd. 18/19, Graz 1988.

HAAS, Hanns, Der Anschluß, in: Wolfgang Neugebauer/Ernst Hanisch/Emmerich Talos (Hrsg.), NS-Herrschaft in Österreich 1938–1945 (Österreichische Texte zur Gesellschaftskritik 36), Wien 1988, S. 1–24.

HANAK, Hans, Aus den Anfangszeiten der NSDAP in Innsbruck. Ein Beitrag zur Parteigeschichte Tirol–Vorarlberg, in: Adreßbuch der Gauhauptstadt Innsbruck für das Jahr 1944, Innsbruck 1944, S. XI–XIV.

HANISCH, Ernst, »Gau der guten Nerven«. Die nationalsozialistische Herrschaft in Salzburg 1939/40, in: Politik und Gesellschaft im alten und neuen Österreich, Bd. II, Wien 1981, S. 194–218.

HANISCH, Ernst, Nationalsozialismus im Dorf. Salzburger Betrachtungen, in: Arbeiterbewußtsein-Faschismus-Nationalbewußtsein, S. 69–82.

HANISCH, Ernst, Nationalsozialismus in der Provinz. Salzburg im Dritten Reich (Salzburg Dokumentationen 71), Salzburg 1983.

HANISCH, Ernst, Der österreichische Katholizismus zwischen Anpassung und Widerstand, in: *Zeitgeschichte*, Heft 5 (1988), S. 171–179.

HANISCH, Ernst, Der politische Katholizismus als ideologischer Träger des »Austrofaschismus«, in: »Austrofaschismus«, S. 53–74.

HANISCH, Ernst, Westösterreich, in: NS-Herrschaft in Österreich, S. 437–456.

HAUSJELL, Fritz, Die gleichgeschaltete österreichische Presse als nationalsozialistisches Führungsmittel (1938–1945), in: NS-Herrschaft in Österreich, S. 319–330.

HAUTMANN, Josef/Kropf, Rudolf, Die österreichische Arbeiterbewegung vom Vormärz bis 1945. Sozialökonomische Ursprünge ihrer Ideologie und Politik, Wien 1976.

HEIDER, Michael/Ralsa, Michaela u.a., Die Geisteswissenschaftliche Fakultät Innsbruck zwischen 1938–1945, in: *Skolast*, Heft 1/2 (1990), S. 22–117.

HOCKERTS, Hans Günter, Die Sittlichkeitsprozesse gegen katholische Ordensangehörige und Priester 1936/37. Eine Studie zur nationalsozialistischen Herrschaftstechnik und zum Kirchenkampf (Veröffentlichungen der Kommission für Zeitgeschichte 6), Mainz 1971.

HÖFFKES, Karl, Hitlers politische Generale. Die Gauleiter des Dritten Reiches, Tübingen 1986.

HÖLBING, Franz, 300 Jahre Universitas Oenipontana. Die Leopold Franzens Universität zu Innsbruck und ihre Studenten, Innsbruck 1970.

HOLZNER, Johann, Franz Kranewitter ›1860–1938‹. Provinzliteratur zwischen

Kulturkampf und Nationalsozialismus, Innsbruck 1985.
HOLZNER, Johann, Untersuchungen zur Überwindung des Nationalsozialismus in Tirol, phil. Diss. Innsbruck 1971.
HUTER, Franz (Hrsg.), 100 Jahre medizinische Fakultät Innsbruck 1869 bis 1969 (Forschungen zur Innsbrucker Universitätsgeschichte Bd. VII, 2 Teile), Innsbruck 1969.
HÜTTENBERGER, Peter, Die Gauleiter. Studie zum Wandel des Machtgefüges in der NSDAP (Schriftenreihe für Zeitgeschichte 19), Stuttgart 1969.
HÜTTENBERGER, Peter, Nationalsozialistische Polykratie, in: *Geschichte und Gesellschaft*, Heft 4 (1976), S. 417–442.
HYE, Franz-Heinz, Innsbruck im Spannungsfeld der Politik 1918–1938. Berichte-Bilder-Dokumente (Veröffentlichungen des Innsbrucker Stadtarchivs, N. F. 16/17), Innsbruck 1991.
HYE, Franz-Heinz, Die politischen Kräfte in Innsbruck in der Zeit von 1938–1945, in: Tirol und der Anschluß, S. 143–168.
JAGSCHITZ, Gerhard, Der Putsch. Die Nationalsozialisten 1934 in Österreich, Graz 1976.
JAGSCHITZ, Gerhard, Von der »Bewegung« zum Apparat. Zur Phänomenologie der NSDAP 1938 bis 1945, in: NS-Herrschaft in Österreich, S. 487–516.
100 JAHRE BEZIRKSHAUPTMANNSCHAFTEN IN TIROL, hrsg. von der Tiroler Landesregierung, Innsbruck 1972.
75 JAHRE TIROLER BAUERNBUND, Innsbruck 1979.
KARNER, Stefan, Die Steiermark im Dritten Reich 1938–1945. Aspekte ihrer politischen, wirtschaftlich-sozialen und kulturellen Entwicklung, Graz–Wien 1986.
KEMPNER, Maria, Priester vor Hitlers Tribunalen, München 1966.
KEPLINGER, Brigitte, Aspekte nationalsozialistischer Herrschaft in Oberösterreich, in: NS-Herrschaft in Österreich, S. 417–436.
KEPPELMÜLLER, Elisabeth, Die künstlerische Tätigkeit der Exl-Bühne in Innsbruck und Wien von 1902–1924, phil. Diss. Wien 1947.
KERSCHBAUMER, Gert, Der deutsche Frühling ist angebrochen. Glücksversprechungen, Kriegsalltag und Modernität des Dritten Reiches – am Beispiel Salzburg, in: NS-Herrschaft in Österreich, S. 381–396.
KERSCHBAUMER, Gert, Faszination Drittes Reich. Kunst und Alltag der Kulturmetropole Salzburg, Salzburg 1988.
KLAMPER, Elisabeth, NS-Terror, in: Widerstand und Verfolgung in Tirol 1934–1945. Eine Dokumentation, hrsg. vom DÖW, Bd. 1, Wien–München 1984, S. 520–526.
KLEBELSBERG, Raimund, Innsbrucker Erinnerungen 1902–1952 (Schlernschriften 100), Innsbruck 1953.
KLUGE, Ulrich, Der österreichische Ständestaat 1934 bis 1938, Wien 1984.
KOCH, Elisabeth, Die Entwicklung der Exl-Bühne, phil. Diss. Innsbruck 1961.
KÖFLER, Grete, Die Verfolgung der Juden, in: Widerstand und Verfolgung in Tirol 1934–1945, Bd. 1, S. 420–425.

KONRAD, Helmut/Neugebauer, Wolfgang (Hrsg.), Arbeiterbewegung-Faschismus-Nationalbewußtsein. Festschrift zum 20jährigen Bestand des Dokumentationsarchiv des österreichischen Widerstandes und zum 60. Geburtstag von Herbert Steiner, Wien–München–Zürich 1983.
KONRAD, Helmut, Sozialdemokratie und Anschluß. Historische Wurzeln – Anschluß 1918 und 1938 – Nachwirkungen (Schriftenreihe des Ludwig Boltzmann Instituts für Geschichte der Arbeiterbewegung 9), Wien–München–Zürich 1978.
KÜHNL, Reinhard, Faschismustheorien. Texte zur Faschismusdiskussion 2, Hamburg 1979.
KÜHNL, Reinhard, Formen bürgerlicher Herrschaft I. Liberalismus – Faschismus, Hamburg 1971.
LAICH, Mario, Zwei Jahrhunderte Justiz in Tirol und Vorarlberg, Innsbruck 1990.
LIEBMANN, Maximilian, Kardinal Innitzer und der Anschluß. Kirche und Nationalsozialismus in Österreich 1938 (Grazer Beiträge zur Theologiegeschichte und kirchlichen Zeitgeschichte 1), Graz 1982.
LIEBMANN, Maximilian, Theodor Innitzer und der Anschluß. Österreichs Kirche 1938 (Grazer Beiträge zur Theologie-Geschichte und kirchlichen Zeit-Geschichte 3), Graz–Wien–Köln 1988.
LUZA, Radomir, Österreich und die großdeutsche Idee in der NS-Zeit (Forschungen zur Geschichte des Donauraumes 2), Wien–Köln–Graz 1977.
LUZA, Radomir, Der Widerstand in Nord- und Osttirol 1938–1945, in: Handbuch zur neueren Geschichte Tirols, Bd. 2/1, S. 313–346.
LUZA, Radomir, Der Widerstand in Österreich 1938–1945, Wien 1985.
MANN, Reinhard, Die Nationalsozialisten. Analyse faschistischer Bewegungen, Stuttgart 1980.
MANNLICHER, Egbert, Wegweiser durch die Verwaltung unter besonderer Berücksichtigung der Verwaltung im Reichsgau Wien... (Stand vom 1. Februar 1942), Berlin 1942.
MASON, Timothy, Sozialpolitik im Dritten Reich. Arbeiterklasse und Volksgemeinschaft, Opladen 1977.
MEISSL, Sebastian (Hrsg.), Verdrängte Schuld, verfehlte Sühne. Entnazifizierung in Österreich 1945–1955, Wien 1986.
MOMMSEN, Hans, Beamtentum im Dritten Reich (Schriftenreihe der Vierteljahrshefte für Zeitgeschichte 13), Stuttgart 1966.
MÖRL, Anton, Erinnerungen aus bewegter Zeit Tirols 1932–1945 (Schlernschriften 143), Innsbruck 1955.
MOSER, Jonny, Österreichs Juden unter der NS-Herrschaft, in: NS-Herrschaft in Österreich, S. 185–198.
NÄGELE, Hans, Buch und Presse in Vorarlberg (Schriften zur Vorarlberger Landesgeschichte 8), Dornbirn 1970.
NEUGEBAUER, Wolfgang, Das NS-Terrorsystem, in: NS-Herrschaft in Österreich, S. 163–184.

NUSSBAUMER, Josef, Sozial- und Wirtschaftsgeschichte Tirols 1945–1985, Innsbruck 1992.
NUSSBAUMER, Josef, Die ›Tausend-Mark-Sperre‹ vom Mai 1933 und der Tiroler Fremdenverkehr, in: Tirol und der Anschluß, S. 307–330.
OBERKOFLER, Gerhard, Die Arbeiterbewegung, in: Widerstand und Verfolgung in Tirol 1934–1945, Bd. 1, S. 3–8.
OBERKOFLER, Gerhard, Bericht über die Opfer des Nationalsozialismus der Universität Innsbruck, in: *Zeitgeschichte*, Heft 4 (1981), S. 142–149.
OBERKOFLER, Gerhard, Die Tiroler Arbeiterbewegung. Von den Anfängen bis zum Ende des Zweiten Weltkrieges (Materialien zur Arbeiterbewegung 43), 2. Auflage, Wien 1986.
OPTION-HEIMAT-OPZIONI. Eine Geschichte Südtirols. Katalog zur Ausstellung des Tiroler Geschichtsvereins Bozen, Innsbruck 1989.
PAULEY, Bruce, Der Weg in den Nationalsozialismus. Ursprünge und Entwicklung in Österreich, Wien 1988.
PELINKA, Anton/Maislinger, Andreas (Hrsg.), Handbuch zur neueren Geschichte Tirols, Bd. 2/1 und 2/2, Innsbruck 1993.
PELINKA, Anton, Karl Renner. Zur Einführung, Hamburg 1988.
PICHLER, Kurt, Lebendiges Tirol. Ein Dichterbuch, Innsbruck 1940.
PICHLER, Meinrad, Politische Verfolgungen der ersten Tage, in: Von Herren und Menschen, S. 71–84.
PISECKY, Franz, Tirol-Vorarlberg (Die deutschen Gaue seit der Machtergreifung 3), Berlin 1940.
PIZZININI, Meinrad (Hrsg.), Zeitgeschichte Tirols, Innsbruck 1990.
REBITSCH, Wolfgang, Die Volkswehr und das Bundesheer in Tirol von 1918 bis 1938, phil. Diss. Innsbruck 1976.
REUTTE. 500 Jahre Marktgemeinde 1489–1989, hrsg. von der Marktgemeinde Reutte, Innsbruck 1989.
RIEDMANN, Josef, Das Bundesland Tirol 1918–1970 (Geschichte des Landes Tirol 4/II), Bozen–Innsbruck–Wien 1988.
RIMALT, S. Elimech, The Jews of Tyrol, in: The Jews of Austria, S. 375–384.
ROSAR, Wolfgang, Deutsche Gemeinschaft. Seyß-Inquart und der Anschluß, Wien 1971.
ROSENKRANZ, Herbert, Reichskristallnacht. 9. November 1938 in Österreich (Monographien zur Zeitgeschichte), Wien–Frankfurt–Zürich 1968.
ROSENKRANZ, Herbert, Verfolgung und Selbstbehauptung. Die Juden in Österreich 1938–1945, München 1978.
RUSCH, Paulus, Waage der Zeit. Wege der Zeit. Erfahrungen, Erkenntnisse, Wege, Innsbruck–Wien 1983.
SAUER, Walter, Österreichs Kirchen 1938–1945, in: NS-Herrschaft in Österreich, S. 517–536.
SCHAUSBERGER, Norbert, Der Griff nach Österreich. Der Anschluß, Wien 1978.
SCHAUSBERGER, Norbert, Rüstung in Österreich 1938–1945 (Publikationen

des österreichischen Instituts für Zeitgeschichte und des Instituts für Zeitgeschichte der Universität Wien 8), Wien 1970.
SCHERLACHER, Beatrix, Widerstand und Verfolgung der Konservativen und der Kirche in Nordtirol 1938–1945, phil. Diss. Wien 1984.
SCHMIDL, Erwin, März 38. Der deutsche Einmarsch in Österreich, Wien 1987.
SCHMIDL, Erwin, Die militärische Situation in Tirol im März 1938, in: Tirol und der Anschluß, S. 481–504.
SCHOENBAUM, David, Die braune Revolution. Eine Sozialgeschichte des Dritten Reiches, 4. Auflage, Köln 1980.
SCHÖNHERR, Margit, Vorarlberg 1938. Die Eingliederung Vorarlbergs in das Deutsche Reich 1938/39, Dornbirn 1981.
SCHRAGE, Dieter, Die totalitäre Inszenierung der Massen. Volksabstimmung vom 10. April 1938, in: Wien 1938. Katalog zur 110. Sonderausstellung des Historischen Museums der Stadt Wien vom 11. März bis 30. Juni 1988, Wien 1988, S. 98–113.
SCHREIBER, Horst, Die Tiroler Lehrerschaft im Nationalsozialismus, in: *Zeitgeschichte*, Heft 3/4 (1994), S. 129–144.
SCHREIBER, Horst, Wirtschafts- und Sozialgeschichte der Nazizeit in Tirol (Geschichte & Ökonomie 3), Innsbruck 1994.
SCHULZ, Gerhard, Die Anfänge des totalitären Maßnahmenstaates, in: Die nationalsozialistische Machtergreifung, S. 371–684.
SCHWARZ, Robert, »Sozialismus« der Propaganda. Das Werben des »Völkischen Beobachters« um die österreichische Arbeiterschaft 1938/39 (Materialien zur Arbeiterbewegung 2), Wien 1975.
SELIGER, Maren, NS-Herrschaft in Wien und Niederösterreich, in: NS-Herrschaft in Österreich, S. 397–416.
SELLA, Gad Hugo, Die Juden Tirols. Ihr Leben und Schicksal, Tel Aviv 1979.
SLAPNICKA, Harry, Oberösterreich – als es »Oberdonau« hieß (1938–1945), hrsg. vom Oberösterreichischen Landesarchiv (Beiträge zur Zeitgeschichte Oberösterreichs 5), Linz 1978.
STADLER, Karl, Österreich 1938–1945 im Spiegel der NS-Akten, Wien–München 1966.
STAUDINGER, Anton, Austrofaschistische »Österreich«-Ideologie, in: »Austrofaschismus«, S. 287–316.
STEININGER, Rolf, Der Anschluß – Stationen auf dem Weg zum März 1938, in: Tirol und der Anschluß, S. 9–42.
STEININGER, Rolf, Katholische Kirche und NS-Judenpolitik, in: *Zeitschrift für katholische Theologie*, Heft 2 (1992), S. 166–179.
STIEFEL, Dieter, Entnazifizierung in Österreich, Wien–München–Zürich 1981.
STIEFEL, Dieter, Die große Krise in einem kleinen Land. Österreichische Finanz- und Wirtschaftspolitik 1929–1938 (Studien zu Politik und Verwaltung 26), Wien 1988.
TALOS, Emmerich/Neugebauer, Wolfgang (Hrsg.), »Austrofaschismus«. Beiträge über Politik, Ökonomie und Kultur 1934–1938, 3. Auflage, Wien 1985.

TALOS, Emmerich/Hanisch, Ernst/Neugebauer, Wolfgang (Hrsg.), NS-Herrschaft in Östereich 1938–1945 (Österreichische Texte zur Gesellschaftskritik 36), Wien 1988.

THEATER IN INNSBRUCK. Überblick über 3 Jahrhunderte. Festschrift, hrsg. vom Theaterausschuß des Landes Tirol und der Stadt Innsbruck zur Eröffnung des neuen Hauses am Rennweg im November 1967, Innsbruck 1967.

TIROL 1938. Voraussetzungen und Folgen. Katalog zur Landesausstellung im Landesmuseum Ferdinandeum Innsbruck vom 9. März bis 10. April 1938, Innsbruck 1988.

TSCHABRUNN, Alois, Widerstand und Naziorden, Dornbirn 1986.

TSCHOL, Helmut, Der Kampf um den schulischen Religionsunterricht in Tirol 1938–1945, Jahresbericht des Bischöflichen Gymnasiums Paulinum in Schwaz, Jg. 45 (1977/78), S. 32–57 und Jg. 46 (1978/79), S. 31–54.

TSCHOL, Helmut, Die katholische Kirche, in: Widerstand und Verfolgung in Tirol 1934–1945, Bd. 2, S. 1–9.

TSCHOL, Helmut, Otto Neururer. Priester und Blutzeuge, 2. Auflage, Wien–München 1982.

TUIDER, Othmar, Die Wehrkreise XVII und XVIII 1938–1945, 2. Auflage (Militärhistorische Schriftenreihe 30), Wien 1983.

VENUS, Theodor, Von der »Ravag« zum »Reichssender Wien«, in: NS-Herrschaft in Österreich, S. 301–319.

VESELSKY, Oskar, Bischof und Klerus der Diözese Seckau unter nationalsozialistischer Herrschaft (Dissertationen der Karl-Franzens-Universität Graz 54), Graz 1981.

VON HERREN UND MENSCHEN. Verfolgung und Widerstand in Vorarlberg 1933–1945, hrsg. von der Johann-August-Malin-Gesellschaft (Beiträge zu Geschichte und Gesellschaft Vorarlbergs 5) Bregenz 1985.

WADL, Wilhelm/Ogris, Alfred (Hrsg.), Das Jahr 1938 in Kärnten und seine Vorgeschichte. Ereignisse-Dokumente-Bilder (Kärntner Landesarchiv 15), Klagenfurt 1988.

WALSER, Gaudentius, Dreimal zum Tode verurteilt. Dr. Carl Lampert, Ein Glaubenszeuge für Christus, Stein am Rhein–Salzburg 1985.

WALSER, Harald, Anpassung und Widerstand. Vorarlbergs Kirche im NS-Staat, in: Von Herren und Menschen, S. 110–126.

WALSER, Harald, Bombengeschäfte. Vorarlbergs Wirtschaft in der NS-Zeit (Studien zur Geschichte und Gesellschaft Vorarlbergs 6), Bregenz 1989.

WALSER, Harald, Die illegale NSDAP in Tirol und Vorarlberg 1933–1938 (Materialien zur Arbeiterbewegung 28), Wien 1983.

WALSER, Harald, Der Juli-Putsch 1934 in Tirol, in: Tirol und der Anschluß, S. 331–356.

WANNER, Gerhard, Kirche und Nationalsozialismus in Vorarlberg (Schriften zur Vorarlberger Landeskunde 9), Dornbirn 1972.

WEBER-STUMFOHL, Herta, Ostmarkmädel. Ein Erlebnisbuch aus den An-

fangsjahren und der illegalen Kampfzeit des BDM in der Ostmark, Berlin 1939.
WEINZIERL, Erika, Ecclesia semper reformanda. Beiträge zur österreichischen Kirchengeschichte im 19. und 20. Jahrhundert, Wien–Salzburg 1985.
WEINZIERL, Erika, Österreichische Priester über den katholischen Widerstand gegen den Nationalsozialismus. Ergebnisse einer Umfrage, in: Arbeiterbewegung-Faschismus-Nationalbewußtsein, S. 263–272.
WEINZIERL, Erika, Prüfstand. Österreichs Katholiken und der Nationalsozialismus. Mödling: St. Gabriel 1988.
WEINZIERL, Erika, Zu wenig Gerechte. Österreicher und Judenverfolgung, 2. Auflage, Graz–Wien–Köln 1985.
WIDERSTAND UND VERFOLGUNG IN TIROL 1934–1945. Eine Dokumentation, hrsg. vom Dokumentationsarchiv des österreichischen Widerstandes, 2 Bde., Wien–München 1984.
WIEN 1938. Katalog der 110. Sonderausstellung des Historischen Museums der Stadt Wien vom 11. März bis 30. Juni 1988, Wien 1988.
WIPPERMANN, Wolfgang, Faschismustheorien. Zum Stand der gegenwärtigen Diskussion (Erträge der Forschung 17), Darmstadt 1976.
ZEUGEN DES WIDERSTANDES. Eine Dokumentation über die Opfer des Nationalsozialismus in Nord-, Ost- und Südtirol von 1938 bis 1945, bearbeitet von Johann Holzner, Anton Pinsker u. a., Innsbruck–Wien–München 1977.

Verzeichnis der Tabellen

Seite

Tabelle 1:	Ortsgruppen und Zellen der NSDAP-Tirol im Mai 1929	17
Tabelle 2:	Die Gauleitungen Suske und Riedl	19
Tabelle 3:	Liste der bei der »Höttinger Saalschlacht« verletzten Nationalsozialisten	21
Tabelle 4:	Mitgliederstand Tiroler NSDAP-Ortsgruppen Mai/Juni 1932	23
Tabelle 5:	Aufwärtstrend Tiroler NSDAP-Ortsgruppen im Frühjahr 1933	23
Tabelle 6:	Mitgliedsmeldung der Gauleitung Westgau vom 6. 6. 1932	24
Tabelle 7:	Altersgliederung der Tiroler NSDAP-Mitglieder 1932	25
Tabelle 8:	Bedeutende Terroranschläge der SA und SS in Tirol	31
Tabelle 9:	Die deutschen Berater der Wahlkreisleiter	71
Tabelle 10:	Die Gauwahlleitung Tirol	71
Tabelle 11:	Ergebnisse der Volksabstimmung vom 10. April 1938 in Tirol	89
Tabelle 12:	Verwaltungsmäßige Zugehörigkeit des Reichsgaues Tirol-Vorarlberg im Juni 1939	115
Tabelle 13:	Die Gauleitung Tirol vom 20. 10. 1938	128
Tabelle 14:	Die deutschen Berater der Tiroler Kreisleiter	139
Tabelle 15:	Die Tiroler Kreisleiter 1938/39	140
Tabelle 16:	SS-Motorsturmeinheit Innsbruck	153
Tabelle 17:	Die Entwicklung der Ortsgruppen der NSDAP-Tirol 1938–1942	155
Tabelle 18:	Die Entwicklung der Zellen und Blocks der NSDAP-Tirol 1938–1942	155
Tabelle 19:	Beitrittsdatum der NSDAP-Mitglieder vom Herbst 1938 in Tirol und Österreich	164
Tabelle 20:	NSDAP-Mitgliedschaft und registrierte Nationalsozialisten (in absoluten Zahlen)	166
Tabelle 21:	Anteil der NSDAP-Mitglieder in den Gauen an der Gesamtpartei in Österreich (in %)	167
Tabelle 22:	Anteil der NSDAP-Mitglieder an der Bevölkerung (in %)	168
Tabelle 23:	Die Abteilungsvorstände der LHM Tirol 1938/39	175
Tabelle 24:	Die Abteilungsleiter des Bauamtes der LHM Tirol am 1. 8. 1939	178

Verzeichnis der Tabellen 351

Tabelle 25: Bezirkshauptmänner bzw. Landräte in Tirol 1938–1945............ 185
Tabelle 26: Die Bestellung der führenden Verwaltungsbeamten in den
Bezirkshauptmannschaften im Sommer 1938............................ 189
Tabelle 27: Die personelle Zusammensetzung des Untersuchungsausschusses (BBV) bei der LHM Tirol.. 194
Tabelle 28: Die personelle Besetzung der staatlichen Verwaltung des
Reichsstatthalters in Tirol und Vorarlberg am 28. 5. 1940........ 200
Tabelle 29: Maßnahmen, die zwischen 1938 und 1945 in Tirol bei der
Landeshauptmannschaft, der Bundespolizeidirektion, dem
Landesgendarmeriekommando, der Bundesbahndirektion,
der Finanzlandes- und Postdirektion, dem Landesarbeitsamt, der Arbeiterkammer, den Schulen und beim Innsbrucker Stadtmagistrat gegen Beamte, Angestellte und Arbeiter ergriffen wurden.. 222
Tabelle 30: Religionsaustritte in Tirol 1938/39.. 244
Tabelle 31: Teilnehmer am Tiroler Landesschießen 1938–1943................. 261
Tabelle 32: Radios und RundfunkteilnehmerInnen in Tirol bzw. im
Gau Tirol-Vorarlberg 1938–1941... 266
Tabelle 33: Der Spielplan des Innsbrucker Stadttheaters 1938/39.............. 269

Verzeichnis der Abkürzungen

a. D.	außer Dienst
AdR	Archiv der Republik
BA	Bundesarchiv
BBV	Berufsbeamtenverordnung
BDC	Berlin Document Center
BDM	Bund Deutscher Mädchen
BGM	Bürgermeister
BH	Bezirkshauptmannschaft
BKA	Bundeskanzleramt
CV	Cartellverband
DAF	Deutsche Arbeitsfront
DÖW	Dokumentationsarchiv des österreichischen Widerstandes
(D)VZ	(Deutsche) Volkszeitung
GL	Gauleiter
HJ	Hitler-Jugend
i. R.	im Ruhestand
IN	Innsbrucker Nachrichten
KdF	Kraft durch Freude
KL	Kreisleiter
LBA	LehrerInnenbildungsanstalt
LHM	Landeshauptmannschaft
LSI	Landesschulinspektor
NS	Nationalsozialist(isch), Nationalsozialismus
NSBO	Nationalsozialistische Betriebszellenorganisation
NSDAP	Nationalsozialistische Deutsche Arbeiterpartei
NSDStB	Nationalsozialistischer Deutscher Studentenbund
NSFK	Nationalsozialistisches Fliegerkorps
NSG	Nationalsozialistischer Gaudienst
NS-Hago	Nationalsozialistische Handels-, Handwerks- und Gewerbeorganisation
NSKK	Nationalsozialistisches Kraftfahrerkorps
NSLB	Nationalsozialistischer Lehrerbund
NSRB	Nationalsozialistischer Rechtswahrerbund
NSV	Nationalsozialistische Volkswohlfahrt
NZ	Neueste Zeit

Verzeichnis der Abkürzungen

OG	Ortsgruppe
OGL	Ortsgruppenleiter
OLG	Oberlandesgericht
ORBR	Oberregierungsbaurat
(O)RR	(Ober)regierungsrat
Pg.	Parteigenosse
RAD	Reichsarbeitsdienst
RDP	Reichsverband der Deutschen Presse
RFSS	Reichsführer-SS
Rk	Reichskommissar für die Wiedervereinigung Österreichs mit dem Deutschen Reich
RM	Reichsmark
RLB	Reichsluftschutzbund
RMdI	Reichsminister(ium) des Inneren
SA	Sturmabteilung
SD	Sicherheitsdienst des Reichsführer-SS
Slg.	Sammlung
SS	Schutzstaffel
Stv.	Stellvertreter
TBZ	Tiroler Bauernzeitung
TLA	Tiroler Landesarchiv
Uschla	Untersuchungs- und Schlichtungsausschuß
VF	Vaterländische Front
VLA	Vorarlberger Landesarchiv
WiVerf	Widerstand und Verfolgung
Z	Zelle

Personenregister

Achammer (SA) 31
Adler, Josef 66
Aichholzer, Georg 140, 146–148
Albers, Hans 263
Albert, Eugen 270
Albert (Oberstleutnant) 201, 209, 317, 319
Allrecht, Karl 184–187, 205
Altenburger, Rudolf 175, 177, 190, 202, 298, 318
Alton, Hans 195
Amorth, Rudolf 298
Andergast, Maria 263
Anderlan, Max 31
Angerer, Josef 173
Attlmayr, Friedrich 182
Bachmann, Ignaz 52, 181, 184, 189f., 192
Baeck, Alfred 184–187, 190, 192
Baller, Kurt 178, 298
Bartenstein, Eduard 181
Bauer, Georg 173, 178
Bauer, Karl 66
Bauer, Wilhelm 66
Baum, Adolf 128
Baum (Reichsoberrevisor) 151
Baumann, Fritz 21, 31
Baumbach, Ernst 143
Bayer, Gustav 57
Beethoven, Ludwig 271
Bellini, Vincenzo 270
Berger, Richard 66
Bernard, Hans 32, 109, 140f., 146–148, 232
Bernhardt, Oskar E. 57

Berwanger, Leo 211
Beyer, Eugen 38
Bickel, Georg 213
Bielen, Otto 271
Bienussa, Max 150
Bilgeri, Georg 130
Birgel, Willy 263
Blaschke, Max 72
Bohrer, Agnes 57
Bohrer, Samuel 57
Bormann, Martin 119, 126, 259
Böhme, Hans 201, 318
Braun, Oskar 57
Braunsdorff, Kurt 128–130, 133, 160, 194, 198, 309
Buch, Fritz P. 269
Buntrock (Gauorganisationsleiter) 139
Büchner, Werner 71
Bürckel, Josef 61f., 69–71, 81, 84, 91, 95–98, 100–102, 104, 114, 119–121, 123f., 127, 132, 138–140, 142–144, 151f., 154, 156, 198, 229, 235, 257, 259, 323, 325
Cäsar, Marie 181
Christian, Johann 175
Christoph, Edmund 33, 35f., 37, 42–45, 70f., 81, 48, 88, 120–122, 124f., 127–130, 132, 140, 146–148, 153, 170, 174, 180, 182f., 188, 193, 198, 218, 277, 279, 321
Clariacini, Franz 173, 175f.
Cora, Helmut 21
Corazza, Fritz 56
Coreth, Hans 190
Courbier, Heinz 269

Czermak, Hans 129, 159, 175, 177, 201, 317
Czinglar, Franz 109
Dagover, Lil 263
Daser, Peter P. 173, 175, 177
Denz, Egon 28, 42–45, 71, 84, 121, 124, 127–130, 133f., 159, 217, 267
Desch, Franz 60
Dhünen, Felix 269, 332
Didlaukies, Walter 109, 304
Dierkes, Egon 298
Diestelkamp, Erich 139
Dietrich, Hans 128f.
Dillersberger, Walter 213
Dimand, Heinrich 57
Dinse, Klaus 192
Ditterich, Albert 189
Dobin, Josef 173
Dollfuß, Engelbert 28, 30, 63, 141, 229
Domgörgen, Karl 71
Donnert, Hermann 175, 203f., 318
Doré (Pg.) 19f.
Duftner, Wilhelm 190, 201, 317
Dullnig (Pol.Ol.) 201, 317
Duxneuner, Hermann 65
Ebert, Gustav 170f.
Eckart, Dietrich 270, 273
Edelmayer (Beamter) 201, 317
Egger, Hermann 72
Egger, Josef 172
Eichmann, Adolf 65
Eisenzopf (ORR) 202, 318
Eller, Alois 175–177, 179
Elsensohn, Hugo 128–130, 135
Emberger, Robert 173
Erler, Emil 173
Erler, Otto 270
Esser, Ferdinand 71, 139
Exenberger, Anton 59
Exl, Anna 274
Exl, Ferdinand 274
Exl, Ilse 274
Fabritius, Ludwig 172, 175

Falser, Konrad 180, 182
Falser, Leo 175, 177, 202, 318
Fankhauser, Hans 217
Farbmacher, Karl 56
Farroga, Arthur 21
Faulhaber (SA) 31
Federa, Josef 213
Fiala (RR) 201, 318
Fick, Hans 130
Figala, Hermann 216, 320
Fink, Sylvester 21
Fischer, Anton 178, 202, 318
Fischer, Richard 172, 175
Fitz, Hans 270
Fleiss, Erwin 32, 44f., 129f., 308
Foradori, Ernst 130, 308
Foradori (Firma) 133
Forst, Willy 263
Forster, Friedrich 269
Föger 144
Frank, Hans 85
Franzelin (Polizeidirektor) 32, 45, 209
Frauenfeld, Eduard 20, 269
Frechinger (Pg.) 298
Frick, Wilhelm 62, 95, 102, 106,
Friedrichs, Helmut 258
Fritz, Gustav 72
Fuchs, Johann 24
Gable, Clark 331
Gaismair, Michael 256, 329
Gasser (RR) 209
Gasteiger, Felix 181, 192
Geier, Gustav 192
Geiger, Josef 175, 201, 203, 243, 317
Gelb, Karl 19, 53, 60, 172
George, Heinrich 263
Gerber, Andreas 45, 60
Gerland, Karl 124, 127
Gerlich, Franz 202, 318
Giselbrecht, Vincenz 19, 32, 72, 121, 128–130, 133, 193, 308
Giovanelli, Heinrich 170–172, 175
Glase-Horstenau, Edmund 43
Glätzle, Richard 211

Glätzle (SA) 143
Glier, Richard 58
Globocnik, Odilo 83, 120f.
Glück, Karl 181
Gobsch, Hanns 269, 332
Goebbels, Joseph 73, 87, 138, 267, 308
Goethe, Wolfgang 273
Gold, Joachim 185
Goldenberg, Rosa 57
Goldoni, Carlo 271–273
Gollner, Josef 217
Göring, Hermann 15, 37, 44, 62, 74f., 78, 81–83
Grabmayer (ORR) 202, 318
Graf, Anton 19, 130, 136
Graf (Oberpolizeirat) 209
Graubart, Alfred 66
Graubart, Richard 66
Gregorz, Vitus 181
Greinz, Hermann 211f., 243
Grosch, Alexander 106
Groß, Heinrich 57
Gruber, Wilhelm 170f.
Grünewald, Ernst 211
Guttenberg, Arthur 102
Habicht, Theo 18, 20, 30, 32
Haemmerle, Hermann 206
Haidegger, Peter 182, 184, 189f.
Halbe, Max 270
Halhammer, Alois 184, 186, 205
Hampl, Rudolf 129
Hanak, Hans 19, 23, 72, 140f., 146f.
Handel-Mazetti, Hermann 203, 318
Hanspeter, August 233, 325
Harlowe, Jean 331
Harster, Wilhelm 54, 154
Hartlieb, Alois 211
Hartwig, Robert 45, 200
Haslauer (Landesforstkommissär) 181
Haupt, Maximilian 212
Hauptmann, Gerhart 270, 272f.
Heinrich, Eduard 170f.
Heinsheimer, Georg 170f.

Hellwig, Paul 269
Hellwig, Robert 267
Henn, Otto 72
Herdy (Beamter) 202, 318
Heß, Rudolf 119, 123, 259
Heydrich, Reinhard 54, 61, 142, 257
Hickl, Franz 32, 60
Hiebl, Franz 62
Hillebrand (Pg.) 298
Hilliges, Werner 55, 144, 228
Himmler, Heinrich 54, 85, 119, 121f., 230, 239, 256
Hippmann, Walter 189
Hirnigel, Hans 184–187, 195, 203
Hitler, Adolf 15–17, 19f., 24, 32, 36–39, 41, 43–45, 50, 69, 73, 78, 83, 85–87, 95, 97, 99, 102, 105, 113, 116, 123, 127, 154, 158, 162, 164, 170, 211, 249, 252, 255, 259, 262, 274, 333
Hochstöger, Carl 154, 180f., 184f.
Hofer, Andreas 254–256
Hofer, Franz 20, 27, 28, 30, 32f., 60, 67f., 101f., 104–110, 113f., 115, 119–138, 140–146, 148, 150f., 154, 158f., 162, 168, 174, 184, 187–189, 193, 200, 205–207, 209, 211–213, 218, 225, 228, 230f., 233, 238f., 255–261, 265, 268f., 275–277, 279, 281, 308–310
Hofer, Franz II 29, 140–142, 146–148
Hofmann, Philipp 203
Hoffmann, Albert 257
Hohenbruck, Oskar 275
Hohensee (stv. Landrat) 191f.
Holzer, Siegfried 189
Honomichl, Josef 60, 135,
Hopfgartner, Walter 298
Hoppichler, Hans 72
Horney, Brigitte 263
Hosp, Otto 189f., 316
Hönig, Herbert 57, 173
Hörbiger, Attila 263
Hörbiger, Paul 263

Personenregister 357

Hörhager, August 21
Höß (Pg.) 298
Hradetzky, Anton 31, 173
Hradetzky, Kurt 181f., 202, 318
Huber, Adolf 298
Hundegger, Gregor 173
Hundegger, Karl 52f., 172, 181, 190, 192
Hupfauer (Beauftragter f .d. Volksabstimmung) 83
Hussak, Johann 178, 202f., 318
Hutmacher (Hptm.) 319
Hübner (Pg.) 79
Ibsen, Henrik 273
Jahn, Herbert 189
Jaksic, Max 175–177, 179, 314
Jansa, Alfred 38
Jähnig, Werner 201, 205, 318
Jenewein, Gottfried 211
Jenny & Schindler (Firma) 47
Johst, Hanns 269
Judmair, Karl 72
Jung (Richter) 210
Kahlen, Erwin 129
Kaltenbrunner, Ernst 152
Kammerhofer, Konstantin 208
Kapferer, Walter 193
Katschthaler, Johann 175
Kawrza, Hans 202, 318
Kerbl, Erich 21
Kessler, Franz 203, 318
Kiefer, Peter 71
Kienel, Karl 71, 140, 184f., 216
Kiepura, Jan 263
Kilga (Pg.) 19
Kirchler (Finanzrat) 195
Klausner, Hubert 120
Klement, Fritz 21
Klimesch, Konrad 18, 20
Klingler, Hermann 175, 203
Klug (SA) 31
Kneussl, Erich 173
Knissel, Jakob 103
Knitel, Cölestin 189f., 192
Knittel, John 270
Knöpfler, Richard 45, 200
Koban, Walter 43
Koch, Alfred 173
Koch, Hans R. 200f., 203
Kofler, H. 271
Kofler, Johann 202, 318
Kofler, Ludwig 129
Kohl, Vincenz 21
Kojetinsky, Franz 202, 318
Kojetinsky, Moritz 159, 178, 202f., 318
Koler, Friedrich 190
Kollo, Walter 270
Kopf, Rudolf 104, 107, 109f., 304f.
Kraatz, Curt 269
Kravogl, Leo 181, 184f., 201f., 318
Krejci, Alfred 129
Kropf, Fritz 72, 189
Kunsek, Karl 47, 71, 140f., 143, 146f., 186
Kühter, Fritz 30f.
Kümper (RR) 179
Lackinger, Wilhelm 202, 318
Larcher, Anton 211
Lammers, Hans H. 102, 114, 207
Langenbeck, Curt 270
Langenecker, Fritz 59
Lantschner, Fritz 19, 30, 32, 128–130, 137, 159, 202, 318
Lapper, Karl 18, 72, 129, 308
Lardschneider, Hans 32
Laubacher, Ludwig 21
Lauer, Hubert 184, 189f., 201, 317
Laufenböck, Johann 211f.
Lausegger, Gerhard 42
Leander, Zarah 263
Lehar, Franz 270–272
Lehmann-Haupt, Carl F. 57
Leitner, Franz 183
Lenhart, Alfred 173
Leoncavallo, Ruggiero 271
Leopoldsberger, Otto 19f.
Lessing, Gotthold E. 269, 272f.

Leuprecht, Adolf 124, 195, 201, 308, 318
Lezuo, Artur 72, 21, 128f., 274, 249
Lincke, Paul 270
Lindemann, Hans 71
Linert, Gustav 36, 106, 200, 233, 325
Lippl, Alois J. 270
Lokar, Max 298
Lommer, Horst 269
Lorenzi, Richard 298
Luger (ORBR) 202, 318
Mader, Fritz 71
Mader, Heinz 218f., 305, 322
Mahnert, Klaus 19, 30, 128–130, 137, 140, 143, 146, 148,
Malfatti, Josef 71, 84, 128f., 136, 140f.
Mandl, Mathilde 57
Mang, Friedrich 128–130, 135, 156
Mangutsch, Rudolf 46, 171, 182
Mannlicher, Herbert 209
Marek, Richard 201, 318
Margreiter, August 72
Margreiter, Max 173
Margstahler, Erich W. 298
Marinell, Josef 298
Martin, Ernst 172f., 209
Martini (SA) 31
Mascagni, Pietro 271
Matuschka (SS) 153
Matzinger, Arthur 298
Mayer (BR) 203, 318
Mayer (ORR) 202, 318
Mäser, Alfons 108f., 196
Mc Donald, Jeannette 331
Meiler, Ludwig 150
Mendl, Franz 295
Merath, Alfred 141, 146f.
Metzner, Wilhelm 45
Mignon, Herta 129
Miklas, Wilhelm 45
Minks, Alfred 298
Moliere, Jean-B. 273
Moll, Josef 211

Moll (SS) 153
Morgenstern (stv. Landrat) 191
Moschen, Alexander 233
Moser, Johann 213, 320
Mozart, Wolfgang A. 268, 270
Möller, Wolfgang E. 269
Mörl, Anton 40, 58, 171
Möslein (SA) 31
Muck, Olga 171
Mumelter, Manfred 53, 59
Mussolini, Benito 97
Muster, Ernst 189
Müller, Andreas 178, 202, 318
Müller, Erwin 215
Müller, Gustav 195
Müller, Josef 21
Müller, Karl 179
Münster, Anton 189f., 192
Müser (Landrat) 203, 318
Nachtmann, Herbert 128, 298, 308
Nachtmann, Tony 128, 308
Nachtschatt (ORR) 195
Naderer, Viktor 72
Nagele, Walter 184, 186f.
Nedbal, Oskar 270
Nelson, Eddy 331
Netzer, Erwin 52f., 153f., 181
Neuner, Alois 181f., 184, 189, 198, 192
Neuner, Hans 186
Neuner, Herrmann 128–130, 134, 150, 298, 308
Neurath, Konstantin 304
Neururer, Sigismund 175
Neuwirth, Walter 325
Newessely (RR) 201f., 318
Nöbl, Albert 181, 189f., 192
Norek (Pg.) 19f.
Odelga, August 175, 177, 201, 203, 317
Oertel, Rudolf 279, 333
Olbrich, Rudolf 189
Opdenhoff, Christian 96, 119–122, 124

Personenregister

Oppitz (SA) 31
Ostheimer (Gaukulturwart) 19, 267f.
Ottenthal, Paul 175, 201, 203, 317
Otto, Werner 109, 191f.
Öfner, Josef 322
Pack, Leopold 202, 318
Parson, Herbert 125f., 131f.
Pattis, Othmar 19, 22, 175f., 194
Paulin, Karl 273, 334
Peer, Hans 173
Penz, Rudolf 60
Pepöck, A. 271
Pesendorfer, Gertrud 248
Petzer, Anton 211
Petzer (Beamter) 190
Pessler, Franz 59
Pfeiffer, Heinz C. 72, 88
Pfister, Hans 173
Pflauder, Wendelin 185–187
Pflugmacher, Max A. 267, 270
Pfund, Otto 178
Pfund (SA) 31
Pickert, Karl 57
Piegger, Johann 203, 318
Pisecky, Franz 19, 22, 28, 128–130, 134, 145
Pitsch (Veterinärrat) 181
Plankensteiner, Anton 97–99, 104–110, 120, 128, 196
Plattner, Friedrich 32f.
Platzer, Karl 130
Ploner, Hans 140f., 146–148, 309
Pock, Oskar 72
Poley (Beamter) 201, 318
Polletin, Emil 19
Popper, Julius 66
Posch, Hans 55, 71, 140f., 144, 146f., 185, 309
Power, Tyrone 331
Pranter, Eduard 181
Prantl, Josef 128–130, 136, 159, 201, 318
Prantl, Max 308
Praxmarer, Heinrich 186, 188f.

Praxmarer, Ludwig 211
Presber, Rudolf 269
Priesner, Johann 19, 72, 79
Prießner, Franz 21
Primbs, Max 140, 146f., 252, 259
Pritzi, Otto 173
Proksch, Alfred 17, 19
Puccini, Giacomo 270f.
Putz, Heinrich 173
Quirsfeld, Eberhart 19
Rainer, Friedrich 113f., 115
Rath, Ernst 66
Ratz (ORBR) 202, 318
Rauch, Anton 320
Raymond, Fred 270f.
Real, Max 269
Reichel, Adalbert 50
Reicher, Gustav 173, 175
Reinhard (Reichskriegsführer) 259
Reinisch (Oberstleutnant) 45
Reinl, Kurt 19, 22, 195
Reinthaller, Anton 33, 77, 84
Reisch, Franz 24
Reisch, Hans 217
Reisch, Otto 32f.
Reiter, Ernst G. 108
Reiter, Herbert 173
Reitlinger, Fritz 57
Renner, Karl 84
Riccabona, Franz 211
Riccabona, Julius 190
Riccabona, Rudolf 211
Riebel, Ernst 175, 194, 199f.
Riedl, Friedrich 178, 203, 318
Riedl, Rudolf 18f., 27
Riefenstahl, Leni 262
Rieger, Albin 59
Rieger, Josef 173
Riffeser, Hermann 183, 189f.
Rittler, Manfred 189
Ritzer, Ulli 72, 263
Rodenbücher, Alfred 131, 153
Rofner (Kriminalbeamter) 31
Rohn, Franz 173, 202, 318

Rold, Hans 57
Rold, Josef 57
Rosche (ORBR) 203, 318
Rosensteiner, Fritz 66
Rosensteiner, Helene 66
Röck, Marika 263
Röhm, Ernst 123
Rupitz (Richter) 195, 197
Rusch, Paulus 230, 236, 238–240, 245
Rühmann, Heinz 263
Salcher, Otto 298
Sandbichler, Wilhelm 213
Sappl, Thomas 59
Sauer, Kurt 175f., 179
Scharizer, Karl 24, 97, 122, 131
Schatz, Anton 185
Schädler, Adolf 201, 318
Schäffel, Otto 59, 171, 181
Scheidle, Hermann 173
Schemm, Hans 20
Scheu, Just 269
Schiller, Friedrich 268, 270, 272f.
Schirach, Baldur 20
Schmidl, Josef 21
Schmidt, Guido 38
Schmitt, Anton 71
Schmolz, A.L. 271
Schnee, Wilhelm 186, 191f.
Schneider, Hans 106, 203, 304f.
Schneider, Magda 263
Scholtz-Klink, Gertrud 85
Schorlemer (SA) 259
Schönherr, Karl 333
Schönthau, Franz 271
Schönthau, Paul 271
Schöpf, Leo 72
Schösser (SA) 31
Schreiber, Egon 172f., 175, 201, 203, 317
Schretter, Karl 55, 71, 140–142, 146–148, 181f., 186, 310
Schubert (KL) 71, 84, 88
Schueller, Robert 72, 121
Schulenburg, Werner 271

Schuler, Anton 76, 83, 175f., 201, 217, 317
Schulz, Karl 16
Schumacher, Fritz 186, 188f.
Schumacher, Josef 24, 42, 44, 171
Schumacher, Viktor 56
Schuschnigg, Kurt 35–44, 47, 56, 63, 101, 141, 145, 170, 182, 184, 192, 204, 224, 229, 277
Schwabl, Johann 50
Schwaiger, Hans 31
Schwaiger (RR) 201, 318
Schwarz, Franz X. 150
Schwarz (Inspektor) 195
Schwarzkopf, Paul 143
Schweiggl, Erich 189
Schweikart, Hans 269
Schwinn, Wilhelm 139
Seeger, Theodor 73, 129, 134,
Seidel, Helmut 71, 139
Seiß-Inquart, Arthur 38f., 43–45, 61, 84, 95, 102, 104, 169, 184, 188
Shakespeare, William 270, 272f.
Shaw, George B. 273
Sieberer, Josef 173
Siebert (Ministerpräsident) 85
Sinninger, Rudolf 57
Skubl, Michael 43
Skuhra (Intendant) 268
Skorpil, Robert 53, 211
Smetana, Friedrich 271
Spann (stv. Gestapochef) 54, 209
Speckbacher, Oswald 107–109
Spinn, Adalbert 189f., 192
Sporn, Hans 21, 130
Steidle, Richard 28, 176
Stern, Rudolf 298
Sterzinger, Franz 32, 52, 72, 180, 182, 308
Stettner, Karl 128f., 135, 159, 194, 213
Stocker, Max 190
Stolz, Robert 271
Stolze (Major) 210

Personenregister

Storch, Otto 18–20
Storf, Eduard 182
Strauß, Johann 270f.
Strauß, Richard 272
Strasser, Gregor 18
Strassweg, Alfred 139
Stremitzer, Anton 102
Strickner, Jakob 48
Stritzl, Oskar 213
Stroesslein, Theodor 57
Stuckart, Wilhelm 97, 109, 184, 188, 200
Stuefer, Rudolf 178, 203
Suske, Heinrich 16–20
Swarovski (Firma) 39
Szente, Adalbert 50
Temple, Shirley 331
Terlago, Franz 107–109
Teuchert (Pg.) 263
Thoma, Ludwig 270
Thun, Othmar 175–177, 201, 317
Thurner, Franz 202, 318
Thurnherr, Josef 144
Tilzer, Ernst 71, 140
Tittel, Hans J. 175, 179, 201, 203, 318
Todt, Fritz 81
Tomaschek, Johann 60
Töpfl, Karl 298
Tötsch, Franz 173
Tracy, Spencer 331
Trapp, Oswald 23, 377
Traute (Major) 201, 318f.
Trebo, Siegfried 59
Trenker, Luis 263
Trentinaglia, Hans 190
Trojer, Friedl 298
Tschammer und Osten, Hans 84
Tschechowa, Vera 263
Tschiderer, Hermann 181f.
Tschofen, Ignaz 107f.
Tschol, Xaver 59
Tschoner & Vieider (Firma) 31
Tschurtschenthaler, Johann 175
Tucek (Oberbahnrat) 195
Turri, Emanuel 22, 217
Tusch, Max 31
Uhlik, Hermann 189–191
Ullmann, Rudolf 19
Ullrich, Luise 263
Ulm, Theodor 128–130, 136
Unterkreutzer, Fritz 21
Uranowski, Ernst 71, 139
Vareschi, Karl 298
Verdi, Guiseppe 271
Vetterling, Arno 270
Vitus, M. 270
Vogelsang, Werner 71
Vuscic, Othmar 72
Wachtlechtner, Otto 55
Wagner, Josef 84
Wagner, Richard 269, 271
Waibel, Paul 104
Waidacher, Vincenz 21, 36, 71, 129
Waitz, Sigismund 140, 227, 241, 326
Waizer, Karl 71, 184f.
Walter, Gustav 53, 59, 233f., 209, 325
Walter, Josef 189f.
Walter, Rudolf 185, 187, 189
Wächter, Otto 101, 183, 197
Weber, Otto 129
Webhofer, Bruno 201, 317, 319
Wehinger (SS) 153
Weidacher, Adalbert 298
Weiler, Leopold 189
Weiss (Pg.) 298
Weißgatterer, Josef 173, 181
Weixler, Alois 295
Welser, Josef 271
Wenter, Josef 271
Werner, Max 144
Wersin, Otto 185–187
Wessel, Horst 44, 252, 262
Wessely, Paula 263
Westmar, Hans 262
Widmann (Pg.) 19f
Wielucki (ORR) 330
Wilde, Oskar 269f., 272f.
Wildgruber, Otto 128f., 137

Wille, Fritz 71, 140f., 148, 184f.
Winsauer, Ernst 196
Wodicka, Josef 202, 318
Wolf, Karl 212
Worzikowski-Kundratitz, Franz 171f., 175
Wurm, Georg 45, 200
Wurmhöringer, Otto 195
Wurnig, Friedrich 30–32, 60
Würstl, Raimund 73

Wüst, Ida 270
Zach (SS) 153
Zanker, Josef 175, 178, 195, 203
Zauner, Wilhelm 50
Zauner (SA) 42
Ziegler, Josef 31, 211
Zimmeter, Otto 144
Zinn, A.A. 271
Zuertz, Alfred 139
Zwerger (Reg.-Ass.) 203, 318

Ortsregister

Abfaltersbach 90
Absam 103
Ainet 23
Ampfing 136
Amras 22, 103
Arco 137
Arzl 40, 103
Arzl (Imst) 215
Augsburg 306
Außervillgraten 90
Aussig 15, 110
Axams 40, 52, 56
Bad Aibling 29, 192
Bad Hofgastein 131, 134
Bad Ischl 132
Bad Schandau 135
Berchtesgaden 38
Berlin 32, 46, 73, 105, 110f., 113, 115f., 119f., 129–132, 134, 138, 141, 176, 187f., 203f., 209, 225, 230, 239, 248, 262, 275
Bichlbach 23
Birgitz 40
Bludenz 103, 107–109, 305
Bozen 32, 135f., 138, 308
Brandenberg 79
Braunau 56
Bregenz 54, 90, 103, 106f., 109, 138, 153, 233, 243, 265
Brixen 326
Brixlegg 47
Bruck a. Z. 303
Buchboden 243
Dachau 29, 53, 57, 59, 125, 143f., 146, 171, 205, 209, 328

Dornbirn 99, 104f., 135, 138, 153, 265f.
Düsseldorf 82, 139
Egeln 133
Ehrwald 66, 130, 133
Ellmau 23
Feldkirch 54, 107–109, 133, 147, 187, 192, 235–237, 239, 324, 326
Fieberbrunn 232
Flirsch 334
Frankfurt a. M. 192
Freilassing 131, 147
Frohnhausen 23
Fulpmes 40
Fügen 24, 47, 90, 324
Garmisch 43
Gerlos 79, 81
Görtschach-Gödnach 23
Götzens 40
Gramais 303
Graz 152f., 187, 311
Gries a. B. 48, 58
Grins 232
Haiming 47, 81, 90, 174
Hall 17, 27, 56, 58, 75, 103, 234
Halle 138
Hallein 131
Hamburg 82
Häring 23
Häselgehr 23
Heiligkreuz 103
Hohenems 68
Hohenpeissenberg 147
Holzgau 17, 23
Hopfgarten 18, 27

Höfen 28
Hötting 21, 103, 210, 234, 251, 329
Igls 58, 103
Imst 23f., 33, 38, 49, 51, 59, 63, 81, 84, 89f., 103, 132, 138–141, 146, 149, 155, 160f., 173, 181–183, 190–192, 215, 218, 260, 303, 320
Imsterberg 217
Innervillgraten 90
Innsbruck 15–20, 27f., 30–33, 36, 38–46, 49–61, 63, 65–68, 71f., 81–90, 92, 99, 101, 103, 105f., 114, 124f., 127, 131–142, 146–150, 152–155, 159, 171–173, 175f., 179–184, 186, 190–192, 195, 205–215, 217, 221, 230–238, 245, 251, 259f., 263, 265–268, 271–275, 303, 308, 322, 324, 326f., 333
Inzing 40
Ischgl 51, 92
Iselsberg-Strossach 20
Jaring 134
Jenbach 23, 55, 57
Jerzens 216
Jungholz 103, 303
Kaisers 103, 303
Kals 23
Kaltenbach 38, 46–48
Kauns 79
Kelheim 54
Kematen 103
Kiefersfelden 43, 50
Kirchbichl 23,
Kitzbühel 17, 22–24, 52, 55, 59, 71, 75, 79, 81, 89f., 103, 127, 138–140, 144, 147, 155, 171, 181f., 190, 192, 209f., 215, 234
Klagenfurt 102, 172, 207
Kleinholz 234
Kolsaß 303
Kolsaß-Berg 303
Konstanz 106
Kössen 20

Kramsach 24, 47, 90
Kreckelmoos 326
Kufstein 15–17, 22–24, 30, 50, 57f., 71, 80f., 84, 89f., 103, 136, 139–141, 147f., 155, 178, 181f., 186f., 190, 192, 210, 236, 303, 308–310
Landeck 23, 28, 33, 35, 38, 47, 50–53, 55, 58, 71, 81, 84f., 89f., 103, 132, 139–141, 150, 153–155, 172, 180–182, 184, 187f., 190, 192, 208, 210f., 234, 236, 256, 303
Lavant 23
Lechaschau 178
Leipzig 172
Lermoos 57
Leutasch 40, 51
Lienz 23, 55, 57, 89–91, 100–102, 171f., 178, 181, 183f., 190, 320
Linz 152, 187, 207, 262
Lustenau 305
Marburg 134, 137
Matrei (Osttirol) 320
Mauthausen 171f.
Mayrhofen 18, 23, 47, 55
Mieders 321
Mils 173, 217
Mittenwald 43, 50
Mitterdorf 23
Mühlau 103, 320
München 18, 28, 30, 32, 87, 105, 110, 115, 131, 133f., 137, 147, 176, 219, 265, 274, 304, 306
Nauders 210
Neustadt 110
Neustift 49
Nörsach 23
Nürnberg 32, 262, 269
Oberalm 131
Oberlienz 23
Obertilliach 90
Obsteig 23
Ötz 23, 57, 216f., 321
Ötztal 47

Ortsregister

Partenen 163
Pfaffenhofen 52
Pfafflar 303
Pfunds 23
Pians 50
Pillersee 23
Pinswang 23
Rattenberg 47, 136, 217
Reutte 22f., 29, 46, 55, 71, 89f., 92, 103, 112, 138-143, 146, 148, 155, 178, 180–182, 184, 192, 260, 303, 305f., 326
Ried 49, 55
Rietz 47, 90
Rinn 40
Roppen 216
Rotholz 173
Saalfelden 133
Salzburg 130f., 152f., 241, 244, 326
Sautens 23
Scharnitz 50, 58, 156
Schattwald 90
Schönbühel 181
Schwarzenberg 133
Schwaz 23, 47f., 55, 57, 71, 75, 79, 81, 89f., 103, 124, 139f., 143, 146, 148f., 154f., 181, 183, 187, 190f., 210, 236, 303, 320
Schwoich 90
Seefeld 40
Sillian 23
Silz 40, 47
St. Anton 52, 59
St. Jakob i. D. 23
St. Johann 23, 84
St. Johann i. P. 305
St. Leonhard 216
Stams 47, 51, 231, 233
Stanzach 23
Steinach 38, 211
Steinberg 303
Strass 17
Strengen 79
Stumm 47, 79, 81
Stuttgart 54, 266, 304
Tannheim 48, 241
Tarrenz 322
Telfs 18, 39f., 47, 52, 57, 90
Thaur 40
Trins 327f.
Tux 55, 79
Umhausen 322
Unternußdorf 20
Unterperfuß 103
Venedig 16
Vill 58, 103
Vomperberg 57, 157
Waidring 248
Walchsee 22f.
Wattenberg 80
Wattens 39
Weißenbach 49
Wien 41–44, 46, 54, 63, 65–67, 76, 81f., 86f., 92, 95f., 98, 109, 113f., 115, 127, 129–131, 137, 139, 164, 174, 177, 134, 188, 194, 198–200, 206f., 209, 213, 229, 238, 240, 244, 267, 281, 310
Wiesbaden 177
Wildermieming 303
Wilhelmshaven 267
Wöllersdorf 133, 135, 137
Wörgl 23, 50, 60, 81, 84, 236
Zams 236
Zell a. Z. 47f., 55, 173, 211
Zirl 40, 51, 56

Bildnachweis

Archiv Edwin Tangl, Innsbruck: Bild 13.
Michael Gehler: Bilder 1, 3, 4, 5, 6, 8, 10, 11, 12, 15, 17, 18, 19, 25.
Bildarchiv der Landeshauptstadt Innsbruck: Bild 14.
Bildarchiv der Stadt Hall: Bilder 2, 7, 9, 16, 22, 27.
Bildarchiv der Stadt Schwaz: Bild 21.
Landesbilddokumentation, Innsbruck: Bilder 20, 24, 26, 28.
Historische Sammlung des Tiroler Landesmuseums: Bild 23.